国家出版基金项目
NATIONAL PUBLICATION FOUNDATION

主编　徐　海
副主编　钱兴奇

黄镇伟　著

江苏出版史

A
HISTORY
OF
JIANGSU
PUBLISHING

先秦至宋元卷

江苏人民出版社

图书在版编目（CIP）数据

江苏出版史. 先秦至宋元卷 / 黄镇伟著. — 南京：
江苏人民出版社，2023.5

ISBN 978 - 7 - 214 - 27518 - 9

Ⅰ. ①江… Ⅱ. ①黄… Ⅲ. ①出版事业-文化史-江
苏-先秦时代-宋元时期 Ⅳ. ①G239.275.3

中国版本图书馆 CIP 数据核字（2022）第 166792 号

书　　　名	江苏出版史·先秦至宋元卷	
著　　　者	黄镇伟	
封 面 题 签	徐　海	
策 划 编 辑	卞清波	
责 任 编 辑	汤丹磊　卞清波	
特 约 编 辑	刘仁军	
责 任 校 对	解冰清	
装 帧 设 计	周伟伟	
责 任 监 制	王　娟	
出 版 发 行	江苏人民出版社	
地　　　址	南京市湖南路 1 号 A 楼，邮编：210009	
照　　　排	江苏凤凰制版有限公司	
印　　　刷	江苏凤凰新华印务集团有限公司	
开　　　本	652 毫米×960 毫米　1/16	
印　　　张	22.5　插页 4	
字　　　数	324 千字	
版　　　次	2023 年 5 月第 1 版	
印　　　次	2023 年 5 月第 1 次印刷	
标 准 书 号	ISBN 978 - 7 - 214 - 27518 - 9	
定　　　价	98.00 元	

（江苏人民出版社图书凡印装错误可向承印厂调换）

前　言

　　出版是人类文明传承的重要载体之一,出版史因此也是人类文明历史的重要组成部分。在中国文明历史研究的版图之中,出版史占有相当之地位。近年来,出版史研究领域的确涌现一大批新的成果,尤其出现一些颇有分量的著作。其中,由中国出版科学研究所组织编写的9卷本《中国出版通史》堪称集大成式的力作。该书全面梳理和揭示了中国出版事业的源流、变迁和发展脉络,深刻总结了中国出版事业发生、发展和演变的规律,充分展示了中华民族对世界文明所作出的伟大贡献。此外,万安伦《中外出版史》在充分吸收和继承前人已有成果的基础上,大量使用新材料、新观点,将中外出版史分为开启文明的硬质出版、以柔克刚的软质出版、有容乃大的虚拟出版三个出版阶段,并引入硬质出版、软质出版、虚拟出版等概念,既具有开阔视野,也体现出较强的学术创新性。

　　江苏自古就是全国出版的一块高地。在古代,江苏出版业在全国居于极其重要的地位,产生过非常重大的影响。尤其在明清时期,文化底蕴深厚、城市经济繁荣的江苏地区出现了极为发达的刻书业。这既是江苏古代文明发展的成果,也对江苏文明的进一步发展提供了文化基础。现代出版事业兴起于民国,江苏作为民国时期政治、文化活动非常活跃的地区,在出版方面也发生了很多重大事件和重大变化。1949年,随着中华人民共和国的成立,出版业的发展迎来全新发展时期。当然,其后也历经坎坷、曲折、折腾甚至倒退;1978年改革开放后,我国出版业的发展进入了一个高速发展的新阶段。在这过程中,江苏出版成绩斐然,表现突出,为我们社会主义出版强国建设持续作出非同寻常的积极贡献,受到中央有关领导、国家有关部门和省委省政府的高度肯定,我本人也见证并参与了这段时间大部分的重要活动。

令人遗憾的是,迄今为止,系统介绍江苏出版历史的著作还付之阙如。以严谨的学术态度和科学的研究方法,全面系统地阐述先秦至今江苏地区出版活动的发展全貌,填补迄今没有一部著作集中反映江苏地区出版活动历史的空白,不但具有较高的学术创新价值,更对今日江苏出版战线干部职工增进文化自信,从而为未来全国出版作出更多更好贡献,具有极强的现实意义和深远的历史意义。

本书的写作与编辑出版,正是出于这样的问题意识。2013年,时任江苏省新闻出版局局长周琪同志向我提出这一选题构想,正戳中我的"痒"处,我热切予以响应。当时,我正在江苏人民出版社担任总经理。很快,由我牵头,江苏人民出版社组成《江苏出版史》项目小组,时任社领导府建明、编辑卞清波等人共同参与。我们一起起草了选题立项书及写作大纲,在得到周琪局长认可后,又专门向高斯、蒋迪安、王於良、李景端、缪咏禾等老领导、老社长、老专家,以及黄海宁、张辉冠、钱兴奇、何民胜等一批资深的出版专家请教,形成了具有可操作性的《江苏出版史》工作方案。

《江苏出版史》在编写之初的想法是,以严谨的学术态度和科学的研究方法,全面系统地阐述先秦以来江苏地区出版活动的发展全貌,包括发生在江苏地区的出版大事、诞生于江苏地区的精品著作,也包括活跃在江苏地区的一代又一代出版人;最初想要实现的目的是,这套书既会为我们展示江苏这片土地上文化的多彩和出版的魅力,也会推动全国出版史及相关领域的研究进一步走向深化。

在多方协助下,我们找到了对江苏地区编辑出版历史素有研究的几位专家,召开多次选题会、立项会以及统稿会,最终组成由苏州大学文学院教授黄镇伟、江苏省方志办研究室原主任缪小咏、常熟理工学院教授曹培根、南京师范大学图书馆研究员袁华、江苏省出版工作者协会编审钱兴奇,以及凤凰出版传媒股份有限公司出版部副编审陈欣组成的创作团队。国内知名的出版史专家缪咏禾先生欣然担任本书学术顾问。其中钱兴奇编审不但自始至终地与我和府建明参与整体构想、全部会议和文稿统筹等工作,在选择作者、确定风格和提供资料方面也作出了重要贡献。陈欣副编审是我后来邀请参与当代卷撰写的。他曾长期在原省新闻出版局工作,对相当一段时期我省出版的宏观状况和政策变化十分熟悉,除撰写了当代卷第五章外,还与我一起承担了该卷的统稿工作。他不顾新冠肺炎感染,坚持不辍地写作,让我为之感动。卞清波、史雪莲耐心细心,无怨无悔,坚定坚守,可赞可敬。

根据我们对江苏地区出版历史的整体认知,《江苏出版史》共分先秦至宋元卷、明代卷、清代卷、民国卷及当代卷(1949—2008)五卷,其创作分工情况如下:

《江苏出版史·先秦至宋元卷》,作者黄镇伟

《江苏出版史·明代卷》,作者缪小咏

《江苏出版史·清代卷》,作者曹培根

《江苏出版史·民国卷》,作者袁华

《江苏出版史·当代卷(1949—2008)》,作者钱兴奇、陈欣

各位作者的一大共识,是在历史叙事的同时,力求学术创新、力求有所发明。学术思想方面,在继承前人研究成果的基础上,全面把握中国出版史特点,以江苏地区出版典型案例的文化样本来进行剖析研究,以此展示中国出版文化的丰富多样性,挖掘江苏地区出版文化特点及其当代价值。研究方法方面,注重广泛搜集各类相关文献,包括研究专著、论文和史料,并注意搜集没有公布过的第一手材料;注重运用历史学、社会学、目录学、版本学、考据学、校勘学、谱牒学等专业理论及方法,结合政治史、思想史、文化史等专门史研究,综合开展有关专题研究。

作为第一部以江苏地区出版活动为记录和研究对象的通史性著作,我们深度聚焦古代以来江苏地区的出版活动,试图描述其主要历程,评述其中重大事件,总结其规律,分析出版活动与江苏地区文化、经济社会发展之间的关系,努力体现江苏出版史的全貌,凸显江苏出版史的脉络,形成体系化、学理性的认知,以对今后全国的出版及思想文化活动提供镜鉴与参考。但在创作过程中,我们也感到困难与挑战多多,颇有"筚路

蓝缕，以启山林"之慨。因此，在实际推进过程中，我们也本着做"务实的理想主义者"精神，不断完善写作策略、优化实施路径，既要求全书具有相对统一的规模体例、前后接续的叙事线索，也允许各自提出富有特色的问题，论有所据，成一家之言。

"千淘万漉虽辛苦，吹尽狂沙始到金。"经过长达近10年的"联合攻关"，《江苏出版史》从豪迈的愿景，变为坚韧的携手前行，如今终于成为沉甸甸的心智结晶。本套书见证了时光的有情与无情：说有情，是因为只要我们不放弃，只要我们无休止地付出，她总会给我们回报；说无情，是因为她无法等待、不容拖沓，时光流逝绝不回头，为本著作作出很大贡献的几位恩师、前辈和领导，包括近十年前辞世的高斯老局长、五年前去世的王於良老局长以及刚刚过去的疫情峰值时期辞世的缪咏禾总顾问都无法见到她的问世。

《江苏出版史》并不完美，而且我们知道其不完美之处，但囿于能力和精力，一时也无法使之变得更完美。纵观出版史，出版本身，或许就是"遗憾"的艺术吧。我们诚恳接受读者的批评，并期待在今后适当的时机，将她不断完善。

徐　海

2023年3月1日

目　录

概　论

出版是人类重要的社会文化活动。在文字诞生以后、现代印刷技术应用之前的漫长历史中，出版活动的对象和最终成果主要是书籍。书籍是社会信息交流和文化传播的主要媒介，人类以智慧创造了书籍，书籍以知识滋养着人类。正是出版活动，使前人形诸文字的知识，成为滋养后人的书籍这一重要转换得以完成。

中国有着五千年文明历程，其间勤劳智慧的劳动人民创造了促使书籍生产得以进入规模经营的两项伟大发明——造纸与印刷术，为历史上的出版活动创造出巨大的发展空间，成就了举世瞩目的辉煌业绩。

第一节　出版与出版史

早在文字和书写材料诞生之初，中华民族的出版活动就已经有声有色地开展起来，数千年来积累了丰富的历史实践经验。了解中国出版活动的历史渊源，可以从"出版"和"出版史"二词谈起。

一、出版

出版，是指通过一定的物质载体，将著作制作成各种形式的出版物，并使之进入流通领域，以保存、传播人类知识的社会专业化活动，包括排版、印刷、装帧和发售等环节。

"出版"一词是外来语，大约在近代机械印刷工业初起的 19 世纪下半叶从日语中引进。但是个中的内涵，在后唐明宗长兴年间（930—933）

已有较为完整的表述。考宋初《册府元龟》卷六〇八《学校部》所载,后唐宰相冯道重经学,因向明宗李亶建言:"常见吴蜀之人鬻印板文字,色类绝多,终不及经典。如经典校定,雕摹流行,深益于文教矣。"①冯道所言"雕摹流行",后来经省简固定为"版行""刊行"或"梓行",其义包括摹写、雕版、印刷、装帧和发行诸项,与"出版"相同。此外,尚有"镂版(板)""刻版(板)""雕版(板)""付梓"等词,其义一般不包含印刷、装帧和发行的环节。

上述各词基本都与雕版印本书籍的生产相关,是唐代雕版印刷术广泛应用于图书生产后出现的术语。但这并不说明中国的出版活动就始于唐代。

在雕版印刷术诞生之前,中国的图书出版和传播经历过一个漫长而辉煌的写本时代,也正因为写本时代手工抄写方式的相对低效,给繁荣兴盛的社会需求带来种种不便,而使之成为寻求生产制作技术创新的内在动力。

写本时代的起始,据已知文献的记载,当不晚于商代。《尚书·多士》中所载"惟殷先人,有册有典"即是明证。那时的王公贵族都有意识将一些重要的事情通过各种形式记载下来,传于后世。如《墨子》中就多次出现"书于竹帛"的表述。《尚贤》篇曰:"古者圣王既审尚贤,欲以为政,故书之竹帛,琢之盘盂,传以遗后世子孙。"②《天志》篇在表彰三代圣王顺天行事得天德、谴责三代暴君逆天行事为天贼后,都强调"不止此而已,书于竹帛,镂之金石,琢之盘盂,传遗后世子孙"③。二例中"书之竹帛"一语就是指将事实和思想用文字抄录在竹帛上,使后世子孙能够借此了解古者圣王仁义尚贤的德行和暴君劫弱暴寡的乱行。原意虽非强调面向社会出版,但符合出版活动最终目的在于保存、传播的要义。

至春秋战国时期,诸子并起,百家争鸣,文化学术事业得到空前发展,其标志之一就是学术著作大量问世,正如《墨子·天志》所载"今天下

---

① [宋]王若钦等编纂,周勋初等校订:《册府元龟》卷608《学校部·刊校》,南京:凤凰出版社,2006年,第7册,第7018页。

② 吴毓江撰,孙启治点校:《墨子校注》卷2《尚贤下》,北京:中华书局,1993年,第97页。

③ 吴毓江撰,孙启治点校:《墨子校注》卷7《天志中》,北京:中华书局,1993年,第306页。

之士君子之书不可胜载,言语不可尽计,上说诸侯,下说列士"①。所以,墨子"南游使卫,关(同扃)中载书甚多"②,而"惠施多方,其书五车"③。大量书籍经传抄流入民间,成为私人藏品而产生重大社会影响,致使战国秦孝公(公元前 361—前 338 年在位)采取挟书禁令,禁止民间藏书。

中国文化元典大多产生于春秋战国时期,而传抄使这些元典中的思想得到广泛传播。那时,传抄就是出版活动。繁盛的传抄行为使春秋战国时期形成了中国历史上第一个出版活动的高潮。

20 世纪 50 年代以来,多批战国竹简相继出土,为深入研究探讨我国早期的出版活动,提供了极其珍贵的实物资料。

1993 年,湖北荆门郭店楚墓出土 804 枚战国竹简,经学术界多年整理研究,这批 1.3 万字的竹简,包括道家著作 2 种 4 篇,儒家著作 11 种 14 篇。1994 年春,上海博物馆陆续从香港文物市场购回 1218 枚战国楚简,约 3.5 万字,包括《易经》、《孔子诗论》(图 1-1)等 80 余篇(部),内容涵盖儒家、兵家、道家、杂家等先秦诸子著作。2008 年,清华大学收到校友捐赠的一批长期流散在境外的战国竹简,共约 2500 枚,经初步整理,包括《尚书》和类似《纪年》的史书等。

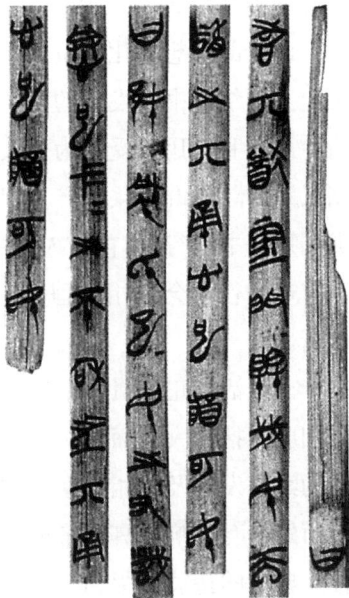

图 1-1 《孔子诗论》
战国楚竹书 上海博物馆藏

郭沫若曾指出:"殷代除甲骨文之外一定还有简书和帛书。……甲骨文中也有册字和典字,正是汇集简书的象形文字。但这些竹木简所编

① 吴毓江撰,孙启治点校:《墨子校注》卷 7《天志上》,北京:中华书局,1993 年,第 296 页。
② 吴毓江撰,孙启治点校:《墨子校注》卷 12《贵义》,北京:中华书局,1993 年,第 687 页。
③ [清]郭庆藩撰,王孝鱼点校:《庄子集释》卷 10 下《天下》,北京:中华书局,1985 年,第 1102 页。

纂成的典册,在地下埋藏了三千多年,恐怕不可能再见了。"①

概括来说,根据历史文献记载和地下出土文物的双重证据,中国历史上的出版活动肇始于殷商时代。

二、出版史

出版史,就是出版活动的历史。

中国古代文化传播的主要媒介是图书,图书是人类在自身发展过程中所创造的一种物化了的精神产品,它能不断反映、复制、放大、传播人类的精神文明成果。所以,图书的出版会受到诸多因素的影响和制约,包括政府的思想文化政策、时代风尚、社会需求、生产技术状况等。考察历史上围绕图书而发生的一切社会文化现象,我们发现可以将其分为创造性活动和利用接受行为。人类的创造性活动作用于图书,使图书在形制、编纂体例和内容、生产技术等方面得到持续的创新、丰富和发展;人类利用图书的行为,包括人们的阅读活动、社会的传播方式和收藏兴趣等。这种行为会在相当程度上推动出版活动在内容、体例方面的开拓创新。

出版活动正好贯穿融通于创造和利用之间。因此,出版史的研究内容相应包括两大方面:其一,出版活动内部在体例、内容、技术、制度等方面的继承发展及其相互联系;其二,出版事业与社会政治、经济、文化等方面的相互影响。具体来说,这两方面的内容主要通过出版家的活动、各类典籍的持续出版和图书市场的日益扩大综合表现出来。鉴于在写本时代出版活动的主体是创作者和编纂者这一历史事实,我们大致将古代出版史的主要研究内容和研究任务解析为以下五点:(1)政府的思想文化政策及其对出版事业发展的影响;(2)重要文化典籍的编辑出版过程及其历史意义;(3)著名编纂出版机构的创办发展及其历史地位;(4)杰出编纂出版家的重要业绩及其历史影响;(5)重大出版技术与制度的产生、完善及其历史作用。我们借此从复杂的历史现象中梳理出清晰的发展轨迹,并探讨其发展规律,突出历史上出版活动为社会文化传播作出的巨

---

① 郭沫若:《古代文字之辩证的发展》,载《郭沫若全集·考古编》第10卷,北京:科学出版社,1992年,第73—74页。

大贡献,为出版事业现在乃至未来的发展提供借鉴。

第二节　江苏行政建置的历史沿革

江苏省行政区划的确定及其命名,始于清初。据《嘉庆重修一统志》卷七十二《江苏统部》记载,康熙六年(1667),江南省改为江苏省、安徽省,江苏省领江宁、苏州、松江、常州、镇江、淮安、扬州七府及徐州一州。经百年沿革,至乾隆三十二年(1767),全省领江宁、苏州、松江、常州、镇江、扬州、淮安、徐州八府,太仓、海州、通州三直隶州和海门直隶厅(1708年置厅)。(图1-2)①除松江府外,其辖区与现在江苏省区划基本相同。

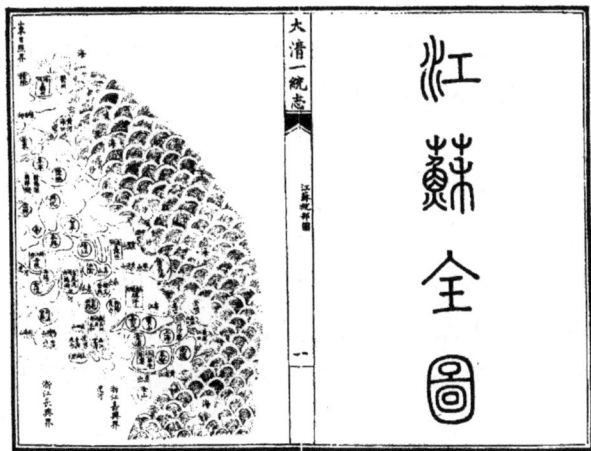

图1-2　江苏全图　《嘉庆重修一统志》书影

上溯至先秦,江苏建置滥觞于徐、扬两州。《尚书·禹贡》将天下分为冀、兖、青、徐、扬、荆、豫、梁、雍等九州,曰"海岱及淮惟徐州",明确东至海、北至泰山、南至淮水为徐州区域,相当于现在江苏省的北部、山东省的南部和安徽省的北部。而"淮海惟扬州",就是北至淮水、东南至海的广大区域为扬州,包括今江苏、安徽两省南部,浙江全省,以及江西省

---

① [清]穆彰阿等:《嘉庆重修一统志》卷72《江苏统部》,北京:中华书局,1986年影印本,第4册,第2978页。

大部,并河南、湖北两省东部一角。秦汉建立大一统国家政权以来,徐、扬二州的辖地渐次增置新郡,如东汉顺帝时分置吴郡(今苏州),唐肃宗至德二年(757)置江宁郡,不断接近清初江苏省的区划。只是在南北分裂时期,徐州、扬州往往分别归属南北各朝。如三国时期,徐州属曹魏,扬州隶孙吴。南北朝时期南齐与北魏、梁与东魏、陈与北齐对峙,亦大致以淮水为界,淮水以北隶北朝,淮水以南属南朝。南宋与金国对峙时期的情况也类似。

隋开皇九年(589)初,隋将贺若弼率军自广陵渡江取京口,韩擒虎自横江(今安徽和县)渡江,攻入建康。陈朝亡。中央政府随置扬州、徐州总管府。唐初分天下为十道,徐州入河南道,扬州及江南其他州郡分入淮南道、江南道。两宋时期,一级行政区划改为路,宋神宗元丰年间设置二十三路,徐州属京东西路,江宁府隶江南东路,平江府、镇江府、常州以及江阴军入两浙西路,扬州、泰州、通州、海州、真州以及高邮军、清河军、淮安军等长江以北地区属淮南东路。

元代的行政建置,在路、府、州、军之上,设立行省。扬州、淮安二路,高邮府,徐、邳二州属河南江北行省;平江、常州、镇江、集庆四路,松江府,江阴州属江浙行省。

本卷按时代分述江苏先秦至宋元的出版史实。由于历史上江苏行政区划的设置废省、名称的改易、隶属的变化比较复杂,故行文中凡涉及行政区划,均采用当时名加括注今名的方式,既保持历史维度,又体现当下视野。

第三节　中国古代出版业的发展演变

古代出版事业的发展演变主要受到两大历史条件的影响,一是出版技术,二是社会环境。

一、出版技术

出版技术主要指文字记录方式、书写材料制作手段和书籍装帧形式。在长期的出版活动中,这些出版环节都形成了一整套制度,史称"书籍制度"。自先秦以来,中国的书籍制度几经变迁,书写材料由竹木而为缣帛,继由缣帛转而为纸;装帧形式则由简策而为卷轴,继由卷轴转为册页;出版方式由抄录而为雕版,继由雕版并用活字。

简策是春秋以迄秦汉三国时期书籍的主要形式。简策之"简",早期专指竹质的书写材料,木质者则称为"牍"。策,又作"册",是指由若干简牍编连而成的书册。所以,简策就是指书写在竹木上的书籍,也就是这一时期的出版物。在长达千年的发展进程中,简策在书写、编次、装帧等方面都已具备后世正规书籍的基本要素,因而成为中国书籍之始。

帛书是指书写在缣帛上的书籍。缣帛是丝织品,包括帛、素、缯、缣等品种。缣帛质地轻薄,书写时可以根据文字内容的长短随意裁剪,舒卷方便,且在携带、阅读和保藏各方面都十分理想。作为书写材料,缣帛的这些优点都是简牍所不具备的。所以到东汉时,帛书得以盛行。1973年,长沙马王堆汉墓出土《周易》《战国策》等20余种帛书。其整幅帛高与二尺四寸简的长度相近,半幅帛高则与尺简近似。帛面画有很细的朱丝栏,栏宽约0.6厘米,与竹简宽度相近,很像是把帛面划分成一枚枚竹简,且其实物为卷轴状存放。这说明帛书的形制是依简策沿用而来的。

纸与印刷术发明后,全国各地逐渐涌现出众多的优质名纸和刻书中心,繁华的都市开始形成书肆集中的特色文化街。中国的图书出版事业进入了崭新的历史发展阶段。纸与印刷术成功地催生了纸本和印本书籍的面世,而纸本和印本书籍在制作、版式和装帧等方面形成了与简策不同的特色。

六朝隋唐时期,纸质书籍大都为抄本,其装帧形式沿袭帛书而为卷轴装(图1-3)。卷轴装是指在一卷书的末尾安上一根轴,以轴为中心,书卷可以由尾向前卷起。现在书画作品的装裱仍采用这种形式。

图1-3 《书仪新镜》书影
敦煌写本(S.1040)

印刷术的发明,宣告人类的出版活动进入印刷新时代。

唐末五代以来,雕版印刷的书籍,开始由单叶书纸积累装订而成,其生产制作的工艺规程形成了新的制度,史称"册页制度"。册页制度包括书籍的版式、行款、字体、装帧等内容。

在出版史研究领域,以雕版印刷术的发明和使用为界线:此前为写本时代,或称为卷轴文化时期;此后为印本时代,或称为雕版文化时期。

写本时代,书籍的生产只有人工抄写一种方式,费时耗力、差错率高是其基本特征。在这种状态下,书籍的复制量非常有限,"能具书疏者,百无一二"的现象十分普遍。图书复本的稀少,一是使图书难以形成大规模的社会传播,从而影响社会文化水平的整体提高,二是造成图书流传保存的困难。图书的传与不传,有幸与不幸,存在复杂的因素,但是很重要的一个因素就是复本的多少。在抄本时代,即使是国家藏书,一般也只有三份复本,这么少的流通数,使书籍很容易在流通中遭受损失,甚至湮灭。

这正如希尔斯对西方早期著作存佚原因的判断一样,他说:"可以断言,包括最伟大的作家在内的某些著作,其当时存在的全部手稿抄本,在公元后大约五百到一千年之间急剧减少了。以抄写方式进行复制的速度(伴随着讹误)远不及遭到破坏的速度。"①进入印本时代,相对多的复本,使宋代以来的书籍亡佚情况大大改善。虽然今天宋代原刻本传世的也已经很少,但是宋刻原本的重刻本、翻刻本、影写本大量存世,这也是依赖于复制容易的雕版印刷技术。

雕版印刷术的诞生,有其自身的技术条件、物质条件,更离不开社会环境的推动作用。

二、社会环境

社会环境,一般指的是政府的思想文化政策、与之相适应的有关制度以及社会文化风尚等。

中国古代的思想文化政策是在大一统的政治框架下制定的。

公元前221年,千古一帝秦始皇吞并六国,席卷天下,完成了统一中

---

① [美]E.希尔斯著,傅铿等译:《论传统》,上海:上海人民出版社,1991年,第191页。

国的伟大事业,随即实行统一文字的书同文政策。公元前202年,胸怀统一宏图的刘邦把骁勇盖世的强敌项羽一举逐出历史舞台,重新奏响大一统的凯歌。经由汉初自高祖刘邦至景帝刘启六帝持续奉行"与民休息"、重建社会经济的政策,励精图治60余年,到武帝刘彻即位,国家经济建设已经取得十分可观的成就。元光元年(前134),锐意兴革的汉武帝雄心勃勃地规划建成远比前代更加强盛的统一帝国,决意奉行独尊儒术的思想文化政策,确定了大一统的思想文化意识。公元前91年,司马迁撰写成《史记》,提供了自黄帝以来中华民族近三千年大一统的历史。汉成帝河平三年(前26),刘向奉诏领衔整理自孔子以来传播天下的典籍,编撰完成系统目录《七略》《别录》,为后世的典籍整理出版建立起体现大一统精神的分类体系。

两汉以来,历代政府多实行文治,奉行尊儒重道、劝学兴教的思想文化政策,设立贯彻实施朝廷思想文化政策和主导文化传播活动的文化出版机构,逐步确立政府主导的图书编纂出版体制。这里简单介绍国子监、史馆制度和科举制度。

国子监,又称"国学""太学",祭酒为主管长官。西汉武帝时,为了加强中央集权统治,采纳董仲舒的建议,"兴太学,置明师,以养天下之士"。晋武帝咸宁四年(278)始设国子学。隋炀帝即位后,改名国子监。

国子监一身两职,既是古代掌管国家儒学训导政令的官署衙门,又是古代国家的最高学府。隋唐之际,科举制度确立,国子监常受命勘正经籍,传布天下。唐贞观中,国子监祭酒孔颖达即受命校撰《五经正义》。唐末五代时,雕版印刷术开始大规模应用于刊行儒家经典,由于国子监中聚集了全国优秀的博士儒生,堪当校读缮书之任,国子监自然成为朝廷刊行书籍的主要机构。

史馆制度滥觞于东汉,确立于唐代。

东汉初明帝时,已开始确定由史官分撰本朝国史。历经安、桓、灵三朝,史官班固、陈宗、刘珍、李尤、边韶、崔实、蔡邕、卢植等前后续撰,终成《东观汉纪》143卷。这一编纂活动已具有后世朝廷设立史馆修史的性质。

唐太宗贞观三年(629),设立史馆代替著作局的修史之职,修撰本朝的"实录"和"国史",并确立宰相监修之制。自贞观四年(630)至显庆四年(659),30年间陆续修成《梁书》《陈书》《北齐书》《周书》《隋书》《晋书》《南史》《北史》等8部纪传体史书,国家重臣魏徵、房玄龄、令狐德棻、褚遂良、长孙无忌等皆参与其事。中晚唐史馆主要修撰实录、国史,至五代后梁、后唐,史馆沿袭搜集史料的传统,后晋史馆则主持修纂《旧唐书》。

史馆制度的核心就是由朝廷大臣主持或监修朝廷典籍的纂修工作,以确保典籍在思想文化方面体现国家意志和文化政策。

科举制度是隋唐制度建设中一个迹映千秋的亮点,在中国历史上影

响巨大。

隋唐以前,朝廷选拔人才必须由地方官员推荐,士子不能自由报考,故名之为"察举"。隋唐科举则规定士子通过地方或学校的选拔考试,优秀者由地方或学校荐至朝廷参加各科考试。士人或学生都可以自由参加选拔考试,一般没有门第流品的限制。出仕为官,建功立业,自古以来就是读书人梦寐以求的人生理想。于是,科举就成为一项由成千上万家庭从子弟童蒙修学开始就精心规划应对的规模浩大的社会活动。

隋唐以来,朝廷选用官员主要通过科举一途,所以在科举的科目和内容上体现官方的意图,以确保未来的官员在政治思想上与朝廷同声和调,就显得十分重要。朝廷规定《礼记》《春秋左氏传》《诗》《周礼》《仪礼》《易》《尚书》《春秋公羊传》《春秋穀梁传》等"九经",以及《孝经》《论语》等经书,《史记》《汉书》《东观汉纪》等"三史",《文选》、诸子百家等书,为各科考试必读书。熟读规定的经史典籍自然成为叩开科举仕进之门的隆重开端。科举对社会各阶层开放,逐渐成为士人入仕的主要途径,士族后代、庶族子弟都要通过这个途径猎取功名,踏上仕途。为了保证子弟能够在科举选拔中胜出,收藏阅读科举规定的经史典籍,成为名门世族、士庶之家的共同取尚。"士大夫以《诗》《礼》立身,儒素为业,广聚坟典,以遗子孙。若良农之储末耜,百工之利刀尺也。缮其简编,饰诸缃帙。手自刊校,心无倦怠。至于义畜百家,室盈千卷,观乎油素,达圣哲之心,

遗之子孙,为清白之业,异夫金玉满堂,赀币润屋,多藏为累,后亡可俟者
也。"①人生至乐无如读书,至要无如教子,成为社会推崇的信条,诗书教
子的文化传统在科举时代得到进一步地发扬光大。

综上所述,两汉以来,历代政府多实行文治,奉行尊儒重道、劝学兴
教的思想文化政策,选拔官员以儒家经学的造诣为标准,尤其隋唐时期
确立的科举制度,为包括庶族寒门子弟在内的有志青年,铺就一条通向
成功的锦绣之路,从而形成"五尺童子,耻不言文墨"的社会向学风尚。
大量学童士子攻习举业,阅读朝廷指定的儒家典籍和相关指导书,社会
因此形成诗书教子的文化传统。这种持久量大的阅读需求极大地刺激
了图书的生产,成为图书出版技术创新的巨大的社会推动力。

第四节　江苏古代出版业的区域特点

历史上,与全国各地一样,江苏的出版业受到朝廷思想文化政策和
社会物质技术条件的制约和影响,然而与其他地区相比较,还是具有自
己的区域特点。这一特点,就本卷先秦至宋元时期而言,主要体现为国
都的文化优势和区域经济优势对出版业的传导。

一、国都的文化优势

两汉时期,西汉建都长安,史称西都或西京;东汉定都雒阳(今洛
阳),史称东都或东京。东汉班固撰《两都赋》,张衡撰《两京赋》,先后用
铺张扬厉的赋体,描绘出气势恢宏的都城景象——崔巍环列的宫殿,笼
盖四野的苑囿,星罗棋布的街市,熙攘往来的人群,淋漓尽致地传扬出
"海内一统"的时代气息和社会百态。国都作为国家的政治中心和权力
中心,其优势是全方位的。从出版事业角度来看,国都的文化优势主要
体现在两个方面,一是拥有国家有关文化、出版和教育的最高管理部门
和实施机构,二是拥有儒雅学者和文化精英施展才华的历史舞台。由于

---

① [宋]王若钦等编纂,周勋初等校订:《册府元龟》卷81《总录部·聚书》,南京:凤凰出版社,
  2006年,第9册,第9437页。

国都具备这些优势,全国各地渴望求学仕进的学子蜂拥而至,因而拥有大规模的读者群。这么大的书籍需求群体,自然成为书肆的催生力量。

"书肆"一词,最早见于扬雄《法言·吾子》,其文曰:"好书而不要诸仲尼,书肆也。"这是说,如果博览群书而不能按照圣人的学说去理解文义,那就犹如开设杂陈群书的书铺,多读无益。扬雄(前53—18)生活在西汉末年,40余岁自蜀地来游长安。东汉初,学者王充(27—约97)游洛阳书肆,自学成才。《后汉书·王充传》称:"充少孤,乡里称孝。后到京师,受业太学,师事扶风班彪。好博览而不守章句。家贫无书,常游洛阳市肆,阅所卖书,一见辄能诵忆,遂博通众流百家之言。后归乡里,屏居教授。"①这位家贫无书的学者,是靠在书肆阅读所卖书籍,才得以"博通众流百家之言"的。关于洛阳书肆的持续发展,我们还能从诗人文士的作品中得到一点信息。唐代吕温的《上官昭容书楼歌》诗中有句云:"君不见洛阳南市卖书肆,有人买得《研神记》。"自注称:"贞元十四年(798),友人崔仁亮于东都买得《研神记》一卷,有昭容列名书缝处,因用感叹而作是歌。"如果从东汉王充早年常游洛阳书肆阅览所卖书籍的记述算起,可知洛阳书肆已经存在了700多年。与崔仁亮洛阳买书几乎同时,白行简传奇名篇《李娃传》中有李娃带书生在长安书肆购书的细节:"娃命车出游,生骑而从,至旗亭南偏门鬻坟典之肆,令生拣而市之,计费百金,尽载以归。"②作为古代社会图书交易的主要场所,都城洛阳书肆对推动促进书籍出版流通的作用是十分显见的。

公元220年,曹魏代汉不久,刘蜀、孙吴裂土为王,形成魏、蜀汉、吴三国鼎立的割据局面,中国历史进入魏晋南北朝时期。

公元229年,吴主孙权在武昌即皇帝位,改元黄龙,秋九月迁都建业(今江苏南京)。晋武帝司马炎平吴后,改建业为秣陵,晋末又改为建康。东晋南渡,建都建康。南北朝时,南朝宋、齐、梁、陈四朝皆因之。

汉献帝建安末年,政局大乱。中原人士为避战乱,纷纷南下江东。东吴国都建业遂成为理想的寓居之地。为了朝廷的文化出版事业,吴主

① [宋]范晔撰、[唐]李贤等注:《后汉书》卷49,北京:中华书局,1973年,第1629页。
② [唐]白行简:《李娃传》,载汪辟疆校录:《唐人小说》,上海:中华书局,1963年,第105页。

孙权又征调各地大雅之士进京任职,充分展现国都的文化优势。汝南南顿(故城在今河南项城北)人程秉曾师事郑玄,问学刘熙,博通五经。汉末避乱交州(汉置,包括今广东、广西及越南各一部)。孙权闻其名,以礼征至京师,拜太子太傅。所著有《周易摘》《尚书驳》《论语弼》,凡3万余言。又有彭城(今江苏徐州)人严畯,善《诗》《书》及三《礼》,又好《说文》。避乱江东,在朝廷出任骑都尉、从事中郎。所著《孝经传》《潮水论》等,皆传于世。《三国志·吴志》中,此类记载甚多。又月氏国僧支谦世居中国,博览经籍,精通六国语言。汉末,支谦自北奔吴避乱,自黄武元年(222)至建兴二年(253),30余年间,翻译《大明度经》等数十部佛经,"曲得圣义,辞皆文雅",都流传于世,开江南佛经翻译之风。赤乌十年(247),天竺康僧会(祖先为康居人)杖锡东游入吴,到达建业。吴主孙权为建佛寺,号建初寺,造舍利塔。康僧会在寺中翻译《六度集经》等7部佛经。

自晋元帝建武元年(317)建立东晋政权,至隋文帝开皇九年(589)灭陈,前后凡272年。东晋、南朝四朝的政权更迭,都是外禅的形式,干戈未兴,除了梁末侯景之乱等,大抵平静无战事。建康作为国都,其规模迅速扩大。宋乐史在《太平寰宇记》中引《金陵记》的记载:"梁都之时,城中二十八万余户,西至石头城,东至倪塘,南至石子冈,北过蒋山,东西南北各四十里。"①作为政治经济文化的中心,东晋及南朝政府在建康组织进行了持久的出版活动,主要包括两个方面。其一,组织政府机构整理政府藏书,校勘编目,钞补残缺。其编目的成果有东晋大著作郎李充《晋元帝四部书目》,宋秘书监谢灵运《元嘉八年秘阁四部目录》,秘书丞王俭《元徽元年四部目录》,齐秘书丞王亮、秘书监谢朓《四部书目》,梁秘书监任昉、殷钧《梁天监六年四部书目录》,以及秘书监刘孝绰《梁天监四年文德殿四部目录》,中国古代图书的四部分类法就是在这一时期产生并确立的。其二,帝王积极倡导编纂出版活动。据史书记载,东晋、南朝曾有两次规模较大的官修谱书的编纂活动:东晋孝武帝司马曜命贾弼之编纂

---

① [宋]乐史撰,王文楚等点校:《太平寰宇记》卷90《江南东道二·昇州》,北京:中华书局,2007年,第1774页。

《姓氏簿状》712篇,集18州116郡氏姓;梁武帝曾命王僧孺编纂《梁武帝总集境内十八州谱》710卷。宋文帝刘义隆命裴松之采集三国史事,以注释陈寿的《三国志》,补救原书叙事过于简略之憾。元嘉六年(429)书成奏进。据清沈家本《三国志注所引书目》的统计,注文博采群书210种。裴松之这样详史事之委曲、补史事之缺佚的广搜博取式的注解,既开创了史书作注的新例,又间接反映出当时书籍出版、保存和流传的繁荣景象。

清代史学家赵翼在《廿二史札记》"齐梁之君多才学"条中指出:"创业之君,兼擅才学,曹魏父子,固已旷绝百代,其次则齐、梁二朝,亦不可及也。"①据史书记载,齐永明五年(487),竟陵王萧子良移居建康鸡笼山邸,集学士抄《五经》、百家,依《皇览》例编为《四部要略》千卷。而梁武帝萧衍、昭明太子萧统、梁简文帝萧纲和梁元帝萧绎父子四人在编著、创作和出版方面更是成果累累,所以赵翼由衷地发出"尤为独擅千古"的赞叹。萧氏父子的著述,据《梁书》的记载,都各有数十种,数百上千卷。帝王的编纂和创作热情,极大地带动了文人学者,尤其是促使朝廷文化管理机构官员倾情投入。古代文人的个人作品一般编为文集,在分类上归入集部别集类。集部是《隋书·经籍志》著录的重要部类,其中别集类收书凡437部4381卷,其中79部为萧梁时人所著,占总数的18%。梁代立国56年,而梁武帝在位就达48年。《梁书·文学传序》称,梁武帝"旁求儒雅,诏采异人,文章之盛,焕乎俱集……其在位者,则沈约、江淹、任昉,并以文采,妙绝当时"②。其他如彭城到沆、吴兴丘迟、东海王僧孺、吴郡张率、平原刘杳等一时俊彦,鸾翔凤集,都置身于萧衍父子主导的文学创作和编纂出版的活动中,沈约的《宋书》、萧子显的《齐书》、刘杳等的《华林遍略》、萧统的《文选》、刘勰的《文心雕龙》等重要著作先后问世,精彩纷呈,充分体现出建康作为国都在编纂出版上的文化优势。

东晋、南朝时期建康的出版活动,在江苏古代出版史上书写了极其灿烂的一页。

---

① [清]赵翼著,王树民校证:《廿二史札记校证》卷12,北京:中华书局,2013年,第259页。

② [唐]姚思廉:《梁书》卷49,北京:中华书局,1973年,第685页。

二、区域经济优势对出版业的传导

汉末以来,尤其是西晋"永嘉之乱"后,中原士族及大量民众为避战乱而南迁,他们将先进的生产方式、文化风尚等一并带入南方,大幅提升了长江流域生产和文化的水准。正如史学家范文澜所指出的:"长江流域比起黄河流域来,一向是落后地区,东晋时期,北方汉族人大量南迁,长江流域经济有很大的发展,逐渐接近黄河流域未遭破坏时的经济水平,文化的兴盛,更远远超过当时的北方。南朝文化为隋唐统一时期高度文化奠定了基础。"①

南朝的史学家对当时的经济文化发展情况有所观察,有所记载。刘宋是南朝的首个政权,沈约在《宋书·良吏列传序》中记载称,从宋武帝刘裕开国,至文帝刘义隆元嘉二十七年(450),30年间,"守宰之职,以六期为断,虽没世不徙,未及曩时,而民有所系,吏无苟得。家给人足,即事虽难,转死沟渠,于时可免。凡百户之乡,有市之邑,歌谣舞蹈,触处成群,盖宋世之极盛也"②。萧子显在《南齐书·良政列传序》中有类似的文字:"永明之世,十许年中,百姓无鸡鸣犬吠之警,都邑之盛,士女富逸,歌声舞节,袨服华妆,桃花绿水之间,秋月春风之下,盖以百数。"③永明(483—493)为齐武帝萧赜的年号,前后11年。两位史学家都提到"家给人足"的社会经济环境下都市歌舞游处的繁荣景象。而梁朝的情况,《隋书·经籍志》在序中更是直接记载道:"梁武敦悦诗书,下化其上,四境之内,家有文史。"④可以为梁武帝时期"四境之内,家有文史"一语作注脚的是《北齐书·祖珽传》中的一段记载:东魏孝静帝武定中(543—547),祖珽出任秘书丞,事中书监高澄。"州客至,请卖《华林遍略》,文襄多集书人,一日一夜写毕,退其本曰:'不须也。'"⑤文襄,北齐初,高澄被追谥为文襄皇帝。扬州书贾(州客)北上售卖《华林遍略》这件事的意义十分重大。其一,《华林遍略》是一部卷帙浩繁的类书,其抄录绝非少数人在短期内可以完成的,说明当时书铺经营已经具有相当的规模。其二,《华

① 范文澜:《中国通史简编》(修订本)第2编,北京:人民出版社,1964年,第389页。
② [梁]沈约:《宋书》卷92,北京:中华书局,1974年,第2261页。
③ [梁]萧子显:《南齐书》卷53,北京:中华书局,1972年,第913页。
④ [唐]魏徵:《隋书》卷32,北京:中华书局,1973年,第907页。
⑤ [唐]李百药:《北齐书》卷39,北京:中华书局,1972年,第514页。

林遍略》是南方文士编纂的书籍,梁天监十五年(516)由梁武帝命学士编纂,不到 30 年,已有书贾将其贩至北方,反映出其时书籍的社会传播和南北交流都十分活跃。

隋炀帝大业元年(605),朝廷发动数百万民工,开掘大运河,打通南北水路交通。大运河不仅有力地加强了南北的经济联系,也像是一条南北文化交流的诗意走廊,途经的城市如润州(今江苏镇江)、扬州、苏州等经济文化都得到长足的发展,出版活动也随之活跃。隋文帝开皇十年(590),晋王杨广出任扬州总管,直到开皇二十年入朝即太子位。在扬州的 10 年中,杨广引吴郡(今江苏苏州)学者潘徽为扬州博士,命与诸儒编撰《江都集礼》120 卷。隋唐之际,《文选》在扬州形成专门之学,蓬勃兴起。唐刘肃这样叙述当时的情况:

> 江淮间为《文选》学者,起自江都曹宪。贞观初,扬州长史李袭誉荐之,征为弘文馆学士。宪以年老不起,遣使就拜朝散大夫,赐帛三百匹。宪以仕隋为秘书,学徒数百人,公卿亦多从之学,撰《文选音义》十卷,年百余岁乃卒。其后句容许淹、江夏李善、公孙罗相继以《文选》教授。[1]

文选楼故址在扬州旧城旌忠寺旁,因当年由曹宪会同魏模、李善诸人居楼中教习研注《文选》而得名。又如唐代宗大历年间(766—779),润州刺史樊晃编集杜甫《小集》6 卷,成为江南最早流行的杜甫诗集。唐文宗开成四年(839),白居易在离任苏州刺史 13 年后,将本人编纂的一部《白氏文集》写本置于苏州南禅院千佛堂。这些出版活动都对后世产生重要影响。

第五节 江苏古代出版活动的界定与鉴别

古代区域出版活动的界定与鉴别,主要依据古代文献的记载和描述。这种记载和描述在写本时代和雕版时代存在较大的区别。

---

[1] [唐]刘肃:《大唐新语》卷 9"著述",北京:中华书局,1984 年,第 133 页。

法国学者戴仁研究书籍史,曾比较中国和欧洲的区别,指出:"由于使用的技术、各自产生的经济效益以及出版者的多样性,特别是由于国家在出版事业中的作用,书籍的生产和发行体系都不同。尤其是在中国,出版、生产和销售活动之间很少分离,这与欧洲有重要的区别。"①戴仁这里比较的是近代的情况,在中国古代的写本时代,书籍出版、生产和销售活动之间不仅很少分离,简直难以分离,因为我们从现有的文献记载中没有发现书籍生产和发行的体系。

　　在中国古代,由于出版业与政治密切相关的敏感性质和由政府主导的特殊地位,历代政府都没有将它作为独立的经济产业来管理,因而缺乏系统的出版统计资料。图书目录是古代记载图书编著和流传的主要形式,包括历代正史中的艺文志或经籍志,主要反映政府的藏书或当代的著述情况,以及历代官私藏书目录。其他有关编撰出版信息则散见于各体史书,主要是纪传类中的人物传记部分,以及集部类书籍中的序跋。由于大多是间接的信息,故就出版信息的整体来讲是模糊的、不完整的,而且写本时代和雕版时代的情况存在明显差异。先看写本时代。

　　南朝刘宋诗人谢灵运(生于东晋末)以清新优美、自然天成的山水诗闻名于世,致使"每有一诗至都邑,贵贱莫不竞写,宿昔之间,士庶皆遍,远近钦慕,名动京师"②。这是"洛阳纸贵"故事的一个标准翻版,是对类似畅销书传播情况的一种诗意的表述。"宿昔之间,士庶皆遍",其中是否有民间书铺的参与,文中看不到明确的信息。但当时都邑建康的市坊街巷确实开着许多书铺,《南史》中的这段记载可以证实这一点:齐高帝萧道成的第十二子萧锋,"至十岁,便能属文。武帝时,藩邸严急,王不得读异书,《五经》之外,唯得看《孝子图》而已。锋乃密遣人于市里街巷买图籍,期月之间,殆将备矣"③。期月,就是一整月。"武帝时",即上文中提到的齐武帝萧赜永明年间,正是南齐经济文化发展最好的时期。从文字看,萧锋需要的书籍品种和数量应该较多,而供他进出淘书的书铺也

① [法]戴仁:《书是一种商品吗? ——上海商务印书馆(1903—1937)对于书籍的观念》,载韩琦、[意]米盖拉:《中国和欧洲:印刷术与书籍史》,北京:商务印书馆,2008年,第129页。
② [梁]沈约:《宋书》卷67《谢灵运传》,北京:中华书局,1974年,第1754页。
③ [唐]李延寿:《南史》卷43,北京:中华书局,1975年,第1088页。

应该不少。但是什么书，数量多少，书铺的名号是什么，字里行间却没有提供具体信息。

检南朝四朝正史，在众多诗人学者的传记末，大多罗列其著作，且以"皆行于世"或"行于世"数字结句。所谓"行于世"者，就是已经出版并在社会流通。明末太仓学者张溥辑刻《汉魏六朝百三家集》，其中南朝占37家。这些写本时代的别集，就是当时行于世者，后因历代藏家读者的需求，经出版者传抄翻刻，代代相继，方流传至今。

综上所述，我们认为写本时代，尤其是魏晋南北朝时期的出版活动是活跃的。20世纪以来的考古发现，支持这一观点。如1924年、1956年，晋人写本《三国志》残卷（图1-4）相继在新疆鄯善县和吐鲁番发现，而举世闻名的敦煌六朝写本中发现有晋朝郭璞的《尔雅注》、南朝梁萧统的《文选》、南朝梁刘勰的《刘子》，以及唐写本中的李善的《文选注》、许淹的《文选音》等等。上述这些古籍的原出版地都在江南（南京、扬州地区），其写本不久即出现在千里之外的甘肃、新疆，足见当时出版物传递速度之快、区域之广是相当惊人的。

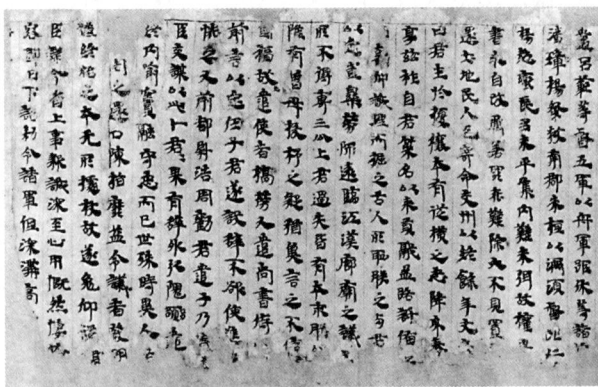

图1-4 《三国志·吴志》残卷　1956年新疆吐鲁番出土　晋人写本

可见，写本时代区域出版活动的界定，主要依据为出版物（著述、编纂）见于当时文献记载，出版地点明确可考。如上文所述及的刘宋时期史学家裴松之的《三国志注》。裴松之，河东闻喜（今属山西）人，但其《三国志注》则在宋文帝刘义隆元嘉初完成于国都建康。据《宋书·裴松之传》记载，元嘉三年（426），裴松之奉旨巡使湘州。他完成使命后，"转中书侍郎，司、冀二州大中正。上使注陈寿《三国志》，松之鸠集传记，增广异闻，既成奏上。上善之，曰：'此为不朽矣。'出为永嘉太守，勤恤百姓，吏民便之"①。裴松之完成注书之后，有《上三国志注表》（图1-5），称："写校始讫，谨封上呈。"表末署"元嘉六年七月二十四日中书侍郎西乡侯臣裴松之上"。这证明他注《三国志》，从奉诏至完成，始终在中书侍郎的任上。中书侍郎，中书省属官，专掌诏草，参议朝政大事。《三国志注》完成两年后，秘书监谢灵运撰就《元嘉八年秘阁四部书目》，著录图书1564帙，14582卷。可见裴松之在朝充分利用了如此丰富的秘阁藏书，方能完成这部"奉旨寻详，务在周悉；上搜旧闻，傍

图1-5　裴松之《上三国志注表》宋衢州州学刻宋元明递修本卷首

摭遗逸"的史学名著。裴注《三国志》流传至今，北京大学图书馆藏有宋衢州州学刻宋元明递修本，已影印辑入《中华再造善本》唐宋编史部。

　　区域出版史料的梳理和鉴别，最重要的就是把握出版活动的地点。但是恰巧在写本时代，尤其是魏晋南北朝时期，国家处于南北对峙的分裂局面，各政权边境地区的归属时有变化，而其内部行政区划的增省也十分频繁，加之当时版权意识尚弱，出版体系尚不健全，出版活动的地点大多难以确考。鉴于这样的文献记载状况，本卷关于写本时代即先秦至隋唐时期的论述采取专题类编的体例，如在魏晋南北朝时期，设置"南朝皇室成员的编撰著述活动""四部分类法的确立及其意义""萧统与释僧祐的编纂活动"等专题或专节，以期在充分分析利用史料的基础上，准确反映江苏写本时代出版史的宏观面貌。

概
论

① ［梁］沈约：《宋书》卷64，北京：中华书局，1974年，第1701页。

出版业由写本时代进入雕版时代的强大历史推动力是技术创新，雕版时代出版物的传递速度和社会影响力呈几何级的增长。朝廷官府、豪门大家各自挟雄厚的经济实力，强劲进入出版领域，社会上迅速形成官刻、家刻和坊刻三足鼎立的出版格局。随之，各出版机构、出版商的版权意识逐渐加强，出版信息的披露逐渐增多。较之写本，除了相同的历史文献记载，雕版出版物还有本身披露的出版信息，包括牌记、序跋、刻工姓名等。官方重要出版活动尚有政府管理部门的牒文。此外，宋元以来，尤其是明清两代藏书家撰写的大量藏书题跋，为我们今天鉴别宋元刻本提供了大量珍贵的第一手资料。藏书题跋一般是指藏书家题写在藏书卷末的亲笔文字，侧重反映对书籍的版本识别和校勘成果，注意记录藏书的授受源流。为藏书钤盖藏书印和撰写藏书题跋，是明清藏书家高度重视的工作，已在图书出版收藏研究领域成为学术风尚，许多学者藏家一生精力尽萃其中。北京图书馆出版社 2002 年出版徐蜀主编的《国家图书馆藏古籍题跋丛刊》（全 30 册），收录了 67 种明清及民国时期著名藏书家、目录家和学者所撰的重要古籍题跋；中国书店出版社 2008 年编辑出版《海王村古籍书目题跋丛刊》（全 8 册），收录 30 种我国清代学者及日本学者编撰的书目题跋，其中有关宋元时期的出版信息琳琅满目，蔚为大观。鉴于出版史料的相对丰富，本卷关于雕版时代即宋元时期的论述采取按地区设专节的写法，以便较好地反映宋元时期江苏各地区出版活动的历史状况。

第一章　先秦、秦汉时期的江苏出版

　　"先秦"一词,首次出现在《汉书·河间献王传》中,颜师古注曰:"先秦,犹言秦先,谓未焚书前。"后"先秦"一词衍为二义:其一,泛指秦王朝统一中国前的历史;其二,专指春秋战国时期。下文将在专指意义上使用"先秦"一词。

　　先秦时期,江苏地区大部分隶属吴国。司马迁"太伯作吴"之说,在古代传信已久。《史记·吴太伯世家》曰:"吴太伯,太伯弟仲雍,皆周太王之子,而王季历之兄也。季历贤,而有圣子昌,太王欲立季历以及昌,于是太伯、仲雍二人乃奔荆蛮……自号句吴。荆蛮义之,从而归之千余家,立为吴太伯。……寿梦立,而吴始益大,称王。……大凡从太伯至寿梦十九世。"[1]吴王寿梦元年为公元前 585 年,当春秋后期,百余年后社会进入战国时期。唐张守节《史记正义》曰:"吴,国号也。太伯居梅里,在常州无锡县东南六十里。至十九世孙寿梦居之,号句吴。寿梦卒,诸樊南徙吴,至二十一代孙光(阖闾),使伍子胥筑阖间城都之,今苏州也。"[2]

　　20 世纪 50 年代以来,在江苏宁镇地区和皖南陆续发掘了随葬青铜器的西周至春秋晚期墓葬近百座,如仪征破山口、丹徒烟墩山、皖南屯溪等。研究者认为,据大量考古发现,太伯、仲雍南奔立国之地在宁镇地区的观点基本可以成立。故早期吴文化中心在宁镇;大约在西周中期,吴

---

[1] 〔汉〕司马迁:《史记》卷 31《吴太伯世家》,北京:中华书局,1959 年,第 1445、1447—1448 页。
[2] 〔汉〕司马迁:《史记》卷 31《吴太伯世家》,北京:中华书局,1959 年,第 1445 页。

国的疆域已推进到皖南地区；约在春秋前期，太湖东北地区成为吴国的统治区域。① 另有研究者持不同观点，认为吴人本越人虞方之一支，西周中期尚被周人如此称呼。该分支自西周早期始将其中心渐次东移，最终形成春秋时的吴国。丹徒烟墩山古墓"当以定在春秋早期为宜。从出土文物看，二墓（一为安徽屯溪古墓）确应为吴侯之墓。吴侯之墓不应远离其都，故西周中期吴之统治中心尚在皖南，至春秋早期始迁至宁镇地区，尔后吴人又继续向东向南迁徙"②。

尽管学术界对吴人先祖来自何方的问题有不同看法，但对于西周中期吴国已经在今江苏沿江地区、皖南拥有广大的统治区域，并逐渐向东向南发展壮大的史实是一致肯定的。

吴国在春秋后期寿梦为王时才有明确纪年。公元前 515 年，寿梦孙公子光派专诸杀吴王僚继位，公元前 514 年为吴王阖闾元年。阖闾三年，孙武献自著兵法 13 篇，即《孙子兵法》。此为古代江苏地区最早见于史籍记载的文化经典。300 多年后，公元前 202 年，秦泗水郡沛县（今属江苏）人刘邦击溃强敌西楚霸王项羽，建立西汉王朝。又 170 余年，公元前 26 年，汉宗室、学者刘向、刘歆父子受命主持整理国家藏书，创例编纂完成中国历史上第一部系统目录《七略》，对后世编纂出版事业产生深远影响。

第一节　百家争鸣与私家著述的勃兴

春秋战国时期，社会发生了激烈的变动。先是齐、晋、楚、吴、越相继争霸于天下，后有秦、魏、韩、赵、楚、燕、齐并起逐鹿中原，连年征战，天下汹汹。在这样一个"邦无定交，士无定主"的失常世道里，应运蜂起的百家诸子都各尽心智，纷纷把关注的目光投向对社会变革以及社会治乱关系的探索上。春秋末年，形成了鲁、宋、楚三大文化中心，儒、墨、道三大

---

① 王卫平：《寿梦以前吴国史探讨》，《苏州大学学报》（哲学社会科学版）1991 年第 2 期，第 98 页。

② 胡进驻：《矢国、虞国与吴国史迹略考》，《华夏考古》2003 年第 3 期，第 60 页。

思想流派。各学派纷纷设学授徒,天下从学者如星聚云涌,盛况空前。

诸子百家的学说互有异同,各具短长,相互辩难,形成百家争鸣之势。《孟子·滕文公下》曰:"圣王不作,诸侯放恣,处士横议,杨朱墨翟之言盈天下。天下之言,不归杨,则归墨。"其争鸣之声势可见一斑。

战国中后期,齐国田氏政权在位列诸侯之初,即在临淄设置稷下学宫,会聚各个学派的代表人物,学宫成为战国时期百家争鸣的学术中心。从公元前375年齐桓公田午起,至齐亡国,学宫与田齐政权共存亡,历时近150年。《史记·田敬仲完世家》称:"(齐)宣王喜文学游说之士,自如邹衍、淳于髡、田骈、接予、慎到、环渊之徒七十六人,皆赐列第,为上大夫,不治而议论。是以齐稷下学士复盛,且数百千人。"① 不治而议论,专门从事学术研究和讲学活动,是稷下学宫的特色。战国著名的学者如孟轲、宋钘、荀况等皆曾在学宫从事"不治而议论"的学术活动,尤其荀况曾三为学宫祭酒。有学者提出:"据《战国策》、《说苑》、《韩非子》诸书记载,认为颜斶、唐易子、公孙固、田过、列精子高、匡倩、告子、黔娄子、孔穿、能意、闾丘先生等人可能是稷下先生,《子晚子》、《司马法》、《孙膑兵法》、《管仲》、《黄帝四经》、《晏子春秋》等书可能是稷下学者的著作。"②

一、私家著述

《汉书·艺文志》中"诸子略"凡著录儒家、道家、阴阳家、法家、名家、墨家、纵横家、杂家、农家、小说家等10家189种4342篇,大部分为战国时著述,后世概称为诸子百家。其中属春秋战国且今存者主要有:

《孟子》11篇,孟轲著。孟轲,孔子孙孔伋(子思)的再传弟子。今传本凡7篇。书中记载孟子的言行,由孟门弟子记集,间杂再传弟子的记录。全书所传纯为儒家思想,为儒家"十三经"之一。

《孙卿子》33篇。战国赵国人孙况著。孙况本名荀,时避汉宣帝刘询讳而改,今本名《荀子》。今传本凡32篇,大部分为荀子自著,其中《儒效》《议兵》《强国》皆称"孙卿子",似出于门人弟子之手。

《筦子》86篇。即《管子》,旧题齐桓公相管仲撰,系后人托名。今传

① [汉]司马迁:《史记》卷46《田敬仲完世家》,北京:中华书局,1959年,第1895页。
② 孙以楷:《稷下学宫考述》,载《文史》第23辑,北京:中华书局,1984年,第45页。

本凡24卷76篇。全书是一部战国及其后包括儒、道、法、兵、农、纵横、阴阳各家言论的杂家汇集,其中《地员》《度地》《地图》3篇是我国早期珍贵的地学文献。

《老子邻氏经传》4篇,原注:"姓李,名耳,邻氏传其学。"邻氏传今亡。《老子》一名《道德经》,今存2卷。1973年在湖南长沙马王堆汉墓发现帛书本,共两种抄本,其中一种用篆书抄写,称为甲本;另一种用隶书抄写,名为乙本。甲本抄于刘邦称帝之前,乙本则抄于刘邦称帝之后,均系距今两千多年的古本。1993年在湖北荆门郭店出土《老子》战国竹简本,凡甲、乙、丙3组,其分章与今本不尽相同。

《庄子》52篇。庄子,名周,战国宋人,尝为漆园吏,与魏惠王、齐宣王同时。《史记·老子韩非列传》曰:"其学无所不窥,然其要本,归于老子之言。"今传晋郭象注本33篇。

《韩子》55篇,战国韩国韩非撰。《史记·老子韩非列传》曰:"韩非者,韩之诸公子也。喜刑名法术之学,而其归本于黄老。"所著今传本名《韩非子》,凡20卷55篇。

《墨子》71篇,原注:"名翟,宋大夫,在孔子后。"其书旧题墨翟撰,而书中多称墨子,盖门人弟子所记,约成书于战国中期。今传本存63篇。

《汉志》在兵书、数术、方技三略中也著录了不少春秋战国时期的私人著述,其内容涉及军事、地理、医学等,今存者主要有:

《孙子兵法》82篇。详见下文。

《山海经》13篇。这是中国最古老的地理书,今传晋郭璞注本凡18卷,包括山经5篇,南山、西山、北山、东山、中山各一篇,合称五藏山经;海经8篇,海外南经、西经、北经、东经各一篇,海内南经、西经、北经、东经各一篇;大荒经4篇,大荒东经、南经、西经、北经各一篇。其作者,据现代学者的考证,应是战国初到汉代初年的楚国或楚地人。

《黄帝内经》18卷。内分《灵枢》《素问》各9卷。今传唐王冰注《素问》凡24卷81篇,宋史嵩《灵枢》编校本12卷81篇。《黄帝内经》是我国古代内容最丰富、影响最深远的中医典籍,以黄帝与臣子岐伯、伯高、少俞、雷公等问答讨论的形式展开,托名黄帝,是受尊古时风的影响。其成书非出一时一人之手,据历代学者考证,大约初成于战国之世,后历经秦汉时人的增补损益。

诸子百家的学术思想既有区别，又有联系，各家在争鸣之中，不忘辨别各自渊源，批评彼此得失。《庄子·天下》篇批评所知先秦各家学派，对墨翟、禽滑釐、宋钘、尹文、田骈、慎到、关尹、老聃、庄周、惠施各家观点一一加以评述。《荀子·非十二子》对它嚣、魏牟、陈仲、史鱼、墨翟、宋钘、慎到、田骈、惠施、邓析、子思、孟轲之学进行评述，《韩非子·显学》对儒、墨两家自孔、墨后儒分为八、墨离为三的学术分合现象进行评述。三家之说，成为中国古代学术史撰述的肇端。

二、孙武及其《孙子兵法》

孙武，字长卿，春秋末齐国乐安（今山东惠民）人。其生卒年月不可考，大约与孔子同时。事迹最早见于司马迁的记叙。《史记·孙子吴起列传》曰："孙子武者，齐人也。以兵法见于吴王阖庐（闾）。阖庐曰：'子之十三篇，吾尽观之矣，可以小试勒兵乎？'……阖庐知孙子能用兵，卒以为将。西破彊楚，入郢，北威齐晋，显名诸侯，孙子与有力焉。"①司马迁还在其他篇目中记载了孙武的活动。如《吴太伯世家》《伍子胥列传》皆记载了他在吴王阖闾三年（前512）谏阻吴王入楚都郢的谋划，后者则记载吴王阖闾九年与伍子胥共同献计伐楚。在《律书》中，司马迁又特别表彰吴王任用孙武，"申明军约，赏罚必信"，最终称霸诸侯的功绩。

孙武的踪迹也常常出现在战国秦汉学者的著述和言语中。战国中期洛阳人白圭，魏文侯时主持国家的理财工商活动，后世有"商祖"之誉。他自称："吾治生产，犹伊尹吕尚之谋，孙吴用兵，商鞅行法是也。"②又，战国韩非撰《韩非子》卷十九《五蠹》中有言："境内皆言兵，藏孙、吴之书者家有之。"战国吕不韦的《吕氏春秋》卷十九《离俗览·上德》盛赞："阖庐之教，孙、吴之兵，不能当矣。"东汉班固《汉书·刑法志》又曰："吴有孙武，齐有孙膑，魏有吴起，秦有商鞅，皆禽（擒）敌立胜，垂著篇籍。"东汉王充《论衡》卷十二《量知篇》称："孙武，阖庐世之善用兵者也。"足见孙武早

---

① [汉] 司马迁：《史记》卷65《孙子吴起列传》，北京：中华书局，1959年，第2161页。
② [汉] 司马迁：《史记》卷129《货殖列传》，北京：中华书局，1959年，第3258页。

就以其兵法知名于战国秦汉之世。

司马迁在《史记·孙子吴起列传》中先从阖闾之口称孙武的兵法著作为"十三篇",在篇末《太史公曰》中再言:"世俗所称师旅,皆道《孙子》十三篇,吴起《兵法》。"可见孙武兵法的内容分为13篇,其序为计篇、作战、谋攻、形篇、势篇、虚实、军争、九变、行军、地形、九地、火攻、用间。1972年,山东银雀山汉墓出土《孙子兵法》残简200余枚,其内容覆盖现存《孙子兵法》13篇,且有《吴问》《地形二》《黄帝伐赤帝》等不见现存古籍的重要佚文,佚文中有两处提到了"十三篇"。据专家考证,出土《孙子兵法》竹简的银雀山汉墓的入葬年代大约在武帝建元元年(前140)至元狩五年(前118)之间,而据竹简的字体风格判断,则其抄写年代当在秦到汉文景时期。所以,银雀山简本是迄今发现的《孙子兵法》最早的传写本。1976年,北京文物出版社出版银雀山汉墓竹简整理小组编《银雀山汉墓竹简·孙子兵法》。

图2-1 《十一家注孙子》书影

现存最早的《孙子》注本,是东汉末年曹操的《孙子略解》,即后传世本《魏武帝注孙子》,收录在清孙星衍《平津馆丛书》卷一《孙武司马法》内。清孙诒让《札迻》卷十《孙子曹操注》有小序曰:"《吕氏春秋上德篇》高注云'孙武,吴王阖闾之将也。兵法五千言是也。'今宋本曹注《孙子》凡五千九百一十三字,高盖举成数言之。"①可见秦汉以来,《孙子》13篇的主要内容基本保持不变。

曹操以后,代有注家。知名于世者,有梁孟氏,吴沈友,隋张子尚、萧吉,唐李筌、杜牧、陈皞、贾林,宋梅尧臣、王皙、何延锡、张预、宋奇诸人。其中沈友、张子尚、萧吉和宋奇4家注散佚。

———————————

① [清]孙诒让著,梁运华点校:《札迻》卷10,北京:中华书局,1989年,第348页。

所余 9 家合曹操注,加上唐杜佑《通典》中的《孙子》引文注,凡 11 家。今中国国家图书馆藏有宋刻本《十一家注孙子》(图 2-1),已影印辑入《中华再造善本》唐宋编。

《孙子兵法》博大精深,思想精邃,逻辑缜密,蜚声中外。该书在中国被奉为兵家经典,备受推崇,研习者辈出;国际上则推为"世界古代第一部兵书",已被翻译成英、俄、德、日等 20 种语言文字,刊印本多达数千种。

综合《越绝书》《皇览》《舆地纪胜》《吴门表隐》及《吴县志》等文献史料的记载,苏州是孙武著书和归隐终老之地。今苏州市相城区元和街道境内有孙武墓地,其位置得到海内外学术专家及孙武后裔的认可。2005年 5 月,相城区人民政府建了孙武墓园。2014 年,相城区以墓园为基础建设孙武纪念园,为免费开放的城市公园。园内立有孙武铜像,高 13米,寓意所著兵法 13 篇。2016 年该园正式开放,将对孙武的纪念融入市民的日常生活中。

第二节　先秦著述的编辑与传播

公元前 213 年,秦始皇采纳丞相李斯的建议,焚诗书,禁私学,春秋战国古籍几乎毁于一旦。汉武帝时,河间献王刘德修学好古,时从民间征集旧籍。《汉书·河间献王传》称:"献王所得书,皆古文先秦旧籍。"这说明尚有秦火劫余古籍幸存民间。终汉一代,时见有关献书的记载。但是,我们今天所见的大部分春秋战国古籍,并不是直接流传下来的,而是由汉代儒生整理后传诸后世的。

一、先秦古籍概貌及其编辑特点

先秦是我国文化元典的创造期,亦是各类典籍的孕育期。从春秋中期楚庄王大夫申叔时论太子教育时提及 9 类典籍,中经孔子编订"六经",到战国末秦相邦吕不韦编纂《吕氏春秋》,图书文献的编纂事业取得了辉煌的成就。许多创新的编辑体例首先出现在先秦,如编年体、国别体、纪事本末体、谱录,以及语录体、专题、汇编等。先秦学者杰出的编纂活动,为我国的编辑出版活动开创出广阔的发展空间。

先秦时期编辑活动的主要成果大致可以划分为三大方面:儒家"六经",诸子著述,历史书籍。这里主要按体裁简介历史书籍的编纂情况。

《汉书·艺文志》"六艺略"春秋类小序曰:"古之王者,世有史官,君举必书,所以慎言行,昭法式也。左史记言,右史记事,事为《春秋》,言为《尚书》,帝王靡不同之。"班固在这段话中归纳了先秦时期史书的两种基本形式:记言之书和记事之书。记言记事,作为史官记录帝王言行的主要任务和形式,其来已久。而随着社会的发展以及史学和编纂学的进步,在春秋战国时期,记言与记事已开始互相渗透,互相结合,从而产生新的正式体裁的史书。

1. 编年体史书

《春秋》是我国现存最早的编年体史书。编年体例,早在殷商时代的甲骨文和铜器铭文中已经出现,但其记时往往有月日而无年,或先月日而后年。就是说,当时史官们的时间意识尚未健全。历史是过去发生的事情,缺乏准确的时间定位,历史将失去自身的光泽。历史是时间的科学,时间意识是历史感的体现。孔子编修《春秋》,首次严格将史事按发生时间的年月日排列展开,准确地记录了自鲁隐公元年(前722)至鲁哀公十四年(前481)共十二公242年的历史,开创了以注意时间的准确性和连贯性为特色的编年体史书编纂体例。有人评价,史学体裁中要数编年体最能体现中国作风和中国气派,这是因为在中国史学创始时期的先秦,编年体史书就已经形成一个多层面的系统。

孔子编修《春秋》,在其中寓寄自己的褒贬之意。所以,《春秋》就自然成为儒家经典。读圣人之书,万不可误解圣人之意。《春秋》作为史书过于简略,需要进行诠释,于是出现了专门以解经为目的的经传体著述。编年体史书《左传》即被尊奉为《春秋》经义的标准解释。

《左传》,又名《左氏春秋》或《春秋左氏传》,鲁国太史左丘明撰,为了经义不被误解,"论本事而作传",即依照《春秋》而作《左传》。《左传》在编纂上较《春秋》更为成熟,其编年叙事自隐公元年至哀公二十七年,较《春秋》下延13年。记事以晋国为主,与《春秋》以鲁国为中心相异。尤其在叙事形式上,言行并重,有分析有评论,直叙、概叙、追叙、附叙视情况相间使用,使记事不仅涉及春秋时期政治、军事、社会、文化各方面的重要史实,还包括一部分西周和西周以前的史事,成功地展现出历史的丰富性和厚重感。

《竹书纪年》,晋太康二年(281)出土于战国魏襄王墓中,故亦称《汲冢纪年》。据记载凡得13篇,以编年形式记录夏商周三代事,止于战国魏襄王时,经考证,当为魏国史书。原书已失传,今仅有辑本传世。

《世本》,是战国时人依据古代各国史官长期积累的史料整理而成的史书。《汉书·艺文志》"六艺略"著录:"《世本》十五篇,古史官记黄帝以来讫春秋时诸侯大夫。"内分帝系、王侯谱、卿大夫谱、记、世家、传、氏姓篇、作篇、居篇、谥法等15篇,内容主要为帝王、诸侯、列国卿大夫的世系。全书已佚,有清儒辑本传世。从编纂体例上看,其具有编年的因素,为后世谱录类著作的滥觞。

2. 国别体

《国语》,与《左传》同为解说《春秋》之作,故亦称《春秋外传》。内分周语、鲁语、齐语、晋语、郑语、楚语、吴语、越语,分记八国人物、事迹、古书,其中言及楚、晋事,证明此书战国时已经流行于世。1994年,上海博物馆陆续在香港文物市场购回1200余枚战国竹简,经科学冷冻脱水去色处理后,已清理出所记载的书篇达80余种。其中有名为《吴命》者,经专家研究,或为《国语·吴语》的佚篇。

上海博物馆藏战国竹简本《吴命》(图2-2),包括9枚简,除第九简以外,余皆系残简,合存375字。其内容可分为两章。第一章记述吴王亲率军队北上,到达陈国境内,引起晋国恐慌,晋君派遣三位大夫作为使臣与吴交涉。第二章是吴王派臣下告劳于周天子之辞。研

图2-2 《吴命》书影
战国楚竹简本

究者分析,此篇中的吴王为夫差,事件约发生在鲁哀公十三年(前 482)吴、晋黄池争霸期间。此简文原有篇题,在第三简简背,作《吴命》。①

《战国策》,以记战国时游士书信说辞为主,相传为当时各国史官或策士辑集。今传本由西汉刘向编定并命名。

《国语》《战国策》,从"语"和"策"字来看,都是以记言为主、兼以记事的史书,采用以国别为纲的体例编辑成书,是为其记各国诸侯言行的著述内容所规定。秦汉以后,中国进入以大一统中央政权为主的时代,与先秦诸侯时代相适应的国别体史书逐渐退出图书编纂的历史舞台。这一情况说明编辑活动受到时代、环境和内容的影响和限制。

3. 纪事本末体

先秦时期,已知有两种史书属于纪事本末体裁。其一,《铎氏微》,铎椒编。《史记·十二诸侯年表序》记载:"铎椒为楚威王傅,为王不能尽观《春秋》,采取成败,卒四十章,为《铎氏微》。"其二,《虞氏春秋》。《史记·十二诸侯年表序》称:"虞卿上采《春秋》,下观近世,亦著八篇,为《虞氏春秋》。"《汉书·艺文志》"六艺略"著录赵国相虞卿著《虞氏微传》2 篇。

司马迁所谓"《春秋》"是先秦各诸侯国编年史的通称。因当时史事往往前后绵延数年,牵连多国,读史者一时难以从多国编年史中观览始末,即司马迁所谓"不能尽观",所以楚大夫铎椒就将分书于《春秋》中有关史事的记载分类采录出来,使其首尾完整,得见成败,便观始末。这就是运用抄书改编的方法,按新的利用或阅读要求对史料进行重新组合排列。司马迁称这种编纂方法为"采",刘向在《别录》中称为"抄撮"。这种改编后的史体,就是后世独立于纪传、编年二体之外的纪事本末体。

古代学者往往以编纂体例的创新,来适应和满足因史料积累和不同角度阅读利用所产生的便捷要求,从而不断扩大编辑活动的内容和范围。大凡一种新的编纂体例的产生,有着多种因素,而采取多种视角反映历史,提供多种途径了解社会,以满足社会阅读利用的需要,就是其中主要的因素。

---

① 马承源主编:《上海博物馆藏战国楚竹书》(七),上海:上海古籍出版社,2008 年,第 303 页。

先秦时期,由于社会的发展和生产技术的进步,长期积累的知识经验需要总结传播,还出现了有关农学、医学、地学、法学、手工技术等方面的专题著作,如《禹贡》《考工记》《法经》《五十二病方》等。

　　从编辑形式看,先秦古籍经历了由简单到复杂的发展过程。战国诸子的著述最早往往是单篇甫完,未经编辑即由门人学者传抄,所以在相当时间内并无定本。今传诸子著述,多在作者离世后出自弟子门人之手,而形成以《论语》为代表的"语录体"。

　　语录体,是指一种以问答之语为主要内容,采用摘字名篇的标题方式而无严格的篇章结构的图书编辑体例。正如《汉书·艺文志》所说:"《论语》者,孔子应答弟子时人,及弟子相与言,而接闻于夫子之语也。当时弟子各有所记,夫子既卒,门人相与辑而论纂,故谓之《论语》。"语录体的出现,说明当时个人著述的编辑工作尚处于较低水平。传抄、编辑的随意,导致先秦古籍中多有内外篇之分,很多文字至今难考作者,诸子著述中不少篇目难辨真伪。这种状况直至西汉淮南王刘安、司马迁著书自定篇目,方得到扭转。

　　相对于个人著作编辑上的不足,先秦时期的汇编类著述的编辑比较出色。如《诗经》,全书305篇,集贵族和平民的诗作于一集。在编次上,先按作品的性质,分为风、雅、颂三大类;再按地域、时代、对象,分为十五国风、大小雅和周鲁商三颂,井然有序。尤其值得注意的是战国已经进入尾声时出现的《吕氏春秋》。

　　《吕氏春秋》,又名《吕览》,秦始皇相国(邦)吕不韦组织宾客集体编著,《汉书·艺文志》著录称:"秦相吕不韦辑,智略士作。"书成于秦始皇八年,即公元前239年,下距秦统一六国不到20年。全书分十二纪、八览、六论,十二纪中每一纪由纪首1篇和论文4篇组成,最后有"序意"一篇,共计61篇;八览中每一览由8篇论文组成,其中"有始览"缺1篇,计63篇;六论中每一论各分6篇,计36篇;总计为160篇。全书编次整齐有序,裁取史料严谨。书中所论,包括治国、哲学、政治、道德、军事、艺术、经济、历史,以及做人、养生等,几乎涵盖当时朝廷所必须处理的事务,且基本上都提出自己的设想,还精心为各篇确定标题。

　　无疑,《吕氏春秋》达到了战国时期书籍编纂的最高水平。它的出现,标志着我国的书籍编辑事业即将迎来新的发展阶段。

二、先秦两汉古籍的抄录与传播

先秦时期,由于长期处于战争状态,社会发展缓慢,书写材料笨重,各国文字存在差异,图书需求市场尚未形成,图书文献的传播都是在一定范围内通过抄录的方式进行的。

余嘉锡在《古书通例·论编次第三》中曾主要就先秦古书在编次和传播方面的特点作过系统的分析,很多观点已为20世纪70年代以来的考古发现所证实。

首先,当时的著述文字多以单篇或数篇抄录传世。

先秦古籍原本大都毁于秦火,今传本大部分经汉儒整理编辑,但是从有关文献记载和出土简策实物中,我们还是可以了解到先秦古书大多以单篇散章抄录传世的情况。

《汉书·艺文志》"六艺略"论语类著录《孔子三朝》7篇,刘向《别录》称:"孔子三见哀公,作《三朝》七篇,今在《大戴礼》。"唐颜世古注曰:"今《大戴礼》有其一篇,盖孔子对鲁哀公语也。三朝见公,故曰三朝。"说"今在《大戴礼》"者,表明古本原为单行,后被汉儒戴德编入《大戴记》。

经汉代学者编辑的先秦古籍,大都存在杂入后人或他人文字的情况。如《礼记》《管子》《山海经》《黄帝内经》等,经历代尤其是近现代学者的考证,其书皆非出自一时一人之手,书中相当篇目的内容写成于秦汉以后。这也说明这些书籍中的大部分篇章内容写成于先秦,并即以单篇散章的形式被抄录流传。

先秦时期著述文字多以单篇或数篇抄录传世的情况,还可举20世纪出土的先秦简书的例子予以证实。

1973年,湖南长沙马王堆汉墓发现一批帛书,其中有27章类似今本《战国策》的资料。经研究整理,有11篇的内容与今本《战国策》《史记》基本相同,其余16篇不见于其他古籍。为与传本相区别,称为帛书《战国策》。今传本《战国策》由西汉刘向编订,其所撰《叙录》称:"所校中战国策书、中书余卷,错乱相糅……中书本号,或曰国策,或曰国事,或曰短长,或曰事语,或曰长书,或曰修书。臣向以为战国时游士辅所用之国,为之策谋,宜为《战国策》。"①从刘向所举众多书名来看,这些战国游士的策语原本单篇流传,时人因需零星抄合,随意取名,以供学者所用,以致同样内容的文字被命以五花八门的书名。上述上博藏楚竹简《吴命》篇,本应出自吴国史官之手,但出现在楚人墓中,而《国语·吴语》没有收录,这都与当时抄录传播情况有关。

其次,这种抄录具有随意性。

20世纪我国陆续出土了大量战国秦汉简策帛书,研究者从中发现了相当数量的原先不知的篇目和书名,而其内容则与今传战国秦汉古籍相类似。

1973年,河北定县(今定州市)40号汉墓出土大批竹简,其中有《儒家者言》27章,上述商汤和周文王的仁德,下记乐正子春的言行。经整理,4章为佚文,其余23章分见于先秦和汉初的10多种典籍,尤其是《说苑》和《孔子家语》之内,而比这些书保留了更多较为古老的原始材料。研究者以为是战国晚期的著作。从其汇集成册的情况看,是一部佚书。② 这说明《儒家者言》《说苑》和《孔子家语》三书当时曾从同一书或单篇零章中各自抄录了相同的文字。

今本《老子》,《道经》在前,《德经》在后,而《韩非子》所注正相反,却与湖南长沙马王堆帛书本相同,证明《老子》有两种传本。值得注意的是,1993年湖北郭店出土的竹简本《老子》甲组,其分篇"上篇有如《道经》,是以论述天道贵虚、贵柔、贵弱为主,下篇有如《德经》,是以论述'治道无为',即以'无为'治国用兵取天下为主,似乎是按不同的主题而编录。它们也许就是今本分《道》、《德》二经的雏形,或者至少也是类似的编排设想"③。马王堆《老子》帛书本存在衍文脱字、误字误句的情况,假借字使用也极不慎重,证明仅是当时一般的学习读本。上述现象的出现,可能同时存在抄录的随意性和篇章次序在书籍形成过程中正常调整的因素。

---

① [汉]刘向:《战国策书录》,载张舜徽选编:《文献学论著辑要》,西安:陕西人民出版社,1985年,第1页。
② 定县汉墓竹简整理组:《定县40号汉墓出土竹简简介》,《文物》1981年第8期,第11页。
③ 李零:《郭店楚简校读记》,北京:北京大学出版社,2002年,第3页。

以上说明先秦两汉时期,在图书文献的抄录和传播中存在着随意性,或者说传播存在不确定性。因为当时的抄录可能包含阅读趣味的选择,是一种个人行为,尚未有社会性的传播行为,或者说是社会性的编辑行为。这种现象一直下延至西汉中期,到汉成帝时刘向、刘歆父子大规模整理图书以后,可能有所好转。

第三节　秦汉政府的文化政策及其编撰成就

秦汉时期,尤其是两汉的图书编纂出版活动,在图书种类和编辑体例方面都有建树,为后世奠定了发展的基础。

一、政府的文化政策

秦始皇统一中国,新政权实行中央集权制度,首先需要采取应对措施消除这些差异,真正做到天下一统。在思想文化方面,秦王朝的统一措施是书同文和禁私学。

秦统一文字是我国文字演变史上的一次重大转折。书同文的成果,使秦王朝在广袤的统治区域内,有效地消除了"文字异形"给统一事业带来的种种影响。必须指出的是,书同文的进程并没有在秦代短暂的十几年中完成,而是经历了汉初几十年不间断的使用、完善,逐步走向定型的。

秦王朝实行严禁私学的文化政策,其具体表现就是先后爆发焚书、坑儒事件。

根据司马迁在《史记·秦始皇本纪》中的记述,秦始皇焚书的原因在于博士淳于越以古非今,力主分封制,反对郡县制,在有关国家大政上与新政权的方针大唱反调。秦始皇断然采纳李斯的焚书建议,旨在巩固历六世改革奋斗建立起来的大一统新政权。一年后,因咸阳儒生"为妖言以乱黔首",秦始皇再施厉招,将460余名犯禁的儒生"坑之咸阳,使天下知之,以惩后"。新生的秦王朝在思想文化上采取焚书坑儒的严厉措施,禁绝以古非今的反时代思潮,以保证代表历史发展方向的大一统政权避免分封倒退的危险。然而,秦始皇、李斯对思想文化上的反对派采取"焚书坑儒"这样的剿灭政策,显得过于简单、残暴,大失人心。秦始皇焚书,主要以民间藏书为主,没有涉及官藏书籍,司马迁和东汉王充都十分明确地指出过这一点。尽管这样,这种大规模人为焚毁图书的文化剿灭活动,在中国古代思想文化史上开了一个极其恶劣的先例,对秦代和汉初的文化传播和图书编辑出版活动的发展造成了极大的阻碍和破坏。

汉朝政权在性质上与秦朝是一致的,也是中央集权制。但是在吸取秦朝速亡的教训后,汉朝统治集团在施行“与民休息”的治国大政的同时,实行了较为宽松的文化政策。汉高祖君临天下不久,即废除秦代对私学的禁令,惠帝四年(前191)更诏告天下取消“挟书律”,秦始皇在文化上所采取的简单野蛮的政策被完全纠正。在相对宽松的政治环境下,汉代的文化建设事业开始步入逐渐复苏进而繁荣的时期,其标志之一,就是图书编纂出版活动增多,成果累累。正如司马迁在《史记·太史公自序》中所追述的:“汉兴,萧何次律令,韩信申军法,张苍为章程,叔孙通定礼仪,则文学彬彬稍进,《诗》《书》往往间出矣。自曹参荐盖公,言黄老,而贾生、晁错明申、商,公孙弘以儒显,百年之间,天下遗文古事靡不毕集太史公。”

汉代的文化政策是统治者为适应中央集权统治的需要而制定的,从根本上讲也是专制的。所以,尽管文化政策对各学派采取较为宽容的态度,而受制于文化政策的图书编辑出版活动仍然表现出对官方哲学和文化思想的回归。从汉高祖至武帝百年之间,法家、兵家、道家,最后是儒家的思想,先后成为官方哲学。终汉一代,在思想文化政策方面最为重要的变化,就是武帝时期树立起“独尊儒术”的思想文化旗帜。对此,班固在《汉书·武帝纪赞》中这样称道:“(武帝)卓然罢黜百家,表章六

图 2-3 汉武帝表章六经图 清宫廷版画

经。"(图2-3)这一政策的确立,对汉代乃至历代文化政策和图书编辑出版事业都产生了极其深远的影响。

然而武帝本不好儒学,尊儒徒名而已。所以,武帝之世,儒家经典并没有如意想中那样得到迅速繁衍。至西汉后期,好尚儒学的汉成帝,精于《诗》《书》,观览古文,所以命刘向、刘歆父子校理秘书。天下图书,以"六艺"为先。儒学作为官方哲学在思想文化领域中的首要地位,通过国家图书目录的形式得到重申。

东汉政权沿袭西汉崇儒的文化政策。光武帝刘秀除了积极争取儒生博士的支持外,还广泛组织了对图书文献"采求阙文,补缀漏逸"的搜集编纂活动,从而使在西汉末新朝王莽时期"怀挟图书,遁逃林薮"的四方学士,纷纷出山,云集京师,服务东汉王朝。东汉皇帝不少崇尚儒学,雅爱典籍。明帝刘庄曾亲自主讲儒经,诸儒或执经端坐于前,或侧耳站立于后,听讲者数以万计。章帝刘炟亲自组织主持今古文学派的学术辩论,成《白虎通义》一书。灵帝刘宏熹平年间诏诸儒正定经书文字,刊于石碑。

文化政策一经确定,官方的哲学思想必须进行大规模的宣扬。东汉一朝,由于帝王的积极倡导,儒学的今古文学派之争逐渐弥合。崇儒的文化政策,使儒家经典的编纂和出版传播活动出现空前繁荣的局面,同时带动其他种类图书的编辑与出版。

二、辉煌的编撰成就

1. 字书编纂活动的开创与发展

中国古代解说文字形、音、义的著作,称为字书。字书产生的历史,可以远溯至西周时期。《汉书·艺文志》著录有字书《史籀》15篇,相传为周宣王时太史籀撰,今已失传。

在我国传统学术领域,素有"读经要自识字始"的观念。字书作为经学的附庸,成为一类十分重要的典籍。按照传统经部小学类的著录,传世字书分为以《尔雅》为代表的训诂、以《说文解字》为代表的字书和以《广韵》为代表的韵书三大类。其中开古代训诂、字书先河的《尔雅》《说文解字》,以及《方言》《通俗文》《释名》等都编成于汉代。

《尔雅》,首创按内容性质分类释辞的体例,开古代词典之先河。其成书历史上曾经有西周、战国初期、战国末期、西汉初年和西汉中后期等5种说法；一般认为是在相当长的时期内，历经许多学者纂集增补，最终成书于汉代。该书较全面地分类汇编了先秦以至西汉出现的大量训诂材料，不仅有益于阅读儒家经典及其他先秦古籍，而且有助于体认社会和自然名物。所以古人强调，读《尔雅》可以使人"博物不惑，多识于鸟兽草木之名"。

《说文解字》，古代第一部字典。东汉许慎编撰。全书将收录的9353个汉字，按部首形体分为540部，使先秦以来纷纭复杂的文字初步有了门类。这是许慎在文字编纂学上的创造性成果。这种以偏旁分部的方法，成为后世字典编纂的一种主要体例。书中保存了大部分先秦字体以及汉代和以前的很多训诂材料。

《方言》，全称为《輶轩使者绝代语释别国方言》，我国历史上第一部方言词典。书中收录的语言包括古今的方言和通行的普通话，涉及的区域包括黄河流域和长江流域的绝大部分地区，甚至还杂有少数民族的语言。今本《方言》13卷，收字1.2万多个，略依《尔雅》的体例，分类编次所收方言词汇，如卷一释诂，卷三释草木，卷四释衣物，卷五释器具，卷八释禽兽，卷九释兵器舟楫。

《释名》，东汉末北海人刘熙编纂。全书以音训方法解释词义，开我国音训词典编纂之先，启发学者从语音方面探索义近形声字之间关系的研究之路，对后世双声叠韵辞书的编纂，产生很大影响。其在释词中叙述了许多有关古代名物、典章制度和风俗习惯方面的知识，为中国文化史的研究提供了宝贵资料。

2. 科技著作

中国历史上流传的科技类著述，相对于经学、史学而言显得较少，但其起源则在先秦时期，与诸子百家同步。除了能从先秦诸子百家著作中找到关于古代科技萌芽发展的记录，如《墨子》中关于小孔成像、平面镜、凹面镜、凸面镜成像的光学实验观察研究，《山海经》中关于水文、动植物学方面的知识，《管子》中关于土壤分类和植物生态学方面的知识，还形成了一批科技专著，这就是在秦始皇焚书禁令中得到保护的医药、占卜和种树之书。

我国古代科技体系大致在汉代基本形成,数学、天文学、地学、医学和农学五大学科各自都有了自己的科学范式。数学以《九章算术》为代表,天文学以《周髀算经》的盖天说等为代表,地学以班固《汉书·地理志》为代表,医学以《黄帝内经》及《神农本草经》《伤寒杂病论》为代表,农学则以《氾胜之书》为代表。旧题战国时秦越人号扁鹊所撰《难经》、托名神农的《神农本草经》和东汉张仲景撰《伤寒杂病论》等都是两汉时期的产物。

此外,《汉书·艺文志》"诸子略"农家类著录《神农》等 9 家 114 篇,其中《氾胜之》18 篇、《蔡癸》1 篇、《董安国》16 篇明确著录为汉时人。

根据汉代图书六分法的原则,科技类书籍除农学著录在诸子略外,其余大都被分入数术和方技两略之中。从现存最古的书目《汉书·艺文志》来考察,著录的科技类著作很少,有的是来不及著录,如东汉崔寔的《四民月令》,有的应是不重视而失载。两汉时期朝廷崇儒,经学如日中天,科技书籍被冷落,书目缺载,导致后世散佚情况严重。

3.《史记》与纪传体裁的开创

春秋时期,我国的文字记载已由简单的片段逐步形成正式的史书。传统史籍记事方法的多样和体式的丰富,给早怀修史壮志的司马迁以极大的启示。然而,历史学家总是他自己时代的产儿。旧有史体虽备,但历史视野终囿于一国一地,难以容纳反映汉武帝大一统时代地越千里、民合百族的宏大气势。于是,司马迁心怀"究天人之际,通古今之变,成一家之言"的伟大理想,开始在继承传统的基础上进行卓绝的探索和创新。

《史记》是中国史事第一次系统整理的伟大成果。司马迁在确定了表现大一统的民族历史和时代精神的修史宗旨后,首要的任务就是寻找一种可以承载如此深广厚重之历史内容的撰述体例。司马迁悉心考察各种体例在表述上的长短胜拙,不拘一格,取裁熔炼,成功地开创了构架雄伟、气势宏大的新史体。这一新史体由本纪、表、书、世家、列传五体环连而成,体现了以人物为中心的特点,后世遂称其为纪传体。

司马迁的修史理想是"成一家之言",《史记》的纪传五体在结构和形式上提供了实现这一理想的基础条件。而理论上的表述,也即《史记》中对历史人物的褒贬,对历史变化发展的规律、条件、动力等问题的探究与思考,则大都集中在序赞论中。而《太史公自序》作为全书的总论,对书中130篇文字逐一总括旨意。《自序》云:"始皇既立,并兼六国,销锋铸鐻,维偃干革,尊号称帝,矜武任力,二世受运,子婴降虏,作《始皇本纪》第六。"这表明《秦始皇本纪》中将着重于对秦始皇在位施政大事的评述,立篇的旨意清晰可见。

司马迁之前,淮南王刘安主持编纂《淮南子》,是汉代编纂出版史上的一大重要成果。

刘安(前179—前122),西汉沛郡(今江苏沛县,一说丰县)人。汉高祖刘邦孙子,淮南厉王刘长长子。汉文帝前元十六年(前164)袭封淮南王。史称刘安博学好书,擅鼓琴,不喜声色犬马。善属文,武帝曾命作《离骚传》,为最早解说《离骚》之作。后因谋反事发,自杀,国除,受牵连者数千人。汉武帝即位,刘安入朝觐见,上《淮南子》21篇。这部"博极古今、牢笼天地"的论著,对西汉前期的道家思想,即与"文、景之治"相适应的统治思想进行了系统而详尽的总结。从编辑出版史的角度看《淮南子》,其在编辑结构上所开创的叙录之例,极大地影响了古代目录学的创立和发展。《淮南子》第21篇为《要略》(图2-4),其内容为依次罗列前20篇篇目,逐一阐明宗旨,揭示内涵,剖析精要,最后提纲挈领,点出全书的纲要:究天地之理,接人间之事,备帝王之道。正如高诱对此篇的注释:"凡《鸿烈》之书二十篇,略数其要,明其所指,字其微妙,论其大体。"《淮南子·要略》篇客观上起到指导阅读的作用。

先秦诸子著述,皆无自己命篇的意识。至西汉刘安编纂《淮南

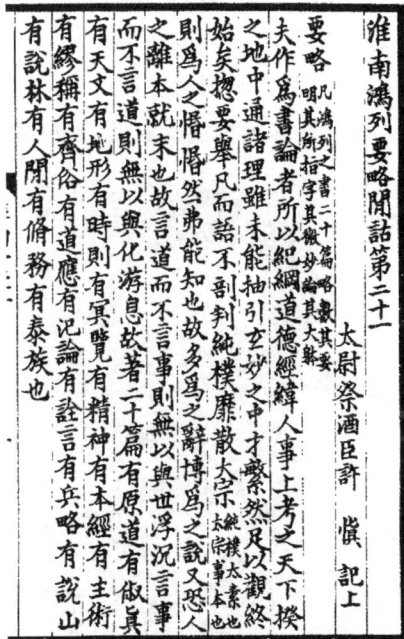

图2-4 《淮南子》书影
《四部丛刊》据北宋影写本影印本

子》,始在书末撰写叙例,叙录书中各篇的述作之意。这样就等于将著作完整的篇章结构明示于世,先秦古书编次不明的问题至此得到有效解决,古代书籍的编纂体例更趋完善。这不仅影响司马迁在所撰《史记》中设置《太史公自序》,更在百年之后,启示另两位汉宗室刘向父子在古籍编校活动中创建叙录体古籍系统目录。

第四节 刘向、刘歆的古籍编校活动及其历史贡献

我国历史上由朝廷组织的大规模图书整理编纂活动往往与征书联袂启动。

汉王朝建立以后,迅速对秦代以焚禁为特征的文化政策进行反拨,其措施之一就是征书。如班固《汉书·艺文志》总序所说:"汉兴,改秦之败,大收篇籍,广开献书之路。"由于不断以政府的名义向天下广征书籍,百年之间,政府藏书积如丘山,外有太常、太史、博士之藏,内有延阁、广内、秘室之府。成帝河平三年(前26),以书颇散亡,使谒者陈农求遗书于天下,同时诏刘向整理古今图籍。中国文化史上第一次对文化典籍的大规模整理编校活动就此拉开序幕。

图2-5 刘向画像
台北故宫博物院藏

一、编校活动的流程与方法

刘向(前77—前6),字子政,本名更生,汉成帝时官至中垒校尉,故后世多称其刘中垒(图2-5)。沛郡(今江苏沛县,一说丰县)人。刘向为汉宗室,他的高祖父楚元王刘交是汉高祖刘邦的同父异母弟。刘向很早即以知识渊博著称,年二十就被汉宣帝作为名儒俊才选拔在左右,以备顾问。班固将他与孟子、荀况、董仲舒、司马迁、扬雄并列为孔子以来博物洽闻、通达古今的命世贤才。刘向在学术上属今

文学派,但不排斥古文。一生著述丰富,传世有《列女传》《说苑》《新序》等。而他在中国文化和学术史上最值得称颂的功绩,就是受命在天禄阁主持校理皇家图书。

汉成帝河平三年,成帝一方面使陈农求天下遗书,一方面"召光禄大夫刘向校经传诸子诗赋,步兵校尉任宏校兵书,太史令尹咸校数术,侍医李国柱校方技",而以刘向总领其事。向卒后,哀帝命其少子刘歆继承父业,完成图书的校理工作。刘歆(?—23),字子骏。哀帝建平元年(前6)曾改名秀,字颖叔。治学倾向古文,与刘向异学。河平三年,刘歆受诏与父同理校书,后继任中垒校尉,领校群书,主持完成《七略》的编纂工作。

从河平三年刘向受诏始,到哀帝建平二年(前5)刘歆完成《七略》终,这次长达21年的校理活动,对当时传世的先秦和汉初官私著述进行了前无古人的大规模整理。刘向作为一位学识渊博的学者,为整理工作制定了详尽流程和方法。现代学者孙德谦在所著《刘向校雠学纂微》一书中,归纳列举刘向的校雠方法达23项:备众本、订脱误、删重复、条篇目、定书名、谨编次、析内外、待刊改、分部类、辨异同、通学术、叙源流、究得失、撮指意、撰序录、述疑似、准经义、征史传、辟旧说、增佚文、考师承、纪图卷、存别义。刘向的整理工作,绝大部分可以确定属于图书编辑范畴,从孙氏所归纳的23项方法中,我们大致能够勾勒刘向当年编辑整理工作的义例和程序。

1. 取本参校

这里包括两项工作,即搜求一书的不同抄本和校勘文字。

刘向当时的整理工作是以广搜异本为基础的,所搜求的不同抄本既有皇家藏书、政府藏书,又有私人藏书。清章学诚《校雠通义·校雠条理第七》称:"校书宜广储副本。刘向校雠中秘,有所谓中书,有所谓外书,有所谓太常书,有所谓太史书,有所谓臣向书、臣某书。夫中书与太常、太史,则官守之书不一本也。外书与臣向臣某,则家藏之书不一本也。夫博求诸本,乃得雠正一书,则副本固将广储,以待质也。"[①]所谓中书就

① [清]章学诚著,叶瑛校注:《文史通义校注·附校雠通义》,北京:中华书局,1985年,第984页。

是皇家藏书,所谓外书就是政府藏书,包括太常、太史之书,而所谓臣书即私人藏书。博求诸本,才能最大程度保证整理校勘的质量。

西汉的图书载体以竹简为主,在辗转传抄的过程中,脱字、错字,使用不规范的俗字,以及误写、漏书等情况十分普遍。同时,由于简策的编绳经多次舒卷,容易折断,因而造成脱简,或在重新编连时出现错简。刘向等在取得多种不同抄本后,就要进行校勘,校正文字,订正是非,补出脱简。《汉书·艺文志》在"六艺略"书类序中指出:"刘向以中古文校欧阳、大小夏侯三家经文,《酒诰》脱简一,《召诰》脱简二。率简二十五字者,脱亦二十五字,简二十二字者,脱亦二十二字,文字异者七百有余,脱字数十。"①刘向以孔壁古文《尚书》校欧阳、大小夏侯今文《尚书章句》,发现《酒诰》脱 1 简,计 25 字;《召诰》脱 2 简,计 44 字,另有异文、脱文若干。这些问题,都将通过校勘解决。

2. 编次定名

编次定名,这是刘向整理活动中的编辑程序,包括删除重复篇目、编定篇目先后次序、确定书名 3 项内容。

先秦古书,多非一时之作,其篇目先后并无筹划次第,散篇杂著,本多以单篇抄录流传于世。其分合并无一定,或门人学者各据自己所得之篇传录为一种,或抄集者按照自己的需要抄集数篇即为一种。所以内容相同之书,篇目重出的现象十分普遍。刘向编次新本,首先要删除重复的篇目。

古人著书,多单篇别行,编次成书,往往出于门人弟子或后学之手,因推本其学所自出,以人名其书。考《史记》述先秦诸子及汉初学者著述,如庄子、商鞅、韩非、董仲舒、东方朔等,都往往只举篇名。《史记·司马相如传》曰:"相如已死,家无书,问其妻,对曰长卿固未尝有书也。时时著书,人又取去,即空居。长卿未死时,为一卷书,曰有使者来求书,奏之。无他书。"此亦古人著书不自编次之证也。

3. 撰写叙录

刘向受皇命校理图书,校理成果必须直接向皇帝奏报。所以每完成

---

① [汉]班固:《汉书》卷 30,北京:中华书局,1962 年,第 1706 页。

一书,"辄撰为一录,论其指归,辨其讹谬,叙而奏之"。各书叙录本为向皇帝报告校理结果,为使报告简明易了,形成一定样式,其内容一般包括校定本篇目,校勘编次情况,作者生平及书籍的基本内容,学术思想渊源及其评介等。

刘向所撰叙录曾结集成《别录》一书,今《别录》早佚。据清姚振宗《七略别录佚文》所辑,现存完整的有《战国策书录》《晏子书录》《孙卿书书录》《管子书录》《列子书录》《邓析子书录》《韩非子书录》以及刘歆所上《山海经书录》等数篇。现择《列子叙录》为例,以见刘向叙录之例:

列子八卷

天瑞第一

黄帝第二

周穆王第三

仲尼第四（一曰极知）

汤问第五

力命第六

杨朱第七（一曰达生）

说符第八

右新书定著八篇。

护左都水使者、光禄大夫臣向言:所校中书列子五篇,臣向谨与长社尉臣参校雠太常书三篇,太史书四篇,臣向书六篇,臣参书二篇,内外书凡二十篇。以校除复重十二篇,定著八篇。中书多,外书少。章乱布在诸篇中。或字误以尽为进,以贤为形,如此者众。及在新书有栈,校雠从中书,已定皆以杀青,书可缮写。

列子者,郑人也。与郑缪公同时,盖有道者也。其学本于黄帝、老子,号曰道家。道家者,秉要执本,清虚无为。及其治身接物,务崇不竞。合于六经;而穆王、汤问二篇,迂诞恢诡,非君子之言也。至于力命篇一推分命,杨子之篇唯贵放逸,二义乖背,不似一家之书;然各有所明,亦有可观者。孝景皇帝时,贵黄老术,此书颇行于世。及后遗落,散在民间,未有传者。且多寓言与庄周相类。故太史公司马迁不为列传。谨第录。臣向昧死上。护左都水使者、光禄大夫臣向所校列子书录。永始三年八月壬寅上。①

文字虽然不多,而书目信息和学术含量确实十分丰富。后世学者推崇古代目录学"辨章学术,考镜源流"的治学门径作用,就是缘于刘向当年撰写叙录所形成的这一传统。

4. 杀青缮写

刘向所撰书录,清姚振宗《师石山房丛书》本《别录佚文》辑录 8 篇,其中 6 篇有关于杀青缮写的文字。《战国策书录》:"二百四十五年间之事皆定以杀青,书可缮写。"《管子书录》:"定著八十六篇,杀青而书可缮写也。"《晏子春秋》:"皆已定以杀青,书可缮写。"《列子书录》:"已定皆以杀青,书可缮写。"《邓析子书录》:"皆定杀,而书可缮写也。"《孙卿书书录》:"定著三十二篇,皆已定,以杀青简,书可缮写。"这里的"杀青"代指定稿并书于竹简。

缮写,是指经皇帝审定后书于缣帛。汉应劭《风俗通》称:"杀青书可缮写。谨案:刘向《别录》曰:'杀青者,直治青竹作简书之耳。'新竹有汗,善朽蠹,凡作简者,皆于火上炙干之,陈、楚之间谓之汗,汗者,去其汁也。吴、越曰杀,杀亦治也。刘向为孝成皇帝典校书籍,二十余年,皆先书竹,改易刊定,可缮写者,以上素也。"②这就是说,刘向校定新书后,都用简和帛抄写了两部清本贮存秘阁。应劭为汉末学者,博学谙事,所撰《风俗通》专以辨物类名号,上距刘向校书方百余年,书中所记应当是可信的。

5. 分类编目

刘向去世后,其子刘歆继承父业,主持最后的整理工作,完成系统目录《七略》的编纂。《七略》,据《汉书·艺文志》总序称:"歆于是总群书而奏其《七略》,故有辑略,有六艺略,有诸子略,有诗赋略,有兵书略,有术数略,有方技略。今删其要,以备篇籍。"今《七略》早已散佚,但仍能从根据《七略》删要编录的《汉书·艺文志》中,窥其概貌:

辑略:班志每略叙录之辞,即歆之辑略也。

六艺略:分为易、书、诗、礼、乐、春秋、论语、孝经、小学等 9 类,著录

---

① 张舜徽选编:《文献学论著辑要》,西安:陕西人民出版社,1985 年,第 9 页。
② [汉]应劭撰,王利器校注:《风俗通义校注·佚文》,北京:中华书局,2010 年,第 494 页。

图书 129 家,2926 篇,图 1 卷;

诸子略:分为儒家、道家、阴阳家、法家、名家、墨家、纵横家、杂家、农家、小说家 10 类,著录图书 187 家,4346 篇;

诗赋略:分为屈原赋之属、陆贾赋之属、孙卿赋之属、杂赋、歌诗 5 类,著录图书 106 家,1313 篇;

兵书略:分为兵权谋、兵形势、兵阴阳、兵技巧 4 类,著录图书 66 家,1375 篇,图 44 卷;

数术略:分为天文、历谱、五行、蓍龟、杂占、形法 6 类,著录图书 110 家,2557 卷;

方技略:分为医经、经方、房中、神仙 4 家,著录图书 36 家,862 卷。

以上共计著录图书为 6 略,38 类,634 家,13397 篇(卷),图 45 卷。

二、编校活动的意义及对后世出版的影响

刘向、刘歆父子领导的图书整理工作,是我国文化史上首次对先秦以来流传的文化典籍进行的大规模整理编校活动。其成果,从目录学上讲,诞生了我国历史上第一部系统目录《七略》,创立了古代图书六分法分类体系和叙录体图书解题形式;从编纂学上讲,先秦以来流传无序的古书,以新貌面世,并在编纂体例上给后世的编辑出版活动以极大的启示。其意义和影响都是十分巨大的,现代史学家范文澜将《七略》与《史记》并称为我国史学史上的辉煌成就,是十分恰当的,因为二者都是西汉大一统时代的产物。

1. 奠定古代目录学的基本框架和方法

古代目录学的基本内容就是一个合适的图书分类体系,一种能够揭示图书内容要素并予以评判的叙录方法。这两个"一",都是最先由刘向父子在校理图书的活动中创立的。其标志就是《别录》和《七略》。

图书整理编目工作,不仅仅在于排列先后,部次甲乙,更重要的是通过分类叙录,对由图书这一形式所表现出来的学术和思想体系进行梳理和综合评介。中央集权的统一王朝,对于这种梳理和综合评介的需求表现得尤为强烈,秦统一前夕吕不韦编纂《吕氏春秋》,西汉文、景之世刘安编纂《淮南子》,武帝时期司马迁撰写《史记》,都是这种时代需求的产物。所以,刘向时期,先秦以来的重要典籍已经形成若干评介体系:(1) 从儒

家学派校定"六经",到司马迁撰写《史记·儒林列传》,儒家经典逐渐形成自己的系统;(2)从《庄子·天下》《荀子·非十二子》,到司马迁《史记·太史公自序》中所引司马谈《论六家要指》,先秦以来诸子百家之书形成了自己的系统;(3)汉初张良、韩信序次兵法,到武帝时军政杨仆"纪奏《兵录》",可能已经产生兵书的专门目录。

刘向充分利用这些可资借鉴的成果,并在此基础上进行了更为宏伟的构思,成功地将西汉王朝200多年以来积累的全部国家和民间藏书,分门别类地统一于同一体系之中,使九流百家之学绳贯珠联,俾后学者能即类求书,因书究学。同时,以"六艺略"居部类之首,显示出学术思想上以经学为中心的时代色彩。这一在整理编目中贯彻体现官方哲学的做法为后世编目恪守不废。

刘向父子还在著录上创为互著、别裁之法。所谓别裁,就是将原先单行、后来被编入他书中的篇目裁出,另行著录于能反映其学术内容的类目中。如《管子》,刘歆裁其《弟子职》篇入小学类,裁《七十子所记》中《孔子三朝记》篇入论语类。这样处理,既能反映图书早期单篇流传之原貌,又能辨明著述源流,凸显早期编辑活动发展变化的情况。

2. 开创古代书籍整理定著"新书"之例

刘向校理古书,有两种情况:一是本为先秦原本,或保持原书面貌,其篇章没有缺失;一是书有复重残缺。前者一般只需校正脱误,整理相对比较简单。后者的整理相对要复杂得多,一般都要进行精心校补,并重行编次。经过这样的工序编成的定本,多题名"新书"。如《孙卿书录》所称"《孙卿新书》",《列子书录》中"《新书》有栈"之类。经刘向重行编次的"新书",数量不在少数,余嘉锡推测,见于《隋志》《唐志》著录的《晁氏新书》,流传至今的《贾子新书》,都是曾经刘向编次而题名的。甚至如《管子》《晏子》之类经重新编次的书籍,其叙录中没有"新书"字样,是后人不知其义而妄加删削所造成的。

先秦古书,本多单篇别行,诸子学说,往往散见多种传本。后遭秦焚书,古书更为散乱,民间所藏,多无全本。汉兴,秦代书禁被废除,许多原先主要以师授口耳相传的先秦古书,被记录于竹帛。限于记忆,这类新写之本往往不全,如今文诸经。所以,刘向校书之前,传世诸子传记等,不是残缺之本，就是重复之篇。这一点，从现存刘向所撰几篇《书录》中可以看得很清楚。面对先秦古书这样复杂的流传状况，刘向充分利用天下图书集中在皇家书库这一得天独厚的条件，尽取各本进行精心校对，去重补缺，更新编次，使长期分合无常、纷然不一的古书，以焕然一新之貌续传于世。

刘向这项整理工作的意义十分重大，正如余嘉锡所说："今日所传之本，大抵为刘向之所编次，使后人得见周、秦诸子学说之全者，向之力也。"①

后世辨伪之学兴起，学者对刘向这种改变古书原貌的整理方法提出批评，甚至指责刘歆作伪，随意篡改古书，以达到推动古文经学立于学官的目的。个中详情，由于缺乏足够的史料证据，难以明判究竟。但是，20世纪70年代以来陆续出土的大量秦汉竹帛古籍，证明历代学者指为刘歆伪造之书，确系先秦古书，作伪之说自然不能成立。

----

① 余嘉锡：《古书通例》，上海：上海古籍出版社，1985年，第104页。

第二章　魏晋南北朝时期的江苏出版

公元 220 年,曹魏代汉,至公元 222 年形成魏、蜀汉、吴三国鼎立的割据局面;公元 589 年隋文帝杨坚大军渡江灭陈,自西晋以来近 300 年的南北分裂复归于统一,其间 369 年。这就是中国历史上的魏晋南北朝时期。

魏晋南北朝时期,除了西晋的短暂统一(280—316)外,先有三国的军阀割据,后历十六国、南北朝的分裂,其间战火烽起、社会动荡,文化建设和图书编辑出版事业遭受重大损失。虽然历经战乱,图书编辑出版事业在三个多世纪中还是创造出自己的可喜业绩。

第一节　时代思想文化概况

魏晋南北朝时期大部分时间处于分裂割据的状态,政权林立,国号迭变,社会环境和思想文化形态都呈现出比较复杂的情况。但其中曾经有过相对的稳定和局部的繁荣。以长江为界,江南依次建立了以建康(今江苏南京)为政治文化中心的东晋和南朝宋、齐、梁、陈四朝,前后延续 272 年。在这一历史时期,除了东晋末和梁末两次较大的战祸,南朝境内没有发生大的战争破坏,社会基本处于稳定状态,经济和文化事业都得到较大的发展。

一、玄学与清谈之风

玄学是魏晋时期出现的一种哲学思潮,其学术内涵是以老、庄思想为基础,糅合儒家经义,集中讨论世界万物本末有无的问题,亦即本体论的问题。而其表现形式就是所谓的"清谈"。

玄学专门讨论"超言绝象"的本体论问题,玄学家往往就一些哲学问题相互问难,反复辩论。而魏晋谈玄者大都是当时的名士,相互以出身门第、容貌仪止和"虚无玄远"的问题为标榜,一时清谈成为风气。

东汉末世的"党锢之祸",接踵而来的三国乱世,使旷达之士目击衰乱,又不甘隐避,于是崇尚老、庄,托为放逸,以任天率真为贵。魏齐王正始年间,玄学家何晏、王弼等首开清谈之风。西晋司马氏掌权之初,社会还没有完全稳定,玄风继续蔓延,名士达官,不治世务,崇尚浮虚。纵观魏晋南北朝时期,玄学始终是门阀世族的精神支柱,其影响一直延续到下一个大一统的中央集权政权——隋朝的诞生。

在魏晋玄学清谈的思潮中,《老子》《庄子》《周易》是玄学家最喜谈论的三部书,习称为"三玄"。当时著名的玄学家往往通过对这三部经典的注释,来表达自己的玄学思想,这也可以视为当时书籍编纂活动的一个特点。

魏晋玄学的发展可以大致分为四个阶段,其代表人物和代表性著述如下:

正始玄学。正始是魏齐王曹芳的年号,其起讫为公元240年至249年,其间属于以王弼、何晏为代表的玄学创始阶段。当时门阀士族尚无权势,王弼、何晏等人以老子思想来解释儒家经典《周易》《论语》,所谓援道入儒,形成"贵无"的思想体系。其目的即要求统治者无为而治,使自己的行为不致受到过多的干涉,也寓含对自己无权状况的自慰。王弼注《周易》《老子》,著《论语释疑》;何晏作《道德论》《论语集解》,是这一阶段玄学思想的代表作。

竹林玄学(约255—262),以嵇康、阮籍和向秀为代表,主张"越名教而任自然",这是玄学发展的第二阶段,取名于竹林七贤。以嵇康、阮籍为骨干,包括山涛、阮咸、向秀、王戎、刘伶等,七人生活在曹魏集团与司马氏集团激烈斗争的时期,为逃避这种严酷的政治斗争和社会现实,以酣饮为常,纵酒谈玄,放浪形骸,同为竹林之游,故名。七贤都有一些谈玄论道的著述,后人辑为《阮步兵集》《嵇康集》等传世。其中向秀曾作《庄子隐解》,史称其书"妙析奇致,大畅玄风"。书早佚,今存郭象《庄子注》即在向秀注的基础上增广而成。

西晋玄学(约 265—316),以裴頠、郭象为代表。西晋时期,门阀地主取得了社会的统治地位,为适应已经掌权的世族大家的政治需要,玄学家又主张"崇有",在理论上完成了从贵无到崇有的过渡。所谓"崇有",就是承认和维护现存的门阀制度和统治秩序。代表作是郭象的《庄子注》。

东晋玄学(约 317—420),以张湛为代表。司马氏政权南迁,超生死、得解脱的问题成为当时玄学的中心内容。张湛注《列子》,综合贵无、崇有的学说,提出"肆情任性"的纵欲主义人生观,把玄学引入了绝境。

东晋出现玄佛合流的趋向,佛学各宗采用玄学语言解释佛经。哲学上,讨论非有非无的佛学逐渐取代了讨论本末有无的玄学。

二、南北文化的交流和融合

三国时期,以长江为依托,南方东吴与北方曹魏成对抗之势,南北之分在地域上形成概念。至晋室南迁,划江而治,继而南朝四代与北魏南北对峙。在这一长达 300 多年的历史时期中,江南相对安定的政治社会环境,不断吸引北方文人学士南来,其中尤以北方五胡十六国之乱导致晋室南迁的事件最为突出。

晋室南迁,北方豪族名士纷纷渡江避乱。北方游牧民族政权虽然采取汉化措施,先后建立以重要都市为基地的文化中心,但是从生产力发展水平和社会文明程度的高低看,东晋以来,全国的文化中心已经从北方迁移至江南。据《晋书·食货志》记载,东晋末,江南已是"天下无事,时和年丰,百姓乐业,谷帛殷阜,几乎家给人足矣"。而与此大致同时的北魏鲜卑拓跋部尚处于奴隶制还极不成熟的阶段。南北在经济和文化方面存在着较大的差距。

《北史·儒林传序》谈南北经学的不同:"大抵南北所为章句,好尚互有不同。江左:《周易》则王辅嗣,《尚书》则孔安国,《左传》则杜元凯。河洛:《左传》则服子慎,《尚书》《周易》则郑康成,《诗》则并主于毛公,《礼》

则同遵于郑氏。南人约简,得其精华;北学深芜,穷其枝叶。"①在经学上,南方《周易》尚王弼注。王弼为魏晋玄学的创始人之一,其注《周易》,会通儒道,疏于训诂,与北方所主郑玄的《易》学异趣。

《世说新语·文学》记南北治学方法的差异:"褚季野(裒)语孙安国(盛)云:'北人学问,渊综广博。'孙答曰:'南人学问,清通简要。'支道林闻之曰:'圣贤固所忘言。自中人以还,北人看书,如显处视月;南人学问,如牖中窥日。'"②支道林的话是针对一般学者而讲的,以为北人博而不精,南人精而不博。余嘉锡则认为支道林的话是针对玄学清谈名理而发的,就其他治学领域,现存北朝学者的著述如《水经注》《齐民要术》等,渊综广博,在著述之林独树一帜,南朝学者尚没有可以相抗衡的同类著述。

南北文化上的差异,早见于记载。春秋战国时期,以继承周王朝礼乐制度为特征的北方齐鲁文化,吸引向往周朝礼乐盛况的南方吴国公子季札前往观礼。南朝梁武帝萧衍喜好文学,命太子詹事徐勉等学士编纂类书《华林遍略》。书成后,很快由书贾传入北方。时祖珽事东魏权臣高澄,正逢扬州书客请卖《华林遍略》。高澄召集众多抄手,一日一夜写毕。祖珽因盗官本《华林遍略》而遭禁闭。后祖珽出仕北齐朝,在左仆射任上,向后主高纬建议编纂北朝唯一的一部官修类书《修文殿御览》。从中可以看出南方书籍编纂文化对北地的影响。

差异的结果,必将在交流和发展中导致融合。王国维在《屈子文学之精神》中阐述了这一点:"北方人之感情,诗歌的也,以不得想象力之助,故其所作遂止于小篇。南方人之想象,亦诗歌的也,以无深邃之感情之后援,故其想象也散漫而无所丽,是以无纯粹之诗歌。而大诗歌之出,必须俟北方人之感情与南方人之想象合而为一,即必通南北之驿骑而后可,斯即屈子其人也。"③以屈原为代表的楚辞,正是南北文化融合后产生的一代新文学。

---

① [唐]李延寿:《北史》卷81,北京:中华书局,1974年,第2709页。
② [南朝宋]刘义庆著,[南朝梁]刘孝标注,余嘉锡笺疏,《世说新语笺疏》上卷,上海:上海古籍出版社,1993年,第216页。
③ 胡逢祥主编:《王国维全集》第14卷,杭州:浙江教育出版社,2009年,第100页。

西晋时,陆机、陆云北上洛阳,以南方文士居高自傲的心态小视北方文士,讥讽左思。《晋书·左思传》引陆机与弟云书曰:"此间有伧父,欲作《三都赋》,须其成,当以覆酒瓮耳。"二陆入洛,带去南方文学的审美品格,融入北方文学的特点,在创作上出现新的高峰。

文学创作,在风格上南北亦有较大差异。《北史·文苑传序》称:"自汉魏以来,迄乎晋宋,其体屡变,前哲论之详矣。暨永明、天监之际,太和、天保之间,洛阳、江左,文雅尤盛,彼此好尚,雅有异同。江左宫商发越,贵于清绮;河朔词义贞刚,重乎气质。气质则理胜其词,清绮则文过其意。理深者便于时用,文华者宜于咏歌。此其南北词人得失之大较也。"①公元554年,西魏大军南下攻陷梁朝重镇江陵,大批南方著名文人被掳至长安,包括文学家颜之仪、鲍宏、宗懔、王褒、庾信,医学家许爽、姚僧垣,天文学家庾季才等,以至于西魏太师、大丞相宇文泰喜不自禁地说:"昔平吴之利,二陆而已。今定楚之功,群贤毕至,可谓过矣。"宗懔、王褒名重江南,甚受礼遇,三年后北周明帝宇文毓即位,诏宗懔与王褒等在麟趾殿刊定群书。梁太医姚僧垣北上,子姚最随同,明帝时亦参与麟趾殿校书。其中尤以庾信入周,给刚健质朴的北朝文学带去清新气质,产生的影响最为瞩目,为隋朝统一后南北文学的大融汇奏响先声。

三、图书品种的变化

魏晋南北朝时期图书品种的最大变化,就是史书的大量出现。

《隋书·经籍志》是唐初根据当时梁、陈、齐、周、隋五代官私书目所载的现存图书编录的,共著录图书14466种89666卷。由于隋朝立国仅38年,其编辑出版图书的数量有限。所以,这些图书的绝大部分为魏晋南北朝时期文人学士的著述,从中可以分析了解当时文化典籍品种增减消长的概况。

魏晋南北朝时期,受《史记》《汉书》的影响,政府修纂纪传体史书作为常例继续实施,历代共完成5部官书正史:西晋陈寿的《三国志》,南朝宋范晔的《后汉书》,南朝梁沈约的《宋书》,梁萧子显的《南齐书》,北齐魏收的《魏书》。此外还涌现了不少历代史官所撰的史书,仅《后汉书》已知

---

① [唐]李延寿:《北史》卷83,北京:中华书局,1974年,第2781页。

自三国吴谢承至南朝梁王韶，连续出现 10 部之多。南朝陈编有《承香殿五经史记目录》，侧面反映出史部书大量出现的状况。具体来说，以下几类史书的增量尤为突出：

杂传类：杂传类图书主要是一些没能进入正史列传，而其人行事确有可传的人物的传记集，编纂体例上一般为类传。如刘向所撰《列女传》《列士传》《列仙传》等。这类书籍，始自西汉，但当时成书传世者很少。魏晋之世，先贤、耆旧等地方名人传记、家传大量出现，基本上是门阀士族的。如魏明帝《海内先贤传》，魏周斐《汝南先贤传》，魏苏林《陈留耆旧传》，吴陆凯《吴先贤传》，晋张方《楚国先贤传赞》，王褒《王氏江左世家传》，裴松之《裴氏家传》，佚名《太原王氏家传》，庾斐《庾氏家传》等。又有曹丕作《列异》，叙鬼物奇怪之事，魏嵇康撰《高士传》，扬圣贤之风。于是，"因其事类相继，而作者甚众，名目转广"。《隋书·经籍志》史部著录杂传类图书 207 种，除了汉赵岐撰《三辅决录》等数种，其余绝大部分为魏晋南北朝时期的著述。

《隋书·经籍志》史部还著录 41 部谱系类著述，其中绝大部分为魏晋南北朝时期的氏姓之书。据史书记载，东晋南朝曾有两次规模较大的官修谱书的编纂活动：东晋孝武帝司马曜命贾弼之编纂《姓氏簿状》712篇，集 18 州 116 郡氏姓；梁武帝曾命王僧孺编纂《梁武帝总集境内十八州谱》710 卷。

人物传记、家族谱系类书籍的兴盛，是魏晋南北朝时期门阀制度在史学编纂上的突出反映。

其他如史部地理类，班固在《汉书》中增设《地理志》，晋挚虞撰《畿服经》170 卷，详叙其时州郡及县的分野、山陵、水泉、道里、土田、民物、风俗、先贤、旧好等。其后作者继起，地记之作源源不绝。齐陆澄曾搜集《山海经》以来 160 家地理著述，合其内容编纂为《地理书》，后任昉在陆书的基础上复增 84 家，成《地记》252 卷。

可想而知，如此庞大的史部书籍，原来六分法将其附入《春秋》的做法已经不能也无法继续下去了。

医书的激增也是魏晋南北朝时期图书编辑出版事业的一个特点。《汉书·艺文志》"方技略"著录医经 7 家 216 卷，经方 11 家 272 卷，而

《隋书·经籍志》"子部"著录医方256部4510卷,增幅惊人。

集部是《隋志》著录的重要部类,其中别集类收书凡437部4381卷,其中除《荀况集》《司马迁集》《刘向集》等40余种的作者为战国两汉时人外,其余都是魏晋南北朝时期的作品,总集类著录107部2213卷,以晋挚虞的创例之作《文章流别集》冠首,梁释宝唱《法集》收尾,全部由魏晋南北朝人编纂。

图书编辑出版的这种情况,使整理编目者切实感到改造分类法的迫切性。

四、四部分类法的确立及其意义

我国古代图书分类体系是根据图书产生的实际情况确定的。由于三国以后图书编纂出版情况发生较大变化,新品迭出,刘向父子开创的六分法体系已经无法完成分类的任务。因此,在西晋太康年间(280—289),四部分类法在国家图书整理编目活动中出现,并在南朝齐梁间逐步得到确立。据《隋书·经籍志》记载,魏明帝时,秘书郎郑默等整理政府藏书,编成官修目录《中经》。由于记载十分简单,没有涉及体制,故至今无法确定其采用何种分类法。汪辟疆在所撰《唐以前之目录》中,据梁阮孝绪《七录序》中"荀勖因魏《中经》更著《新簿》"之语,以为《新簿》是按四部分类的,"或四部分类之法,郑默已启其先"[1]。

西晋初年,秘书监荀勖、中书令张华受命主持朝廷藏书的校理编目工作,在《中经》的基础上编成《中经新簿》,著录官藏图书29945卷。根据当时文化典籍品种增减变化的具体情况,荀勖革新了六分法,首次采用甲、乙、丙、丁四部分类。据《隋书·经籍志》记载,荀勖《新簿》四部中,"一曰甲部,纪六艺及小学等书;二曰乙部,有古诸子家、近世子家、兵书、兵家、术数;三曰丙部,有史记、旧事、皇览簿、杂事;四曰丁部,有诗赋、图赞、汲冢书"。

东晋元帝偏安江南,著作郎李充受命据《中经新簿》新编《晋元帝四部书目》,著录历经晋末惠、怀之乱幸存之本3014卷。李充在编目中沿用四分法,而将荀勖《新簿》四部中乙、丙的内容作了对调,经史子集四部的顺序自此固定,且为南朝宋、齐、梁、陈官修书目分类所遵循,就是史书

---

① 汪辟疆:《目录学研究》,上海:商务印书馆,1956年,第22页。

所谓"秘阁以为永制"。如刘宋谢灵运(生于东晋后期)《元嘉八年秘阁四部书目》、王俭《元徽元年四部书目录》、殷淳《秘阁四部书目》,齐王亮等《永明元年四部书目》,梁刘孝标《文德殿四部目录》、殷均《天监六年四部书目录》,陈文帝天嘉年间所编《天嘉六年寿安殿四部目录》以及《德教殿四部目录》等。

李充(? —365?),字弘度,江夏郡人。家贫少孤,然励志于学。成帝时任记室参军。晋穆帝永和初(345),征北将军褚裒引为参军,转剡县令。稍后调回帝都建康,出任大著作郎。《晋元帝四部书目》即在大著作郎任上受命编集完成。

南朝宋、梁曾出现过七分法。宋秘书丞王俭曾以私人的身份编纂书目《七志》。据《隋书·经籍志》序中所记,其所分七志为:经典志、诸子志、文翰志、军书志、阴阳志、术艺志、图谱志。其中经典志下分六艺、小学、史记、杂传四目。王俭此目仿效《七略》,未能全面考虑图书品种变化的实际情况安排设置和调整类目。据清姚振宗《后汉艺文志》《三国艺文志》,丁国均、文廷式、秦荣光、吴士鉴诸家《补晋书艺文志》,聂崇歧《补宋书艺文志》的著录,后汉编辑出版的史籍 200 余种,三国史籍 180 余种,两晋史著多达 800 种左右,刘宋史籍 100 多种。史籍在当世著述总量中的比例逐渐增加,王俭却违背图书分类依据实际的原则,仍按照《七略》规制,将史籍附载六艺,致使史籍的归类严重失当。

王俭(452—489),字仲宝,琅琊临沂(今属山东)人。东晋丞相王导五世孙。自幼勤学,手不释卷。宋明帝时,娶阳羡公主,拜驸马都尉。在秘书丞任上领校国家藏书,编集《元徽元年四部书目录》4 卷,著录图书 2020 帙 15074 卷,今佚。《南齐书·王俭传》称:"解褐秘书郎,太子舍人,超迁秘书丞。上表求校坟籍,依《七略》撰《七志》四十卷,上表献之,表辞甚典。又撰定《元徽四部书目》。"[1]从上述史传记载看,王俭编集《七志》在先,《四部书目》在后,或许他在《七志》的编集过程中,已经意识到汉时的分类法难以妥善有序地编排当下的图书。

梁武帝普通四年(523),处士阮孝绪在建康禁中里居所自编书目《七

① [梁]萧子显:《南齐书》卷 33,北京:中华书局,1972 年,第 433 页。

录》,其体制主要参酌刘歆《七略》、王俭《七志》而成,但在分类上已经作了很大调整。《七录》分为内外篇,内篇包括经典录、记传录、子兵录、文集录、技术录,外篇为佛法录、仙道录。阮孝绪将王俭《七志》"经典志"中的史记、杂传二目别出,另立"记传录";而将"军书志"中的兵部别出,与"诸子志"合并为"子兵录";又增设外篇,以编录当时日益增多的佛道之书。很明显,《七录》内篇的前四录,正与四分法的经史子集在内容和顺序上吻合,实际上已经体现四分法的精神。

阮孝绪(479—536),字士宗,陈留尉氏(今属河南)人。年十三通五经,终身不仕。隐居京师建康,所居唯一床,竹树环绕,读书其中,学养精进。他在《七录序》中详细叙述自己编集书目的缘由和体例,曰:"每披录内,省多有缺。然其遗文隐记,颇好搜集。凡自宋、齐已来,王公搢绅之馆,苟能蓄聚坟籍,必思致其名簿。凡在所遇,若见若闻,校之官目,多所遗漏。遂总集众家,更为新录……昔司马子长记数千年事,先哲愍其勤,虽复称为良史,犹有捃拾之责,况总括群书四万余卷,皆讨论研核,标判宗旨,才愧疏通,学惭博达,靡班嗣之赐书,微黄香之东观,倘欲寻检,内寡卷轴,如有疑滞,傍无沃启,其为纰缪,不亦多乎!"①这段话有三层意思,首先说明编目的资料来源:宋、齐以来的官私藏书目录,以及自己所见所闻的图书信息。其次说明编目的体例:"总括群书四万余卷,皆讨论研核,标判宗旨。"编目要做到准确分类,掌握图书的内容、宗旨是基础,这一点,很多古书无法从书名去判断,故需要反复研核,形成文字。这些文字就作为图书解题写入书目。故现代研究者多认为《七录》是一部继承《七略》优秀传统的解题目录。最后强调编目的困难,自己既无西汉班嗣家藏赐书的优越,也乏东汉黄香东观读书的便利,所以难免纰缪。

《七录》在宋末散亡,其《序目》因唐道宣将其录入《广弘明集》而保存至今。阮孝绪在《序目》中详细记录了《七录》的类目,凡7录55部。经典录:易部、尚书部、诗部、礼部、乐部、春秋部、论语部、孝经部、小学部。记传录:国史部、注历部、旧事部、职官部、仪典部、法制部、伪史部、杂传部、鬼神部、土地部、谱状部、簿录部。子兵录:儒部、道部、阴阳部、法部、

---

① 任莉莉:《七录辑证·七录序目笺注》,上海:上海古籍出版社,2011年,第1页。

名部、墨部、纵横部、杂部、农部、小说部、兵部。文集录:楚辞部、别集部、总集部、杂文部。术伎录:天文部、纬谶部、历算部、五行部、卜筮部、杂占部、刑法部、医经部、经方部、杂艺部。佛法录:戒律部、禅定部、智慧部、疑似部、论记部。仙道录:经戒部、服饵部、房中部、符图部。共著录图书6288种8547帙44521卷。[1] 这一分类框架和图书的著录情况,被唐修《隋书·经籍志》充分利用并吸收。

中国古代图书目录编制的分类原则是从实际出发,依书设类。当图书品种发生大变化时,类目必须进行适当调整。魏晋时期,图书品种的巨大变化,迫使分类体系作出反应。当时的四分法、七分法都是有益的尝试。阮孝绪的《七录》,综合了四分法、七分法的优点,特别是对二级部类的细化,为隋唐四分法的最后定型,提供了积极的启示和可操作的基础。图书是古代社会文化知识主要的记录载体和传播媒介,所以依书设类的图书分类体系,实际上就是社会文化知识体系的直观反映。一般来说,图书的生产并不是一个完全自然、无序的过程,广大作者虽然身份、地位、阅历以及生活地域、承担的职务是千差万别的,但是他们的著述意图在很大程度上都要受到政府导向和社会发展需求的影响和制约。在封建时代,前者对图书生产的影响和作用要远大于后者。反映在图书分类上,如图书部类的名目、种类数量的多寡、位置的前后,都会体现这种影响。分类合理、著录准确的图书目录正是时代政治观念、思想文化风貌,以及社会传播、阅读概况的真实体现。

无疑,发生在东晋和南朝齐、梁间的这场图书编制领域里的变革,其作用和影响是巨大的。

第二节　江苏地区的图书编校活动

自三国东吴开始,东晋和南朝的宋、齐、梁、陈,先后在建业、建康(今江苏南京)建都,成为当时的政治文化中心,在图书的编辑出版方面作出

---

[1] [唐]道宣:《广弘明集》卷2"七录目录",上海:上海古籍出版社,1991年,第113页。

了重要贡献。首先纸的普及使用,带来了书籍装帧形式的革新和图书抄写发行的兴盛。其次文学进入自觉时代,文学总集、文艺理论著作,以及代表新兴编纂体制的类书等先后出现。

其时,以建康(南京)为中心的江苏地区的图书编辑出版事业进入辉煌时期,在朝廷主持和个人发奋的双轨合力下,名家名著迭出,引领时代潮流。

一、南朝皇室成员的编纂著述活动

南朝宋、齐、梁、陈四代凡立国 169 年,登帝位者 25 人(含刘劭),平均在位时间不足 7 年。其中宋文帝刘义隆在位 30 年,而梁武帝萧衍则更长达 48 年。南朝皇室的编纂著述活动当从宋文帝元嘉十五年(438)说起。

元嘉十五年,朝廷征雷次宗至建康,开馆于鸡笼山,以儒学聚徒教授,置生百余人。当时国子学尚未建立,文帝刘义隆留心艺术,使丹阳尹何尚之立玄学,太子率更令何承天立史学,司徒参军谢元立文学,凡四学并建。① 雷次宗,字仲伦,豫章南昌(今属江西)人。少入庐山,事沙门释慧远,笃志好学,尤明《三礼》《毛诗》,隐退不交世务。自建馆鸡笼山后,文帝曾多次驾幸雷次宗的学馆,各项赏赐十分优厚。值得注意的是,第二年,刚 13 岁的萧道成来雷次宗的学馆受业,治《礼》及《左氏春秋》。40 年后,建元元年(479),萧道成建立齐朝,成为齐太祖。又 10 年后,齐武帝永明五年(487),武帝第二子竟陵王萧子良"移居鸡笼山邸,集学士抄《五经》、百家,依《皇览》例为《四部要略》千卷"②。

萧子良(460—494),字云英,南兰陵(今江苏常州)人。齐武帝萧赜次子。萧子良好结儒士,常与文友交流学问。他在建康鸡笼山西邸,召天下有才之士,其中以萧衍、沈约、谢朓、王融、范云、萧琛、任昉、陆倕最知名,时称"竟陵八友"。此后,他们都在政治和文化方面发挥重要作用和影响。

鸡笼山在城西北六七里,北临玄武湖,高 30 丈,周 10 里。因其势浑

---

① [梁]沈约:《宋书》卷 93,北京:中华书局,1974 年,第 2292 页。
② [梁]萧子显:《南齐书》卷 40,北京:中华书局,1972 年,第 698 页。

圆,状如鸡笼而得名。明金陵史学家朱之蕃辑《金陵图咏》,有《鸡笼云树图》(图3-1),题咏曰:"孤峰高枕帝城隅,南望纷纶列九衢。联合流云三五片,凄迷远树万千株。白摇雉堞明湖曲,青割虚亭敞奥区。遗址萧梁何用问,禅关分榻供伊蒲。"

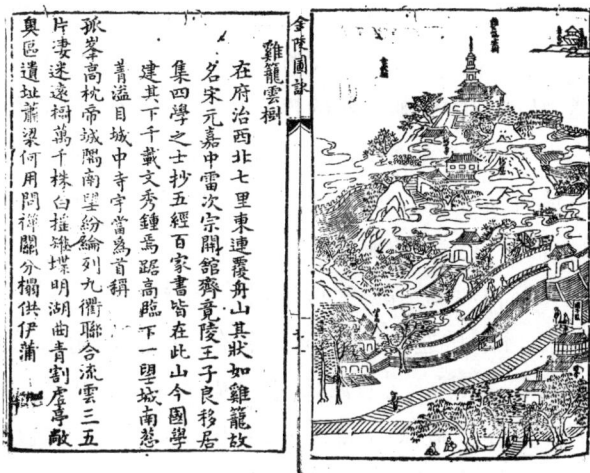

图3-1　鸡笼云树图　出明朱之蕃编、陆寿柏画《金陵图咏》

宋文帝元嘉年间在鸡笼山开学馆事,于齐梁文化之灿烂有发端之功,所谓"江左风俗,于斯为美,后言政化,称元嘉焉"。

南朝文化的鼎盛期在齐、梁,齐、梁文化集团的核心在皇室——南兰陵萧氏,而其中又以萧衍、萧统、萧纲、萧绎父子四人最为著名,史称"四萧"。

萧衍(464—549),字叔达。齐和帝中兴二年(502),通过"禅让"的形式代齐即皇帝位,建立梁朝。萧衍博学能文,史称其"少而笃学,洞达儒玄,虽万机多务,犹卷不辍手"。君临天下后,倡导儒学,重用文士。设立士林馆,亲自到国子讲说儒家经义,据《隋书·经籍志》著录,著有《周易大义》21卷、《周易讲疏》35卷、《尚书大义》20卷、《毛诗大义》11卷、《礼记大义》10卷、《孝经义疏》18卷、《孔子正言》20卷等,多达200余卷。武帝的示范,影响全国,由此"四方郡国,趋学向风"。除此,萧衍还有《五礼》《通史》、制文等600卷,《文集》百余卷,佛教经义数百卷。故《梁书·

本纪》赞曰:"历观古帝王,艺能博学,罕或有焉。"

萧纲(503—551),梁简文帝,字世缵,萧衍第三子。史称其 6 岁便能属文,既长,九流百氏,经目必记,篇章词赋,操笔立成,博综儒书,善言玄理。所著《昭明太子传》5 卷,《诸王传》30 卷,《礼大义》20 卷,《老子义》20 卷、《庄子义》20 卷、《长春义记》100 卷、《法宝连璧》300 卷、《文集》100 卷等,并行于世。中大通三年(531),昭明太子萧统去世,萧纲正位东宫,周围聚集一大批文学才士如徐摛、张率、庾肩吾、王规、刘孝仪、刘孝威等,济济一堂,从此成为梁朝文坛的核心人物。萧纲自称 7 岁即有诗癖,长而弗倦;提出"立身先须谨重,文章且须放荡"的文学主张,倡导以轻艳为特征的"宫体诗"。徐陵于中大通六年(534)辑成《玉台新咏》10 卷,可以视为对萧纲倡导宫体诗的响应。

萧绎(508—555),梁元帝,字世诚,自号金楼子,萧衍第七子。萧绎好学,博极群书,才辨敏速,冠绝一时。著有《孝德传》30 卷、《忠臣传》30 卷、《丹阳尹传》10 卷、注《汉书》115 卷、《周易讲疏》10 卷、《内典博要》100 卷、《连山》30 卷、《洞林》3 卷、《玉韬》10 卷、《老子讲疏》4 卷、《金缕子》20 卷、《文集》50 卷,以及《全德志》《怀旧志》《荆南志》《江州记》《贡职图》等,多已佚。其中《金楼子》,清修《四库全书》时从《永乐大典》辑得元至正间刊本,厘为 6 卷。其中《聚书篇》详细记载了自己 40 年聚书的经历,间接反映出当时社会藏书及其流通情况:

> 初出阁,在西省,蒙敕旨赉《五经》正副本。为琅琊郡时,蒙敕给书,并私有缮写。为东州时,写得《史》《汉》《三国志》《晋书》。又写得刘选部孺家、谢通直彦远家书。又遣人至吴兴郡,就夏侯亶写得书。又写得虞太中阐家书。为丹阳时,启请先宫书,又就新渝、上黄、新吴写格五戏,得少许。为扬州时,就吴中诸士大夫写得《起居注》,又得徐简肃勉《起居注》。

> 于江州江革家,得元嘉前后书五帙。又就姚凯处得三帙,又就江录处得四帙。足为一部,合二十帙,一百一十五卷,并是元嘉书,纸墨极精奇。又聚得元嘉《后汉》,并《史记》《续汉春秋》《周官》《尚书》及诸子集等,可一千余卷。又聚得细书《周易》《尚书》《周官》《仪礼》《礼记》《毛诗》《春秋》各一部。又使孔昂写得《前汉》《后汉》《史

记》《三国志》《晋阳秋》《庄子》《老子》《肘后方》《离骚》等,合六百三十四卷,悉在一巾箱中,书极精细。

还石城为戍军时,写得玄儒众家义疏。为江州时,又写萧谘议贲、刘中纪缓、周录事宏直等书。

吾今年四十六岁,自聚书来四十年,得书八万卷,河间之俦汉室,颇谓过之矣。①

此篇既提及梁时各地图书的收藏流通情况,又强调所得宋文帝元嘉时抄传流通之书的精美。不过,在他 47 岁那年冬天,北方西魏的大军兵临江陵(今湖北荆州)。在城中称帝方 3 年的萧绎,惊慌失措,竟将国破身亡的结局愚蠢地归罪于读书,丧心病狂地下令将包括从建康城中带来的公私藏书 14 万卷付之一炬。

萧统是萧衍的长子,以编集《文选》名世。详见下文。

南朝齐、梁皇室成员中还有一位值得一提,就是萧子显。

萧子显(489—537),字景阳,齐高帝萧道成之孙,豫章王萧嶷第八子。历任太子中舍人、国子祭酒、侍中、吏部尚书等职。萧子显酷爱史学,毕生才华尽显于史著。他先后撰写了 5 部历史著作:《后汉书》100卷,《晋史草》30 卷,《齐书》60 卷,《普通北伐记》5 卷,《贵俭传》30 卷。其中《齐书》最知名,也是他留存于今的唯一著作。为与唐初李百药所撰《齐书》相区别,按所撰内容,把萧著称为《南齐书》,李作名之《北齐书》。

《南齐书》成书于梁武帝天监年间(502—519),萧子显撰写时,在体例和史料取舍上,借鉴了前代史学家檀超等的草创成果。这位皇室成员,去撰写曾经度过少年时期的前朝历史,自有他人无法相比的有利条件。故《南齐书》素为史家所重。

综上所述,可以看出这些南朝皇室成员不只自己,而且吸引当时儒家名流一起,在儒学、史学和文学各方面,推动编纂和著述活动蓬勃开展,成果显著。

二、经学著作

据《隋书·经籍志》载,吴人所撰的经学类著作十分繁富,主要包括

① [梁]萧绎,许逸民校笺:《金楼子校笺》卷 2"聚书篇",北京:中华书局,2011 年,第 515 页。

《周易》《毛诗》《春秋》《孝经》等的注疏。在经学诸家之中,东吴太史令韦昭最为著名,被时人称为研治经史的"良才"。韦昭(204—273),字弘嗣,《三国志》因避晋讳,改名为曜,吴郡云阳(今江苏丹阳)人。历官太子中庶子。景帝孙休时,任中书郎,奉命校定群书。韦昭好学,博通经史,所撰经学著作有《毛诗答杂问》7卷,《辩释名》《孝经解赞》各1卷。

东晋范宁的《春秋穀梁传集解》是这一时期经学集注类代表性著述之一。范宁(339—401),字武子,祖籍南阳顺阳(今河南淅川),东晋南渡后定居江南。孝武帝时官临淮(今江苏盱眙)太守、中书侍郎、豫章太守。因江州刺史王凝之不满范宁在豫章所为,将其免官。《晋书》本传称范宁"既免官,家于丹阳,犹勤经学,终年不辍。年六十三,卒于家。初,宁以《春秋穀梁氏》未有善释,遂沉思积年,为之集解。其义精审,为世所重。既而徐邈复为之注,世亦称之"①。清钟文烝在《晋书》"沉思积年,为之集解"句后,以为"此当在豫章免郡后"②。则此书最终完成于江苏丹阳。《春秋穀梁传集解》是今存最早的《穀梁传》注解,保留了汉、魏以来《春秋穀梁传》的研究成果。清阮元收入《十三经注疏》。

徐邈(344—397),字仙民,东莞姑幕(今山东莒县)人。永嘉之乱南渡,家京口(今江苏镇江)。孝武帝时为中书舍人,迁散骑侍郎。与范宁同朝为官,意气相投。治经学,"开释文义,标明指趣,撰下《五经》音训,学者宗之"。清阮元在《春秋穀梁传注疏校勘记序》中指出:"《晋书·范传》云:徐邈复为之注,世亦称之。似徐在范后,而书中引邈注一十有七,可知邈成书在前,范宁得以捃拾也。"③可见徐邈所注《穀梁传》本自独立行世,故也见重于时。

其他尚有如吴太常姚信注《周易》10卷,吴郁林太守陆绩注《周易》15卷,吴郡陆机撰《毛诗草木虫鱼疏》2卷,东晋乐安亭侯李颙撰《周易卦象数旨》6卷、《尚书新释》2卷、注《集解尚书》11卷,宋御史中丞何承天撰《礼论》300卷,梁何胤注《周易》并撰《毛诗总集》6卷、《毛诗隐义》10

---

① [唐]房玄龄等:《晋书》卷75,北京:中华书局,1974年,第1984页。
② [清]钟文烝撰,骈宇骞等点校:《春秋穀梁经传补注》卷首,北京:中华书局,1996年,第9页。
③ 夏先培整理,杨向奎审定:《春秋穀梁传注疏》卷首,北京:北京大学出版社,1999年,第13页。

卷,陈国子博士沈文阿撰《春秋左氏经传义略》25卷、《经典大义》12卷,等等。

南朝的儒学鼎盛一时,其中"三礼"最为发达,梁国子助教皇侃著有《礼记义疏》50卷。皇侃(488—545),吴郡(今江苏苏州)人。少好学,师事五经博士贺玚,通经学,尤明"三礼"、《孝经》《论语》。梁武帝时任国子助教。著《礼记义疏》50卷,书成奏上。召入寿光殿讲《礼记》,武帝十分满意,拜散骑侍郎。又著《论语义疏》10卷(有敦煌写本,存卷一、卷二两卷),史称两书并重于世。梁五经博士沈重有《周官义疏》40卷和《仪礼义疏》40卷。

音韵方面有齐国子博士周颙的《四声切韵》、沈约的《四声韵谱》。文字训诂方面,有顾野王的《玉篇》30卷(图3-2)。顾野王(519—581),字希冯,吴郡(今江苏苏州)人。自幼好学,博通经史。梁末侯景之乱爆发,曾在家乡募义军北上救建康。入陈,官黄门侍郎、光禄卿。著述颇富,有《舆地志》30卷、《顾氏谱传》10卷、《通史要略》100卷、《国史纪传》200卷,未成而卒。顾野王非常强调文字在人类知识体系中的重要性,指出"文遗百代,则礼乐可知,驿宣万里,则心言可述",由于当时社会语言文字使用比较混乱,《玉篇》就是他为纠正这种现象而作的一部专著。

图3-2 顾侍郎著《玉篇》图
《吴江志》卷首
明弘治元年(1488)刊本

彭城(今江苏徐州)人刘芳,笃志经学,家贫,白天佣书谋生,夜晚则读经达旦,时人有"刘石经"之誉。北魏朝仕至中书令,撰有《礼记义证》10卷等。

二、编修史书

曹魏代汉之初,文帝曹丕就恢复秘书监的建制,后设著作郎专任朝廷编纂事务。吴、蜀汉则设史官,据记载,吴国曾多次由太史令承担编撰本朝国史的任务。东晋、南朝时期,朝廷编修史书的职责转由秘书监著作局承担。秘书监作为朝廷的专任机构,其编纂活动主要包括整理国家藏书并编目,以及承担朝廷的编修任务。

本时期的史书编纂具有两大特点:私家修史成风,史书数量剧增。据史籍记载的不完全统计,江苏地区史家的著作众多,如太史令韦昭纂成《吴书》25卷,武陵太守谢承纂成《后汉书》120卷,袁山松著有《后汉书》百篇,袁宏著有《后汉纪》30卷和《竹林名士传》3卷,孙盛撰有《魏氏春秋》和《晋阳秋》,干宝撰有《晋纪》20卷,王隐撰有《晋书》93卷,虞预撰有《晋书》40卷、《会稽典录》20篇、《诸虞传》12篇,徐广撰有《晋纪》46卷,等等。这些史书从编纂性质上讲,大部分是由具有史职的官员编纂的,虽然是撰者署名,但还是具有官方的色彩。其中只有少数传世,大部分已经亡佚。

东晋及南朝由秘书监主持编撰的纪传体史书有东晋秘书郎王隐的《晋书》93卷,刘宋秘书监谢灵运的《晋书》36卷,刘宋著作郎何承天、徐爰的《宋书》,齐著作郎沈约的《宋书》100卷,陈大著作郎许亨的《梁史》53卷等。

魏晋以来,朝廷常以著作郎兼修起居注,梁散骑侍郎周兴嗣撰《梁皇帝实录》3卷,记武帝萧衍事,开创实录之体。实录是一种编年体大事记,记录各朝皇帝在位时的史事,作为编修国史的基本史料。自梁周兴嗣创例后,自唐至清末,由朝廷组织史官编修实录成为定制。

此外,人物传记和地方志的编纂也风生水起,梁释慧皎的《高僧传》,南朝宋宗室临川王刘义庆编辑的《世说新语》,梁颜之推的《颜氏家训》,南齐任昉的《地志》、顾野王的《舆地志》等,皆有名于时,尤其前三种,流传至今,对研究当时的历史都具有重要的作用。

三、子部著作

三国时期,随着科学文化的发展,长江下游两岸的图书编辑业取得了十分可观的成就。东晋时期,大批文人南渡,集中在都城建康(今江苏南京），建康迅速成为南方科学文化中心，天文历法、化学，尤其是医学，都取得了前所未有的成就。子部各类著作相继问世。天文历法方面，有吴太常卿姚信《昕天论》1卷、吴中书令阚泽《乾象法注解》3卷和吴散骑常侍王蕃《浑天象注》1卷。句容人葛洪著述丰富，而以《抱朴子》和《肘后救卒方》最为著名。

葛洪（约283—363），字稚川，自号抱朴子，晋丹阳句容（今属江苏）人。少好学，家贫，白天伐薪以贸纸笔，入夜辄写书诵习，后以儒学知名。又好神仙导养之法，后师事南海太守上党鲍玄，兼精医术。以博学多闻腾声江南。所著皆精核是非，才章富赡。计有碑诔诗赋百卷，移檄章表30卷，《神仙》《良吏》《隐逸》《集异》等传各10卷，又抄《五经》《史》《汉》、百家之言、方技杂事310卷，辑著《玉函方》100卷，后精简为《肘后要急方》（又作《肘后备急方》《肘后救卒方》）。《抱朴子》，今传本8卷，分内、外篇。《内篇》记有关神仙方药、延年养生等道家言论，其中不少文字具体地描写了炼制金银丹药等多方面有关化学的知识。《外篇》则评论时政，臧否人事，属儒家范畴。《外篇》中有很多崇尚读书求学的言论，其中《勖学》一篇集中反映了葛洪的阅读观。《肘后备急方》，今存本8卷，《四库全书总目》著录，解题称："书凡分五十一类，有方无论，不用难得之药，简要易明。虽颇经后来增损，而大旨精切，犹未尽失其本旨焉。"其卷二《治卒霍乱诸急方第十二》中有一段描述："比岁，有病时行，乃发疮头面及身，须臾周匝状如火疮，皆戴浆，随决随生，不即治，剧者多死。治得，差后疮瘢紫黑，弥岁方灭。此恶毒之气，世人云，永徽四年，此疮从西东流，遍于海中。"这一描述，被认为是全世界有关天花的最早记载。

中国历史上第一部外科学专著《刘涓子鬼遗方》也成书于本时期江苏籍作者之手。刘涓子（约370—450），京口（今江苏镇江）人。善医学，尤精外科方术。东晋末曾任彭城（今江苏徐州）内史。《刘涓子鬼遗方》今存5卷，共载录治疗金疮、痈疽、疮疖、瘰疬、疥癣及其他皮肤疾患之处方140张，既主外治，又强调内治，较全面地反映了魏晋南北朝时期的外科水平。相传刘氏郊猎，遇"黄父鬼"而得《痈疽方》一部，因而有"鬼遗"之名。南宋陈振孙《直斋书录解题》卷十三著录《刘涓子神仙遗论》10卷，解题曰："东蜀刺史李頔录。按《中兴书目》引《崇文总目》云宋龚庆宣

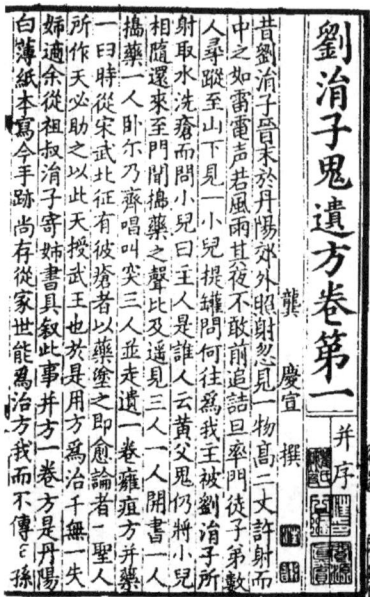

图 3-3 《刘涓子鬼遗方》书影
宋刻本 中国国家图书馆藏

撰。刘涓子者，晋末人，于丹阳县得《鬼遗方》一卷，皆治痈疽之法。庆宣得而次第之。今按：《唐志》有龚庆宣《刘涓子男方》十卷，未知即此书否？卷或一板，或止数行。名为十卷，实不多也。"①有论者以为刘氏另有《神仙遗论》之作，其实二者为一。龚庆宣，齐梁间外科医家，事迹无考。中国国家图书馆藏有《刘涓子鬼遗方》的宋刻本（图3-3），已影印辑入《中华再造善本》唐宋编。

《本草经集注》是梁陶弘景编集的一部古代药学名著。陶弘景（456—536），字通明，号华阳隐居，人称"山中宰相"，丹阳秣陵（今江苏南京）人。博物学家。《本草经集注》7卷，系陶弘景整理古代的《神农百草经》，并增收魏晋间名医所用新药而成。全书载药物730种，分为草、木、米食、虫兽、玉石、果菜和有名未用等7类，首创按药物的自然和治疗属性分类的新方法，在以后1000多年间一直被本草类著作所沿用。唐代的《新修本草》就是在此书基础上补充修订而成的。

敦煌石室发现《本草经集注序录》1卷，卷后题："本草经集注第一，序录，华阳陶隐居撰。"书题后又字二行，曰："开元六年九月十一日尉迟卢麟于都写《本草》一卷，辰时写了记。"1914年，罗振玉影印刊入《吉石庵丛书》。

陶弘景一生著书很多，约223篇。其中关于医药学者，除《本草经集注》外，尚增补《肘后百一方》3卷，《梦书》1卷，《效验施用药方》5卷，《服

①［宋］陈振孙撰，徐小蛮等点校：《直斋书录解题》卷13，上海：上海古籍出版社，1987年，第397页。

食草木杂药法》1 卷,《断谷秘方》1 卷,《消除三尺要法》1 卷,《服气导引》1 卷,《养性延命录》2 卷,《人间却灾患法》1 卷,《集药诀》1 卷等,多已散佚。

类书是一种根据一定的意图,辑录群书中有参考价值的文献资料,按类别或韵目编排,主要供寻检查考的图书品种。在体例上,区分门类,事类相从;内容上,凡在六合之内,巨细毕举,靡所不载。萧规曹随,类书这种编纂上的传统特征,为后世编辑者遵行不易。类书的编纂以汇集前人著述、保存传统文化为主要目的,求全是它的编辑宗旨。可以说,它是我国古代文献资料的渊薮,客观上成为一定历史时期、一定文献范围的知识的总汇,与起自西方 18 世纪资产阶级启蒙运动中的百科全书在性质上有相似之处。所以,类书又有中国"古代百科全书"之称。

据文献记载,类书起源于三国曹魏,已知最早的类书是《皇览》。

魏黄初元年(220),魏文帝曹丕召集群儒,要求编纂一部在当时书籍体制上是完全新型的书籍——《皇览》。《皇览》全书凡 40 余部,1000 余卷,编成后"藏于秘府"。由于卷帙浩繁,靠传抄,难得全帙,故当时使用者往往采取节录或合并的抄写方法。据《隋书·经籍志》记载,梁有何承天合《皇览》123 卷,徐爰合《皇览》84 卷,萧琛抄《皇览抄》。上述所谓"合""抄",就是指这种"抄合本"。

稍后见于记载的类书,有梁武帝时尚书左臣刘杳领撰的《寿光书苑》200 卷,刘孝标为萧秀编纂《类苑》120 卷,梁武帝命诸学士编纂的《华林遍略》700 卷,等等。

20 世纪初发现的敦煌文献唐写本中,发现一种古类书的残纸,存 259 行。经学者考证,可能是《华林遍略》,或系北齐后主高纬时代祖珽、魏收、阳休之等编纂的《修文殿御览》。

四、集部著作

魏晋南北朝时期,集部典籍的结集抄传呈超常增长的态势。《隋书·经籍志》著录集部别集类典籍 437 部,4381 卷。通计亡书,合 886 部,8126 卷。总集 170 部,2213 卷。通计亡书,合 249 部,5224 卷。所谓亡书,指见于梁代书目著录,而唐修《隋书·经籍志》时已经散佚者。上述著作的作者,大多为江南或占籍江南的文士。

《隋书·经籍志》分析其繁盛的原因时指出:"自灵均已降,属文之士众矣,然其志尚不同,风流殊别。后之君子,欲观其体势,而见其心灵,故别聚焉,名之为集。辞人景慕,并自记载,以成书部。"而由于别集如雨后春笋,"晋代挚虞,苦览者之劳倦,于是采摘孔翠,芟剪繁芜,自诗赋下,各为条贯,合而编之,谓为《流别》。是后文集总钞,作者继轨,属辞之士,以为覃奥,而取则焉"。① 文中所谓"《流别》",即挚虞《文章流别集》41卷,见于《隋书·经籍志》著录的总集尚有谢灵运《赋集》92卷,宋明帝《赋集》40卷,梁武帝《历代赋》10卷,宋侍中张敷、袁淑《补谢灵运诗集》100卷,颜峻《诗集》100卷并《例录》2卷等近百种,甚为壮观。

编集总集,首先要确定选文的标准。面对社会上令人应接不暇的作品,如何指导读者去欣赏,进而引导诗人的创作,人们期待着文学批评的出现。魏曹丕的《典论·论文》,晋陆机的《文赋》,就是对这一时代召唤的回应。齐梁间,刘勰的《文心雕龙》和钟嵘的《诗品》先后问世,成为本时期集部著述中创新的亮点。

刘勰(约465—约532),字彦和,祖籍东莞莒县(今属山东),永嘉乱后,南渡避难,遂家京口(今江苏镇江)。家贫无依,投靠钟山定林寺沙门僧祐,10余年间在定林寺博览群书,佐僧祐编定经藏。齐和帝中兴年间(501—502)结撰完成《文心雕龙》。梁天监初入仕,任东宫通事舍人,与萧统"讨论篇籍,商榷古今",在文学观念上甚为默契。萧统去世,刘勰奉敕与沙门慧震于上定林寺撰经。经成,刘勰即弃官为僧,不久离世。《文心雕龙》是我国现存最早的系统文学评论专著。全书50篇:原道第一,征圣第二,宗经第三,正纬第四,辩骚第五,明诗第六,乐府第七,诠赋第八,颂赞第九,祝盟第十,铭箴第十一,诔碑第十二,哀吊第十三,杂文第十四,谐隐第十五,史传第十六,诸子第十七,论说第十八,诏策第十九,檄移第二十,封禅第二十一,章表第二十二,奏启第二十三,议对第二十四,书记第二十五,神思第二十六,体性第二十七,风骨第二十八,通变第二十九,定势第三十,情采第三十一,镕裁第三十二,声律第三十三,章句第三十四,丽辞第三十五,比兴第三十六,夸饰第三十七,事类第三十八,

---

① [唐]魏微等:《隋书》卷三十五《经籍四》,北京:中华书局,1973年,第1055页。

练字第三十九,隐秀第四十,指瑕第四十一,养气第四十二,附会第四十三,总术第四十四,时序第四十五,物色第四十六,才略第四十七,知音第四十八,程器第四十九,序志第五十。该书叙述各种文体的特征与渊源流变,并系统探论文学创作与批评的原则、方法,文学与时代的关系,文学鉴赏等问题,对中国文学理论的建设产生了深远的影响。

敦煌石室唐写本中发现《文心雕龙》的残卷(图3-4),现藏伦敦大英博物馆。残卷起《征圣》篇,讫《杂文》篇,《原道》篇存赞曰末13字,《谐隐》篇仅见篇题。赵万里称:"卷中渊字、世字、民字均阙笔,笔势遒劲,盖出中唐学士大夫所书,西陲所出古卷轴,未能或之先也。"盛赞道:"彦和一书,传诵于人世者殆遍,然未有如此卷之完善者也。"①四川人民出版社1992年出版《英藏敦煌文献(汉文佛经以外部分)》第七卷收录此残卷影印件。

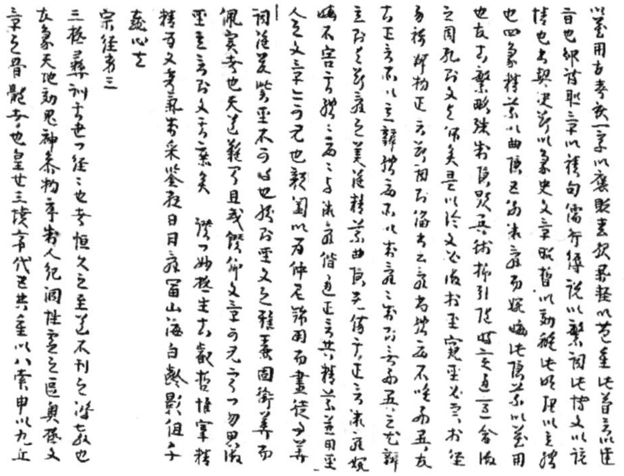

图3-4 《文心雕龙》残卷 敦煌写本(S.5478)

为纪念刘勰为中国古代文学批评理论建设所作的巨大贡献,2005年,南京市在钟山南麓定林山庄内开设刘勰纪念馆,馆内前、中、后三个展厅,分别布置"钟山与六朝都城""钟山定林寺""刘勰与《文心雕龙》"三个展览单元,以展示刘勰及《文心雕龙》与南京钟山、定林寺之间的文

---

① 王重民:《敦煌古籍叙录》,北京:中华书局,1979年,第384页。

化关联。

《诗品》，南朝齐梁间锺嵘撰，是一部专论五言诗创作的诗论专著。全书论述汉魏至梁代诗人122名，按作品艺术性的高下将其分为上中下三品，各加创作渊源的考订和艺术评价，形成了一套比较系统的诗歌品评标准。南朝齐谢赫的《古画品录》和齐梁间庾肩吾的《书品》是书画艺术的批评专著，前者首创绘画六法，即气韵生动、骨法用笔、应物象形、随类赋彩、经营位置、传移模写，并以此六法，将三国吴至萧梁300多年间的27位名画家分为六品，进行艺术品评。后者将汉魏至梁代的128位书法家分为九品，详加艺术品评。从编纂体例和手法上看，两书与《诗品》相仿，这一点可以视为早期文艺品论著作在编纂上体现的时代特色。

锺嵘（约468—约518），字仲伟，颍川长社（今河南长葛）人。齐代官至司徒行参军。入梁，历任中军临川王行参军、西中郎将晋安王记室。梁武帝天监十二年（513）以后，仿汉代"九品论人，七略裁士"的著作先例，结撰《诗品》。庾肩吾（487—551），字子慎，南阳新野（今属河南）人。庾信父。初任晋安王萧纲常侍，随府历任记室参军。中大通三年（531），萧纲为太子，兼东宫通事舍人。萧纲即帝位，任度支尚书。谢赫，齐梁间画家，事迹无考。钟、庾二人主要仕于梁皇室成员，其活动范围大致在京师建康及周边地区，其写作地点也应该离不开这些地方，故三书一并著录于此。

第三节　图书编纂出版的新气象

魏晋南北朝时期图书编纂出版业出现新气象，在很大程度上得益于纸的广泛使用。

三国时期，书写材料是竹简、缣帛和纸三者并行。

贵素贱纸的观念，东汉已经形成，三国时期仍在宫廷和上层贵族文人中产生影响，典型事例就是魏文帝将自己的著作《典论》用帛和纸各抄一份，帛本赠予吴主孙权，纸本则赠予东吴娄侯张昭，以别尊卑。同时纸开始用于日常公务，宋代苏易简《文房四谱·纸谱》记载："魏武令曰：'自今诸椽属侍中别驾常于月朔各进得失,给纸函各一。'"

晋代开始普遍使用纸张,史书或其他文献记载中开始较多出现"纸翰""纸墨""纸笔"等专名,以及"临纸悲塞""伏纸饮泪"等词语。西晋文学家左思创作名篇《三都赋》,构思 10 年,家中几乎所有可能的地方都放好笔纸,每思得一句,随即书录在纸上。完稿后,名流广为传扬,一时"豪贵之家竞相传写,洛阳为之纸贵"。

晋安帝元兴二年(403),权臣桓玄代晋自立,随即下令:"古无纸,故用简,非主于恭。今诸用简者,宜以黄纸代之。"①简策自此废除,简帛时代结束,书写材料迎来纸的一统天下,社会流通中开始出现大量纸写本书籍。

东晋初年,著作郎虞预上《请秘府纸表》云:"秘府中有布纸三万余枚,不任写御书而无所给,愚欲请四百枚,付著作史,书写起居注。"②《太平御览》卷六百五引《语林》的记载:"王右军(羲之)为会稽,谢公乞笺纸,库中唯有九万枚,悉与之。桓帝云:'逸少不节。'"这说明当时官府贮备大量纸张,以供朝廷多方之用。

由于使用量大,朝廷以外,纸的供应往往捉襟见肘。

魏晋南北朝时期,除了抄写用纸之外,书信、书法、公文亦无不用纸。纸的产量有限而售价抬高,造成一般人用纸的困难。南齐高帝萧道成在刘宋任一方诸侯时,仍"家处甚贫,诸子学书无纸笔"。所以一般文士往往用纸背抄书,晋干宝欲撰《搜神记》,上表曰:"臣前聊欲撰记古今怪异非常之事,又乏纸笔,或书故纸。"诏答云:"今赐纸二百枚。"③

纸的社会供应量相对不足,促使部分有条件的人设法自制纸张,以满足自己的需要。《宋书·张茂度传》附载张永事迹就记述了这样的故事。张永,字景云,广涉书史,多才多艺,纸及墨皆自营造。宋武帝刘裕每得张永的表启,就反复欣赏,把玩不已,自叹宫中御制的纸墨不及张永

---

① [宋]苏易简撰,朱学博整理校点:《文房四谱》卷 3《纸谱》,上海:上海书店出版社,2015 年,第 53 页。

② [唐]徐坚等:《初学记》卷 21,北京:中华书局,1962 年,第 518 页。

③ [宋]苏易简撰,朱学博整理校点:《文房四谱》卷 3《纸谱》,上海:上海书店出版社,2015 年,第 55 页。

自制的精美。后于元嘉二十二年(445)出任建康令。①

一、新编著形式的涌现

纸的广泛使用,大大优化了出版传播的工序和形式,简策时代因体积笨重而难以完成的巨帙书籍,在纸的时代变得相对轻而易举。这为总集等新的编纂体式的出现,提供了有利的条件。同时,魏晋时期,文学进入自觉时代,面对先秦以来流传的众多著述,需要确定一个艺术性的标准以进行文学或非文学作品的甄别,以及优秀文学作品的选择。《文选》等总集的出现,顺应了时代对文学性出版物的需求。编辑出版工作具有社会引导的作用。编辑者通过编选文学读本,传达出某种艺术审美的倾向,来引导社会阅读的风尚和影响作家创作的选择。所以,自本时期《文选》开创文学选集性总集的编纂先例以后,文学选本的编纂之风,一直劲吹至现代,长盛而不衰,成为历代编辑出版活动的重要组成部分。

1. 总集

总集是指汇集二人以上的作品而成的出版物,可分为全集与选集两种。全集在编纂上力求完备,旨在保存文献。选集则以选取精华为务,旨在推荐佳作。总集的编纂,一般以晋代杜预《善文》、挚虞《文章流别论》为先。杜预、挚虞二人所编之本都已亡佚,而《文章流别论》,清严可均所辑《全晋文》有其佚文,大都为论诗、赋、箴、铭之类文体的内容。《晋书·挚虞传》说他"又撰古文章,类聚区分为三十卷,名曰《流别集》,各为之论"。《隋书·经籍志》总集类小序称,《流别集》"自诗、骚、赋以下,各为条贯,合而编之"。从中可以看出早期总集的编纂类例:分体编选诗文,有论或序说明编选的旨趣。

2. 韵书编纂的创例

韵书是一种按照声、韵、调三者的关系编次汉字的字书,在编纂上以分韵编排为特点,以审音辨韵为目的。

汉字的声、韵、调早就存在,汉代文字训诂学家虽然已经注意到古今语在音韵上的差异,但是对其进行科学研究是在三国时期。据史料记载,古代最早的韵书是曹魏时期李登所编的《声类》和西晋吕静所编的

---

① [梁]沈约:《宋书》卷53,北京:中华书局,1974年,第1511页。

《韵集》。

古代作家在文学创作中注意音调和谐的传统,可以追溯到《诗经》《楚辞》的时代。当文学创作进入自觉时代之际,西晋陆机在《文赋》中正式提出文章的音乐性问题。这就是音韵和四声问题在魏晋南北朝时期得到重视的客观条件之一。六朝时期,文风崇尚绮丽。齐武帝永明年间,沈约等人大力倡导作诗要严格讲究四声和韵律,按照这种要求创作的诗,史称"永明体"。于是,对韵书的社会需求得到拉动,一时韵书的编纂成为热点。据王国维考证,当时出现的韵书有 17 种之多,可惜都已亡佚。

从古代韵书发展史的角度分析,隋朝陆法言的《切韵》具有规范化的意义。魏晋南北朝属于韵书的草创时期,但是在编纂方法和体例上已经完成了奠基的任务。

二、旧传注体式的发展

两汉时期,学者注重注经,间有少数注史者,如东汉高诱曾注《战国策》。魏晋南北朝时期,随着史学发展成为一门独立的学科,以及玄学的兴起,学者注书的重点由经书开始转移到史子名著。史著如《史记》《汉书》,都有多家为之作注;以及晋孔晁注《逸周书》,南朝梁刘昭注范晔《后汉书》等。子书如王肃注《老子》,向秀、郭象注《庄子》等。其间名家名注本迭出,形成本时期编辑出版活动的一大特色。

南北朝时期出现三大名注,即裴松之的《三国志注》、郦道元的《水经注》和刘孝标的《世说新语注》,其中裴、刘之作均出南朝。

裴松之(372—451),字世期,河东闻喜(今属山西)人。年八岁,学通《论语》《毛诗》,博览坟籍。义熙初,为吴兴故鄣(今浙江安吉)令,在县有绩,入为尚书祠部郎,历任世子洗马,零陵内史,国子博士。元嘉三年(426),文帝诛司徒徐羡之等,分遣大使,巡行天下。松之使湘州。据《宋书》本传记载,裴松之奉使返京后,"转中书侍郎,司冀二州大中正。上使注陈寿《三国志》,松之鸠集传记,增广异闻,既成奏上。上善之,曰:'此为不朽矣'。出为永嘉太守,勤恤百姓,吏民便之"[1]。元嘉六年(429),

---

[1] [梁]沈约:《宋书》卷 64,北京:中华书局,1974 年,第 1701 页。

书成。裴松之在《上三国志注表》后所署衔名为"中书侍郎、西乡侯臣裴松之上"。可知裴松之是在建康中书侍郎任上完成《三国志注》的。据清沈家本《三国志注所引书目》的统计,注文博采群书 210 种①,保存了大量史料。其体例以辨是非、核讹异、详史事之委曲、补史事之缺佚、详人物之生平、补人物之缺佚为宗旨。裴松之上距陈寿的时代不过百余年,当时的史料基本上还能看到,这就为实现作注的宗旨提供了文献保证。所以,裴松之的注并非只是随文释义式的注解,而是已近于补编,开创了史书作注的新例。

刘孝标(462—521),平原(今属山东)人。原名法武,少时曾被掠至北魏,齐永明四年(486)逃离南下,改名峻,字孝标。曾为梁武帝弟萧秀编纂类书《类苑》120 卷。梁武帝天监初,召入西省(中书省),与学士贺踪典校秘书,编撰《梁文德殿正御四部目录》4 卷。《世说新语》是古代第一部志人笔记小说集,主要记汉魏以来尤其是两晋人物轶事及言语,刘宋临川王刘义庆撰。书分德行、言语、政事、文学等 36 门,涉及各类重要人物达 500 余人。刘孝标注《世说新语》,博采群书,随文施注,素以引据该洽、注释详密、剪裁得当著称于世。《四库全书总目提要》赞曰:"孝标所注,特为典赡。其纠正义庆之纰缪,尤为精核。所引诸书,今已佚其十之九,惟赖是注以传。"清光绪十九年(1893),叶德辉在《世说新语注引用书目序》中,对《世说新语注》的引书数作出统计,曰:"六朝唐人书注最浩博者,梁裴松之国志注、刘孝标世说新语注及文选李善注三书而已。……暇日,取《世说注》中所引书,凡得经史、别传三百余种,诸子百家四十余种,别集廿余种,诗赋杂文七十余种,释道三十余种,因依阮孝绪《七录》部次,按部分编。其诗赋杂文则从《文选》目次,以二书撰自梁人,皆当时事业。"②引书多达 460 余种。

虽《梁书》《南史》皆有刘峻传,但叙事较简,未曾提及其注《世说》之事,更无从发现完成于何时何地的线索。余嘉锡最早就此事作出推断。

---

① 伍野春在所撰《裴松之评传》中指出:"《三国志注》引用书目凡 229 种,另有十则未注明出处。"见伍野春:《裴松之评传》,南京:南京大学出版社,1998 年,第 250 页。

② 王逸明主编:《叶德辉集》第 4 册,北京:学苑出版社,2007 年,第 289 页。

《世说新语·文学》"康僧渊初过江"一则末,有刘孝标注:"僧渊氏族,所出未详。疑是胡人。尚书令沈约撰《晋书》,亦称其有义学。"余嘉锡对此条注语加出案语,曰:

> 《梁书武帝纪》二:"天监六年冬闰月(闰十月),以尚书左仆射沈约为尚书令,行太子少傅。九年春正月,以尚书令行太子少傅沈约为左光禄大夫,行少傅如故。"计约之为令,不过二年余耳。《刘峻传》云:"天监初召入西省,与学士贺踪典校秘书,为有司所奏,免官。安成王秀好峻学,及迁荆州,引为户曹参军。"考《广弘明集》三引阮孝绪《七录序》云:"有梁之初,于文德殿内别藏众书,使学士刘孝标重加校进。"与本传所云"典校秘书"者合。虽不知为何年之事,然孝绪《序》后所附《古今书最》有梁天监四年《文德正御四部及术数书目录》,足见孝标于此年已入西省。《武帝纪》云:"天监七年五月,以安成王秀为平西将军、荆州刺史。"孝标之为秀所引,当在此时。又可以推知孝标免官之年矣。《世说注》中孝标自叙所见,言必称臣,盖奉梁武敕旨所撰。当沈约迁尚书令之时,孝标正在西省,此处特书其现居之官,亦因奏御之体,固当如此。然则孝标此《注》,盖作于天监六七年之间也。①

其语推理严密,考据确凿,结论可信。后之研究者或以为注书时间过短,当上溯至天监初入西省之时。同时,也只有参与整理政府藏书,方能系统检阅到 400 多种四部典籍。故此,刘孝标的《世说新语注》是在建康西省参与整理群书期间完成的。

此外,魏晋南北朝时期,荟萃众家之说的集解性注书体式盛行。如三国吴韦昭的《国语》注本,搜集了东汉郑众、贾逵,三国虞翻、唐固等注本的内容,另有晋杜预的《春秋左传集解》,南朝齐梁间陶弘景的《本草经集注》等,都在学术界产生重要的影响。集解性注释以采集详备为主要特征,包括两种体式:一是采撷众说,择善而从,以成一家之言。魏正始间,何晏撰《论语集解》,汇集包咸、周氏、马融、郑玄、陈群、王肃、周生等

① [南朝宋]刘义庆著,[南朝梁]刘孝标注,余嘉锡笺疏:《世说新语笺疏》上卷下,上海:上海古籍出版社,1993 年,第 232 页。

7 家之说,何晏在序文中这样解释自己的集解体例:"集诸家之善说,记其姓名,有不安者,颇为改易。"一是荟萃各家之说,不作选择,但记姓名作"某曰",以示广闻。东晋范宁撰《春秋穀梁传集解》,自序称:"与二三学士及诸弟子各记所识,并言其意……今撰诸子之言,各记其姓名,名曰《春秋穀梁传集解》。"

三、郭璞及其注书活动

魏晋时期,学者多从事四部经典的注释工作,名家辈出。郭璞就是其中之一。郭璞(276—324),字景纯,河东闻喜(今属山西)人。西晋末南下渡江,过宣城,太守殷祐引为参军。侨居建康,为王导参军。以所撰《江赋》《南郊赋》出色而授著作佐郎,迁尚书郎。奉诏与王隐同撰晋史。后为王敦记室参军,敦欲反晋,郭璞以卜筮谏阻被杀。敦乱平,追赠弘农太守。明人辑其文集,名《郭弘农集》。其一生在学术上的建树,就是注书。注释《尔雅》,别为《音义》《图谱》。又注《三苍》《方言》《穆天子传》《山海经》及《楚辞》《子虚》《上林赋》等数十万言。清修《四库全书》,于郭璞著述,收录有《尔雅注》11 卷,《方言注》13 卷,《山海经》18 卷,《穆天子传》6 卷。

魏晋南北朝时期,学者注书蔚然成风。名家作注的程式义例,在编辑学上具有重要意义。郭璞注《尔雅》,先搜集已有的 10 多家注本,"缀集异闻,荟粹旧说",对旧注不明欠详之处,通过"考方国之语,采谣俗之志",征引近 50 种书籍,重加新注。"其所易了,阙而不论",书中已经明了的地方,不再加注。郭璞甚至还把《尔雅》中难以识别的字音、物像,辑成《尔雅音》《尔雅图》等专书,集中注明,加以图绘,便于学者掌握习记。这样精心编纂的注本一出,其他各家所注,自然很快在流通中被淘汰。书籍因编辑体例上后出转精而得以流传久远的事例,在出版史上比比皆是。这种现象的存在,促使编辑学家更加重视编辑体例的创新,编辑出版活动也因此而获得持久、旺盛的活力。

敦煌石室写本中发现《尔雅郭璞注》残卷(P. 2661、P. 3735),存《释天》第八至《释水》第十二。卷中唐讳不缺笔,学者论定为六朝写本。有1947 年台湾大学《敦煌秘籍留真新编》影印本。

刻本则以中国国家图书馆藏宋刊本为最古(图 3-5),已影印辑入

《中华再造善本》唐宋编。

《山海经》分《山经》《海经》两部分，包含有关上古中国地理、历史、神话、动植物、矿产等内容的丰富资料。其名始见《史记·大宛列传》，司马迁曰："至《禹本纪》《山海经》所有怪物，余不敢言之也。"西汉刘歆《上山海经表》以为大禹、伯益（佐禹治水者）所作。今传本18篇，汉刘歆所校定。然学者多以其所记荒诞不经，视为形法筮书之类。郭璞独具见识，序称："此书跨世七代，历载三千，虽暂显于汉而寻亦寝废。其山川名号，所在多有舛误，于今不同，师训莫传，遂将湮泯。道之所存，俗之所丧，悲夫！余有惧焉，故为之创传。疏其壅

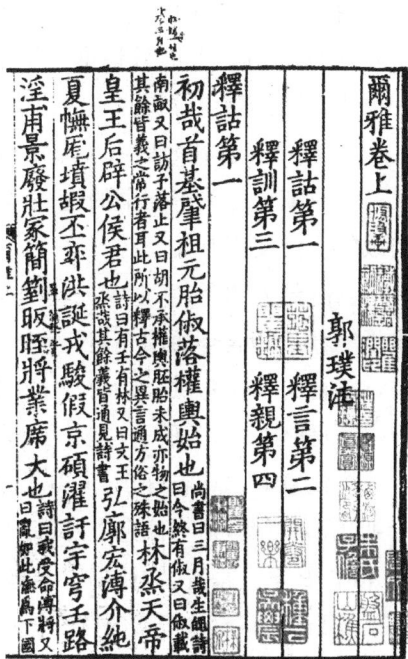

图3-5 《尔雅》书影
宋刻本 中国国家图书馆藏

阂，辟其茀芜，领其玄致，标其洞涉。"郭璞注后，明清学者续有考释。

郭璞的《山海经》注本，今存以宋淳祐七年（1247）池阳郡斋无锡尤袤刻本最古，藏中国国家图书馆，已影印辑入《中华再造善本》唐宋编。

西晋武帝太康二年（281），汲郡（今河南卫辉市）有个名为不准的人盗掘古墓，无意中掘开了战国时魏襄王（一说为魏安釐王）的墓葬，从中发现大量竹简。这批战国竹简后被官府没收，由著名学者束皙、荀勖等整理考订，用当时通行的楷书转写出古书16部75卷，《穆天子传》就是其中之一。当时这批古书都写存秘阁，郭璞作注，似应与其在朝廷担任著作郎之职有关。

《晋书·王隐传》曰："大兴初，典章稍备，乃召隐及郭璞俱为著作郎，令撰晋史。"晋元帝大兴凡4年（318—321），其初当在元年，至迟二年。郭璞此时至出为王敦记室参军被害，应都在建康从事著述活动。上述三书或就在这段时间内最后完成。详情已难确考，一并著录于此，以待来者。

四、社会传播的扩大

纸的广泛运用,有效地推动了书籍的社会传播,具体表现为佣书业的发达、社会书籍收藏现象的扩大和传播活动的增多。

1. 佣书与书铺的图书贸易活动

本时期史书关于佣书的记载,较两汉时大增,这一现象的出现无疑与纸的广泛使用有关。

三国吴人阚泽,家世农夫,泽好学而居贫无资,所以"常为人佣书,以供纸笔,所写既毕,诵读亦遍"。

东晋句容人葛洪,"少好学,家贫,躬自伐薪以贸纸笔,夜辄写书诵习,遂以儒学知名",所著《抱朴子》内外篇,声著于世。

梁代袁峻,"笃志好学,家贫无书,每从人假借,必皆抄写,自课日五十纸,纸数不登,则不休息"。梁王僧孺"家贫,常佣书以养母,六岁能属文,既长好学。家贫,常佣书以养母,所写既毕,讽诵亦通"。直到出仕除员外散骑侍郎,直文德学士省,仍抄《史记》《汉书》各为 20 卷。梁沈崇傃,"佣书以养母"。

南齐周山图"少贫微,佣书自业"。

佣书不仅能谋生,也能借机饱览群籍,最后出仕为官,或垂名学林,终成大业,所谓"佣书成学"者。东晋释僧肇,早年"以佣书为业,遂因缮写,及历观经史,备尽文籍",后参与名僧鸠摩罗什的译经事业,青史留名。

佣书者一般有两类服务对象:一是个体雇佣者,某大家豪门需要抄录书籍或佛教经文,临时招募佣书者为自己服务;一是书铺,专门雇佣抄手为自己的图书贸易活动抄写需要的书籍。南朝刘宋诗人谢灵运以清新优美、自然天成的山水诗闻名于世,致使"每有一首诗至都下,贵贱莫不竞写,宿昔之间,士庶皆遍"。我们有理由相信,建康城中这种"宿昔之间,士庶皆遍"的情况绝不仅仅是相互传抄的结果,应该还有书铺的参与。在史书中,经常有朝廷从私人和民间书铺购买书籍的记载。

魏晋南北朝时期书铺业的发展,不仅表现为数量上的增加,如江南六朝都城建康的市里街巷开着许多书铺,贵为王侯,也经常派员前往购书;更为重要的是,书贾已经开始走南闯北,主动走出去推销图书。据《北史·祖珽传》的记载,扬州书贾到北方向东魏中书监高澄售卖《华林遍略》。

2. 私人藏书的繁荣

我国古代私人藏书的记载始自先秦,至魏晋南北朝时期,私人藏书在数量、品种和规模上都创造了新纪录,出现了万卷以上的藏书之家,在品种质量上堪与国家藏书媲美。《晋书·张华传》称张华"雅爱书籍,身死之日,家无余财,惟有文史溢于机箧。尝徙居,载书三十乘。秘书监挚虞撰定官书,皆资华之本以取正焉。天下奇秘,世所希有者,悉在华所。由是博物洽闻,世无与比"①。南朝齐梁间,藏书逾万卷的大家特别多。《南史·任昉传》称任昉"博学,于书无所不见,家虽贫,聚书至万余卷,率多异本。及卒后,武帝使学士贺纵共沈约勘其书目,官无者就其家取之"②。另外,如沈约"聚书至二万卷",王僧孺"好坟籍,聚书至万余卷",崔慰祖"聚书至万卷",梁宗室萧劢"聚书至三万卷"。私人藏书是衡量社会图书出版传播状况优劣的一个重要指标,上述藏书大家群体的出现,说明当时社会书籍的抄录条件和传播环境相对比较优越。

即使家藏万卷,还是抄书不已的人也很多,典型者如梁太子洗马、中舍人王筠。《梁书·王筠传》记载,王筠自幼好书,老而弥笃,自称从十三四岁即齐明帝建武二年(495),至梁武帝大同六年(540),40余年间,"幼年读《五经》,皆七八十遍,爱《左氏春秋》……凡三过五抄,余经及《周官》《仪礼》《国语》《尔雅》《山海经》《本草》,并再抄,子史诸集皆一遍,未尝倩人假手,并躬自抄录,大小百余卷,不足传之好事,盖以备遗忘而已"。这就是读书泛览求博之举。清学者桂馥曰:"汉时书少,学者皆能专精。晋、宋以后,四部之书,卷帙千万,遂有涉猎之学。《南齐书·柳世隆传》:'世隆性爱涉猎,启太祖借秘阁书,上给二千卷。'"③

① [唐]房玄龄等:《晋书》卷36,北京:中华书局,1974年,第1074页。
② [唐]李延寿:《南史》卷59,北京:中华书局,1975年,第1455页。
③ [清]桂馥撰,赵智海点校:《札朴》卷3"涉猎",北京:中华书局,1992年,第126页。

第四节　萧统与释僧祐的编纂活动

在南朝的编纂出版活动中,萧统与僧祐的贡献十分突出,他们在各自的领域里对后世产生了巨大的影响。

一、萧统与《文选》

萧统(501—531),字德施,小字维摩,南兰陵(今江苏常州)人(图3-6)。梁武帝萧衍长子。天监元年(502)立为皇太子,未及即位而卒。谥曰"昭明",世称"昭明太子"。《梁书·昭明太子传》称萧统"仁性宽和容众,喜愠不形于色。引纳才学之士,赏爱无倦。恒自讨论篇籍,或与学士商榷古今;闲则继以文章著述,率以为常。于时东宫有书几三万卷,名才并集,文学之盛,晋、宋以来未之有也"①。约在梁普通三年至大通元年间(522—527),萧统主持编撰中国现存最早的古代诗文选集性总集《文选》,又称《昭明文选》。

《文选》凡 30 卷,选录先秦至梁 130 位作家的各体作品,分为 38 类:赋、诗、骚、七、诏、册、令、教、文、表、上书、启、弹事、笺、奏记、书、移、檄、对问、设论、辞、序、颂、赞、符命、史论、史述赞、论、连珠、箴、铭、诔、哀、碑文、墓志、行状、吊文、祭文。可大致概括为诗文、辞体赋和杂文三大类。

萧统在《文选序》中为全书的编纂提出了选文的标准,"事出于沉思,义归乎翰藻",强调文质并重,内容形式都好。对于文学作品与非文学作品的界限,先秦两汉时人们尚无清晰的认识,六朝以后才逐步形成。《文

图 3-6　萧统画像
出《历代古人像赞》
明弘治十一年(1498)刻本

寛和孝謹賢粹神消
梁祚不永天奪昭明

昭明太子

---

① [唐]姚思廉:《梁书》卷 8,北京:中华书局,1973 年,第 167 页。

选》以总集的形式体现了当时比较进步的文学观念,并精选了大量代表作品,使后人便于诵习和研究。被称为艺苑秘宝的《文心雕龙》凡 10 卷 50 篇,所论几乎涉及《文选》中的全部 38 类文体。据文献记载,《文心雕龙》的作者刘勰可能参加过《文选》的编选工作。那么,文学选集和文学批评专著在选录、评论的品种上出现这样的一致,不能看作巧合,而应该视为向社会宣告文学自觉时代到来的一种联合行动。

《文选》对后世的影响是巨大的,致有"《文选》烂,秀才半"的谚语,并且形成专学"文选学"。清张之洞《书目答问》附录有"群书读本",开列《秦汉文钞》《文选》《六朝文絜》《唐宋诗醇》等 9 种总集,以为"此类各书,简洁醒目,初学讽诵,可以开发性灵"。

敦煌石室写本中发现多种《文选》写本,有 P. 2525、P. 2542,被认为是萧统所编原本。其中 P. 2525(图 3-7)"存六十九行,起沈休文《恩倖传论》,迄范蔚宗《光武纪赞》,无注,末行题曰'文选第廿五',尚是昭明旧第也"。此本罗振玉以为系初唐武德时写本,王重民则断为陈隋写本。[①]《文选》出版传播的高潮在隋唐科举制度确立以后,科举考试科目有诗赋,文人交游亦常吟诗唱酬,《文选》作为历代优秀文学作品的范本,立即成为文士们必备的案头读物。

图 3-7 《文选》30 卷 唐前写本(P. 2525)

范志新《〈文选〉版刻年表》列举自后蜀(934—965)毋昭裔刊《五臣注》本 30 卷始,至 1942 年扫叶山房石印《文选诗补注》8 卷,凡 227 种(不含铅印本、

---

① 王重民:《敦煌古籍叙录》,北京:中华书局,1979 年,第 316 页。

手抄本）。并附录《日本历代〈文选〉刊刻年表》，列举应安七年(1374)俞良甫刊《李善注》(尤本)60卷，至1975年足利学校遗迹图书馆后援会影印《六臣注》(明州本)60卷，凡9种；《朝鲜历代〈文选〉刊刻年表》，著录世宗二年(1420)刊《六臣注》60卷，至1996年韩国文正社重印《六臣注》60卷，凡9种。[①] 这足以证明萧统《文选》的影响力。

二、僧祐的编纂活动

佛经翻译是我国古代书籍编辑出版事业中的重要组成部分，是古代文化传播活动的重要内容。

西汉武帝时期，张骞出使西域，首次听说佛教。哀帝元寿元年(前2)，大月氏使臣伊存把《浮屠经》传入中国，博士弟子员秦景从使者处听到对佛经的讲解。这是中国传布佛经的开始。东汉明帝曾夜梦金人飞行殿庭，次日朝上询问诸臣，傅毅认为是佛。于是明帝派遣使者往西土天竺求经，得佛经四十二章及释迦立像，并请得西僧摄摩腾、竺法兰一起东归。归途以白马负经，明帝因于洛阳立白马寺。竺法兰开始译经，明帝永平中译出《十住经》。然而东汉之世，由于佛教初入，国人崇佛尚未成风，佛经翻译始终没有形成气候。

魏晋之时，西域僧人赍经东来，中国人则西去求经，双向的宣教求经活动逐渐频繁，中国开始有信徒剃发为僧，皈依佛教，佛经翻译事业亦初露繁荣的趋势。佛教东传，至此为盛。

三国吴黄武元年(222)，僧支谦开始译经，30年间译出《菩萨本缘》等数十种(图3-8)，"曲得圣义，辞旨文雅"，皆流行于世。开江南佛经翻译之风。

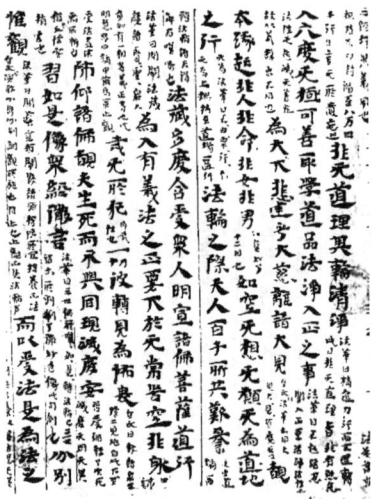

图3-8　吴支谦译《维摩诘经》
北朝写本

晋安帝义熙年间(405—418)，僧支法领从西域于阗得《华严经》三万

[①] 范志新：《文选版本论稿》，南昌：江西人民出版社，2003年，第190页。

六千偈，东回至金陵宣译。

名僧法显自长安游天竺，得佛教经律，即抄录翻译。还至金陵，与天竺禅师跋罗共同辨定。

魏晋南北朝时期纸的广泛使用，为佛经翻译事业的发展提供了有利的条件。反过来，从敦煌莫高窟发现的大量六朝写本和早期雕版印刷品中大部分为佛经的事实来看，佛经和佛教宣传品成为当时社会的大宗需求品。佛经翻译事业在很大程度上推动了当时佣书、书铺等图书传播交流中介环节的发展，甚至对雕版印刷术的发明也起到了较大的促进作用。

随着魏晋南北朝译经活动的增多，译出的佛教经典日积月累，各家编纂的经录前后继起。南北朝时期的经录，以梁僧祐所编《出三藏记集》最为知名。

僧祐（445—518），南朝名僧。俗姓俞，原籍彭城下邳（今江苏睢宁），生于建康（今江苏南京）。幼年出家，投定林上寺法达、法献法师为弟子。具戒后，又受业佛教律师法颖，一生精研律学，精通律部。齐竟陵王萧子良请讲律学，听众常满。晚年有僧俗门徒万余人，智藏、慧廓、宝唱、明彻、临川王宏、南平王伟、刘勰等皆在其列。尤其受纳刘勰10余年，助其博通经论。

僧祐先后在建康城内建初寺、钟山定林寺造立经藏，开中国佛寺搜藏佛教典籍之先声。建初寺，明代朱之蕃辑《金陵图咏》，纪金陵山川史迹胜景，有"报恩灯塔"（图3-9），其记建初寺沿革甚详："在聚宝门外。吴赤乌年间，有康居国异僧来长干里，结茅行道，能致如来舍利。孙权为建塔奉焉。寺名建初，实江南塔寺之始。梁名长干寺，宋改天禧。至永乐时，鼎新恢拓之，赐以今名。其塔最

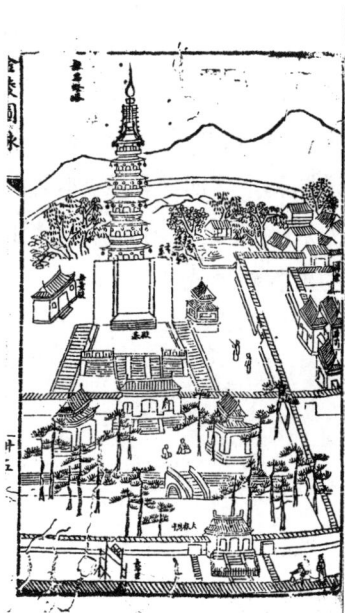

图3-9　报恩灯塔图
出明朱之蕃编、陆寿柏画《金陵图咏》
明天启四年（1624）刻本

高，金碧琉璃，灯光炫耀，中夜烛天，极称壮观。"

　　僧祐作为佛教文献学家，生平留心佛教文献，根据所藏经典，编撰《出三藏记集》15卷。《出三藏记集》是现存最早的佛教典籍解题性目录，"出"即翻译，"三藏"即佛教文献的经、律、论，"记集"即表示记载东汉至梁所译经、律、论的目录。全书15卷，对佛经的翻译、流传、真伪进行梳理考订，其中著录东汉末至梁代译经2162部，5310卷，基本上反映了魏晋南北朝佛经翻译的总体概貌。该书还收录经序及后记120篇，撰写32位译经者的传记。其创立的分类和著录方式对后世佛经目录的编纂产生深远影响。宋元以来，传本众多。1995年，中华书局出版苏晋仁等点校本，列入《中国佛教典籍选刊》，为通行本。

　　僧祐的编纂活动的成果，除《出三藏记集》外，尚有《萨婆多部相承传》《十诵义记》、《释迦谱》5卷、《世界记》5卷、《法苑集》10卷、《弘明集》14卷、《法集杂记传铭》10卷。这8种著述，他曾总名为《释僧祐法集》，其中集录了大量古记遗文，为古代重要的佛教文史资料。可惜现仅存《释迦谱》《出三藏记集》《弘明集》三书。

　　《弘明集》是一部佛教论文总集，14卷，选录东汉末至梁代颂扬佛教的论著以及少量非难佛教的文章。其作者达百人之多，很多作者并无文集，多赖此书存世。宋元以来多有传本，通行本如《四部丛刊》影印明汪道昆刊本、《四部备要》本等。2013年，中华书局出版刘立夫等译注本，列入《中华经典名著全本全注全译丛书》，体现了适应当下社会阅读需求的出版新形式。

第三章　隋唐五代时期的江苏出版

隋唐五代时期,自公元 581 年文帝杨坚建立隋朝,至公元 960 年后周亡于赵宋,一共历时 379 年,除了唐末至宋初的五代十国之乱,中间保持了 320 多年的统一。

隋唐的统一,结束了西晋末年以来近 300 年南北分裂的动乱局面,国家的政治、经济和文化建设进入新的发展时期。隋唐的政权嬗替,与秦汉相似。隋王朝的国运虽然二传而尽,但是开国君主杨坚在位时期为加强封建中央集权统治而采取的一系列政策和措施,基本上为唐朝沿袭。所以,始自隋朝的开拓,经过唐初百年的建设,中国创造了历史上堪与秦皇汉武时代媲美的盛唐文化。

第一节　编辑出版业的时代特征

大一统是隋唐五代时期主要的时代特征。为了适应中央集权政治的需要,隋唐统治者十分重视有关图书的搜集整理和编辑出版工作,有意识地强化对图书编辑出版和传播的管理和控制。而雕版印刷术的发明、图书形制的发展和科举制度的确立,对编辑出版业的影响甚为重大。

一、雕版印刷术的发明

印刷术是中国古代继造纸术后的又一项伟大的发明,它的问世,对广泛传播人类科学文化知识、促进社会文明发展具有极其重大的意义。

中国古代印刷术主要包括两种:雕版印刷术和活字印刷术。活字印刷术是雕版印刷术的发展,据文献记载,发明于北宋。本时期主要叙述雕版印刷术的发明和早期应用于出版的基本情况。

雕版印刷术是我国古代书籍印刷出版的主要形式。所谓印刷,是指用油墨把反体或翻转的文字或图形翻印到纸张或其他表面上去的技术。雕版印刷的技术大致可以用基本的操作工序来分解:取一块加工平整的梨木板或枣木板,称为"印板",一般为长方形,通常宽40厘米,高26厘米,厚2厘米左右,在印板上雕刻出凸起的阳文反字,再把墨均匀地涂在凸起的文字表面,接着铺上纸,用棕刷在纸上刷印,这样印板上的文字就被印到纸上,并由反字翻转为正字。

雕版印刷术的发明是物质基础和技术条件综合作用的结果,除去纸的应用、社会书籍需求量的大幅度增加等因素,摹拓技术的产生应该是雕版印刷术发明的关键。《隋书·经籍志》经部小学类著录有《秦皇东巡会稽刻石文》1卷、熹平石经《周易》《尚书》《春秋》等各经34卷,正始石经《尚书》《春秋》凡17卷,并在小序中对这几种书籍的著录加以说明。熹平石经、正始石经历经时乱,至唐贞观初已经"十不存一",而"其相承传拓之本,犹在秘府,并秦帝刻石,附于此篇"。这些石刻拓本的存在,说明摹拓方法大约出现在南北朝之际,所以早于南北朝的发明之说可以排除。根据文献记载,五代官府私家刻印了大量卷帙繁富的文学总集、类书和儒家经典,说明其时雕版印刷技术已经相当成熟,其发明时代晚于五代之说过于保守。

目前,关于雕版印刷术的发明时间,学术界比较倾向于唐代贞观年间,即公元627年至649年之间。唐代贞观说的提出,主要以近现代发现的印刷品实物为依据。

1900年,甘肃敦煌莫高窟第17窟的石室中发现了大量六朝和唐代的珍贵文献,其大部分为抄本,少量是印本。印本中有一卷《金刚经》,长16尺,高1尺,由7张印页粘连而成。经文前有一幅镌刻精美的扉画《祇树给孤独园》,画面是释迦牟尼在祇园精舍的莲花座上对长老须菩提说法。卷末题有"咸通九年四月十五日王玠为二亲敬造普施"18个字。咸通九年是晚唐懿宗李漼的年号,时为公元868年。这就是举世闻名的咸通本《金刚经》,也是世界上现存题有日期的最早的印刷品。原件当年为英国斯坦因劫走,现藏英国伦敦大英博物馆。

1966年,韩国南部庆州佛国寺释迦塔内发现雕版印刷品《无垢净光大陀罗尼经》,经卷长20尺,卷轴形式,无雕版印刷的日期,卷中发现四个武周时期的制字。据记载,《无垢净光大陀罗尼经》是由中亚细亚吐火罗僧侣弥陀山首次译为汉文,而公元680—704年,弥陀山寄居在长安。这一时期基本上是武则天在位执政之时,则天女皇大约为了显示至高无上的皇权,特意制造了18个怪诞的所谓"制字",强行推广使用。神龙元年(705)正月,大臣张柬之、桓彦范等发动政变,武则天被迫退位,中宗李显复位。制字也就随着武周时代的结束被废止。据此,韩国发现的《无垢净光大陀罗尼经》当是唐代武周时期的长安印本,由当时入唐求学的新罗僧人携带回国。日本著名汉学家长泽规矩也曾证明,日本藏有中国吐鲁番出土的《妙法华莲经》1卷,内容为《分别功德品》第十七,黄麻纸,行19字,经文中也发现武周制字,系武则天时期的印刷品。

《无垢净光大陀罗尼经》的雕印比《金刚经》早160多年,成为世界上现存印刷时间最早的雕版印刷品,也为雕版印刷术起源于贞观年间的观点,提供了时间上更为接近,因而也更为有力的实物证据。

《无垢净光大陀罗尼经》的发现,说明武周时期已经出现体现较好水平的雕版印刷品,因而可以肯定雕版技术的发明年代还在其前。一项重大的技术从发明到实际开发应用,尤其是生产出比较成熟的产品,通常需要经历较长的实验提高阶段。就目前已经掌握的文字记载和印刷品实物可以推断,印刷术至迟发明于初唐,即经济文化迅速发展的年代。至于更确切的发明时间和发源地的认定,则有待于更多印刷品实物的发现。

二、图书形制的发展

印刷术的发明,宣告人类的文化知识传播活动进入印刷新时代。

人类的传播活动,从形式上讲,迄今共经历了口头传播、手写传播、印刷传播和电子传播四个历史阶段。印刷传播时代的标志就是印刷术的发明和广泛应用。

手写传播时代,书籍的生产只有人工抄写一种方式,费时耗力、差错率高是其基本特征。在这种状态下,书籍的复制量非常有限,"能具书疏者,百无一二"的现象十分普遍。图书复本的稀少,一是使图书难以形成大规模的社会传播,从而影响社会文化水平的整体提高;二是造成图书流传保存的困难。图书的传与不传,有幸与不幸,存在复杂的因素,但是很重要的一个因素是复本的多少。在抄本时代,即使是国家藏书,一般也只有三份复本,这么少的流通数,使书籍很容易在流通过程中遭受损失。历代正史艺文志的著录,大致反映出历代图书的亡佚情况。汉代及以前,《汉书·艺文志》著录图书凡 600 家 13283 卷,根据现代学者顾实《汉书艺文志讲疏》的统计,其中佚书为 515 家 8237 卷,分别占总数的 85.8% 和 62%。据清姚振宗《隋书经籍志考证》的统计,南北朝至隋朝,佚书总数为 1579 部 17233 卷,分别占《隋书·经籍志》著录总数的 32.5% 和 31.6%。清代辑佚大家马国翰所辑《玉函山房辑佚书》中有可考作者时代的历代佚书 539 种,其中仅一种为宋人著述,其余都是先秦至唐代的著述。曹之曾分析图书亡佚的 5 种原因,认为"图书制作方式的限制"是图书亡佚最重要的原因,强调"图书亡佚的关键问题是复本太少"。① 印刷术的推广应用,使图书的生产社会化和产业化,出版业逐渐形成,图书贸易规模不断扩大,从而带动书籍编辑业务的进步、装帧样式的革新和图书广告的发展。

可以说,隋唐五代以来古代书籍生产的发展,社会文化传播规模的扩大,都是以印刷术的应用为基础的。因此,印刷术的发明,对于书籍生产和文化传播的意义都是重大和深远的。在形制上,印刷术的发明促进了卷轴装向册页装的过渡与发展。

隋唐时期是书籍卷轴装帧艺术发展的高峰。

隋朝的图书都以广陵麻纸抄写,抄手普遍用南朝梁代书法家萧子云字体,笔迹瘦健,装帧都是赤轴绮带,体现出古代卷轴装图书的发展高峰。

唐开元时,朝廷所藏四部库书,西京长安、东都洛阳各一套,共 125960 卷,都以益州麻纸抄写。尤其集贤院所藏御书"经库皆钿白牙轴,黄缥带,红牙签;史书库钿青牙轴,缥带,绿牙签;子库皆雕紫檀轴,紫

---

① 曹之:《中国印刷术的起源》,武汉:武汉大学出版社,1994 年,第 458 页。

带,碧牙签;集库皆绿牙轴,朱带,白牙签,以分别之"①,装帧精美,灿然流光。

由于隋唐两代出现卷帙浩繁的大型图书,如类书,经、史和文学总集的集注本,以及主要供人查检使用的韵书、训诂书等,内容超多,卷面过长,因而卷轴装就显得舒卷不便。装帧形式很快进行部分革新,出现旋风装。

宋人在笔记中,多次提及旋风装。欧阳修《归田录》卷二:"唐人藏书,皆作卷轴,其后有叶子,其制似今策子。凡文字有备检用者,卷轴难数卷舒,故以叶子写之,如吴彩鸾《唐韵》、李部《彩选》之类是也。"考吴彩鸾大致生活在唐文宗大和(827—835)前后,说明旋风装在唐中期已经出现并十分普及。

现在北京故宫博物院保存有吴彩鸾手书《唐韵》的旋风装帧本,从实物看,全卷共 25 叶,除了首叶单面书写,且全部粘裱于底纸外,自第二叶起都双面书写,然后按序逐次向后相错约 1 厘米,粘在底纸上,各叶都可以自由翻转。这样,虽然仍未摆脱卷轴装的旧制,但是既解决了原来卷轴装不能翻转的问题,又在同样长度的卷面上大大增加了文字的容量。

旋风装仍是抄本装帧形式,但它是书籍装帧形式由卷轴装向册页装转化的过渡形式。旋风装出现的意义在于完成了装帧单位由纸卷向单叶形式的转变,所以当雕版印刷术应用于书籍印刷时,单张的印叶在形式上与旋风装的单叶是一样的,于是就自然过渡到册页制度的蝴蝶装。

三、科举制度的确立对编辑出版业的影响

自汉武帝采纳大儒董仲舒的建议,"罢黜百家,独尊儒术",儒家经典就成为国学的教科书、国家考试命题的依据。

隋文帝杨坚创立隋朝,结束了西晋末年以来近 300 年的南北分裂局面,其享国虽然只经历两代,但是隋政权为加强封建中央集权所制定的政治、经济、文化等方面的制度和措施,多为唐朝统治者所承袭。其中设立秀才、明经、进士三科,以广泛吸纳有才华的士人参政的科举制度,不但为唐王朝沿用,而且为后世历代封建政权沿用。

---

① 〔后晋〕刘昫等:《旧唐书》卷 47《经籍志下》,北京:中华书局,1975 年,第 2082 页。

唐朝以"九经"取士，这"九经"为《易》《尚书》《诗》《周礼》《仪礼》《礼记》《春秋左氏传》《春秋公羊传》《春秋穀梁传》。其中又以经文字数的多少分为大、中、小三等：《礼记》《春秋左氏传》为"大经"，《诗》《周礼》《仪礼》为"中经"，《易》《尚书》《春秋公羊传》《春秋穀梁传》为"小经"。

唐代科举，仅明经试就有五经、三经、二经、学究一经等科目，《新唐书·选举志》云："通二经者，大经、小经各一，若中经二。通三经者，大经、中经、小经各一。通五经者，大经皆通，余经各一。"在大经中，《左传》的字数多于《礼记》，所以参加科举考试的士子都学《礼记》而不习《左传》；在中经、小经中，《周礼》《仪礼》《公羊》《穀梁》难于《毛诗》《周易》《尚书》，故学者多选易避难，争习后者而弃前者。所以，玄宗开元中，国子祭酒杨玚奏言："今明经习《左传》者十无二三……又《周礼》《仪礼》《公羊》《穀梁》殆将绝废……请量加优奖。"

唐代科考考生的来源，主要有学馆的生徒和州县的选送，即乡贡。《新唐书·选举志》称："唐取人之路盖多矣，方其盛时，著于令者，纳课品子万人，诸馆及州县学六万三千七十人，太史历生三十六人，天文生百五十人。"这应该还不是当时社会逐级参加科举考试人群的总数。

繁复的考试科目，众多的应试考生，对出版业提出了共同的要求，即提供足够的符合科考要求的标准文本和相关参考材料。唐高宗永徽四年（653），朝廷将孔颖达奉诏编定的《五经正义》颁行天下，"每年明经令依此考试"。五代时北方四朝国子监雕印儒家"十二经"，广颁天下，"如诸色人要写经书，并须依所印敕本，不得更使杂本交错"。这都表明唐五代政府向天下读书人提供符合科考要求的标准文本和经义。

科举考试制度对编辑出版活动的影响，很重要的一个方面在于参考书的编辑出版。唐代科考，要求考生能熟练使用多种文体，最主要的是策，其他包括诗、赋、箴、铭、论、表等，需要从小进行训练。所以，从民间村塾教授开始，学童就要学习有关的经史知识和作文技法。唐五代时期出现如《兔园册府》这样的类书，应与科考的这种需要有关。南宋王应麟《困学纪闻》卷十四《考史》说："《兔园册府》三十卷，唐蒋王恽令僚佐杜嗣先仿应科目策,自设问对,引经史为训注。"①所谓"仿应科目策",就是按照科考科目策文的要求和模式,设计模拟题。蒋王李恽,唐太宗子,用汉枚乘为文帝子梁孝王刘武作《兔园赋》的典故而作书名。敦煌石室曾发现杜嗣先《兔园册府》残卷数帙,以及疑似的古类书残卷数卷。

五代时,北方民间村塾普遍使用《兔园册》教授蒙童,甚至普及到家藏一本的程度。南宋晁公武《郡斋读书志》卷十四"类书类"著录:"《兔园册》十卷,唐虞世南撰。奉王命,纂古今事为四十八门,皆偶俪之语。至五代时,行于民间,村野以授学童,故有'遗下兔园册'之诮。"②可知《兔园册府》唐五代时流行于民间。《兔园册府》之类的民间流传之本可能出自坊肆,也可能自己手抄,但是这种巨大的社会拥有量,已经显示出科举类书籍的旺盛需求对编辑出版业的刺激和促进作用。所以,到了宋代,刊刻印售科举类书籍已经成为民间出版业的主要业务。

隋唐以来,科举制度作为朝廷取士的国家大典,对社会产生了深远的影响。社会围绕科举作出了广泛的反应,形成波及各行各业的文化现象,姑且称为科举文化,大量为士子应试而编纂的书籍正是其重要的组成部分,也是编辑出版业服务社会职能的正常表现。

第二节　江苏地区的图书编撰出版活动

隋唐政治上的统一,必然带来思想和文化学术上总结统一的要求。这种思想和文化学术上的总结统一,主要通过文化学术典籍的整理和传播来实现。经过隋初征集天下遗书和炀帝时的大规模整理抄录,至唐初,进行总结统一工作的时机已经成熟。贞观四年(630),唐太宗诏令名儒颜师古考定《五经》文字,稍后又命国子祭酒孔颖达主持编纂《五经正义》,统一南北朝时期的经学,传承汉代学术文化的传统。高宗永徽四年

---

① [宋]王应麟著,[清]翁元圻等注,栾保群等校点:《困学纪闻》卷14《考史》,上海:上海古籍出版社,2008年,第1670页。

② [宋]晁公武撰,孙猛校证:《郡斋读书志校证》卷14,上海:上海古籍出版社,1990年,第650页。

（653），朝廷将《五经正义》颁示天下，并将其规定为官学教学和科举考试使用的统一文本。经学以外，唐初兴盛的三礼学、汉书学、文选学等，同样反映出学术总结的鲜亮色彩，如颜师古的《汉书注》，李善的《文选注》等，都具有集前代著述大成的学术特点。同时，朝廷又规定《礼记》《春秋左氏传》《诗》《周礼》《仪礼》《易》《尚书》《春秋公羊传》《春秋穀梁传》等"九经"，以及《孝经》《论语》等经书，《史记》《汉书》《东观汉纪》等"三史"，《文选》、诸子百家等书，为各科考试必读书。于是，"九经""三史"成为具有特别意义的名词，不仅如大臣张说在《上东宫请讲学》中要求"表正九经，刊考三史"，连赫赫有名的诗僧释齐己也在《酬九经者》中吟出了这样的诗句："九经三史学，穷妙又穷微。长白山初出，青云路欲飞。"

这就是隋唐朝廷在思想文化领域制定的纲领，是指引各地文化出版活动的明确的政策导向。

唐太宗贞观元年（627），朝廷分天下为十道，今江苏大致归属江南道、淮南道和河南道。其中润州（时辖丹徒、丹阳、金坛、延陵、上元、句容六县）、常州（时辖晋陵、武进、江阴、无锡、义兴五县）、苏州（时辖吴县、长洲、嘉兴、海盐、常熟、昆山、华亭七县）属江南道，扬州（时辖江都、江阳、六合、海陵、高邮、扬子、天长七县）、楚州（时辖山阳、盐城、宝应、淮阴四县）属淮南道，徐州（时辖彭城、萧县、丰县、沛县、滕县、宿迁、下邳七县）、泗州（时辖临淮、涟水、盱眙、徐城四县）属河南道。在朝廷的号召和推动下，江南、淮南等地的青年才俊纷纷响应，积极投身治学和科举之业，形成读书向学、著书立说的良好社会风尚。

一、文化学术活动概况

《隋书》、新旧《唐书》中《儒林传》《文学传》等篇章记载了大量江苏籍文人学者读书治学的事迹。现择要列举如下：

元善"少随父至江南，性好学，遂通涉五经，尤明《左氏传》"。

兰陵（今江苏常州西北）萧该"性笃学，《诗》《书》《春秋》《礼记》并通大义，尤精《汉书》，甚为贵游多礼"，"后撰《汉书》及《文选音义》，咸为当时所贵"。

包恺，字和乐，隋东海（今江苏连云港西南）人。"其兄愉，明《五经》，恺悉传其业。又从王仲通受《史记》《汉书》，尤称精究。大业中，为国子助教。于时《汉书》学者，以萧、包二人为宗匠。聚徒教授，著录者数千人.卒，门人为起坟立碣焉。"

吴郡褚辉，字高明。"以《三礼》学称于江南。炀帝时，征天下儒术之士，悉集内史省，相次讲论，辉博辩，无能屈者，由是擢为太学博士。撰《礼疏》一百卷。"

吴郡张冲，字叔玄。"仕陈为左中郎将，非其好也，乃覃思经典，撰《春秋义略》，异于杜氏七十余事，《丧服义》三卷，《孝经义》三卷，《论语义》十卷，《前汉音义》十二卷。官至汉王侍读。"（以上出自《隋书·儒林传》）

丹阳建康诸葛颖"习《周易》、图纬、《仓》《雅》《庄》《老》，颇得其要"。

吴郡潘徽，字伯彦。"性聪敏，少受《礼》于郑灼，受《毛诗》于施公，受《书》于张冲，讲《庄》《老》于张讥，并通大义，尤精三史。"（以上出自《隋书·文学传》）

丁公著，字平子，苏州吴郡人。"年二十一，五经及第，明年又通《开元礼》，授集贤校书郎……著《礼志》十卷。"（以上出自《旧唐书·孝友传》）

朱子奢（？—641），苏州吴人也。"少从乡人顾彪习《春秋左氏传》，后博观子史，善属文。隋大业中，直秘书学士。"

许叔牙（？—649），润州句容人。"少精于《毛诗》《礼记》，尤善讽咏。贞观初，累授晋王文学兼侍读，寻迁太常博士。尝撰《毛诗纂义》十卷……御史大夫高智周尝谓人曰：'凡欲言《诗》者，必须先读此书。'"

刘伯庄，徐州彭城人。"贞观中，累除国子助教。与其舅太学博士侯孝遵齐为弘文馆学士，当代荣之。寻迁国子博士，其后又与许敬宗等参修《文思博要》及《文馆词林》。龙朔中，兼授崇贤馆学士。撰《史记音义》《史记地名》《汉书音义》各二十卷，行于代。"

秦景通，常州晋陵人。"与弟暐尤精《汉书》，当时习《汉书》者皆宗师之，常称景通为大秦君，暐为小秦君。若不经其兄弟指授，则谓之'不经师匠，无足采也'。景通，贞观中累迁太子洗马，兼崇贤馆学士。"

陆质（？—805），吴郡人。"质有经学，尤深于《春秋》。少师事赵匡，匡师啖助，助、匡皆为异儒，颇传其学，由是知名。陈少游镇扬州，爱其才,辟为从事。后荐于朝。拜左拾遗……质著《集注春秋》二十卷、《类礼》二十卷、《君臣图翼》二十五卷,并行于代。"(以上出自《旧唐书·儒学传》)

朝廷素知河北、江南读书成风,人才济济。贞观十一年(637),唐太宗有《令河北淮南诸州举人诏》,曰:"然则齐、赵、魏、鲁,礼义自出;江、淮、吴、会,英髦斯在。山川所感,古今宁殊,载伫风猷,实劳梦想。宜令河北、淮南诸州长官,于所部之内,精加访采。其孝悌淳笃,兼闲时务,儒术该通,可为师范;文词秀美,才堪著述,明识治体,可委字民;并志行修立,为乡里所推者,举送洛阳宫……当随其器能,擢以不次。"①

隋唐,尤其是初、盛唐时期,社会的经济和文化事业高速发展,大量读书士子踊跃参加科举考试。科举成为一项由成千上万家庭从童蒙修学开始就精心规划应对的社会活动,熟读规定的经史典籍自然成为叩开科举仕进之门的隆重开端。打开《隋书》、新旧《唐书》和一部部厚重的唐人别集,字里行间总有少通三礼、博涉汉史、遍讲五经之类的词语跳入我们的眼帘,成为那个时代文臣名儒少年读书习学情况的几乎是千篇一律的评价。自幼读书有成,是精彩人生最初那令人羡慕的亮色。于是,社会上图书的需求和保藏量大幅度上升,古代写本书的生产进入鼎盛时期,带动图书流通和贸易活动不断扩张。

二、图书的抄录与编撰

隋唐时期的官、私撰述和藏书,仍以写本为主。盛唐开元十四年(726),史官吴兢因所撰《唐书》《唐春秋》"卷轴稍广,缮写甚难",奏请朝廷特派"楷书手三数人,并纸墨等"。当时抄书,除了官方组织和藏家自抄外,有的豪富之家,常专门雇人佣书。唐时有以抄写书籍为职业的"书工",又名"书手""抄手"或"书生",如是专门抄佛经的则名为"写经生"或"经生"。当时在城市中,出现了"抄书铺"(代书处),受雇佣抄书的有大文化人,也有小文化人。正如李肇《东林寺经藏碑》中所说:"五都之市,十室之邑,必设书写之肆。"在唐代的佛教典籍和志怪小说如《法苑珠林》

---

① 吴云等编辑校注:《唐太宗集》,西安:陕西人民出版社,1986年,第311页。

《冥报记》《冥祥记》等中,有大量关于佛寺雇佣"书工"抄写佛经的记载。

1. 图书的抄录

图书的编集主要有三种情况。其一是朝廷征集。吴兴释皎然诗才飞扬,以诗作"缘情绮靡,辞多芳泽"驰名江南。贞元十九年(803),集贤殿御书院行文征其文集。吴兴刺史于頔采得他的诗作546首,抄录编成《杼山集》10卷,上纳于朝廷复命。其二是子嗣友朋弟子在作者身后编集。这是唐人别集编录的主要形式,目的在于追悼故人之先志,传播英名于后世。其三则是诗人生前自编,最著名的就是白居易三编《白氏文集》。大和九年(835),白居易编成《白氏文集》60卷,辑录作品2964首,藏之庐山东林寺经藏中。第二年改元开成,再编《白氏文集》65卷,作品增至3255首,藏洛阳圣善寺律疏库楼,李绅《题白乐天文集》"寄玉莲花藏,缄珠贝叶扃。院闲容客读,讲倦许僧听",赞美的就是这部圣善寺藏本。开成四年(839),三编《白氏文集》67卷,作品3487首,藏苏州南禅寺千佛堂。

除了为编集而抄书,更多的是,青年士子为读书而抄书。李绅(772—846),字公垂,润州无锡人。元和元年(806)进士,唐武宗会昌中官至中书侍郎、同中书门下平章事。绅六岁而孤,母卢氏教以经义。绅曾读书惠山,据李濬《慧山寺家山记》记述,李绅在慧山寺僧房"犹孜孜勤经史,泊十年手写书籍前后约五百轴"。又如扬州江都人王绍宗,自少勤学,遍览经史,尤工草隶。家贫,常佣力写佛经以自给,每月自支钱足即止,虽高价盈倍,亦即拒之。性澹雅,以儒素见称,当时朝廷之士,咸敬慕之。武则天时擢拜太子文学累转秘书少监。名登《旧唐书·儒学传》。

在科举取士制度下,读书人有登上仕途、进入上层社会的希望。一旦科场得意,荣登仕途,其光耀门庭的荣耀是经商或借其他途径富贵者所无法享有的。正如刘禹锡《宣上人远寄贺礼部王侍郎放榜后诗因而继和》所言:"礼闱新榜动长安,九陌人人走马看。一日声名遍天下,满城桃李属春官。"(图4-1)唐代的名门望族大多秉承家规门风,以科举仕进为念,费金抄书藏书,实施诗书教子的百年大计,极大地促进了唐代书籍的数量增长和传播。如晚唐苏州诗人陆龟蒙家有藏书万卷,皆手抄正副二本。

图 4－1　观榜图（局部）　明仇英绘
台北故宫博物院藏

陆龟蒙（？—约 881），字鲁望，苏州人。唐武周朝宰相陆元方七世孙。居城东临顿里。自幼聪悟善学，好读书属文，早有诗名。然而仕途多舛，"哀吾材之不试，徒抱影以中泣"。在经历了一段艰难的人生之旅后，他摒弃了举业，退居松江甫里（今苏州市吴中区甪直），自号天随子，以读书著述自娱。

咸通十年（869），清河崔璞来守苏州，诗人皮日休为从事。皮日休与陆龟蒙很快结为诗友，常过访临顿里陆宅，为其"不出郛郭，旷若郊墅"的自然风景深深吸引，因此赋五言 10 首，其中有"绕屋亲栽竹，堆床手写书""经岁岸乌纱，读书三十车"之句，足见陆龟蒙藏书之富。

陆龟蒙在《甫里先生传》中，详细描述自己"好洁，几格、窗户、砚席，剪然无尘埃。得一书，详熟然后置于方册，值本即校，不以再三为限，朱黄二毫，未尝一日去手"。由于平日勤于校勘整理，他的藏书以文字的精审闻名，而且他乐于借人阅读传抄。

与陆龟蒙同时，苏州还有一位藏书万卷的藏书家徐修矩。徐修矩，吴县人，曾任恩王府参军等职。家世藏书万卷，皮日休一年之中曾经借读数千卷，自称"酣饫经史，或日晏忘饮食"。据皮日休在《二游诗序》中的记述，徐氏本为东莞著姓，后徙居吴中。其祖先中有人以科举出仕，喜藏书，"唯写坟籍多，必云清俸绝"，为后代积下万卷藏书。徐修矩守家传藏书万卷，优游自适。

唐代书籍的积累传播就是靠这些勤奋的读书人和著述家的坚持。

2. 图书的编撰

（1）陆德明与《经典释文》

陆德明（约 550—630），名元朗，以字行，苏州吴县（今苏州市吴中区)人。唐代经学家、训诂学家。陆德明初受学于周弘正,善言玄理。南朝陈时任国子助教。陈亡后,归于故里。隋炀帝嗣位,召为秘书学士,授国子助教。入唐,秦王李世民辟为文学馆学士,贞观初年,迁国子博士,封吴县男。"撰《经典释文》三十卷,《老子疏》十五卷,《易疏》二十卷,并行于世。太宗后尝阅德明《经典释文》,甚嘉之,赐其家束帛二百段。"①

　　《经典释文》是一部解释儒家经典文字音义的专著,《四库全书总目》入经部五经总义类。凡 30 卷,首为《序录》1 卷,以下依次为《周易》1 卷,《古文尚书》2 卷,《毛诗》3 卷,《周礼》2 卷,《仪礼》1 卷,《礼记》4 卷,《春秋左氏传》6 卷,《公羊传》1 卷,《穀梁传》1 卷,《孝经》1 卷,《论语》1 卷,《老子》1 卷,《庄子》3 卷,《尔雅》2 卷。《孟子》因唐代尚未列为经书,故未收入。而《老子》《庄子》因魏晋以后玄学影响很大,故予收入。《序录》主要说明本书的内容安排和经学的传授源流,继承《七略》《汉书·艺文志》的传统,通过对每种经典演变史的研究,选用流行且较好的注本,阐明自己编撰《经典释文》的主要依据。其体例为"摘字为音",就是摘出各经典正文和注文中的单字,加以音释。一般不仅摘出单字,还连带摘录两三字,以便读者按字寻检。原稿注经文者,用墨书;注注文者,用朱书,以示分别。唐后期的写本已经简省成一色墨书而在经文上面点朱砂的方法,宋以来就变成经注一例,不分朱墨。《四库全书总目·经部·五经总义类》评价曰:"所采汉魏六朝音切凡二百三十余家,又兼载诸儒之训诂,证各本之异同。后来得以考见古义者,注疏以外,惟赖此书之存。真所谓残膏剩馥,沾溉无穷者也……研经之士终以是为考证之根柢焉。"②

　　《经典释文》现存最早的版本是中国国家图书馆藏宋刻宋元递修本,已影印辑入《中华再造善本》唐宋编。敦煌写本中发现法藏唐写本《周易经典释文》的残卷 1 卷(图 4-2),卷末有"开元廿六年九月九日于蒲州赵全岳本写"等题记,罗振玉、马叙伦皆撰有校跋,见王重民《敦煌古籍叙录》。

① [后晋]刘昫等:《旧唐书》卷 189《儒学上》,北京:中华书局,1975 年,第 4944 页。
② [清]永瑢等:《四库全书总目》卷 33,北京:中华书局,1987 年,第 270 页。

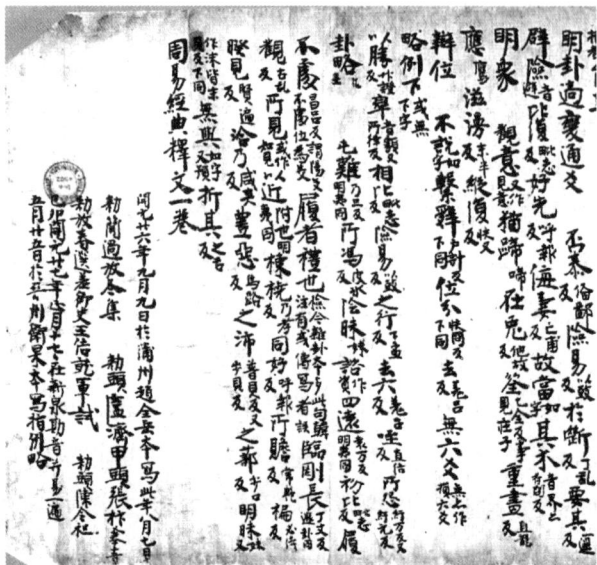

图 4-2 《周易经典释文》书影 唐写本（P. 2617）

（2）刘知几与《史通》

刘知几（661—721），字子玄，彭城（今江苏徐州）人。他撰著了我国历史上，也是世界上首部对史著体例进行系统探讨研究的史学巨著《史通》。

刘知几弱冠擢进士第，调获嘉尉，迁凤阁舍人兼修国史。唐中宗时擢太子率更令，累迁秘书监、太子左庶子、崇文馆学士。开元初官至左散骑常侍，九年（721）因替其子犯罪辩解，贬安州别驾，卒于贬所。刘知几自幼勤于读书，12 岁已经读毕《古文尚书》《春秋左氏传》。年十七，《史记》《汉书》《三国志》以及历代实录，浏览略周而大义略知。登第出仕后，更是利用馆阁丰富的藏书，恣情披阅。

出仕为官，刘知几 20 年间主要从事国史的纂修，于史学有很高的造诣。当时礼部尚书郑惟忠曾经问刘知几："自古已来文士多，而史才少，何也？"他回答说："史才须有三长，世无其人，故史才少也。三长，谓才也，学也，识也。夫有学而无才，亦犹有良田百顷，黄金满籝，而使愚者营生，终不能致于货殖者矣。如有才而无学，亦犹思兼匠石，巧若公输，而家无梗楠斧斤，终不果成其宫室者矣。犹须好是正直，善恶必书，使骄主贼臣，所以知惧，此则为虎傅翼，善无可加，所向无敌者矣。"①闻者都以为至理名言，于是"三才"之说盛传于世。

刘知几对古代史学最大的贡献，就是撰著《史通》。《史通》完成于唐中宗景龙四年(710)，全书分内外篇，内篇 10 卷 39 篇，论史家体例，辨别是非；外篇 10 卷 13 篇，述史籍源流，及杂评古人得失。《四库全书总目》评价道："贯穿今古，洞悉利病，实非后人之所及……其缕析条分，如别白黑，一经抉摘，司马迁、班固几无词以自解免，亦可云载笔之法家，著书之监史矣。"推崇之意溢于言表。《史通》内篇第二十六为《鉴识》，所谓鉴识，就是阐释史学"三才论"中的"识"。篇中刘知几提出了探赜索隐的阅读法，指出："史传为文，渊源广博，学者苟不能探赜索隐，致远钩深，乌足以辨其利害，明其善恶。""探赜索隐，致远钩深"之语本出《周易·系辞上》："探赜索隐，致远钩深，以定天下之吉凶，成天下之亹亹者，莫大乎蓍龟。"文中"探赜索隐"，据孔颖达《正义》解释，是指窥探幽昧之理，求索隐藏之处。刘知几取喻于阅读方法，强调要在阅读中探求典籍中精微深奥之意，寻找文字背后隐秘的事迹。

(3) 唐人选唐诗

唐代社会阅读活动中，唐诗无疑是最普及、最受欢迎的；而唐诗的持久繁荣在于能被广泛地阅读、传扬。从现存文献分析，选诗是唐代为当代诗歌的阅读欣赏进行的推广阐释活动主要形式之一。所谓选诗，是指唐人选唐诗。现存唐人选唐诗 9 种，其中润州丹阳人殷璠所编选的《河岳英灵集》(图 4-3)影响较大。

殷璠，自题进士，生平事迹未详。

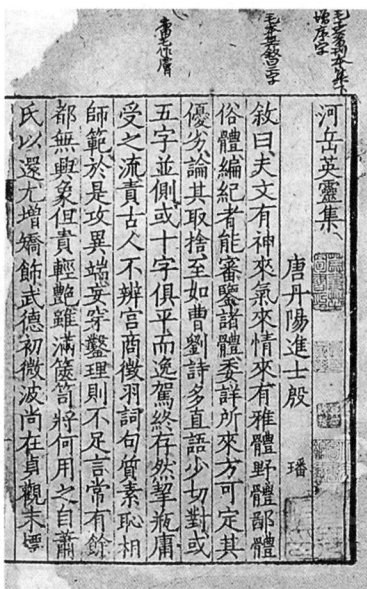

图 4-3 《河岳英灵集》书影
宋刻本 中国国家图书馆藏

---

① [后晋]刘昫等：《旧唐书》卷 102《刘子玄传》，北京：中华书局，1975 年，第 3168 页。

《河岳英灵集》3卷，编选于天宝十一载(752)，据自序中"爰因退迹，得遂宿心"之语，或为其退归故里之作。全书凡集录常建至阎防24人诗234首，姓名之下各著品题，仿锺嵘《诗品》之体。《四库全书总目》称"凡所品题，类多精惬"。唐末诗人郑谷在《读前集》诗中曾评价道："殷璠裁鉴英灵集，颇觉同才得旨深。何事后来高仲武，品题间气未公心。"郑谷推崇殷璠的《河岳英灵集》而贬抑高仲武的《中兴间气集》。高仲武《中兴间气集》，选钱起至张南史等26人诗132首，皆肃宗、代宗朝人。先不说郑谷的意见是否中肯，这种褒贬出现的本身正说明诗选已经引起注意。其实，诗选正是时代诗风和选家旨趣的产物，《河岳英灵集》等9种唐人选唐诗流传至今的事实说明，作为有影响的诗歌读本，它们在当时推动唐诗传抄和社会诗歌阅读活动中发挥了重要的促进和导向作用。

敦煌古籍中发现有唐写本《唐人选唐诗》(图4-4)，1913年，罗振玉影印刊入《鸣沙石室佚书》，并撰《敦煌本唐人选唐诗跋》，曰："唐人总集，当代选本传世者仅《箧中》《国秀》诸集，此卷作者均开、天间人，更在元、芮所集之前。以卷中避讳诸字考之，尚为唐中叶写本，亟付影印。而书名不可知，姑署之曰《唐人选唐诗》。"[1]其实芮挺章所选《国秀集》与殷璠

图4-4 《唐人选唐诗》 唐写本(P.2552、P.2567)

---

[1] 罗振玉：《雪堂校刊群书叙录》卷下，载《国家图书馆藏古籍题跋丛刊》第24册，北京：北京图书馆出版社，2002年，第140页。

的《河岳英灵集》都选编于盛唐天宝年间,假如敦煌本《唐人选唐诗》中有芮、殷选本的残卷,则盛唐的选本,中唐已经出现在西北的敦煌,正说明唐诗出版传播的迅速。

清吴任臣所撰《十国春秋》卷七十三载石文德事迹,记曰:石文德,五代十国时楚国连州(今属广东清远)人。好学,博览坟史,过目不忘。然而不擅长草隶、诗律。一日,得晋帖数纸,及阅殷璠《诗选》,极力摹仿,久之书法精进,并工于诗。石文德在楚王马希范(932—947年在位)时曾以文才授官。可见《河岳英灵集》传抄和影响的范围。

(4) 白居易与苏州唐诗汇刻

唐敬宗宝历元年(825),大名鼎鼎的白居易来守苏州,五月到任,次年秋以眼病离职。白居易欣赏苏州的美景,尤其是虎丘。到任当年,他就修筑虎丘山塘,沿堤栽种桃李莲荷,后世称为白公堤。相处一年多,他给苏州印上了永不褪色的记忆,苏州在他心里留下了挥之不去的思恋。

开成四年(839),白居易离开苏州13年后,将自己亲手编纂的一部《白氏文集》写本置于苏州南禅院千佛堂。宋代苏州曾两刻《白氏文集》,一为大字本,一为苏州守李伯修所刻。现存白集的最早本子为南宋绍兴初年所刻,入明以来,先后为苏州藏书家文徵明、太仓王世懋、常熟钱曾、昆山徐乾学、常熟张金吾、苏州汪士钟、常熟瞿氏铁琴铜剑楼收藏,数百年间流传不出苏州,瞿氏以为这是白公之神"默为呵护"的结果。其卷首钤玉兰堂、徐乾学健庵、汪士钟藏书、铁琴铜剑楼诸家藏印,印证了这段出版传播史上的佳话。

白居易在苏州的诗歌创作和传播活动,使苏州文人一直偏爱唐诗。

明弘治以来,苏州的藏书刻书活动逐渐进入高峰期,而此时的两位苏州进士、诗人徐祯卿、王世贞分别成为前后七子的代表人物,这无疑激起了苏州刻书家编刊唐人诗集的热情。从文献记载和现存实物看,自正德年间起,苏州编刊的唐诗合集陆续行世,成为当时出版物中的一抹亮色。

正德十四年(1519),吴门陆氏刊印《唐五家诗》,辑录中山郎士元,丹阳皇甫冉、皇甫曾兄弟,延陵包何、包佶兄弟五人诗6卷。正德、嘉靖间,苏州黄省曾、黄贯曾先后刻印《三十六家唐诗》和《唐诗二十六家》。

嘉靖中苏州刻印唐诗合集最有名的是吴县徐缙的铜活字本《唐五十家诗集》,其书汇集唐太宗、虞世南、许敬宗等 50 家诗集。

万历三十一年(1603),吴县甫里许自昌霏玉轩辑刻《前唐十二家诗》24 卷,录"初唐四杰"、陈子昂、杜审言及岑参等初唐 12 家诗各 2 卷。

崇祯间,常熟毛晋汲古阁先后辑刻《唐人八家诗》、《五唐人集》、《唐六名家集》42 卷,《唐四名家集》12 卷,《唐三高僧诗》47 卷,《唐人选唐诗八种》等。

苏州这种合刻唐诗的风气,绵延入清,其规模扩大至百家,蔚为壮观。

清康熙四十一年(1702),洞庭席启寓琴川书屋辑刻《唐诗百名家全集》326 卷,录刘长卿以下百家诗。据宋刊本募工雕版,取大历、贞元讫唐末,广搜博征。孙星衍《廉石居藏书记》称:"唐人诗集各有原书,名目一时汇萃不易,赖有此集得见宋刊规模。"

清光绪二十一年(1895),元和江标灵鹣阁又辑刻《唐人五十家小集》72 卷。

更为人称奇的是,清修《全唐诗》也是在江苏完成的。康熙四十四年(1705),江宁织造曹寅奉敕在扬州设诗局编修《全唐诗》,苏州状元彭定求主持编校,而底稿则取用泰兴藏书家季振宜所辑《唐诗》稿本。康熙四十六年(1707),扬州诗局刻印《全唐诗》900 卷,120 册。

这项对唐诗进行的持续的出版活动,不仅在江苏出版史上,也在中国出版史上独领风骚。

三、民间图书的流通与贸易

在古代文献记载中,有关雕版印刷术起源的文字,多出于唐宋时期。其中比较重要的几则都涉及唐代江苏地区。

唐穆宗长庆四年(824),元稹为好友白居易《长庆集》作序,序中称白居易的作品"二十年间,禁省、观寺、邮候墙壁之上无不书,王公、妾妇、牛童、马走之口无不道。至于缮写模勒,炫卖于市井,或持之以交酒茗者,处处皆是",并自注曰:"扬、越间多作书模勒乐天及予杂诗,卖于市肆之中也。"①清代学者赵翼认为模勒就是刊刻。王国维也认为"夫刻石亦可云摹勒，而作书鬻卖自非镂板不可"，并进而断定"则唐之中叶，吾浙已有刊板矣"。②

唐文宗大和九年(835)，东川节度使冯宿奏请禁止民间私刻日历，其文见载于《册府元龟·帝王部》"革弊第二"中："剑南、两川及淮南道皆以版印历日鬻于市。每岁司天台未奏颁下新历，其印历已满天下，有乖敬授之道。"可知其时四川民间已经形成雕印时宪书的传统，并具有一定的规模。

上文中提到的"扬、越间""淮南道"部分都在今江苏境内。虽然关于元稹《长庆集序》中"模勒"一词，经曹之考证，确非刊刻之意③，但是这并不能否定中晚唐时期的雕版印刷已经广泛涉及佛经、日书、字书，及阴阳占梦相宅之类社会有需求的迷信书籍。这些集中在唐懿宗咸通前后的历史记载和印刷品实物，使向达提出了"咸通时代"的概念。

从经济文化发展水平考察分析，李唐一代民间雕版印刷业分布的范围绝不会仅仅局限于一地。根据历史文献记载，不少研究者指出，在西京洛阳，江南的扬州、越州(今浙江绍兴)、金陵、苏州、洪州(今江西南昌)、福州等地都存在民间书坊刻书的可能，例如上述冯宿在请禁板印时宪书的奏章中提到的"剑南、两川及淮南道"，就包括今四川、云南一部，以及地处淮河以南、长江以北、汉水以东的湖北、安徽、江苏的部分地区，只是迄今尚未发现更多有力的证据和实物。五代十国时，南京有李氏刻印的《史通》《玉台新咏》，以及保大本《韩集》的记载。

江南地区民间既然有出版业的存在，就有贸易与流通。

唐代社会图书生产大致以人工手抄为主，交流和贸易活动可能是互相或雇人传抄和书肆买卖两种形式平分秋色。前者涉及图书品种以四部书为主。后者则以日用生活类杂书和通俗文学读物较多。

书肆是古代社会图书交易的主要场所。关于唐代书肆，我们能从诗

① ［唐］白居易著，顾学颉校点：《白居易集》，北京：中华书局，1979 年，第 1 页。
② 王国维：《两浙古刊本考序》，载路新生、黄爱梅主编：《王国维全集》第 7 卷，杭州：浙江教育出版社，2009 年，第 3 页。
③ 曹之：《中国印刷术的起源》，武汉：武汉大学出版社 ，1994 年，第 321 页。

人文士的作品中得到一点信息。吕温的《上官昭容书楼歌》诗中有句云："君不见洛阳南市卖书肆，有人买得《研神记》。"自注称："贞元十四年（798），友人崔仁亮于东都买得《研神记》一卷，有昭容列名书缝处，因用感叹而作是歌。"据记载，当时江南扬州的书肆交易也十分活跃。日本学问僧圆仁公元838年至847年入唐求法9年，写下了日记《入唐求法巡礼行记》，其中有他于唐文宗开成三年（838）在扬州买书的记载："买维摩《关中疏》四卷，价四百五十文。"[①]

图书贸易的方式和价格，是图书市场构成的要件，而销售价格与图书的制作方式和成本有关。由于缺乏起码的文献记载，现在很难详细具体地了解隋唐五代时期图书的制作成本和交易价格，只能作一个大概的勾勒。

本时期图书贸易的方式大致有两种，即实物交换和直接售卖。元稹在《白氏长庆集序》中描述了民间白居易诗作的交易情况："至于缮写模勒，炫卖于市井，或持之以交酒茗者，处处皆是。"这里两种交易方式齐全，售卖者或直接售出，或者将书与酒、茶叶交换。实物交换是一种传统的商品交换流通方式，明代文人胡震亨在《唐音癸签·谈丛一》中谈到自己一开始不相信元稹的话，后来读到《丰年录》的记载"开成中，物价至贱。村路卖鱼肉者，俗人买以胡绢半尺，士大夫买以乐天诗"，才相信元稹关于"交酒茗"的描述。开成是唐文宗年号，据日本《文德实录》记载，元稹、白居易的《元白诗笔》传入日本的时间也在文宗开成年间。这应该不是巧合，至少说明两点事实：其一，当时民间的图书交易十分活跃；其二，以语言通俗、内容合事为特色的元稹、白居易诗在社会大众中十分受欢迎。元稹、白居易多年在江南苏州、杭州两地为官，长庆三年（823），罢相后的元稹赴任路过杭州，杭州民众闻信竟相观睹。刺史白居易怪而问之，皆曰："非欲观宰相，盖欲观曩所闻之元白耳。"[②]足见元白诗歌传播之广，其诗歌深受两地民众的喜爱。所以元稹所描述的民间白居易诗作的交易情况，很可能就发生在江南。

---

① ［日］释圆仁原著，白化文等校注：《入唐求法巡礼行记校注》卷1，石家庄：花山文艺出版社，2007年，第61页。
② ［唐］元稹撰，冀勤点校：《元稹集》卷51，北京：中华书局，1982年，第558页。

在一般情况下,直接售卖是商品贸易活动的主要方式,图书也不例外。唐五代时期写本和印本同时流通,因为生产成本不同,价格也相应出现差别。

从已知历史记载来看,唐代写本书的价格大致为每卷 1000 文。据北宋《宣和书谱·正书》"小字三教经"条的记载,唐末女子吴彩鸾"以小楷书《唐韵》,一部市五千钱,为糊口计"。《唐韵》凡 5 卷,则平均每卷 1000 钱。在敦煌石室发现的写本经卷中,有的附注出当时的写书价。如《药师经》1 卷,酬资 1 吊(合 1000 文),《大涅槃经》40 卷,酬资 30 吊,《法华经》7 卷,酬资 10 吊。由于每卷文字有所差别,反映在书价上略有高低是正常的。从总体上讲,敦煌写本经卷的酬资相当于每卷 1000 文左右,这就从现存实物证据的层面,肯定了北宋《宣和书谱》记载的中晚唐时期的写本售价。

印本书的价格,与生产成本直接相关。下面一例可以间接了解晚唐印本书的价格。日本学问僧圆仁于唐文宗开成三年(838)在扬州买书,他记道:"买维摩《关中疏》四卷,价四百五十文。"平均每卷约 110 文,相当于上述写本的十分之一。由于圆仁买书与吴彩鸾卖书都在唐文宗时期,书价不应该如此悬殊,有学者因而推断圆仁所买乃印本书,应该是可信的。

雕版印刷术使图书的生产实现批量化,当印刷数达到一定批量时,其生产成本会大幅度下降,书价就随之下降。从上述情况来看,印本书在价格上的优势,晚唐五代时期已经得到十分明显的体现。所以,当北宋王朝建立,社会再次进入和平发展的良好环境,雕版印刷业很快在大江南北遍地开花,图书出版事业进入崭新的高速发展时期。

第三节　扬州与文选学

唐初,尤其在贞观年间,扬州经济繁荣,文化兴盛,社会稳定。宋人洪迈有言:"唐世盐铁转运使在扬州,尽斡利权,判官多至数十人,商贾如织。故谚称'扬一益二',谓天下之盛,扬为一而蜀次之也。杜牧之有'春风十里珠帘'之句,张祜诗(《纵游淮南》)云:'十里长街市井连,月明桥上看神仙。人生只合扬州死,禅智山光好墓田。'王建诗(《夜看扬州市》)云:'夜市千灯照碧云,高楼红袖客纷纷。如今不似时平日,犹自笙歌彻晓闻!'徐凝诗(《忆扬州》)云:'天下三分明月夜,二分无赖是扬州。'其盛可知矣。"①

　　唐初,李袭誉出任扬州大都督府长史。袭誉字茂实,陇西(今属甘肃)人。贞观八年(634),任观风俗使,巡省天下,观风俗,察政刑,延问疾苦。李袭誉"性严整,在职庄严,素好读书,手不释卷。居家以俭约自处,所得俸禄,散给宗亲,余赀写书数万卷。每谓子孙曰:'吾不好货财,以至贫乏。京城有赐田一十顷,耕之可以充食;河南有桑千树,事之可以充衣;所写得书,可以求官。吾殁之后,尔曹勤此三事,可以无求于人矣。'时论尤善之"②。李袭誉不仅自己好读书,且礼贤儒士。在扬州任上,向朝廷举荐曹宪。

　　这是扬州文选学产生的经济文化方面的重要条件和社会基础。

一、文选学的确立

　　隋大业三年(607),炀帝杨广定十科举人,其中进士科要求"文才秀美",故以考试诗赋为主。这无疑进一步激发士人攻习荟萃古代诗赋佳作的《文选》之热情。于是,隋唐之际,《文选》研究作为专门之学在扬州蓬勃兴起,刘肃这样叙述当时的情况:

　　　　江淮间为《文选》学者,起自江都曹宪。贞观初,扬州长史李袭誉荐之,征为弘文馆学士。宪以年老不起,遣使就拜朝散大夫,赐帛三百匹。宪以仕隋为秘书,学徒数百人,公卿亦多从之学,撰《文选音义》十卷,年百余岁乃卒。其后句容许淹、江夏李善、公孙罗相继以《文选》教授。开元中,中书令萧嵩以《文选》是先代旧业,欲注释之。奏请左补阙王智明、金吾卫佐李玄成、进士陈居等注《文选》。先是,东宫卫佐冯光震入院校《文选》,兼复注释。解"蹲鸱"云:"今之芋子,即是着毛萝蔔。"院中学士向挺之、萧嵩抚掌大笑。智明等

---

①[宋]洪迈:《容斋随笔》卷9"唐扬州之盛",上海:上海古籍出版社,1978年,第122页。
②[唐]刘肃:《大唐新语》卷3"清廉",北京:中华书局,1984年,第48页。

学术非深，素无修撰之艺，其后或迁，功竟不就。[1]

刘肃此语成于元和二年(807)，上距显庆三年(658)李善进《文选注》149 年，《旧唐书·儒林传》中有关选学之记载即征引于此。清代学者赵翼论选学："梁昭明太子《文选》之学，亦自萧该撰《音义》始。入唐则曹宪撰《文选音义》，最为世所重，江淮间为选学者悉本之。又有许淹、李善、公孙罗，相继以《文选》教授，由是其学大行，淹、罗各撰《文选音义》行世，善撰《文选注解》六十卷，表上之，赐绢一百二十匹。至今言《文选》者，以善本为定。"[2]

《隋书·儒学传》有曹宪等文选学者的传记。

曹宪，扬州江都人。仕隋为秘书学士。常聚徒教授，学生数百人，多有朝廷官员从之受业。他精通诸家文字之书，自汉代杜林、卫宏之后，古文泯绝，由宪而此学复兴。曾训注张揖所撰《博雅》，分为 10 卷，炀帝令藏于秘阁。又撰《尔雅音义》2 卷。卢照邻 10 余岁时曾就曹宪、王义方授《苍》《雅》及经史。大业中，炀帝令曹宪与诸学者撰《桂苑珠丛》100 卷，时人称其"该博"。贞观中，太宗征为弘文馆学士，以年老不仕，乃遣使就家拜朝散大夫，学者荣之。所撰《文选音义》，甚为当时所重。江、淮间为文选学者，皆出于曹宪。又有许淹、李善、公孙罗复相继以《文选》教授，由是其学大兴于代。

许淹者，润州句容人也。少出家为僧，后又还俗。博物洽闻，尤精诂训。撰《文选音》10 卷。公孙罗，江都人也。历沛王府参军，无锡县丞。撰《文选音义》10 卷，行于代。

这几位学者都撰有《文选音(义)》，今敦煌写本有《文选音》残卷(P. 2833)，周祖谟论证其所作音与江都选学大师所作音合，以为系许淹《文选音》残卷。但要确证尚待进一步的例证。敦煌写本的发现，证明《旧唐书》中这些著作"行于代"的记载是准确的，所谓"行于代"，就是当代(唐代)流行的意思。

上引赵翼的评论发于清乾隆六十年(1795)，上距李善《文选》注本行

① [唐]刘肃:《大唐新语》卷 9"清廉"，北京:中华书局，1984 年，第 133 页。
② [清]赵翼著，王树民校证:《廿二史札记校证》卷 20，北京:中华书局，2013 年，第 465 页。

世已过千年,而独标举李善注本,正说明李善注本对千年来选学的发展和《文选》的阅读传播具有重大贡献。

二、李善及其《文选注》

李善(?—689),江都(今属江苏扬州)人。性好学,学问淹博,通贯古今,然不能属辞,时人号为"书簏"。显庆中,累擢太子内率府录事参军、崇贤馆直学士兼沛王侍读。显庆三年(658),表上所撰《文选注》,诏藏于秘阁。除潞王府记室参军,转秘书郎,乾封中出为泾城令。咸亨二年(671),左侍极、兰台太史贺兰敏之以罪流放雷州,李善因贺兰敏之举荐而为崇贤馆直学士,故连坐配流姚州。后遇赦得还,居汴、郑间,以教授《文选》为业,诸生多自远方而至。润州丹徒(今属江苏镇江)人马怀素,寓居江都,曾师事李善。后举进士,三迁秘书监,主持朝廷图书文献征集、整理事务。

李善注《文选》,以广征旧注见长,所谓"释事而忘义",就是偏重于语源、典故的诠释,而略于文义的疏通。其体例主要是:(1)凡有旧注者,逐篇存之,如《楚辞》用汉王逸注,司马相如《子虚赋》《上林赋》用晋郭璞注,张衡《二京赋》用三国吴薛综注。(2)如无旧注,必广征四部典籍,博引相关文献而成注,并详题原作者和书名、篇名。(3)如果旧注或征引文献未备,则标以"善曰"推出新意或补正,以示分别。李善注《文选》共征引 1551 种古籍或篇目①,如此广泛的搜集征引,为《文选》的阅读提供了极大的方便。

《文选》在唐世的影响是巨大的,首先是时君的钦重,唐高宗曾以绢素百卷,令工于草书的裴行俭草书《文选》一部,书成,赐帛 500 段。诗歌中也经常流露对《文选》的景仰之意,如李颀《送皇甫曾游襄阳山水兼谒韦太守》:"元凯春秋传,昭明文选堂。风流满今古,烟岛思微茫。"杜甫《水阁朝霁奉简严云安》:"雨槛卧花丛,风床展书卷。钩帘宿鹭起,丸药流莺啭。呼婢取酒壶,续儿诵《文选》。"又《宗武生日》:"诗是吾家事,人传世上情。熟精文选理,休觅彩衣轻。"李益《送襄阳李尚书》:"俗尚春秋学,词称文选楼。都门送旌节,符竹领诸侯。"

---

① 马念祖编:《水经注等八种古籍引用书目汇编》,上海:中华书局,1959 年,第 4 页。

武后朝因为诗赋取士,更增强了《文选》在书香社会的地位,以至于家置一部。虽然无文献记载证明当时家置的《文选》都是李善注本,但是若推断大部分是李善注本应该离事实不远。敦煌《文选》李善注本残卷有二:张衡《西京赋》(P. 2528),东方朔《答客难》及扬雄《解嘲》(P. 2527)(图4-5)。其中P. 2528 卷末别有题款"永隆年二月十九日弘济寺写"一行。永隆为高宗年号,凡2年(680—681),上距显庆三年李善注表进仅20余年。弘济寺在长安,而此卷在敦煌发现,这对我们推断李善注本当时的社会流传情况具有重要意义。

图4-5 《文选》李善注残卷书影 敦煌写本(P. 2527)

李善注《文选》流传60年后,五臣注本问世。

开元六年(718),工部侍郎吕延祚进《五臣集注文选表》,声称自己阅读《文选》,发现李善注旨在征引旧文,而不释述作意义,所谓"精核注引则陷于末学,质访指趣则岜然旧文",因而召集常山县尉吕延济,以及刘良、张铣、吕向、李周翰五位"艺术精远"之士重作训释,并针对善注之短、扬己注之长:"相与三复乃词,周知秘旨,一贯于理。""作者为志,森乎可观。"俨然已经解决李善注专于引事、不说意义的不足。唐李匡乂《资暇集》卷上有"非五臣"条,其说"世人多谓李氏立意注《文选》,过为迂繁,徒自骋学,且不解文意,遂相尚习《五臣》者"。李匡乂晚唐昭宗时历官宗正少卿、南漳守,说明《五臣注》在问世后一个多世纪中流传一度盛于《李善注》。

《文选》有两种不同注本同时流传,其孰优孰劣的问题自然就会产生。李匡乂首发扬李善抑五臣之论,他在"非五臣"条中,备摘五臣窃据善注巧为颠倒的例据,条分缕析,言之甚详。其后,宋代学者如苏轼、姚宽、王楙等都在其著述中提出对五臣注空疏、误导读者的批评,其中尤以苏轼的影响最大。他说:"李善注《文选》,本末详备,极可喜。所谓五臣者,真俚儒之荒陋者也。而世以为胜善,亦谬矣。谢瞻《张子房》诗曰:'苛慝暴三殇。'此礼所谓上中下殇。言暴秦无道,戮及孥稚也。而乃引'苛政猛于虎,吾父吾子吾夫皆死于是。'谓夫与父为殇,此岂非俚儒之荒陋者乎? 诸如此类甚多,不足言,故不言。"① 苏轼这里指出五臣注"三殇"出典有误是对的,但是五臣此注恰巧本自李善注,南宋陈振孙《直斋书录解题》卷十五"六臣文选六十卷"条已经指出这一点,陈氏说:"东坡谓五臣乃俚儒之荒陋者,反不及善,如谢瞻诗'苛慝暴三殇',引'苛政猛于虎',以夫与父为殇,非是。然此说乃实本于善也。"这正证明李匡乂五臣注因袭善注的观点。

李善注《文选》,采用注事不注义的体例,究竟对阅读有何影响? 清初吴江朱鹤龄长于笺疏之学,撰有《杜工部集辑注》《李义山诗集笺注》。在古籍注释上,他在《与李太史论杜注书》一文中明确反对"章为之解,句为之释"的烦琐之法,认为"李善注《文选》,止考某事出某书,若其意义所在,贯穿联络,则俟索解人自得之,此正引而不发之旨"②。康熙时徐乾学等奉敕编注《御选古文渊鉴》,陈廷敬等奉敕编注《御选唐诗》,其体例都声明以李善注《文选》为范式,前者是"名物训诂,各有笺释,用李善注文选例",后者为"逐句笺释,分注行间,悉引他书,旁推互证,不加疏解,并用李善注文选例也"。朱鹤龄"意义所在,贯穿联络,则俟索解人自得之"的观点,是学者注书之论,也就是说,注释"引而不发",留出给"解人自得"的空间,那是适合具有相当欣赏水平和美学修养之人阅读的注本。

---

① [宋]苏轼撰,孔凡礼点校:《苏轼文集》卷67《书谢瞻诗》,北京:中华书局,1986年,第2093页。

② [清]朱鹤龄:《愚庵小集》卷10,上海:上海古籍出版社,1979年,第468页。

若从普及社会阅读的角度立论,李善"在事不在义"的注释方式似尚嫌不够。

《文选》作为一部文学选本,能在漫长的历史进程中始终以高雅鲜活的身姿活跃在广大读者的心中,鲁迅对此发表过精到的见解。他在《选本》一文中说:"选者总是层出不穷的,至今尚存,影响也最广大者,我以为一部是《世说新语》,一部就是《文选》。"他进而分析道:"凡选本,往往能比所选各家的全集或选者自己的文集更流行,更有作用。册数不多,而包罗诸作,固然也是一种原因,但还在近则由选者的名位,远则凭古人之威灵,读者想从一个有名的选家,窥见许多有名作家的作品。所以《昭明太子集》只剩一点轶本了,而《文选》却还在的……凡是对于文术,自有主张的作家,他所赖以发表和流布自己的主张的手段,倒并不在作文心,文则,诗品,诗话,而在出选本。"①我们需要补充的是,李善注对《文选》传播的长久不衰起到了极其重要的作用,注与本文已经融为一体,不能分开。

扬州旧有文选楼,始建于隋。唐杜宪在《大业拾遗记》中记载隋炀帝游江都,"尝幸昭明文选楼",此时上距萧统去世尚不及百年。文选楼故址在扬州旧城旌忠寺旁,人皆以为即萧统当年遍选《文选》之处。其实此楼因由曹宪会同魏模、李善诸人居楼中教习研注《文选》而得名。清代学者阮元曾在文选楼旧址西侧立家祠,因出资重建"隋文选楼",并作《扬州隋文选楼记》,对其中史实考证甚明。

历代文人咏文选楼的作品甚多,其中晚唐杨夔的《文选楼铭》,辞诚意切,尤见深致。杨夔在铭序中对扬州隋时古迹唯文选楼巍巍独存、历久弥新的原因,提出这样的推测:"其不由以学而立道者,道则不朽;以文而经业者,业则不磨乎?"把文选楼历 500 年仍"清风懿号,蔼然不泯"的原因,归结为萧统弘扬文化,以道德文章传授后世而产生的历史影响,是颇有见地的。其铭文曰:

> 峨峨万宇,匪歌则舞。美哉此楼,独以文修。自由名贵,不以华致。虽超千古,靡有颠坠。孰堪其登,必精必诚。孰可以居,必贤必

---

① 鲁迅:《鲁迅全集》第 7 卷《集外集》,北京:人民文学出版社,1973 年,第 504 页。

明。无聚优以为娱,无习伎以称荣。吾恐其素德,怀辱于冥冥。①

不难领悟,杨夔所表达的,不仅是对萧统,对文选楼,对李善,更是对他们所从事、所代表的文化事业的尊崇。

第四节　佛典的编纂与唐释道宣的编纂活动

魏晋之时,西域僧人赍经东来,中国人则西去求经,双向的宣教求经活动逐渐频繁,中国开始有信徒剃发为僧,皈依佛教,佛经翻译事业亦初露繁荣的趋势。佛教东传,至此为盛。

佛经翻译是指将印度梵文本和西域其他佛教国文本的佛教经典转写为汉文文本的活动,它是佛教传播和佛经阅读的前提和基础,也是我国古代文化传播活动的重要内容。

隋唐是我国历史上佛经翻译的全盛时期,大家名师辈出。据元释念常撰《佛祖历代通载》卷十记载,隋文帝杨坚生于般若寺,由释尼智仙抚养带大。周武帝灭佛,智仙避居杨家,预言杨坚日后必将大贵,重兴佛法。自称"少时在寺长育,至今乐闻钟磬之声"的杨坚登上帝位后,大度僧尼,崇缉寺宇,炀帝杨广崇佛的热情和声势不减其父。二帝先后在长安大兴善寺和洛阳上林园设置翻经馆,诏请天竺僧人等入馆译经。隋文帝还任命奉诏主持大兴善寺译经事务的彦琮为翻经馆学士,开朝廷任命僧官的先例。终其两代37年间,共翻译经论及传录等佛教经籍64部301卷。

唐代的佛经翻译,主要集中在太宗贞观初至德宗贞元末近180年间,先后译经428部2412卷,成绩斐然。

一、佛典的编纂

随着佛经翻译活动的扩大和翻译成果的积累,整理反映翻译成果的佛经目录开始出现。大凡一种思想学说的广泛传播,都至少需要具备如下条件:核心的理论著作和有影响的代表人物。所以,《四库全书》比照

---

① ［清］董诰等编:《全唐文》卷867,北京:中华书局,1983年,第9084页。

儒家经典的体裁，收录了数种佛经目录、类书、传记，以备参考。

南朝梁释僧祐编撰的《出三藏记集》15卷，是现存最早且完整的佛典目录，全目著录中国翻译佛教经律论三藏各书凡2162部4328卷，基本上反映了魏晋南北朝佛经翻译的总体概貌。

唐开元十八年(730)，释智昇撰成《开元释教录》20卷，将佛教经录的编撰提高到新的水平。是编以三藏经论编为目录，不分门目，译人时代为先后，共著录汉明帝永平十年(67)，至开元十八年(730)664年间，176位译师所译大小二乘、三藏圣教及圣贤集传等，共2278部7046卷。全书分为二录：总括群经录，别分乘藏录。《总括群经录》10卷，前9卷各卷先列译人名氏，次列所译经名、卷数，标注存佚，末列译人小传。第十卷载历代佛经目录，凡古目录25家，仅存其名；新目录16家，具列其数。《别分乘藏录》10卷，前8卷分为7类：(1)有译有本；(2)有译无本；(3)支派别行；(4)删略繁重；(5)拾遗补阙；(6)疑惑再译；(7)伪邪乱真。各以经论类从，与总录经纬相辅。最末2卷分别为《大乘经律论入藏目录》和《小乘经律论圣贤集传入藏目录》。

《开元释教录》体例完备，内容丰富，实现了智昇在序中所确定的"欲使正教纲理，金言有绪，提纲举要，历然可观"的目标。《四库全书总目》对此评价甚高，以为"佛氏旧文，兹为大备，亦兹为最古，所列诸传，尤足为考证之资"。其首创千字文编目方法，为卷帙浩大、名目繁复的佛经的整理、收藏和传播阅读，提供了相对便捷的方法，为后世各种版本的汉文大藏经的编录提供了范例。

《法苑珠林》100卷(或作120卷)，佛教类书。唐释道世撰。道世，字玄恽，京兆(今陕西西安)人，俗姓韩氏，12岁出家青龙寺。道世皈依佛门后，能研读经籍，深究教义，洞明实相，很快以英博召居上都西明寺，成为腾声于时的名师。道世遍览三藏，认为面临盈缣积箧、卷帙浩繁的佛典，读者难免"实相真源，卒难详览"。因而他在原编《诸经要集》的基础上，广事采集佛教经、律、论中的原典故实，花十年功力，于唐高宗总章元年(668)纂成为书。

全书凡100篇，篇下设部，部中分目，凡640余目。每篇卷首有文字简述本篇大意，篇末或部末往往征引感应事迹，足见其目的在于"推明罪

图 4-6　唐释道宣著书图
《广弘明集》卷首　日本内阁藏

福之由,用生敬信之念"。

据统计,道世在编撰过程中引用典籍多达 400 余种,除佛教典籍外,尚有儒家、道家经典及其他杂著 140 多种,其中不少后世已经罕见原本。"此书作于唐初,去古未远,在彼法之中,犹为引经据典。虽其间荒唐悠谬之说,与儒理抵牾,而要与儒不相乱。存之可考释氏之掌故。"①四库馆臣的这一评价还是十分公允中肯的。

二、道宣的编纂活动

道宣(596—667),俗姓钱氏,润州丹徒(今属江苏镇江)人(图 4-6)。隋末唐初,长年居终南白泉寺、丰德寺、净业寺,创立南山律宗。曾受诏为长安西明寺上座,参加玄奘译场,负责润文。道宣一生著述宏富,《广弘明集》30 卷和《续高僧传》30 卷是他作为佛教史学家的代表作。

梁僧祐曾编纂《弘明集》14 卷,辑录东汉至梁代僧俗之士阐明佛法之文,其宗旨在于贬抑周孔,排斥黄老,弘扬佛法。道宣《广弘明集》上承祐书宗旨,续加采辑,而体例则趋完备。僧祐《弘明集》所辑之文原不分类,道宣续书按辑文内容归类,分为 10 篇:(1)归正;(2)辨惑;(3)佛德;(4)法义;(5)僧行;(6)慈济;(7)戒功;(8)启福;(9)悔罪;(10)统归。《弘明集》的著作体例是辑而不述,全书除殿后的《弘明论》一篇外,皆为他人之作。道宣续书则辑述相映,10 篇之首,各撰小序,其他评述性文字则散见各处。《广弘明集》采撷浩博,卷帙倍于祐书。道宣生隋、唐之间,其时古书多未散佚,所以坠简遗文,往往辑录其中。如阮孝绪《七录》的序文及其类目部分,儒家典籍久已失传,《隋书·经籍志》亦仅存其说,而道宣将其辑入第三卷内,成为后世目录学研究的重要史料。

---

① [清]永瑢等:《四库全书总目》卷 145,北京:中华书局,1987 年,第 1237 页。

佛教东传，自东汉至萧梁，近500年间，丛林佛寺之中，含章秀发，群英迭出。于是系统记录表彰中国佛教僧人译经、立宗、传教功绩的总传开始出现，梁会稽嘉祥寺释慧皎所撰《高僧传》，就是现存最早而保存完整的一种。《高僧传》集录汉明帝永平十年(67)至梁天监十八年(519)，453年间历代高僧257人的事迹，另有傍出附见者200余人。全书根据高僧德业所重，类分10科：译经、义解、神异、习禅、明律、遗身、诵经、兴福、经师、唱导。唐初，道宣撰《续高僧传》，上接梁天监，下终唐贞观末，撰录高僧正传498人，附见229人。《续高僧传》体例仿慧皎之书，亦类分10科，而名目稍异：译经、义解、习禅、明律、护法、感通、遗身、读诵、兴福、杂科。道宣续书，相较于慧皎所撰，除了搜辑更为广博，体例上亦有所开拓。《高僧传》不录在世之人，而续书则收录有名望的在世高僧。慧皎身居南国，书中所录详于吴越而略于燕魏，续书则南北并重，无所偏废。

在佛教逐渐本土化的进程中，一些汉僧率先从中国传统文化典籍的结构体例和编纂方法中撷取精华，创新佛教典籍的品种和编纂方法。如慧皎自述《高僧传》的体例只是删聚众记，"述而无作"，明显来自孔子整理六经时所采取的"述而不作"的编辑原则。兰台侍郎李俨序《法苑珠林》，以其"义丰文约"，比于虞世南所编的类书；道宣撰《广弘明集》《续高僧传》，博览四部典籍，广搜南北国史，征引文献，原无儒佛之界。这些带有明显中华典籍文化色彩的佛教著作，为僧众、佛徒和文士参习佛学、研读佛典，提供了必要的工具。

隋唐时期佛经的大量翻译和佛典的编纂，推动佛教逐渐盛行。佛教不仅在民间拥有大量信徒，而且在朝廷官员、文士儒流中间拥有大量读者，社会上下弥漫着阅读佛典的风气。熟读儒家经典的文士在探讨宇宙人生等哲学问题时，对佛教这一来自异域的思想产生浓厚兴趣，而在"曲径通幽处，禅房花木深"的古寺，与高僧论禅辩儒，往往机锋四起，理趣盎然。所以，六朝以来，文人雅客多读佛学之书，作名寺之游，有高僧之交。

细检隋唐文士集中，与高僧名师论学之赠答，有关佛寺经藏之记序，咏颂丛林名胜之诗文，犹如繁星之于夜空，珠贝之于瀚海，不可胜计。白居易《白氏长庆集》卷六十有《三教论衡》，记述自己大和元年(827)奉敕在麟德殿内道场与安国寺僧义林、太清宫道士杨弘元对御三教谈论事，问难对答之间，双方互通儒典佛经，足见日常阅读参悟之勤。僧众博览儒籍，文士游心佛典，互相阅读，彼此交流，成为中国古代文化出版传播史上的一大胜景。

第四章 两宋时期的江苏出版（上）

公元 960 年，赵匡胤推翻后周政权，结束了唐末农民大起义后五代的封建割据，始建立宋朝，至宋太宗太平兴国四年（979）灭北汉，重建了统一的中央集权国家。赵匡胤曾任北周宋州归德军节度使，因此就将新建的政权命名为"宋"，建都汴梁（今河南开封），史称北宋。靖康之乱后，宋室南迁，定都临安（今浙江杭州），史称南宋。赵宋政权前后持续 319 年，其中北宋 167 年，南宋 152 年。

宋朝承五代之余，民众厌惧干戈，人心向往太平。太祖赵匡胤在策马提剑统一天下的同时，确立了重文轻武的国策。太宗赵匡义、真宗赵恒任用大批文臣执政，倡导"文治"，在思想文化领域确立了崇儒读经的指导思想。朝廷利用科举考试和图书出版对此进行宣传，并以此为号召；同时健全政府的图书编纂机构，组织大规模的图书整理、抄写和编纂活动；官府积极利用印刷术介入图书的出版发行领域，社会出版业形成官刻、家刻和坊刻三大系统。

在政府"崇儒""右文"的思想文化政策主导下，社会的图书编辑出版事业空前繁荣。

第一节 宋代的思想文化政策

宋仁宗天圣八年（1030），范仲淹在《上时相议制举书》中提出："夫善国者，莫先育材。育材之方，莫先劝学。劝学之要，莫尚宗经。宗经则道大,道大则才大,才大则功大。"①这段话正是对宋兴70年来实施、以后赵宋历朝继续贯彻的思想文化政策的准确阐释。

一、尊孔宗经

北宋梅尧臣《书斋》诗中"圣贤有事业,皆在经籍中"一联,极为精辟地道出了儒家经典在封建社会的重要意义。

建宋之初,太祖赵匡胤就在剑指残余割据势力的同时开始尊孔的准备。建隆三年(962),下诏修孔子庙,除了崇饰祠宇外,还塑绘先圣、先贤、先儒之像。4年后又特命孔子四十四世孙孔宜为曲阜县主簿。赵匡胤在君临天下的17年中,初步建成了高度集权的统一政权,设计了尊孔崇儒的国策。太宗继位,延续太祖的国策,诏孔宜袭封文宣公,并修曲阜文宣王庙。真宗时,孔宜之子孔延世袭封文宣公,并得到了曲阜令的位子,而曲阜孔庙的书楼则得赐九经及先帝御书。大中祥符元年(1008),真宗在泰山封禅后,更是专程到曲阜孔庙行礼,以表钦崇之志。尊孔的规格不断得到提升。

在宋代皇帝中,太宗、真宗最以儒雅称,崇尚儒术,手不释卷。他们先后设置翰林侍讲、侍读学士,日由儒臣讲读经史,有勤无怠。真宗曾在4年中遍读十一经、十九代史,并要求南宫、北宅大将军以下,各赴书院讲读经史。诸子10岁以上,必须入学,每日授读经书。更为重要的是,太宗、真宗主持完成了主要儒家经典的校刊工作。

端拱元年(988),太宗命国子司业孔维等校勘唐孔颖达《五经正义》,诏国子监镂板印行。至道二年(996),太宗复命李沆等校定唐贾公彦《周礼疏》《仪礼疏》,《春秋公羊传疏》,唐杨士勋《春秋穀梁传疏》四经疏,别纂《孝经正义》《论语正义》《尔雅疏》,取唐元行冲、梁皇侃、魏孙炎旧疏,约而修之。咸平三年(1000),真宗命国子祭酒邢昺主持继续校订上述七经疏。景德二年(1005),十二经疏全部新校别纂一遍。大中祥符七年(1014),国子监上新校《孟子》及《音义》印本。

从朝廷的角度考虑,最急于了解政府崇儒宗经意图,阅读经书,进行

---

① [宋]范仲淹著,李勇先等校点:《范仲淹全集》,成都:四川大学出版社,2007年,上册,第237页。

"一道德"教育的是天下的在读学生。所以,咸平四年真宗下诏:"郡县有学校聚徒讲诵之所,赐九经书一部。"仁宗自天圣九年(1031)至景祐二年(1035),连续赐青州、寿州、楚州州学、大名府学九经书。庆历兴学以后,朝廷更是为州县学选任教授,设置藏书,劝励学子熟读经书。

赵宋王朝是一个高度集权于中央的封建帝国,从太祖赵匡胤开始,重用文臣,抑制武将,集军、政、财大权于一身,就成为两宋历任皇帝君临天下的重要国策。据记载,建隆中太祖议改年号,要求宰相勿用前世旧号,于是改元乾德。后来发现宫中妆镜背有"乾德"之号,就问学士窦仪。窦仪回答是前蜀王衍的年号。太祖因而叹曰:"宰相须用读书人。"由是益重儒臣。[①] 太祖以读书学问论大臣,为后世朝廷任人和士人用世确立了一个铁定的标准。百年后,哲宗朝史臣范祖禹对此作出了诠释,他说:太祖既然要求宰相是读书人,那么宰相以下的执政侍从之臣,台谏之职,都必须是文学之士;而州县的行政长官,亦必由进士出身,方可任用。一句话,"是朝廷之士皆不可以无学也"[②]。所以,真宗朝以文辞清丽名世的翰林学士钱惟演才有这样的体会:"翰林学士备顾问,司典诰,于天下之书,一有所不观,何以称职?"[③]北宋历朝名臣辈出,他们大都与钱惟演相仿,勤读经史,学术该贯,容止清雅,属辞秀彻。

终两宋之世,学者的经学著述十分丰富,以清修《四库全书》为例,其经部著录两汉至清初著述 667 部,其中宋人著述占 30％。十三经的最后确定也在宋代,而四书崛起,取得与五经并列的地位,也在宋代。这些都是宗经政策下的重大收获,或者说是实施宗经政策的重大成果。有了代言统治思想的儒家经典,宋王朝就可以继续完善充实自己的思想文化政策。

二、科举崇儒

宋朝选用官员主要通过科举一途,所以在科举的科目和内容上体现

---

① 见欧阳修《归田录》卷上、李焘《续资治通鉴长编》卷七,两者所载有异文。

② 〔宋〕范祖禹:《劝学札子》,载曾枣庄等主编:《全宋文》卷 2129,上海:上海辞书出版社,2006年,第 98 册,第 57 页。

③ 〔宋〕李焘撰,上海师范大学古籍整理研究所、华东师范大学古籍整理研究所点校:《续资治通鉴长编》卷 115,北京:中华书局,2004 年,第 5 册,第 2690 页。

崇儒的思想原则，以确保未来的官员在政治上与朝廷同声合调，就显得十分重要。真宗咸平五年(1002)，河阳节度判官张知白上疏，提出科举"正儒术"的建议。张氏认为，与汉代相比，宋代"章句之学弥盛，而异端之书又滋多乎数倍矣，安可不定其成制哉"，进而引汉董仲舒春秋大一统之说，强调科举考试出题，内容应该以儒家经典为限，而参以正史。诸子百家之书，必须是辅于经、合于道者方可兼取。程序则应是先策论，后诗赋，"责治道之大体，舍声病之小疵。如此，则使进士之流，知其所习之书简而有限，知其所学之文正而有要，不施禁防，而非圣之书，自委弃于世矣，不加赏典，而化成之文，自兴行于世矣。"①真宗对张知白这一科举崇儒的建议大为嘉许。大中祥符五年(1012)，真宗作《崇儒术论》，强调："儒术污隆，其应实大。国家崇替，何莫由斯。"②朝廷将其刻石于国子监，向天下昭示儒学作为宋朝统治的指导思想具有至高无上的地位。当时翰林学士杨亿有"九天下诏崇儒术，好绝韦编待至公"之句，一个半世纪后，南宋绍兴状元王十朋在《集英殿赐第》诗中再次高唱"太平天子崇儒术，寒贱书生荷作成。槐市育才叼舍选，枫宸唱第冠时英"，积极响应朝廷崇儒取士的举措，文字间涌动着参选的热情、中举的期待和登第的自豪。

在科举考试中，朝廷居高临下，始终牢牢地掌握着主动权，不断根据政治需要变易考试的形式和内容。北宋两次重要的革新运动，即仁宗庆历年间范仲淹的"新政"和神宗熙宁年间王安石的"新法"，都将科举法的改革列为重要内容，其要点就是崇儒术，废弃传统的诗赋、墨义，转以经学和策论取士。在庆历兴学和新政酝酿时期，仁宗向天下士子发出《劝学诏》，主要谈到学校教育和科考改革的问题，说"有司务先声病章句以拘牵之，则吾豪俊奇伟之士，何以奋焉"，所以要"更制革弊，以尽学者之才"，而学者要"进德修业，无失其时"。庆历新政实施仅一年多，就因范仲淹的罢政而告失败。而熙宁新法的推行则如火如荼，尤其科举改革，

---

① [宋]李焘撰，上海师范大学古籍整理研究所、华东师范大学古籍整理研究所点校：《续资治通鉴长编》卷53，北京：中华书局，2004年，第2册，第1169页。

② [宋]李焘撰，上海师范大学古籍整理研究所、华东师范大学古籍整理研究所点校：《续资治通鉴长编》卷79，北京：中华书局，2004年，第3册，第1798页。

更好地体现了崇儒的性质，对宋代的政治和思想文化，以及社会阅读和图书的编辑出版产生了深刻的影响。

熙宁二年(1069)，久怀变革大志的翰林学士王安石被年轻有为的神宗皇帝授以参知政事的重任，开始领导酝酿已久的变法，依次推行各项新政，科举改革位列其中。宋代科举以进士科为主，考试诗赋，以声病偶对定优劣；明经科考试帖经、墨义，以记诵字句进退天下之士。王安石认为这种完全着眼于文才辞藻和死记功夫的考试严重偏离朝廷选士的目的，他强调："今以少壮之士，正当讲求天下正理，乃闭门学作诗赋，及其入官，世事皆所未习，此科法败坏人材，致不如古。"①他主张罢诗赋及明经诸科，专以经义、论、策试士。熙宁四年，朝廷颁布了新科举考试法：废除明经科，罢考诗赋、帖经、墨义。士子在《易》《诗》《书》《周礼》《礼记》中选治一经(本经)，兼习《论语》《孟子》(兼经)。其宗旨主要考试本经，兼经的大义，以及论、策。稍后，王安石整顿了太学和州县官学，确立"以经义为主而兼习论策"的教学方针，开设经术和论策课程，取消了诗赋教学。

北宋前期从建隆开国至仁宗庆历 80 余年间，学者研究经学，多尊汉唐章句注疏之学，守故训而少发明。所以这一时期官学的经学教材主要使用唐代学者的四经注疏本。

庆历后，刘敞首倡新说，撰《七经小传》，对儒家经典作出了新的诠释。同时学者欧阳修、司马光、苏轼、苏辙、李觏、晁说之等纷纷撰文，对《周易》《孟子》《周礼》《诗》《书》等儒家经典提出异于传统儒学的新见解，为长期苍白乏力的经学研究注入一股生气，涂出一抹亮色。

承接这股经学新潮的巨大活力，王安石为科举新法准备新的经学教材。熙宁八年，他将自己撰写的《诗义》《书义》《周礼义》进呈神宗，由朝廷颁于学官，号《三经新义》。王安石在书中打破先儒旧注，提出蕴含变法革新思想的儒学新解，一时号为"新学"。于是神宗时期官学的经学教材改为由王安石主持撰述的《三经新义》，以及《易义》《礼记要义》《论语解》《孟子义》《字说》等。熙宁八年，诏付《三经新义》由杭州、成都付转运

---

① [明]陈邦瞻编：《宋史纪事本末》卷 38"学校科举之制"，北京：中华书局，1977 年，第 373 页。

司镂板。由于科举纯以"新学"取士,一时学者无不争相传习。

神宗以后,科举之制又历经反复,经义诗赋,废兴离合,或专或兼,随时更革,然而士人诵习经义已经成为每日的常课。

宋王朝长期实施崇儒重文的政策,通过科举选拔大批文人进入统治阶层。据史料统计,北宋自太祖建隆元年至宣和六年凡八朝 69 科,共取士 35080 名,南宋自高宗建炎二年至度宗咸淳十年凡六朝 48 科,取士约 22800 名。① 一旦中举,即按不同等第除授大小相应的官职。如是状元登第,更是迁擢荣速,往往 10 年间即能挟荣出府入相,朝廷的名臣硕辅皆由是出。宋仁宗赵祯在位 41 年,举行 13 次科考,共取进士 4570 人,其高中甲科者凡 39 人,后除 5 人外都位至公卿,如天圣五年的王尧臣,八年的王拱辰、欧阳修,宝元元年的吕溱、范镇,皇祐元年的冯京等,可谓彬彬盛矣。

所以仁宗天圣进士尹洙曾经说:"状元登第,虽将兵数十万,恢复幽蓟,逐强敌于穷漠,凯歌劳还,献捷太庙,其荣亦不可及也。"②风光荣耀如此! 这不应仅仅看作尹洙的一己之见,而是社会士人拥护科举崇儒制度的态度的激情流露。

三、整理典籍

与崇儒重文的国策相适应,朝廷在建国之初就沿袭唐代旧制,迅速建立起一套文化机构。以史馆、昭文馆、集贤院为三馆,其处长庆门北,称为西馆。太平兴国二年(977),太宗在升龙门东北,创立三馆书院,三年,赐名崇文院,将原西馆藏书迁入院中贮藏。院内东廊为昭文书库,南廊是集贤书库,西廊作史馆书库。三馆藏书各分经史子集四库,总藏量达到 8 万卷。书架都用雕木做成,青绫帕为帘幕,富丽堂皇。秘阁,太宗端拱元年(988)始建于崇文院中堂,收藏三馆书籍真本和古画墨迹等。

史馆、昭文馆、集贤院、秘阁、崇文院,通称馆阁。馆阁除了藏书以外,更是朝廷培育隽才之地,正如曾巩所指出的:"盖朝廷常引天下文学

---

① [元]马端临:《文献通考》卷 32"选举考",北京:中华书局,1986 年,第 304 页。按:原文中缺淳祐、宝祐、开庆、景定、咸淳年间 11 科数字,此以前后平均数每科 500 计入。
② [宋]田况:《儒林公议》卷上,丛书集成初编本,上海:商务印书馆,1937 年,第 3 页。

之士,聚之馆阁,所以长养其材而待上之用。"①

馆阁常受命与国子监承担整理、校勘、编纂、出版经官方认定的经典图籍,体现朝廷的崇儒之策,引导天下的出版和阅读风尚。曾巩、黄伯思、苏颂、宋敏求等著名学者都先后在崇文院馆阁中从事图书的校勘整理,一时名流云集。此外,崇文院还负有奉诏雕印图书的职能。如景德四年(1007)令崇文院雕印《律文》12卷,《唐律疏义》30卷。大中祥符四年(1011),选三馆秘阁直官校理校勘《文苑英华》、李善注《文选》,并摹印颁行。五年,崇文院上《列子》印本,诏赐亲王辅臣各一本。《广韵》5卷,天圣七年(1029)敕送崇文院雕造。又据南宋王应麟《玉海》记载,天禧中诏馆阁校勘《齐民要术》,而"天圣中崇文院校本,非朝廷要人不可得"。天章阁侍讲贾昌朝撰《群经音辨》7卷,仁宗宝元二年(1039)令崇文院雕印颁行。

整理典籍是朝廷文治政策的重要组成部分,大致可以分为三大内容,整理藏书、校勘典籍、编纂新著,为雕印出版提供符合朝廷政治标准的优良底本。

1. 整理编目

北宋建国之初,三馆仅有万余卷藏书。其后在统一全国的过程中,注意将南方各国的图书文籍收归汴梁。同时,朝廷及时遣使购求民间藏书,三馆之藏书量得到较大的增长。太祖开宝间,政府藏书已经达到8万册。

太平兴国九年(984),倡导文治的宋太宗极为重视藏书,以为"教化之本,治乱之源,如无书籍何以取法?",因此下诏求天下遗书,要求馆臣依照唐代《开元四库目录》,将三馆中缺藏之书列目征求,并规定不论士庶臣僚,凡家藏三馆所缺之书,都可以持书进纳。进书300卷以上者,可以经过一定考试程序,量才委任一职;不及300卷的,可根据卷帙的多少优给金帛;如不愿进书,则可以出借由政府用人缮写,抄毕归还。真宗咸平四年(1001)、仁宗嘉祐五年(1060),都下诏复求遗书,重申太宗太平兴

① [宋]曾巩撰,陈杏珍等点校:《曾巩集》卷13《馆阁送钱纯老知婺州诗序》,北京:中华书局,1984年,第214页。

国九年之诏的规定，鼓励天下士庶官宦之家踊跃献书。一时民间献书画、献印板之举十分踊跃，真宗时有 19 人献书达 1 万余卷。南宋绍兴十六年(1146)，提举秘书省秦熺奉诏立定献书赏格："应有官人献秘阁阙书善本及二千卷与转官，士人免解，余比类增减推赏；愿给直者，听；诸路监司守臣访求晋、唐真迹及善本书籍，准此。"①诏镂板行下。

嘉祐四年(1059)，仁宗诏令编定四馆书，设馆阁编定书籍官，命秘阁校理蔡抗、陈襄，集贤校理苏颂，馆阁校勘陈绎分别主持史馆、昭文馆、集贤院、秘阁编定抄录活动，并选用黄纸写印正本，以防蠹败。六年十二月，三馆秘阁完成编定抄录工作，共写录黄本书 6496 卷，补白本书 2954卷。所谓补白本书，是因为崇文馆所藏白本书岁久多蠹，又多散失，所以在整理中一并安排官员校正补写，亦用具有防蠹功能的黄纸写录。哲宗元祐元年(1086)，朝廷又批准秘书省的建言，对三馆秘阁内阙卷蠹坏和残缺不全的国子监印本书籍，令国子监补印；新印行书籍，应牒送逐馆收藏。②

在馆阁主持的政府图书事业中，编目与整理、征集、校勘、缮写一样，是不可或缺的重要环节。两宋时期，馆阁编制了多种阙书目录。所谓阙书目录，就是著录前代书目有而当代馆阁缺藏的图书，为访求募献图书提供依据。另外就是国家的藏书目录，以北宋的《崇文总目》和南宋的《中兴馆阁书目》《续目》最为重要。

景祐元年(1034)，新建崇文院使用不久，仁宗命翰林学士张观等勘查三馆及秘阁藏书，同时诏翰林学士王尧臣、馆阁校勘欧阳修等仿《开元四部录》的体例，编制新的国家藏书目录。编目工作历时 7 年，至庆历元年(1041)完成，赐名《崇文总目》。《总目》66 卷，分四部 45 类，著录三馆和秘阁藏书 3445 部，30669 卷。各类有小序，每书有题录。徽宗时，曾增补数万卷图书而更名为《秘书总目》。

靖康之难，使宣和、馆阁藏书散亡殆尽。宋室南渡后，重建秘书省，

① [宋]李心传编撰，胡坤点校：《建炎以来系年要录》卷 155，北京：中华书局，2013 年，第 6 册，第 2939 页。

② [宋]李焘撰，上海师范大学古籍整理研究所、华东师范大学古籍整理研究所点校：《续资治通鉴长编》卷 374，北京：中华书局，2004 年，第 15 册，第 9058 页。

搜访遗阙,整理旧藏,政府馆阁藏书日益富足。孝宗淳熙五年(1178),秘书少监陈骙编成《中兴馆阁书目》70卷,分52类,著录国家藏书44486卷。宁宗嘉定十三年(1220),秘书丞张攀编《中兴馆阁续书目》30卷,著录淳熙以来入藏新书14943卷。两目相加,说明孝宗时藏书达到59429卷,经过百年努力,南宋的国家藏书终于基本恢复北宋徽宗时的盛况。

两宋自太祖至宁宗,先后编制了4部国家藏书目录,前后著录,各有增损,互存异同。元代修《宋史·艺文志》,合并四目,删去重复,共著录图书9819部,119972卷。这一数字应是反映了两宋国家藏书的概貌。

2. 校勘典籍

两宋馆阁曾多次校勘四部书,北宋九朝校书总数近60次,南宋为18次,其中以经部、史部书居多。经部典籍的校勘,规模较大的有太宗端拱元年(988)孔维等校正《五经正义》180卷,由国子监刊行;真宗咸平四年(1001)邢昺、李维重校《周礼》《仪礼》等七经、《七经疏义》163卷,并募印颁行。

据《麟台故事》《玉海》《宋会要辑稿》等宋人著述记载的统计,北宋馆阁校勘史书12次,其中9次校勘正史,遍校成书于北宋前的全部十六史:《史记》《汉书》《后汉书》《三国志》《晋书》《南史》《北史》《隋书》和南北朝《七史》、《唐书》。另外还有《国语》《荀子》《文中子》《资治通鉴》《天和殿御览》等。值得注意的是,大多数情况下,校勘完毕即送雕印。如太宗时校前三史,真宗咸平时校《三国志》、乾兴元年校刘昭《补后汉志》,仁宗天圣时校《天和殿御览》(40卷,为《册府元龟》的精华),神宗元丰八年校《资治通鉴》,校毕,都送国子监或秘阁镂板印行。仁宗嘉祐时校南北朝《七史》,为了校勘的精审,在长达一年多的时间里,远及州县搜求书籍。

南宋馆阁校史9次,主要涉及当代所修的会要、实录、日历3类史书。由于这类官修史书属于官方档案,编成后即入藏宫内天章阁、敷文阁或秘阁,一般人不能翻阅,多不刊印。所以,校勘结束,只是加以缮写或抄录而已。

3. 编纂新著

公元976年,宋太宗赵匡义继位,改元太平兴国,并改变对外伐辽作战的政策,转为集中精力加强国内的统治,提倡"文治"。于是,朝廷拉开了组织大规模编纂活动的序幕。太宗先后诏命儒臣编纂具有百科性质的《太平御览》1000卷，小说类编《太平广记》500卷，文章总集《文苑英华》1000卷。接着，真宗赵恒又诏令编成反映政事历史的专门性类书《册府元龟》1000卷。由于宋代雕版印刷业发达，这4种卷帙浩繁的御修大书完整地流传于世，形象地反映出宋初文治的盛况，史称"宋代四大书"。

太平兴国二年（977），太宗命翰林学士李昉、扈蒙等人会聚北齐《修文殿御览》，唐欧阳询《艺文类聚》、房玄龄《文思博要》等古代类书和宫中藏书，"参详条次，分定门目"，编纂一部新类书，初名《太平总类》。经过近7年之劳，清本即将完成之际，太宗要求日进3卷，以供御览，因此易名《太平御览》。全书引录古书多达2579种，至今十之七八已经失传，足以看出它的重要价值。

太平兴国二年，太宗复命李昉、扈蒙、徐铉等人取《道藏》《佛藏》及汉以来的野史、笔记、小说等，分类汇编其中的文言小说故事，赐名《太平广记》。全书分为神仙、女仙、道术、方士、童仆、奴婢、幻术、妖妄、神、鬼、草木等92类，150多个小类，保存了大量有关古代小说和社会经济、典章制度方面的宝贵资料。书中共引用古书475种，其中半数以上已经散佚。

太平兴国七年，李昉、扈蒙、徐铉、宋白等17位儒臣奉敕总览前代文章，采撮精华，总为一编。编辑活动持续到雍熙三年（986），书成后取名《文苑英华》。全书在体例上仿《文选》按文体分类的做法，时间上承接《文选》，收录梁末至唐代的诗文作品19102首，其中绝大部分为唐人之作。《文苑英华》的成书，上距唐亡仅79年，许多唐代的重要文集当时还没有散佚，所以书中保存了大量不见于他书的唐人作品，是一部值得珍视的诗文总集。

《册府元龟》是一部以历代君臣事迹为核心内容的类书，真宗景德二年（1005），大臣王钦若、杨亿等奉敕编纂，大中祥符六年（1013）编成。初名《历代君臣事迹》，进呈后，真宗赐题今名。所谓"册府"，是指书籍的府库，"元龟"即大龟。古人以为龟有预鉴未来的神力，商代统治者用龟甲来占卜，祈求预示未来。后世遂有"龟鉴"之称。这里即取其借鉴的意思,真宗希望此书能为赵宋王朝治理国家提供正反两方面的鉴戒。

史书和地志也是宋代馆阁编纂活动的重要内容,比较重要的成果有司马光的《资治通鉴》、欧阳修的《新唐书》、乐史的《太平寰宇记》、王存的《元丰九域志》等。

司马光(1019—1086),字君实,陕州夏县(今属山西运城)人。仁宗宝元元年(1038)进士,历仕仁宗、英宗、神宗三朝。至哲宗即位,做了几个月的宰相,即于元祐元年去世。卒后赠太师温国公,后世称为司马温公。

《资治通鉴》始修于英宗治平三年(1066)。司马光早有编纂一部编年体通史的宏愿,并先编成战国至秦的编年史8卷,名曰《通史》。进呈后,得到英宗的赞赏,命他继续编撰,改名《历代君臣事迹》,特许自选刘恕、范祖禹、刘攽3位史学家作为助手,在崇文院专门设立史局,并允许借阅龙图阁、天章阁、三馆、秘阁书籍。神宗即位,听司马光进读,认为"鉴于往事,有资于治道",于是定名《资治通鉴》,并赐序文。时王安石主持变法,政治上持保守态度的司马光带头反对,遭排斥后,退居洛阳独乐园,潜心纂修《通鉴》,直至元丰七年(1084)成书。

《资治通鉴》凡354卷,其中目录30卷,考异30卷,正文294卷,记载始于周威烈王二十三年(前403),止于后周显德六年(959),共1362年,分为16纪。全书所记史实以政治、军事为主,同时涉及社会、经济、文化、制度等,兼顾社会历史的各个方面。编纂时,先后采录220余种古今典籍,包括正史、编年、别史、杂史、霸史、传记、奏议、地理、小说、诸子等类别。《四库全书总目》评论全书:"网罗宏富,体大思精,为前古之所未有。而名物训诂,浩博奥衍,亦非浅学所能通。"[1]

司马光的《资治通鉴》成书后,对史书编纂产生了重大影响,仅在宋代,就出现了数部以继承或改革《通鉴》义例而成的史学名著,其中应用《通鉴》义例的编年体史书有:南宋眉山李焘的《续资治通鉴长编》980卷,记北宋九朝167年间的史事;李心传的《建炎以来系年要录》200卷,记南宋高宗一朝自建炎元年至绍兴三十二年(1127—1162)间史事;徐梦

---

① [清]永瑢等:《四库全书总目》卷47"史部编年类",北京:中华书局,1987年,第420页。

莘的《三朝北盟会编》250卷,专记宋徽宗政和七年(1117)宋与女真从登州泛海结盟开始,至绍兴三十二年(1162)金主完颜亮南侵败盟为止,46年间宋金会盟的种种史事。自定义例的有:袁枢的《通鉴纪事本末》42卷,书成后,宋孝宗即下令小字摹印10部,赐太子和大臣熟读;朱熹的《资治通鉴纲目》59卷,在内容上,取材范围不出《资治通鉴》,但是评论则旁采近世学者的见解。朱熹此书创立了史书新体裁,史称"纲目体"。

欧阳修(1007—1072),字永叔,号醉翁,晚年更号六一居士。永丰(今属江西吉安)人。仁宗天圣八年(1030)举进士后,大半生任职馆阁,先后担任秘书省校书郎、馆阁校勘、集贤校理、史馆修撰等。多次参与主持馆阁藏书的整理缮录和编目工作。五代后晋时张昭远等曾编修《唐书》200卷,由于成书于众多史官之手,内容错杂,前后详略不一。仁宗庆历五年(1045)设局重修,10年中,仅宋祁完成列传稿150卷。至和元年(1054),欧阳修出任刊修官,撰写本纪、志、表部分,并负责修改宋祁的列传稿。嘉祐五年(1060)全书告成,名为《新唐书》。与《旧唐书》相比,《新唐书》纪、表、志、传齐备,在编纂学上,恢复了纪传体裁的完整性,对后世修史产生重要影响。

宋代的地理学十分发达,地志尤其是地理总志编纂的普遍是其标志。现存宋代总志有北宋的《太平寰宇志》《元丰九域志》、欧阳忞的《舆地广记》,南宋王象之的《舆地纪胜》、祝穆的《方舆胜览》等。其中以《太平寰宇志》编纂最早,影响最大。

乐史(930—1007),字子正,抚州宜黄(今属江西)人。南唐时为秘书郎。入宋,先后在馆阁任著作佐郎、著作郎、直史馆等职。一生著述颇丰,而以《太平寰宇志》最为著名。《寰宇志》始修于太平兴国年间,书中反映的行政区划以雍熙四年(987)为断限,分十三道详述全国的府州,后晋时已经割让于契丹的幽、云十六州仍在叙名之列。编纂中,乐史征引古籍多达200种,搜集范围除了正史,还包括历朝地志、杂记、碑刻、文集等,为后世保存了大量珍贵史料。在编纂上,乐史虽然上承《元和郡县图志》的体例,但是仍有所创新。《元和郡县图志》记载四至八道范围内山川、古迹、人口、贡赋等内容,《太平寰宇志》更增加了风俗、姓氏、人物、四夷等项,并将"贡赋"改为"土产"。贡赋只是指地方向中央政府上缴物品的种类和数量,而土产则除了贡赋,还涉及非贡品,即各地农、林、牧、渔以及药材等全部特产,其内容全面反映宋代各地的经济特点和物产分布情况。乐史的这一革新,意义重大,正如清代《四库全书总目》所评价的那样:"盖地理之书记载至是书而始详,体例亦自是而大变。"

四、出版管制

处于雕版文化时期,官方可以更有效地发挥其强大的行政威力,大张旗鼓地进行以"一道德"为目的的思想文化宣传,但是民间的出版传播渠道也因此而产生,未经朝廷允许传播的书籍经常在无监管的情况下编纂出版,流向社会,成为社会阅读的热点。如何在出版印刷业空前发达的情况下,有效地控制整个社会的出版传播,以实现主导社会阅读和统治秩序、统一思想道德观念的目的,自然就成为赵宋王朝需要认真对待的重要问题。尤其是两宋长期与辽、西夏、金、蒙古等少数民族政权南北对峙,朝廷在对外政策上始终存在战、和两派的斗争,内政方面存在改革与保守的较量。这些斗争往往以思想文化或学术的形式表现出来,如科举考试中的经义与诗赋、史学之争,汉唐章句注疏之学与王安石新学、程朱理学之选。于是,出版管制就成为政府思想文化政策上十分重要的一环。

政府对图书出版及流通环节进行管理控制,发布禁令是通常的做法。发布禁令的原因及内容大致包括:

1. 涉及国家机密

两宋政府关于严防泄露国家机密的出版禁令,早见于宋初景德三年(1006)。真宗下达《非九经书疏禁缘边榷场博易诏》:"民以书籍赴缘边榷场博易者,自非《九经》书疏,悉禁之。违者案罪,其书没官。"仁宗天圣五年(1027),中书省奏请说在与辽国往来中,常有将"皇朝臣僚著撰文集印本传布往彼,其中多有论说朝廷防遏边鄙机宜事件",于是严令"自今并不得辄行雕印。如有合雕文集,仰于逐处投纳一本附递闻奏,候到,差官看详,别无妨碍,降下许令刊板,方得雕印。如敢违犯,必行朝典,仍毁印板。及令沿边州军严切禁止,不得更令将带上件文字出界"。[①] 康定

---

① [宋]仁宗:《禁辄行雕印臣僚撰著文集及将带出界诏》,载曾枣庄等主编:《全宋文》卷946,上海:上海辞书出版社,2006年,第44册,第106页。

元年（1040）五月再次下诏："访闻在京无图之辈及书肆之家，多将诸色人所进边机文字镂板鬻卖，流布于外，委开封府密切根捉，许人陈告，勘鞫闻奏。"①

至和二年（1055），欧阳修上《论雕印文字札子》，对非法雕印出版行为屡禁不止的现象提出进一步的处置意见：

> 臣伏见朝廷累有指挥禁止雕印文字，非不严切，而近日雕板尤多，盖为不曾条约书铺贩卖之人。臣窃见京城近有雕印文集二十卷，名为《宋文》者，多是当今论议时政之言。其首篇是富弼往年让官表，其间陈北虏事宜甚多，详其语言，不可流布。而雕印之人不知事体，窃恐流布渐广，传入虏中，大于朝廷不便。及更有其余文字，非后学所须，或不足为人师法者，并在编集，有误学徒。臣今欲乞明降指挥下开封府，访求板本焚毁，及止绝书铺，今后如有不经官司详定，妄行雕印文集，并不得货卖。许书铺及诸色人陈告，支赏钱贰伯贯文，以犯事人家财充。其雕板及货卖之人并行严断，所贵可以止绝者。取进止。②

然而，30 余年后，哲宗元祐四年（1089），苏辙北使辽国，在燕都发现自己的家谱，并被多人问及哥哥苏轼的近况。返朝后，苏辙以为此事涉及国家机密，上疏要求朝廷加以防范。次年，礼部拟定了更为严厉、具体的出版管理措施，规定："凡议时政得失、边事军机文字，不得写录传布；本朝《会要》《国史》《实录》，不得雕印。违者徒二年。许人告，赏钱一百贯。内《国史》《实录》仍不得传写，即其他书籍欲雕印者，纳所属申转运使、开封府，牒国子监选官详定，有益于学者方许镂板。候印讫，以所印书一本，具详定官姓名，申送秘书省。如详定不当，取勘施行。诸戏亵之文，不得雕印，违者杖一百。凡不当雕印者，委州县、监司、国子监觉察。"③

① ［宋］仁宗：《禁将边机文字镂板鬻卖诏》，载曾枣庄等主编：《全宋文》卷 962，上海：上海辞书出版社，2006 年，第 44 册，第 437 页。

② ［宋］欧阳修著，李逸安点校：《欧阳修全集》卷 108，北京：中华书局，2001 年，第 1637 页。

③ ［宋］李焘撰，上海师范大学古籍整理研究所、华东师范大学古籍整理研究所点校：《续资治通鉴长编》卷 445，北京：中华书局，2004 年，第 18 册，第 10722 页。

以朝廷多次禁令为标志的出版管制,并没有长期奏效。当南宋初年各地官府大张旗鼓开雕经史典籍之际,民间书坊尚处于蓄势待发之中。宋孝宗淳熙年间(1174—1189)及以后,坊刻本蜂起,始成燎原之势,其内容又多触及朝廷之禁。南宋光宗绍熙四年(1193)六月,臣僚奏称:"朝廷大臣之奏议,台谏之章疏,内外之封事,士子之程文,机谋密画,不可漏泄。今乃传播街市,书坊刊行,流布四远,事属未便,乞严切禁止。"于是,诏四川制司行下所属州军,并仰临安府、婺州、建宁府严行禁止,"其书坊见刊板及已印者,并日下追取,当官焚毁,具已焚毁名件申枢密院。今后雕印文书,须经本州委官看定,然后刊行。仍委各州通判专切觉察,如或违戾,取旨责罚"。① 此次严禁上距北宋礼部出台管理条例刚刚一个世纪,而 9 年后,嘉泰二年(1202)二月,新差权知随州赵彦卫又上言:"史馆成书,有《三朝国史》《两朝国史》《五朝国史》,莫不命大臣以总提,选鸿儒以撰辑,秘诸金匮,传写有禁。近来忽见本朝《通鉴长编》《东都事略》《九朝通略》《丁未录》与夫语录、家传,品目类多,镂板盛行于世。"奏请查禁。② 赵氏所列均系坊本,且未经官府审查,故有此禁。

2. 涉及违碍思想

所谓违碍思想,就是与统治者的政治意愿相违背的思想内容,一切宣扬传播违碍思想的出版活动都在查禁之列。这类查禁情况比较复杂。据《宋史·真宗本纪》记载,大中祥符二年(1009),已经诏令:"读非圣之书及属辞浮靡者,皆严谴之。已镂板文集,令转运司择官看详,可者录奏。"此后,徽宗朝查禁元祐学术,崇宁元年(1102)以司马光、文彦博、苏轼、王钦臣、程颐、黄庭坚等人为朋党,御书为党人碑立于端礼门,下诏:"诸邪说诐行非先圣贤之书,及元祐学术政事,并勿施用。"遂禁印司马光、苏洵、苏轼、苏辙、黄庭坚、张耒、晁补之、秦观、马涓等人文集。稍后又禁印诸子百家、一切不合儒家经义之书。到靖康元年(1126)解除党禁,历时 24 年。

---

① [清]徐松辑,刘琳等校点:《宋会要辑稿·刑法二》,上海:上海古籍出版社,2014 年,第 14 册,第 8353 页。
② [清]徐松辑,刘琳等校点:《宋会要辑稿·刑法二》,上海:上海古籍出版社,2014 年,第 14 册,第 8360 页。

围绕程朱理学的查禁情况更为复杂，从高宗绍兴六年(1136)左司谏陈公辅首请禁程氏学，宁宗庆元中禁行朱熹《四书集注》等道学著述，到淳祐元年(1241)理宗诏以周敦颐、张载、程颢、程颐、朱熹五臣从祀孔孟，前后历时超过一个世纪，百余年之中，几经反复。其间，查禁书籍成为政治思想斗争的主要手段。

在两宋300多年的统治中，有关出版禁令出台不少，从史料记载看，查禁的效果并不理想。究其原因是多方面的。其一是朝廷只禁不导，地方政府执行不力。其二是查禁存在随意性，内容过于宽泛。其三是当社会形成对图书的规模需求后，刻书就成为可以盈利的行业。于是，为了追求利润，民间书坊开始以能否赚钱作为选择雕造图书品种的标准。所以，徽宗时因党同伐异的政治需要，株连查禁司马光、苏轼、黄庭坚等在社会上流传已久、有着广泛市场的诗文集，只能起到相反的作用。宋费衮《梁溪漫志》卷七中有一则"禁东坡文"[1]，说在严禁苏轼文集的宣和年间，某日京师城卒查获一个偷带《坡集》出城的士人，地方官看见集后题有一诗，有句云"文星落处天地泣，此老已亡吾道穷。人间便觉无清气，海内何曾识古风？平日万篇谁爱惜？六丁收拾上瑶宫"，遂私下放行。元祐禁书的结果是，南渡后出现"人传元祐之学，家有眉山之书"的传播盛况。

虽然如此，这些禁令还是极大地影响了社会的出版活动。

第二节　盛况空前的图书出版业

雕版印刷技术的广泛应用，使宋代的出版传播事业如虎添翼。在朝廷崇儒政策和科举制度的双重作用下，民间刻书业迅速崛起，各地刻书坊肆如雨后春笋，布满大江南北，形成了官刻、家刻和坊刻三足鼎立的繁荣局面。朝廷、家塾和书坊三管齐下，点染出一幅波澜壮阔的出版长卷。

---

[1] 上海师范大学古籍整理研究所编：《全宋笔记》第5编，郑州：大象出版社，2012年，第2册，第209页。

种类齐全、数量繁多的出版物,为两宋千姿百态的社会阅读活动搭建起广阔的历史舞台。

关于两宋 300 余年间出版物的总量,迄今尚无准确的统计。清王士祯《居易录》卷二五引明王世贞《朝野异闻录》的记载,称明代权相严嵩抄家的清单上有宋版书籍 6853 部(轴)的记录。据此,"估计宋代刻本当有数万部,传至今日,国内外所存不过一千部左右,内台湾约存二百部,又多为残书或复本"①。"数万部"的上下弹性较大,但确切数字已经难以统计。

宋世之书,有大量为应时使用者,如科举编类之册,时文之选、童蒙之书,以及通俗文学读本。宣和间,秘书少监韩驹曾在奏疏中说道:"今荆、广、闽、蜀之间,去京师数千里,学者无所取师,而都下鬻书者岁取进士高选之文,集为版本,传播四方,谓之义格。后生小儒何识之有,徒见为是文者,例得高选,则皆摇唇燥吻,焚油继日诵读,以为师法。"②科举类图书的社会阅读量可见一斑。这些类似今日名为文化快餐的图书,大都出自民间书坊,既无出版目录,学者藏家又往往不屑记载,随刊随读随散。我们今天在梳理宋代社会的出版总量和阅读规模时,却不能舍去不记,因为这类面广量大的书籍,是当时社会阅读,尤其是普通人群阅读的重要对象。

一、三足鼎立的出版格局

五代国子监刻印发售经史典籍的举动,表明朝廷利用先进的雕版印刷技术,强势介入图书的出版发行业,对印刷术的普及和出版业的发展产生了重大影响。宋代的图书出版事业,乘着五代的发展势头,逐渐形成官刻、家刻和坊刻三足鼎立(包括寺观和书院刻书)的社会生产格局,呈现出热闹繁荣的大好景象。

1. 官刻

官刻,政府刻书的统称,指由中央政府机关及地方各级行政文化机构出资或主办的印刷出版机构刻印书籍,具体又分为中央和地方两大系

---

① 张秀民:《中国印刷史》,上海:上海人民出版社,1989 年,第 58 页。
② [宋]韩驹:《请慎择司文以风动天下疏》,载曾枣庄等主编:《全宋文》卷 3509,上海:上海辞书出版社,2006 年,第 161 册,第 374 页。

统。所刻书统称为官刻本，又可冠以具体刻书机构的名称，如中央的国子监刻本、地方的茶盐司刻本等。

（1）中央官刻

宋代的中央官刻涉及很多文化管理机构，如国子监、崇文院、秘阁、秘书监等，其中主要为国子监和崇文院。

国子监是宋代中央政府主要的刻书发行机构，内设印书钱物所，主管刻印书籍和发行出售事务。后因称名近俗，改为书库监官。其所刻书，史称"监本"。

国子监刻书，始于五代后唐长兴三年（932）国子监受命校勘并雕印、发售《九经》的活动。北宋国子监刻书，今见于记载的，以刊行《五经正义》为最早。从北宋建国至真宗景德二年（1005），国子监经书版片由不及4000片猛增至10万余片，不到半个世纪就增加了25倍以上，足见宋初国子监刻书的盛况。此后，馆阁校勘的历代正史，亦陆续由国子监刊印。北宋国子监刻书，以仁宗朝（1023—1063）为盛，其中又以医书为最。嘉祐二年（1057），仁宗在编修院设置校正医书局，命直集贤院掌禹锡、林亿，校理张洞，校勘苏颂等为校正。每一书校毕，则奏上，然后下国子监雕刻颁行。大量汉唐以来的重要医籍，如《黄帝内经》《素问》《黄帝三部针灸甲乙经》《金匮要略》《伤寒论》《本草图经》《备急千金要方》《千金翼方》等，从此大行于世。

南宋国子监刻书，始于绍兴年间。高宗绍兴九年（1139），诏令州郡取北宋国子监原颁善本，校对镂板印行。二十一年，复诏令国子监访寻北宋五经监本镂板颁行。于是，国子监开始展开大规模的雕印出版活动，九经三传、群经义疏、前四史、南北朝七史等经史典籍，于绍兴年间先后刊成印行。南宋初，监本并非都出自国子监，而是多由国子监取江南地方旧版，或令地方府州雕刻的。如南监本群经义疏就是绍兴十五年令绍兴府雕造的，而前三史由两淮江东转运司所刻，《三国志》由衢州所刻。

两宋监本，据王国维《五代两宋监本考》的梳理考证，多达数百种。宋代监本以校勘雕造的精审，素为世重。虽然现在存世极少，却是现存很多版本的祖本。

馆阁是宋代除国子监外刻书较多的中央文化行政机构，太平兴国六年(981)史馆奉旨雕印《太平广记》，大中祥符四年(1011)三馆秘阁募印颁行李善注《文选》和《文苑英华》，天圣二年(1024)秘阁镂板《天和殿御览》《隋书》等。

（2）地方官刻

宋代实行路、州（府）、县三级行政建制，路级机构为转运使司，俗称"漕司"，行政长官为转运使，掌管全路的军、政、财、刑大权。后增设提点刑狱司，负责本路刑狱；提举常平司，掌管义仓、市易、坊场、水利等；提举茶盐司，掌管茶盐的产销；安抚使司，掌一地军事、民政事务。

以上衙门，及州、府、军、监等州级官府，都从事出版活动，迄今皆有刻本存世。其所刻书籍，在流通中，习惯上都冠以官署名，如转运使本、提刑司本、茶盐司本、安抚司本等。其中两浙东路的茶盐司刻书较多，现中国国家图书馆就藏有其所刻《周易注疏》《尚书正义》《周礼疏》等。

在众多地方机构中，公使库的刻书活动最有特色。公使库是各地方官府负责接待公务往来人员的专设机构，其经费由政府拨款，但数额有限，不敷使用，所以朝廷允许自开财源贴补。公使库各寻财路，多种经营，介入出版业，刻书卖书就成为一条极其有效的开源之路。据记载，仁宗嘉祐四年(1059)，苏州知州王琪借公使库钱修葺官署，无力偿还，于是拿出家藏杜甫诗集的善本，"俾公使库镂板，印万本，每部直千钱，士人争买之"，不但还清公使库钱，还有盈余，所谓"大裨帑费，不但文雅也"。

公使库刻书，作为一种维持其正常行使公务职能的重要经济来源，逐渐形成产业化的趋向，积极网罗民间雕版高手，雕印了大量高质量的经史典籍，在宋代出版事业中占有重要地位。目前已知苏州、台州、明州、吉州、舒州、抚州、泉州、婺州等公使库都参与刻书，有记载可征者就有 20 余种，其中以抚州公使库刻"十二经"最为著名。中国国家图书馆现藏其中淳熙四年(1177)所刻《礼记郑注》20 卷，原山东海源阁旧藏。

地方教育机构刻书，是地方官刻中比较普遍的一类，如州学、军学、府学、县学等。今存宋刻中，有不少为这类地方教育机构的刻本，比较著名的有南宋乾道九年(1173)高邮军学刊秦观《淮海

图 5－1 　《渭南文集》书影
宋建康府溧阳学宫刻本

集》，淳熙二年（1175）镇江府学刊《新定三礼图集注》，嘉定十三年（1220），陆游幼子子遹建康府溧阳学宫刊陆游《渭南文集》（图5-1）等。

2. 家刻

家刻，是指由私人出资校刻书籍的出版活动，所刻书籍称为"家刻本"或"家塾本"。家刻源于五代毋昭裔雕造《文选》《初学记》《九经》的出版活动，至宋成为时尚，以致形成与官刻、坊刻三家鼎足之势。参与家刻活动的大多数为官宦豪门、名流大族，他们刻书，除了附庸风雅，更多的是为了弘扬学术，传承文化，往往选刻名家名著，精加校勘，所刻书以精善扬名于世。

宋代家刻本可考者，北宋有仁宗宝元元年（1038）临安进士孟琪刻《唐文粹》，庆历六年（1046）京台岳氏刻《诗品》，嘉祐二年（1057）建邑王氏世翰堂刻《史记索隐》，英宗治平三年（1066）建安蔡子文东塾刻邵雍《击壤集》，徽宗宣和元年（1119）寇约刻寇宗奭《本草衍义》等，但传本极少。

南宋家刻活动随着整个社会出版风气的旺盛而进入发展的佳期，其标志就是名家名刻不断涌现，且后世传本也相对较多。其中比较著名的有廖莹中世綵堂刻《昌黎先生集》和《河东先生集》，周必大刻《欧阳文忠公集》，黄善夫家塾刻《史记》三家注，蔡琪家塾刻《汉书集注》，朱熹刻《南轩集》等。

3. 坊刻

坊刻，是指古代书坊的刻书活动，所刻书称为"坊刻本"。古代书坊是指由个人经营、以生产兼及销售印本书为主的手工业作坊，系从两汉时期的书肆发展而来。古代书肆是文献抄录时代的传播中介，而书坊则是雕版印刷技术广泛运用于实践、文献生产方式发生巨大变革时代的产物,其生产经营具有一定的规模。

据文献记载,书坊刻印文化典籍的活动始自北宋,繁盛于南宋,所刻书中经常出现官府未收藏之本,北宋崇宁初,徽宗就曾诏令两浙路、成都府路,求取民间镂板的奇书上缴秘书省。

两宋坊刻活动主要集中在京师、福建建阳和四川成都、眉山地区。其中最为著名的是临安陈氏的陈宅书籍铺和建阳余氏的勤有堂。

陈宅书籍铺是南宋临安最负盛名的书坊,设肆于棚北大街睦亲坊,坊主陈起,字宗之,号芸居,南宋临安人,主要活动在宁宗、理宗时期。他好学多艺,颇有诗名。刊书以唐人小集和时人诗集为主,版式划一,半叶10行,行18字,白口,左右双边,字画方板,迹近欧体,精丽工整,传世者甚众,素为明清藏家宝爱,史称"书棚本"。

陈宅书籍铺所刻书,见于记载和流传至今者,大致可分为三类:唐人小集,子部杂著,南宋江湖诗集。

南宋陈宅书棚本,历经近 800 年风雨,名流大家辗转递藏而流传至今者,都已成稀世鸿宝。即便影抄覆刻者,亦身价百倍,傅增湘曾见《圣宋高僧诗选》汲古阁影抄本一册,书贾索价至五百金。

福建建阳余氏是我国古代经营时间最长、名声最著的民间书坊世家,从事书业活动自南宋至清初,绵延近 600 年,其中尤以南宋余仁仲万卷堂最为著名。

元代岳浚《九经三传沿革例》开宗明义:"世所传《九经》,自监、蜀、京、杭而下,有建余氏、兴国于氏二本,皆分句读,称为善本。"岳浚所说"建余氏",即指余仁仲万卷堂。余氏万卷堂刻《九经》,历经 700 多年的流传,历代藏家递相传授,至清末,仅《周礼》《春秋公羊传》《春秋穀梁传》尚存世间,而《周礼》已是残帙,惟公、穀二传,居然足本,藏家无不视为稀世之珍。

4. 寺观和书院刻书

寺观刻书,是指佛寺道观刊印本教典籍的出版活动,所刻称为"佛藏"和"道藏"。佛道二教,一自西来,一滋本土,为宣扬教义,广征信徒,先后译经造藏,声势并起。书院是中国古代一种私学性质的教育组织,其名起于唐代,兴起于北宋,鼎盛于南宋,绵延至清末。书院远昭先秦以来私人讲学的遗风,近承唐代丽正书院藏书的传统,以讲学、藏书为基本规制,以刻书为传统。

(1) 寺观刻书

佛藏的雕版印刷,始于宋初开宝年间。开宝四年(971),太祖敕高品、张从信往成都雕大藏经,于太平兴国八年(983)雕印毕,凡1076部,5048卷,装为480函,经版13万片。世称"开宝藏",或"蜀藏"。《开宝藏》书法端丽严谨,雕刻精良,且以黄麻纸印刷,开我国官刻佛教总集之先例,极大地刺激了后来寺院的刻经活动。终两宋之世,先后又刊印了5部佛藏:北宋神宗元丰三年(1080)福州东禅院开雕、徽宗崇宁三年(1104)刻竣的《崇宁藏》,北宋政和二年(1112)福州开元寺开雕的《毗卢藏》,南宋绍兴二年(1132)基本刻竣的湖州思溪圆觉禅院的《圆觉藏》,南宋淳熙二年(1175)刻竣的安吉州思溪法宝资福禅寺的《资福藏》,南宋宝庆至绍定间(1225—1233)开雕的平江府碛砂延圣院的《碛砂藏》。

道藏的雕版印刷,始于北宋政和年间。崇宁年间,自称"教主道君皇帝"的宋徽宗诏令搜访道书,得5481卷,于政和年间(1111—1118)雕印,名曰《政和万寿道藏》。这是历史上《道藏》首次全藏刊版印行,成为各地道观藏书的主要内容。

佛藏、道藏卷帙浩繁,通常都在5000卷以上,刻板则超过10万片,其书写、雕版、校对、印刷,需要耗费大量人力和财力。但是这种大规模的持久的雕印实践活动,必定会对雕版印刷术本身的发展产生影响。

(2) 书院刻书

书院主持院务者称为山长,一般由知名学者担任,在大儒辈出的南宋,著名理学家朱熹、张栻、吕祖谦、陆九渊、魏了翁等先后出掌白鹿洞书院、岳麓书院、丽泽书院、象山书院和鹤山书院。

书院刻书是其藏书的来源之一,清叶德辉在《书林清话》卷三"宋司库州军郡府县书院刻书"条中记录了宋代丽泽、象山、泳泽、龙溪、竹溪、环溪、建安、鹭洲等书院的刻书情况。清初学者顾炎武在《日知录》卷十八"监本二十一史"条中指出:"闻之宋、元刻书皆在书院,山长主之,通儒订之,学者则互相易而传布之。"进而总结书院刻书的三大优势:"山长无事而勤于校雠,一也;不惜费而工精,二也;板不贮官而易印行,三也。"①顾炎武对书院刻书活动作出了较高的评价。

二、宋版书的特征及其价值

宋代是我国雕版印刷的繁盛期,也是没有多少既往成就可以守成的开创期。在雕版印刷这个书籍生产的新天地里,热衷于图书出版事业的宋代士大夫、书坊主、雕印匠人倾心创作,造就了宋刻本的辉煌时代和极高的文化价值。明苏州藏书家张应文在《清秘藏》卷上"论宋刻书册"中曾经正面叙述过:"藏书者贵宋刻,大都书写肥瘦有则,佳者绝有欧、柳笔法。纸质匀洁,墨色清纯,为可爱耳。若夫格用单边,间多讳字,虽辨证之一端,然非考据要诀也。余向见元美家班、范二《书》,乃真宋朝刻之秘阁,特赐两府者。无论墨光焕发,纸色坚润,每本用澄心堂纸为副,尤为精绝。"②张氏此论大致点出了宋版书的版刻特征。

1. 宋版书的版刻特征

所谓版刻特征,是指在书艺刀法、选纸用墨、版式行款等方面形成的鲜明特色。以传世的宋刻本来看,其版刻特征主要包括以下方面:

(1) 字体

宋代刻书,多采用唐代书法大家欧阳询、颜真卿、柳公权的书体上版。《天禄琳琅书目》卷三《六臣注文选》解题称:"是书不载刊刻年月,而大小字皆有颜平原法。按:明董其昌跋颜真卿书《送刘太冲序》后,有'宋四家书派,皆宗鲁公'之语,则知北宋人学书,竞习颜体,故摹刻者亦以此相尚,其镌手于整齐之中寓流动之致,洵能不负佳书。至于纸质如玉,墨光如漆,无不各臻其妙,在北宋刊印中亦为上品。"③具体来说,北宋早期多用欧阳询体,欧字形体略长,字画挺拔秀丽,京师汴梁、浙江刻本多用之。后逐渐流行颜真卿体,颜体字形架势端庄雄伟,字画肥劲弥满,如

---

① [清]顾炎武著,[清]黄汝成集释,秦克诚点校:《日知录集释》卷18,长沙:岳麓书社,1994年,第644页。
② 黄宾虹、邓实:《美术丛书》初集第8辑,杭州:浙江人民美术出版社,2013年,第217页。
③ [清]于敏中等著,徐德明标点:《天禄琳琅书目·天禄琳琅书目后编》卷3,上海:上海古籍出版社,2007年,第76页。

"樊哙拥盾,力士挥拳"。蜀刻本多用颜体,"字大如钱",有疏朗悦目之美感。南宋以后,柳体流行。柳公权书法用笔遒劲,横轻竖重,结构紧劲,以骨力胜。福建刻本多用之。江西刻本则欧柳兼而有之。

（2）墨色刀法

宋代印书,用墨十分考究,质料精良。其特点是色浓似漆,墨深香淡,潮湿不显漂迹,干燥而无烟痕。正如明代高濂在《遵生八笺·燕闲清赏笺》"论藏书"中所指出的:"宋人之书,纸坚刻软,字画如写,用墨稀薄,虽着水湿,燥无湮迹,开卷一种书香,自生异味。"

雕版刻字,十分讲究刀法,发刀、挑刀、打空、拉线,必须一丝不苟,方能毕现原书神韵。宋代刻书,无论官私,刀法普遍精致细到,点线不苟,原书笔势神气,跃然版上。

（3）用纸

宋刻用纸,品类繁多,主要有麻纸、罗纹纸、北方的桑皮纸、江南的竹纸等。竹纸以嫩竹为原料,颜色微黄,故又称黄纸。因纸性稍脆,用于印书不太多。

罗纹纸质细薄柔软,色洁白,有显著横纹,颇似丝质的绫罗。历代都取以印书。桑皮纸,因制造原料中有桑皮成分得名,以质地坚韧著称,宋元两代常取作印书用纸。

麻纸用麻为主要原料制造,有黄、白两种。黄麻纸色略黄,纸质略显粗糙而坚韧,不受潮,很少变质。白麻纸正面洁白光滑,性能与黄麻纸相仿。宋代印书多采用黄白麻纸,今传用麻纸印刷的宋本,虽历千年而完整若新。一般来讲,北宋京师刻本和南宋的浙本、蜀本,主要用白麻纸。南宋的闽本则主要用黄麻纸。

清乾隆四十年(1775),文华殿大学士、军机大臣于敏中等人,奉敕对昭仁殿"天禄琳琅"藏书重加整理,编纂成《天禄琳琅书目》。全书以四部分类,各类中按宋、元、明刊及影钞宋本等版本为别,按时代先后编次。其中卷一至卷三为宋版,著录70种。在这些宋版书的提要中,纸质常常成为鉴定的重要指标,如宋欧阳修、宋祁撰《唐书》:"详阅此本,行密字整,结构精严,且于仁宗以上讳及嫌名缺笔甚谨,不及英宗以下,其即为嘉祐奉敕所刊之本无疑。印纸坚致莹洁,每叶有'武侯之裔'篆文红印,在纸背者十之九,似是造纸家印记。其姓为诸葛氏。考宣城诸葛笔最著,而《唐书》载宣城纸笔并入土贡,唐张彦远《历代名画记》亦称好事家宜置宣纸百幅,用法蜡之,以备摹写,则宣城诸葛氏亦或精于造纸也。"①宋司马光撰《资治通鉴考异》:"考书成在元丰七年,《玉海》载元祐七年,诏诸路安抚钤辖司并西京、南京各赐《通鉴》一部,是哲宗朝刻本已具。今校书内钦宗以下讳俱不阙,当是元祐椠也。御题:'是书字体浑穆,具颜、柳笔意,纸质薄如蝉翼而文理坚致,为宋代所制无疑。'"②周庄周撰《南华真经》:"此书版高不及半尺,较之经部中《五经》及《东莱家塾读诗记》尺寸尤缩小,而字画倍加纤朗,纸质墨光亦极莹致,乃巾箱本之最佳者。"③

(4) 版式

宋本版式,早期大多为四周单栏,后来逐渐演变为左右双栏,上下单栏,而栏线则左右粗、上下细。大部分刻本在版心中缝上端刻字数,下端雕刻工姓名,且为单鱼尾。建本则多双鱼尾,并刻有牌记和书耳。关于版心,北宋本多为白口,南宋中后期,随着包背装的逐渐流行,福建坊刻本中开始出现细黑口。

宋本刚从卷轴本演化过来,有的本子还保持着卷轴本的写式,即小题(书中某卷某一章节或类别名)在上,大题(书名全称)在下。官刻本大都还在卷末列出校勘人衔名,区别初校、复校、终校或校对、校定、主校分列。

关于行款。行款,一般是指古籍书叶版面的行数和字数,又称行格、行字,历来是版本鉴定的重要依据。从现存宋本分析,似无定式。清江标《宋元本行格表》汇集宋元 1156 种刻本的行款,分为 4 行至 20 行共 17 类。王国维曾在《五代北宋监本考》中指出,北宋刊诸经疏,其行款半叶 15 行,疏每行 23 至 28 不等,"此亦六朝以来义疏旧式也"。蜀刻集部书,唐人诗文集多半叶 11 行或 12 行,宋人文集则一般都是每半叶 10 行。而南宋临安书棚本就是以每半叶 10 行、行 18 字为版本特征的。但

① [清]于敏中等著,徐德明标点:《天禄琳琅书目·天禄琳琅书目后编》卷2,上海:上海古籍出版社,2007年,第27页。
② [清]于敏中等著,徐德明标点:《天禄琳琅书目·天禄琳琅书目后编》卷2,上海:上海古籍出版社,2007年,第29页。
③ [清]于敏中等著,徐德明标点:《天禄琳琅书目·天禄琳琅书目后编》卷2,上海:上海古籍出版社,2007年,第46页。

是,综合观察宋本的版式,存在一个共同的特点,即每行字数虽然相同,而从横的方向看,字的间隔排列,大都是不齐整的。

2. 宋版书的文化价值

早在明清时期,宋版书已经是稀世珍宝。明末著名出版家毛晋求购善本,宋版书论页出价。清乾嘉年间吴门藏书家黄丕烈以佞宋主人自居,作《百宋一廛书录》,为所藏百种罕传宋本立传;清末浙江吴兴藏书家陆心源更为有 200 种宋本书的藏室取名皕宋楼,以传扬天下。

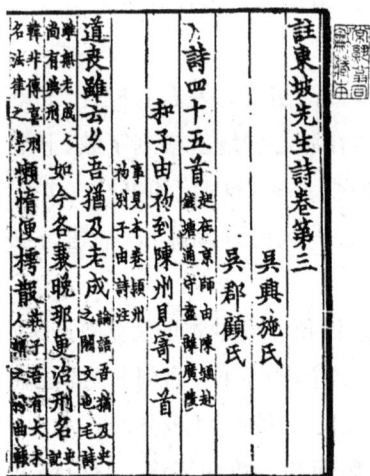

图 5－2 《注东坡先生诗》书影
宋景定三年(1262)淮东仓司刻本

时至 20 世纪 70 年代,历经数百年历史风云的宋版书,存世已稀如星凤。据日本《朝日新闻》1977 年 6 月 28 日报道,日本阿布隆一教授调查统计,存世宋版书(不包括《大藏经》之类),中国大陆藏有 1500 多部,1000 版种;中国台湾藏有 840 部,500 多版种;日本藏有 890 多部,620 版种。其中绝大部分为南宋刻本。2000 年 4 月上海市政府以 450 万美元巨资,使常熟翁氏六世藏书 80 种 542 册,其中南宋刻本 11 种 156 册重返国土,入藏上海图书馆。其中 11 种宋刻本,大都为苏州历代藏书家递藏,而宋丁度等撰《集韵》,唐赵蕤撰《长短经》,唐许浑撰《丁卯集》,宋邵雍撰《邵子观物内篇》,宋苏轼撰,施元之、顾禧注《注东坡先生诗》(图 5－2)等 8 种属于国宝级文物。这一切说明宋版书的文化价值越来越受到关注。

宋版书的文化价值主要体现在三个方面。其一,宋版书是迄今存世最早的一批雕版印刷品,它们以实物的形式向后世昭示印刷时代初期图书编辑出版和社会文化传播的真实状况,具有不可替代性。其二,宋版书在书艺刀法、选纸用墨、版式行款等方面形成了自己的版刻艺术风格,为雕版印刷出版的发展创造了一个辉煌的起点。其三,宋版本近古,有的是直接从古写本转刻的,较好地保存了古书的原貌。随着印本书的普及,古写本逐渐湮没消亡,宋版书的学术价值不断得到凸显。以上三个方面,大致与善本书的标准即历史文物性、艺术代表性和学术资料性相对应。

随着时代的推移、传播中的损耗,附着在书籍上的文物性和文化含量不断增加,时代较早的宋元旧本自然就成为藏书家眼中的稀世珍宝。而且,宋本刊刻年代早,能保存古书面貌,这在校勘和考据学上,具有很重要的学术价值。所以清以来,藏书界盛行佞宋之风,究其由来,则与苏州藏书家有莫大的关系,或者说完全是苏州藏书家煽起的。从江苏藏书家的书目,如钱曾《述古堂宋版书目》、徐乾学《传是楼宋元本书目》、季振宜《延令宋版书目》、黄丕烈《百宋一廛书录》、瞿镛《铁琴铜剑楼藏宋元本书目》、潘祖荫《滂喜斋宋元本书目》、汪士钟《艺芸书舍宋元本书目》、江标《宋元本行格表》、曹元忠《笺经室所见宋元书题跋》等,我们似乎仍可以感觉到这种风尚扑面而来。

以上是就宋版书的整体而言的,这并不否认少数宋本书在编辑出版时忽视质量、存在错漏的现象。即使是黄丕烈,也看到了这一点,并没有无原则地一味盲目崇尚。所以,我们在使用中,不能盲目崇信宋版书,应该多作比勘。

三、图书普及与收藏

雕版印刷技术自五代起开始较大规模地用于经史典籍的刊印,但是从社会流通的要求去看,远没达到普及的程度。直至宋太宗雍熙年间(984—987),仍是"印本绝少,虽韩柳元白之文尚未甚传,其他如陈子昂、张说、张九龄、李翱等诸名士文集,世尤罕见"[1]。真宗在位时期(998—1022),情况有了明显改观,李焘的《续资治通鉴长编》中开始不断出现有关朝廷雕印书籍的记载,如景德二年(1005)雕印《景德农田敕》,天禧四年(1020)雕印《四时纂要》《齐民要术》,等等。随着各级各类机构和民间书坊刻书活动的火热展开,内容丰富、形式多样的图书源源不断地流向社会,图书普及和流通进入新的历史发展阶段。

---

① [宋]周必大:《文苑英华序》,载[宋]李昉等编:《文苑英华》,北京:中华书局,1966年,第2页。

1. 图书的普及

宋初雕版印本书的普及,我们可以从宋真宗与大臣的两次对话中略知大概。大中祥符三年(1010),即赵宋王朝建国50年时,在崇正殿有一次君臣对话。真宗问资政殿大学士向敏中曰:"今学者易得书籍。"敏中曰:"国初惟张昭家有三史。太祖克定四方,太宗崇尚儒学,继以陛下稽古好文,今三史、《三国志》《晋书》皆镂板,士大夫不劳力而家有旧典,此实千龄之盛也。"①而5年前,即景德二年(1005),真宗在国子监检阅书库时问翰林侍讲学士邢昺藏有多少经版,邢昺回答说:"国初不及四千,今十余万,经、传、正义皆具。臣少从师业儒时,经具有疏者百无一二,盖力不能传写。今板本大备,士庶家皆有之,斯乃儒者逢辰之幸也。"②仅仅半个世纪,国子监仅经版就涨了20多倍,足见朝廷刻书的扩张规模。而苏轼《李氏山房藏书记》中有这样一段记述:"近岁,市人转相摹刻诸子百家之书,日传万纸。学者之于书,多且易致如此。"文中所说"近岁,市人转相摹刻"云云,应是当时京师开封民间雕刻印卖书籍的真实记述。经史典籍、诸子百家之书能够满足士大夫阶层阅读的需要,印本书时代带来了图书的大普及。

不仅如此,北宋国子监和地方官府大规模刊行四部典籍,有的为了适应市场购买力,进一步普及图书,甚至采用小字雕版,以降低售价。宋哲宗元祐三年(1088),因原刊医书"册数重大,纸墨价高,民间难以买置",敕令国子监别作小字雕印;绍圣三年(1096),因《千金翼方》《金匮要略》《王氏脉经补注》等5种日用医书都是大字本,医家往往无钱请购,再次敕准国子监"开作小字,重行校对出售,及降外州施行,本部看详"之请。所谓"降外州施行"云云,就是委托地方书坊刊行。

地方书坊刻书为图书的普及作出了极大的贡献。南宋是我国古代雕版印刷事业发展的兴盛时期,迄今见存的宋版善本很大部分是这一时期书坊的产物。南宋坊肆除了翻刻各类官刻本以外,开始自行刊印适应社会生活,尤其是士子应试需要的大型文选和日用百科全书型类书。仅

---

① [宋]李焘撰,上海师范大学古籍整理研究所、华东师范大学古籍整理研究所点校:《续资治通鉴长编》卷74,北京:中华书局,2004年,第3册,第1694页。

② [元]脱脱等:《宋史·邢昺传》,北京:中华书局,1979年,第37册,第12798页。

就现存和见于历代学者藏家著录者而言,南宋的坊刻本品种遍及经史子集,尤以科举、医书和文集为盛。琳琅满目的坊刻本,充分显示了南宋民间书坊刻书事业的兴盛。

2. 图书的收藏

宋代是我国古代私人藏书的勃兴期。在朝廷崇儒右文和科举取士的社会环境下,登上仕途的希望大增,极大地刺激了人们读书的积极性。而雕版印刷术自五代推广以来,至北宋仁宗年间,重要的四部典籍大都已有雕版印本流传,印本书籍盛行后,求书已经变得比较容易。因此,两宋之世,官宦之府,豪富之门,簪缨之族,士庶之家,无不以诗书教子,文籍传家。

自古以来,学士大夫之家无不以家藏图书为美,而已经进入雕版文化时代的两宋,藏书之风尤盛。宋代士大夫藏书者甚众,著名的学者、文学家如北宋的宋绶、欧阳修、曾巩、司马光、苏颂、沈括、赵明诚,南宋的叶梦得、陆游、尤袤、岳珂等人,个个家富藏书,其中欧阳修的"六一堂",司马光洛阳独乐园中的"读书堂",沈括的"梦溪园",赵明诚的"归来堂",叶梦得的"绅书阁",陆游的"书巢",尤袤的"遂初堂",在古代藏书史上都具有很大的影响。

据有关史料记载的不完全统计,宋代藏书家多达 300 余位,创造了先秦以来历代的最高纪录。其中拥有万卷以上的藏家占有很高比例,在宋人文集中,有关万卷楼、万卷堂的诗文记序,如闪烁的珠贝,随处可见。冯时行《题张粹夫万卷楼》"想当日月出没间,玉轴牙签互璀璨",赵蕃《题喻氏万卷楼》"有楼不肯贮风月,名以万卷非徒然"之句,可说是印证了这种盛况。

《宋史·艺文志》史部目录类著录目录 68 部 607 卷,除了王尧臣、欧阳修《崇文总目》,陈骙《中兴馆阁书目》,张攀《中兴馆阁续书目》几部官藏目录外,大都是私人藏书目录,如吴兢《西斋书目录》1 卷、蒋彧《书目》1 卷、《沈氏万卷堂目录》2 卷、李淑《邯郸书目》10 卷、李德刍《邯郸再集书目》30 卷、吴秘《家藏书目》2 卷、田镐《荆州田氏书总目》3 卷、陈贻范《颍川庆善楼家藏书目》2 卷、尤袤《遂初堂书目》2 卷、《鄱阳吴氏籯金堂书目》3 卷、董逌《广川藏书志》26 卷、欧阳修《集古录》5 卷、赵明诚《金石录》30 卷等。

《宋书·艺文志》这个目录并不全。宋洪迈著《容斋随笔·四笔》"荣王藏书"条记载：荣王赵宗绰藏书号称7万卷，宣和中，其子淮南郡王仲糜进《目录》3卷，洪皓曾见到部分《目录》，云："除监本外，写本、印本书籍计二万二千八百三十六卷。"感叹道："观一帙之目如是，所谓七万卷者为不诬矣。三馆秘府所未有也，盛哉！"①更值得特别指出的是南宋两位杰出的藏书家、学者晁公武和陈振孙。

晁公武（约1105—约1180），字子止，济州钜野（今山东巨野）人。他在四川转运司供职时，转运副使井度是一位藏书家，临终前将藏书悉数相赠。晁公武合井度赠书和家中旧藏，除去重复，得24500余卷。晁氏对这些藏书一一亲加校雠，撰写提要，类分四部，并加部论类序，编成解题书目《郡斋读书志》4卷。

陈振孙（约1183—约1262），字伯玉，号直斋，浙江安吉人。曾官国子监司业。通判兴化军时得故家藏书数万卷，晚年花费将近20年时间，仿《郡斋读书志》的体例，编成《直斋书录解题》56卷，著录图书3096种，51180余卷。比南宋国家书目《中兴馆阁书目》《续目》著录的总和59000余卷仅少8000余卷。

藏书家的学术贡献是与当时图书编辑出版事业的发展息息相关的，可以说前者是后者的产物。发达的图书出版业，使民间的图书拥有量不断增加，藏书成为社会上具有吸引力的文化活动，甚至成为部分人的终身事业。而持续旺盛的社会藏书风气，尤其是藏书家的编目研究活动，又对图书编辑出版事业产生巨大的促进作用。

翻阅宋代300余年历史，可以发现名门大族，家家建有书楼藏室；儒臣学士，人人结撰读书序跋。一部部卷帙逾万的藏书目，见证着书香门第世代相承的文化岁月；一篇篇神采飞扬的题跋文，体现了文人学者一以贯之的读书情结。这些都印证了两宋出版事业的辉煌。

四、图书市场与贸易活动

两宋的图书流通，由于民间书坊业的形成，政府机构和官吏的参与，呈现比较繁荣的局面，形成较大规模的图书市场，销售发行活动遍布大

---

① ［宋］洪迈：《容斋随笔·四笔》卷13，上海：上海古籍出版社，1978年，第772页。

江南北,并且进入边境贸易。

1. 政府机构积极印售书籍

宋代政府机构参与图书贸易活动,以国子监为代表。《宋史·职官五》记载曰:国子监书库官"掌印经史群书,以备朝廷宣索赐予之用,及出鬻而收其直以上于官"。这表明销售图书是国子监的管理职能之一。国子监刻书,不仅在本监,还大量下发至州府地方刻书机构雕造,并随时刊行社会需要的新品。宋哲宗元祐八年(1093)正月,高丽国献书中有《黄帝针经》9卷,篇秩具存,而国内已经散佚。工部侍郎兼权秘书监王钦臣认为应该宣布海内,使学者诵习,故"伏望朝廷详酌,下尚书工部,雕刻印板,送国子监依例摹印施行。有旨,令秘书省选奏通晓医书官三两员校对,及令本省详定讫,依所奏施行"①。足见国子监所刻图书品种齐、数量多、质量好,在全国刻书出版业中独占鳌头。

监本以官刻的良好信誉,迅速占领市场。宋代文献中留下了很多监本在全国的销售记录。北宋徽宗时,吴兴沈偕京师擢第后,"尽买国子监书以归"。四川眉山孙氏购买国子监书万卷,成为名著一方的藏书家。北宋末年,遭逢靖康之乱的著名藏书家赵明诚、李清照夫妇南下之际,将家中所藏"先去书之重大印本者,又去画之多幅者,又去古器之无款识者,后又去书之监本者"。李清照《金石录后序》中的这段描述,说明两点:一是像赵明诚这样的士大夫家中大多藏有很多监本书籍,二是十分珍视监本,所以到最后才忍痛割舍。

国子监以外,各地政府或官学的刻书机构也参与图书发售,以此来补贴财政,充实办学经费。如嘉祐中,苏州公使库刊印《杜工部集》,盈利充实财政经费;乾道二年(1166),扬州州学刊沈括《梦溪笔谈》,州学教授汤修年在刻书跋中称"刊行是书,以充郡帑,以为养士,无穷之利"。

2. 社会书坊独领先机

"书坊"之名迄今最早似见于北宋,这与雕版印刷技术广泛运用于社会书籍生产的时间基本一致。南宋以来,书坊刻书业应社会潮流而起,

---

① [宋]江少虞:《宋朝事实类苑》卷31《词翰书籍·二十》,上海:上海古籍出版社,1981年,第397页。亦见宋李焘《续资治通鉴长编》卷480记载。

两相互动,规模不断扩大,书坊刻本活动开始在社会文化传播体系中发挥重要作用。书坊作为一个常年经营的手工业工场,一般具有相对固定的场地,其场地往往具有前店后工场的特点。宋徽宗时供职翰林国画院的画家张择端曾以汴河为中心,创作了传世名作《清明上河图》,对北宋晚期京师开封的城市风貌作了全面细腻的描绘,其中在鳞次栉比的街面店铺中,有一家正在经营的书坊(图5-3)。在宋代文献中,书坊、书肆二词经常出现在出版物的序跋中,其意义

图5-3 北宋开封书坊图

往往相同,主要是指刊刻销售图书的经营者。如乾道九年(1173),周刊在其父周紫芝《竹坡词》所撰跋文中说道:"先父长短句一百四十八阕,先是,浔阳书肆开行,讹舛甚多,未及修正。适乡人经由渭宣城搜寻,此未得其半,遂以金受板东下。未几,好事者辐凑访求,鬻书者利其得,又复开成,然比宣城本为善,盖刊亲校雠也。"①此用"书肆"。淳祐十年(1250),林畊《尚书全解后序》曰:"畊自儿时侍先君旴江官舍,暇日因与言曰:吾家先拙斋《书解》今传于世者,自《洛诰》以后皆讹。盖是书初成,门人东莱吕祖谦伯恭取其全本以归,诸生传录,十无二三,书坊急于锓梓,不复参订,讹以传讹,非一日矣。"②此用"书坊"。

从上述两例可以看出,书坊经营的态度十分积极,大量图书经由散落各地的书坊流向社会,有力地推动了古代雕版印刷事业的发展和文化传播活动的深入。

---

① [宋]周刊:《竹坡词原跋》,载曾枣庄等主编:《全宋文》卷5716,上海:上海辞书出版社,2006年,第254册,第303页。

② [宋]林畊:《尚书全解后序》,载曾枣庄等主编:《全宋文》卷7934,上海:上海辞书出版社,2006年,第343册,第347页。

商品经营往往具有聚集效应,出版业也不例外。书坊多了,自然就形成了书市。

东京开封是北宋王朝的政治文化中心,图书出版业的发展环境相对较其他地区优越。在城中最繁华的区域,矗立着占地 540 亩的雄伟宏丽的相国寺。这座倍受宋代历朝君王崇奉的佛寺,每月 5 次开放,在殿后资圣门前形成书籍交易中心。在相国寺书市交易的图书,除了各地贩鬻进京者,本地书坊应占很大的比例。绍兴二十二年(1152),南宋杭州荣六郎经史书籍铺刊行《抱朴子内篇》,卷末刻有 5 行告白,其中声称本铺旧日设肆于东京大相国寺东。而更为简单的如北宋散文家穆修,他"晚年得《柳宗元集》,募工镂板,印数百帙,携入京相国寺,设肆鬻之"①。

南宋福建建阳有着名闻全国的大书市。建阳麻沙、崇化两坊的刻书业兴起于南宋文风炽盛之时。刘子翚、朱熹、蔡沈等学者倡明道学,先后在建阳构精舍讲学,尤其是"琴书四十年,几作山中客"的大儒朱熹先后兴建考亭书院、云谷书院、同文书院等,广招弟子,吸引全国众多学子联袂前来求学,同时不少著名学者入闽中建舍为师友讲学之所,在建阳营造起浓郁的读书、讲学的氛围,时有"小邹鲁"之称。读书、讲学都离不开书籍,巨大的读者群形成了旺盛的市场需求,有力地促进了当地出版业的崛起发展。建阳书坊业的崛起,很快在当地形成一个影响力扩至全国的书市。明嘉靖《建阳县志》记崇化书市盛况:"比屋皆鬻书籍,天下客商贩者如织,每月以一、六日集。"直至清初,朱彝尊《建阳》诗尚有句云:"得观云谷山头水,恣读麻沙坊里书。"稍后,查慎行《建溪棹歌词十二章》其四又曰:"西江估客建阳来,不载兰花与药材。点缀溪山真不俗,麻沙村里贩书回。"南宋以来建阳坊刻本在社会文化传播中所发挥的作用和影响是不可低估的。

3. 贸易活动

刻书业生产规模的扩大,必定带动发行销售活动的繁荣。历阳沈立在蜀为官期间,悉以粟售书,积卷数万,所谓"蜀道归来品异香"。南宋初,陆游曾任职西蜀,奉诏自夔州出峡入京之日,尽买蜀书而归。可以推

---

① [宋]魏泰撰,李裕民点校:《东轩笔录》卷 3,北京:中华书局,1983 年,第 30 页。

测,两宋时期四川民间的图书市场应该是买卖两旺。我们还可以在现存宋人的文字中,看到很多关于在北宋开封的相国寺和南宋成都药市购书的记载。曹之根据《郡斋读书志》《遂初堂书目》《直斋书录解题》等宋人藏书目录的得书记载,统计编制了一份《宋代全国书市贸易分布地区表》,其中包括浙江 21 个地区,福建 21 个地区,四川 10 个地区,江西 22 个地区,湖北 12 个地区,湖南 13 个地区,江苏 6 个地区,安徽 8 个地区,河南 3 个地区,山西 5 个地区,广东 3 个地区。这虽然仅是一份不完全的统计,但是已经足以说明宋代民间图书贸易市场遍及全国的事实。①

宋代的图书市场还涉及与辽、金、西夏的流通交易。这三个先后与两宋对峙的少数民族政权都全面接受汉文化,使用雕版印刷术刻印书籍。辽代在燕京,金国在平水,各自形成自己的刻书中心,印行大量汉文典籍,其中以两部汉文大藏经《契丹藏》《金藏》的雕造工程最为浩大壮观。辽道宗清宁元年(1055)、金章宗明昌五年(1194),两国朝廷先后下诏购求汉文经籍,金章宗还明确购求《崇文总目》内所阙书籍。除了官方交流,民间流通的形式也十分多样。

金海陵王正隆六年(1161),金国兴兵大举侵宋,攻占两淮众多州县。金元好问在《朝散大夫同知东平府事胡公神道碑》中记道:时胡景崧以良家子从军南征,"载国子监书以归,因之起'万卷堂',延致儒士,门不绝宾。儒素起宗,实兆于此"②。其时正值南宋绍兴三十一年,说明两宋国子监所刻书传播儒术的影响还远达辽、金地区。

4. 图书的价格

宋代书价比较便宜,监本书价基本与工本费持平。天禧元年(1017)九月,有朝臣建议提高监本书价,真宗回答"此固非为利,正欲文籍流布耳",不许。哲宗元祐初,监本曾一度提高书价,陈师道上书《论国子卖书状》,说:"臣伏见国子监所卖书,向用越纸而价小,今用襄纸而价高。纸既不迨而价增于旧,甚非圣朝章明古训以教后学之意。臣愚欲乞计工纸之费以为之价,务广其传,不亦求利,亦盛教之一助。(贴黄)臣惟诸州学

---

① 曹之:《中国印刷术的起源》,武汉:武汉大学出版社,1994 年,第 421 页。
② [金]元好问著,狄宝心校注:《元好问文编年校注》卷 5,北京:中华书局,2012 年,第 920 页。

所买监书系用官钱买充官物，价之高下何所损益；而外学常苦无钱而书价贵，以是在所不能有国子之书，而学者闻见亦寡。今乞止计工纸，别为之价，所冀学者益广见闻，以称朝廷教养之意。"①

哲宗似乎采纳了陈师道的建议，元祐三年（1088），刊行汉张仲景医书时，朝廷下令刊行小字本，降低成本。《注解伤寒论》四部丛刊本附有元祐三年的牒文："中书省勘会：下项医书册数重大，纸墨价高，民间难以买置。八月一日奉圣旨：令国子监别作小字雕印，内有浙路小字本者，令所属官司校对，别无差错，即摹印雕版，并候了日，广行印造，只收官纸工墨价，许民间请买。"绍圣元年（1094），哲宗再次批准国子监用小字刊印日用医书的请求。

宋代刻印书籍的成本可以分解为纸墨等材料费用、雕刻印装工钱、伙食补贴支出等项。这里看一份当时的工料成本单，宋淳熙三年（1176）舒州刻方闻一辑《大易粹言》10 卷，计 20 册，其题识称：纸副耗共 1300 张，装背饶青纸 30 张，背清白纸 30 张，棕墨糊药印背匠工等钱共 1 贯 500 文足，赁板钱 1 贯 200 文足。库本印造，见成出卖，每部价钱 8 贯文足。

北宋早期雕版技术尚不发达，读者要拥有自己需要的书籍，抄写仍是主要方法。如淳化三年（992），太宗命医官集《太平圣惠方》100 卷，"以印本颁天下，每州择明医术者一人补博士，令掌之，听吏民传写"②。随着雕版印刷业的发展，读者购书形成两种方式：一是购买成书，二是自备纸张到藏版处刷印。上述题记中讲到"赁板钱"，即自备纸张者刷印需付的租赁印版的费用。

第三节　江苏地区出版概况

宋代地方一级行政建置为路，路下辖若干府、州、军。宋神宗元丰时，全国设置二十三路，江苏分属京东西路、两浙（西）路、淮南东路、江南

① ［宋］陈师道：《论国子卖书状》，载曾枣庄等主编：《全宋文》卷 2664，上海：上海辞书出版社，2006 年，第 123 册，第 278 页。
② ［宋］李焘撰，上海师范大学古籍整理研究所、华东师范大学古籍整理研究所点校：《续资治通鉴长编》卷 33，北京：中华书局，2004 年，第 2 册，第 736 页。

东路,具体隶属如下:徐州属京东西路,平江(苏州)、镇江、常州、江阴军属两浙(西)路,扬州、楚州(淮安)、海州(连云港)、泰州、泗州(盱眙东北)、真州(仪征)、通州(南通)、高邮军、淮安军(淮阴)等属淮南东路,建康(南京)属江南东路。①

江苏地处长江下游平原地区,长江、大运河分别东西、南北贯穿而过,主要城市大多依江临河,交通便利,经济繁荣。对此,日本学者宫崎市定曾这样强调:"宋代可以说是运河中心的经济时代。大运河一开始就是国都开封,到了和淮水的交叉点有楚州出现;在和长江的交叉点,真州又代扬州而兴;产米地带的中心苏州,和运河的终点杭州,则繁荣于长江以南。"②经济发达,城市繁荣,是出版业发展的重要条件。所以,在两宋雕版文化的黄金时期,江苏的出版业也强劲发展,建康(南京)、平江(苏州)、扬州、镇江、常州等中心城市的出版都有不俗的表现。如江宁府嘉祐三年(1058)刊唐许嵩撰《建康实录》20卷,江南东路转运司绍兴年间(1131—1162)刊唐李贤注《后汉书》120卷;姑苏郡斋王琪嘉祐四年(1059)刊《杜工部集》20卷,苏州守晏知止元丰三年(1080)刊唐李白撰《李翰林集》30卷;镇江府学淳熙二年(1175)刊宋聂崇义撰《新定三礼图集注》20卷;常州军端平三年(1236)刊宋章樵注《古文苑注》21卷;扬州州学乾道二年(1166)刊宋沈括撰《梦溪笔谈》26卷等,皆有名于时。

一、相关文献记载

目前我们要全面深入研究古代区域出版的历史状况,可能都会面临共同的困难,就是缺乏史料,即使是处于雕版文化繁荣时期的两宋也是如此。两宋刻本存留至今的实物较少,而且这些实物中有关版本的信息不足。下面是三则宋人有关版刻的资料:(1)宋敏求(1019—1079)《题孟东野诗集》:"东野诗,世传汴吴镂本五卷一百二十四篇,周安惠本十卷三百三十一篇,别本五卷三百四十篇,蜀人蹇浚用退之赠郊句纂《咸池集》二卷一百八十篇。自余不为编帙,杂录之,家家自异。今总括遗逸,摘去重复,若体制类者得五百一十一篇,厘别乐府、感兴、咏怀、游适、居

---

① 两宋的路置和区划多次变迁,江苏的具体情况可参考《宋史》卷八十八《地理四》。

② 〔日〕宫崎市定:《东洋的近世》,载刘俊文主编,黄约瑟译:《日本学者研究中国史论著选译》第1卷,北京:中华书局,1993年,第170页。

处、行役、纪赠、怀寄、酬答、送别、咏物、杂题、哀伤、联句十四种,又以赞书二系于后,合十卷。"①(2) 周紫芝(1082—1155)《书谯郡先生文集后》:"余顷得《柯山集》十卷于大梁罗仲共家,已而又得《张龙阁集》三十卷于内相汪彦章家,已而又得《张右史集》七十卷于浙西漕台。先生之制作于是备矣。今又得《谯郡先生集》一百卷于四川转运副使南阳井公之子晦之,然后知先生(张耒)之诗文为最多,当犹有网罗之所未尽者。余将尽取数集,削其重复,一其有无,以归于所谓一百卷者,以为先生之全书焉。"②(3) 洪兴祖(1090—1155)自称编纂韩愈《年谱》:"以唐本、监本、柳开、刘烨、朱台符、吕夏卿、宋景文、欧阳公、宋宣献、王仲至、孙元忠、鲍钦止,及近世所行诸本参定,不敢以私意改易。凡诸本异同者兼存之。考岁月之先后,验前史之是非,作年谱一卷。"③三人所述均系为前人新编诗文集所做的版本搜集情况,从中可以发现两个共同点,就是版本意识已强,搜集众本,勘正讹误,已经为宋代学者视为当然;而版本著录尚弱,各本何时由何人(机构)刊于何地的信息并未受到应有的重视。

上述并非个别现象。据李明杰研究,"以公认的第一部版本目录《遂初堂书目》为例,全书共收录图书 3130 部,而涉及版本著录的项目只有区区 40 余条。即便是收录版本内容最多的《直斋书录解题》也只有 150 条左右"④。缺少必要的文献记载,对我们鉴定部分今存宋刻本的版本项,尤其是刊刻地造成困难。如南宋绍兴中,两淮和江东转运司合刊《史记》《汉书》《后汉书》,其中两《汉书》由于没有刊记(版本著录),专家通过对版式、字体、避讳、刻工等特征进行深入的比对研究,仍只能得出这样的结论:"虽然江南东路与两浙的中心地区最为接近,但它的转运司所在地江宁府却在其北端,那里离杭州的距离与淮南东路府扬州几乎一样,所以,仅仅根据这些材料,仍然难以判断两汉书分别是由江南、淮南哪路

---

① 曾枣庄等主编:《全宋文》卷1114,上海:上海辞书出版社,2006年,第51册,第287页。

② 曾枣庄等主编:《全宋文》卷3522,上海:上海辞书出版社,2006年,第162册,第194页。

③ 〔宋〕洪兴祖:《韩子年谱》,载《北京图书馆藏珍本年谱丛刊》第11册,北京图书馆出版社,1999年,第49页。

④ 李明杰:《宋代版本学研究:中国版本学的发源及形成》,济南:齐鲁书社,2006年,第249页。

的转运司雕造的。"①这种情况对我们今天界定和描述区域出版造成困难。

面对宋代图书版刻著录信息缺乏的历史状况，我们大致还可以通过以下途径尽可能多地获取相关版刻信息：其一是通过书目著录，但是占比较小；其二是书目著录不明，可检阅原书序跋，考知版本信息；其三原书已佚，可查检收录在总集、别集中的相关序跋，梳理版本信息记录。下面以查询宋代江苏版刻情况为例：

1. 宋金陵学舍刊宋戴溪撰《春秋讲义》4 卷

《四库全书总目》称：

> 开禧中，溪为资善堂说书，累转太子詹事。时景献太子命类易、诗、书、春秋、论语、孟子、通鉴各为说以进。此即其春秋说也……嘉定癸未五月，溪长子桷镂木金陵学舍，沈光序之。宝庆丙戌，牛大年复刻于泰州。②

嘉定癸未为嘉定十六年（1223），3 年后，宝庆二年（丙戌，1226），牛大年在刻书序中这样叙述复刻缘起："今提举寺丞建台于此，一日出家藏以惠多士。仆亦以摄承郡事，遂得拜手与观。盖其发先圣之精微，正后学之讹谬，其功用岂小补之哉。于是命工镂木，置之郡校，以广其传。岁在丙戌重阳后一日，淮海牛大年书于海陵郡斋。"③牛大年，字隆叟，扬州江都人。庆元二年（1196）进士，仕至起居郎兼崇政殿说书。《宋史》有传。

此书久佚，《四库全书》本系从《永乐大典》中辑出，所缺取宋黄震《日抄》所引补入，仍依《宋史·艺文志》著录，编作 4 卷。虽无法考知当年《永乐大典》据何本辑入，然据今存牛大年序，应可视为泰州刻本。

2. 宋常州学舍刊陈瓘《了翁易说》

《四库全书总目》著录《了翁易说》1 卷，解题曰：

① [日]尾崎康著，陈捷译：《以正史为中心的宋元版本研究》，北京：北京大学出版社，1993 年，第 42 页。
② [清]永瑢等：《四库全书总目》卷 27"经部春秋类二"，北京：中华书局，1987 年，第 222 页。
③ [清]永瑢等：《四库全书总目》卷 2"经部易类二"，北京：中华书局，1987 年，第 7 页。

宋陈瓘撰。瓘字莹中,了翁其自号也。延平人。元丰二年进士甲科。建中靖国初为右司谏,尝移书责曾布及言蔡京、蔡卞之奸,章数十上,除名编隶合浦以死。事迹具《宋史》本传。此本为绍兴中其孙正同所刊,冯椅谓尝从其孙大应见了翁有《易全解》,不止一卷,多本卦变,与朱子发之说相类。胡一桂则谓尚见其初刊本,题云《了翁易说》,并未分卷。此本盖即一桂所见也。①

检四库文渊阁本,作《了斋易说》,前后未见序跋。宋陈振孙《直斋书录解题》卷一谓“《了翁易说》一卷,左司谏延平陈瓘了翁撰。晚年所著也。止解六十四卦,辞旨深晦”,亦未著录版本。清朱彝尊《经义考》卷二十著录《了翁易说》,并录正同跋及元胡一桂《周易本义启蒙翼传》中案语。正同跋曰:“先公晚年益绝世念,致一性命之理,尝著《易说》以遗诸孤,正同谨以家藏刊于毘陵官舍,庶几流传,不没先志。绍兴十二年十月。”胡一桂曰:“了翁子正同,绍兴十二年知常州,刊于官舍。刊本止题云《了翁易说》,初不分卷。”②

3. 宋建康府学刊《杜工部集》

通判建康府事吴若《杜工部集后记》曰:

右杜集,建康府学所刻版也。教授刘常今亘,初得府帅端明李公本,以为善,又得抚属姚令威宽所传故吏部鲍钦止本,较定之。末得若本,以为无憾焉。凡称樊者,樊晃小集也。称晋者,开运二年官书本也。称荆者,王介甫四选也。称宋者,宋景文也。称陈者,陈无已也。称刊及一作者,黄鲁直、晁以道诸本也。虽然,子美诗如五谷六牲,人皆知味,而鲜不为异馔所移,故世之出异意、为异说以乱杜诗之真者甚多。此本虽未必皆得其真,然求不为异者也。他日有加是正者重刻之,此学者之所望也。绍兴三年六月日。③

清初朱鹤龄在吴记后注曰:“世所传杜集,若本为最古。若字幼海,

---

① [清]清朱彝尊撰,林庆彰等主编:《经义考新校》卷20,上海:上海古籍出版社,2010年,第2册,第360页。
② 曾枣庄等主编:《全宋文》卷6878,上海:上海辞书出版社,2006年,第301册,第291页。
③ [唐]杜甫著,[清]仇兆鳌注:《杜诗详注·附编》,北京:中华书局,1999年,第5册,第2245页。

钦宗朝除大学正,上书论李邦彦、吴敏奸邪,被斥。见《北盟会编》。"吴若所记《杜工部集》系绍兴三年(1133)建康府学刻本,对清代学者的影响极大,钱谦益的《钱注杜诗》即以其为底本。其本虽已失传,仍不失为宋代江苏出版的重要史料。

以上三例证明在依托历代书目著录的基础上,相应扩大文献检索的范围,可以获得更多区域出版信息,以进一步丰富古代地方出版史的内容。

二、出版格局

1993年,苏州书业前辈江澄波已经对江苏宋元时期的刻书情况进行过系统梳理,其成果《宋代刻书》共著录71种,其中地方官刻57种,占比达80%,其他寺院2种,家刻或刻者不确定者12种。① 虽然这份书单现在有所变动,但基本格局不会改变,就是宋代江苏出版官刻一家独大,家刻只是一枝数花独放,而坊刻仍有待发现线索。

地方官刻中,地方行政官署所刻43种,地方官学14种,广泛涉及江苏各地路、府、州、军和县级机构。地方官刻都由行政主官主导,这与唐宋以来政府的治国方略和科举制度有关。唐宋科举取士,地方官吏基本都是进士出身。他们长期受政府崇儒思想的影响,熟读儒家经典,一旦出仕为官,崇儒兴学就成为其施政的重要举措,而刻书则是易见成效的途径。如乾道八年(1172)进士李大异,嘉定元年(1208)出知平江府,在任刻《白氏文集》71卷;嘉定三年又刻《皇朝大诏令》240卷于建宁。江阴耿秉,绍兴三十年(1160)进士,淳熙八年(1181)知广德军,刊《史记》130卷;十年知镇江府,刻唐李德裕《李卫公备全集》39卷。

地方官学,主要指府学、州学、县学三级,江苏宋代的14种官学刻本主要来自这三级机构。宋代兴学,始自庆历年间。据李焘《续资治通鉴长编》卷一四七、《宋史·职官志》、欧阳修《吉州新学记》等文献记载,参知政事范仲淹多次建言复古劝学,兴建学校。庆历三年(1043)秋,仁宗诏近臣议事,翰林学士宋祁,御史中丞王拱辰,知制诰张方平、欧阳修,殿中侍御史梅挚,天章阁侍讲曾公亮、王洙,右正言孙甫,监察御史刘湜等

---

① 江澄波等编著:《江苏刻书》,南京:江苏人民出版社,1993年。

合奏,希望朝廷兴学。庆历四年,诏诸路、州、军、监,各令立学;而学者达到 200 人以上,则准许设置县学。自是州郡无不有学。同时在官学设置教授,以经术行义训导诸生。官学最初靠朝廷赐田来供学生伙食,但经费往往匮乏。赵铁寒研究指出,地方州学经费不够,则依靠地方长官筹措,借款或捐助,而"南宋乾道之后,赡士之费益艰,刻书贩卖几乎成为一致之财源"。① 考江苏官学所刊 14 种刻本,除高邮军学《淮海集》、山阳儒学《徐积孝先生集》等两种以外,大都刊于乾道以后。可以说,这不仅是江苏,也是全国宋代地方官学刻书较多的原因之一。

三、类别结构:经史

江苏宋代所刻 70 余种图书,按传统四部分类,史部、集部居多,前者 23 种,后者 27 种;子部居中,16 种;经部殿后,5 种。下面按部简介基本情况。

1. 经部

江苏宋代所刻经部典籍经见者(包括残本)较少,主要有宋乾道间江阴军学刊晋杜预撰《春秋经传集解》30 卷,宋淳熙二年(1175)镇江府学刊宋聂崇义撰《新定三礼图集注》20 卷,宋嘉定九年(1216)高邮郡斋刊宋孙觉撰《龙学孙公春秋经解》3 卷等。其中镇江府学刊本《新定三礼图集注》20 卷较为著名,原刻现藏中国国家图书馆,已辑入《中华再造善本》唐宋编。

2. 史部

史部著作,无论在数量、类别或体例创新上,宋代都算得上独树一帜,但历经岁月沧桑,散佚惨重。据刘兆祐研究统计,《宋史·艺文志》"史部十三类凡著录二千一百四十七部,今存者今二百七十余部,残者四十余部,辑者四十余部,他并亡佚。宋志史部诸书中,以地理类为最多,凡四百七部;今存者仅二十余部,其亡佚亦视他类为甚"②。据已知文献记载和原刻实物,江苏宋代刊行史籍达 23 种,地方性是其明显的特征,主要是指编纂刊行地方志多,除宋天圣七年(1029)江阴军刊吴韦昭注

---

① 赵铁寒:《宋代的州学》,载宋史座谈会编:《宋史研究集》第 2 辑,台北:中华丛书编审委员会,1983 年,第 360 页。

② 刘兆祐:《宋史艺文志史部佚籍考》,台北:中华丛书编审委员会,1984 年,第 25 页。

《国语》21卷,宋嘉祐三年(1058)江宁府刊唐许嵩撰《建康实录》20卷,宋绍兴年间江南东路转运司刊唐李贤注《后汉书注》120卷,宋嘉定五年(1212)吴郡学斋刊宋吕祖谦撰《大事记》12卷、《通释》3卷等数种外,其他都是地理类著作,如宋绍兴三十年(1160)建康府刊宋张敦颐撰《六朝事迹类编》2卷,宋淳熙六年扬州州学刊郑少魏、姚一谦撰《广陵志》12卷,宋淳熙五年(1178)高邮郡斋刊宋孙祖义撰《高邮志》3卷,宋嘉定三年(1210)常熟县令叶凯刊宋鲍廉撰《琴川志》15卷,宋嘉定间镇江府学刊宋卢宪撰《镇江志》30卷,宋绍定二年(1229)平江府学刊宋范成大撰《吴郡志》50卷,宋淳祐十一年(1251)昆山县学刊宋凌万顷、边实撰《玉峰志》3卷、《续志》1卷,宋咸淳四年(1268)常州郡斋刊宋史能之撰《重修毗陵志》30卷等。其中《吴郡志》绍定刻元修本现藏中国国家图书馆,已辑入《中华再造善本》唐宋编。

宋真宗咸平四年(1001)八月,丹阳吴淑时任职方员外郎、秘阁校理,他向真宗提出两个建议:其一,天下山川险要,所以《周礼》有职方氏掌天下图籍,请令以今闰年地方所纳图并上职方。其二,州郡地理,犬牙相入,望令诸路转运使每十年各画本路图一,上职方。"所冀天下险要,不窥牖而可知;九州轮广,如指掌而斯在。"朝廷接受吴淑的建议。① 于是,全国修志形成热潮。6年后,景德四年,真宗诏令统一刊修全国各地所上图经,校定成1566卷,陆续颁下,可见规模之大。当时朝廷所颁图经,至南宋末已经罕见,藏书家陈振孙收藏仅有苏州、越州、黄州3种而已。以图经命名的宋代地理类史籍,江苏编著刊行的现存有两种:宋元符元年(1098)苏州公使库刊宋朱长文撰《吴郡图经续记》3卷,宋乾道三年(1167)澄江郡刊宋徐兢撰《宣和奉使高丽图经》40卷。《吴郡图经续记》现存南宋绍兴四年(1134)孙祐苏州刊本,此本纸精墨佳,字体浑厚端正,系海内孤本(图5-4),现为台北特藏。《宣和奉使高丽图经》为宣和间徐兢出使高丽的所见所闻的记录,完成于宣和六年(1124),图文并茂。虽然图在靖康之乱中佚失,但仍是我们了解研究古代中韩关系及中外交

---

① [宋]李焘撰,上海师范大学古籍整理研究所、华东师范大学古籍整理研究所点校:《续资治通鉴长编》卷49,北京:中华书局,2004年,第2册,第1070页。

通史的珍贵史料。乾道三年,其侄子徐蕆首次刊行,明清两代有据钞本重刊,但皆不及乾道善本。乾道刻本旧藏清宫天禄琳琅,民国归北平故宫博物院,1923 年,故宫博物院影印辑入《天禄琳琅丛书》第一辑。原刻本现藏台北故宫博物院。

四、类别结构:子集

1. 子部

子部 16 种典籍中,有知常熟县事王爚南宋端平年间(1234—1236)编刊《言子》3 卷,真州郡斋宋嘉定七年(1214)刊宋陈旉撰《农书》3 卷、宋秦观撰《蚕书》1 卷,平江府宋绍兴二十四年(1154)刊佚名编《备急总效方》40 卷,镇江府学宋咸淳元年(1265)刊汉刘向撰《说苑》20 卷,扬州州学刊沈括《梦溪笔谈》,丹阳县斋宋嘉泰元年(1201)刊宋费衮撰《梁溪漫志》10 卷,其他 9 种为佛教文献。佛教文献中,最知名的就是南宋宝庆至绍定间(1225—1233)开雕的平江府碛砂延圣院的《碛砂藏》。

图 5-4　《吴郡图经续记》书影
宋绍兴苏州刻本

宋代佛经传播的最大举措,就是开雕卷帙浩繁的大藏经。唐玄宗开元十八年(730),僧智昇撰成《开元释教录》,著录汉译佛经 1076 部,5048 卷。佛教经典开始形成作为文献整体的佛藏,后世称为“大藏经”。《开元录》著录的佛经均为卷轴写本,大藏经的雕版印刷,始于宋初开宝年间。

开宝四年(971),太祖敕高品、张从信往成都雕大藏经,于太平兴国八年(983)雕印毕,凡 1076 部,5048 卷,装为 480 函,经版 13 万片。世称“开宝藏”或“蜀藏”。《开宝藏》书法端丽严谨,雕刻精良,且以黄麻纸印刷,开我国官刻佛教总集之先例,极大地刺激了后来寺院的刻经活动。终两宋之世,先后又刊印了 5 部佛藏:福州东禅院的《崇宁藏》、福州开元寺的《毗卢藏》、湖州思溪圆觉禅院的《圆觉藏》、安吉州思溪法宝资福禅

寺的《资福藏》和平江府碛砂延圣院的《碛砂藏》。南方五大名寺连续雕印 5 部，佛经传播之盛，前所未有。

佛经传播的盛况基于社会崇佛的风尚。宋代寺僧和信徒众多，就如宋初歙人谢泌福州诗中所描述的："潮田种稻重收谷，山路逢人半是僧。城里三山千簇寺，夜间七塔万枝灯。"如此庞大的诵经僧众，自然带来诵读活动的高涨，所谓"除却弦歌庠序外，家家同念佛经声"。①佛徒的诵经声与学童的读书声在同一空间响起，此话可能有所夸张，但多少反映出宋代民间佛经诵读的状况。

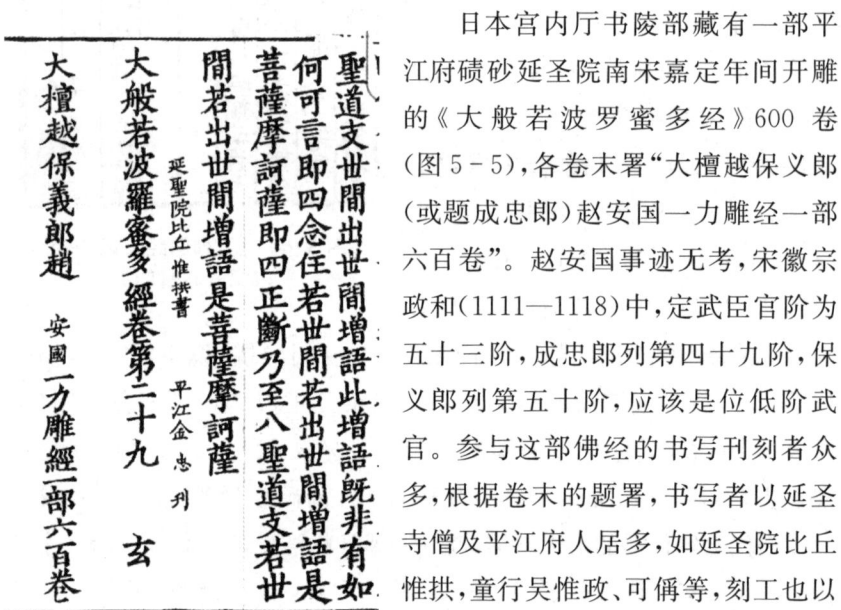

图 5-5 《大般若波罗蜜多经》书影
南宋平江府碛砂延圣院刊本
日本宫内厅书陵部藏

日本宫内厅书陵部藏有一部平江府碛砂延圣院南宋嘉定年间开雕的《大般若波罗蜜多经》600 卷（图 5-5），各卷末署"大檀越保义郎（或题成忠郎）赵安国一力雕经一部六百卷"。赵安国事迹无考，宋徽宗政和（1111—1118）中，定武臣官阶为五十三阶，成忠郎列第四十九阶，保义郎列第五十阶，应该是位低阶武官。参与这部佛经的书写刊刻者众多，根据卷末的题署，书写者以延圣寺僧及平江府人居多，如延圣院比丘惟拱、童行吴惟政、可偁等，刻工也以平江籍居多，如金忠、蒋兴祖、徐琪、沈宗、贾裕等。据瞿冕良《中国古籍版刻辞典》（增订本）的记载，这些刻工大多参与《吴郡志》的刊刻，而《辞典》对上述刻工，除贾裕外，皆未注明籍贯，可据以补缺。

对于佛经大量刊行的现象，范纯仁《安州白兆山寺经藏记》中的一段对话很有意思。元丰元年（1078）冬，白兆山寺长老垂素请范纯仁为寺中

---

① ［宋］祝穆编，祝洙补订：《宋本方舆胜览》卷 10，上海：上海古籍出版社，1991 年，第 122 页。

新修经藏写一篇记文。范纯仁问长老：你曾经说传达摩之宗，不立语言文字，直指心源，见性成佛，为何还要新修五千经藏？长老回答道：世上众生虽然真心向佛，但是往往情牵于世事，不能自拔而为病。"今之经，犹对病之药也。物之感情无穷，故众生之病无穷，则其所治之药亦无穷。此五千之书所以必有也。今之经藏，犹药之府也。"①这就是善男信女礼佛诵经的最简单而通俗的理由，也是江苏宋代佛教文献见存丰富的原因。

2. 集部

集部是江苏宋代刊本已知且保存至今最多的类别，达 27 种，如宋元丰三年（1080）苏州守晏知止刊唐李白撰《李翰林集》30 卷，宋宣和间（1119—1125）姑胥居世英刊宋苏轼撰《东坡集》40 卷、《后集》20 卷，宋绍兴三年（1133）高邮军学刊宋秦观撰《淮海集》49 卷，宋绍兴五年（1135）吴人朱思刊宋朱长文撰《吴郡乐圃朱先生遗稿》10 卷，宋绍兴十八年（1148）建康郡斋刊后蜀赵崇祚辑《花间集》，宋绍兴二十一年（1151）两浙西路转运司王珏刊宋王安石《临川先生文集》100 卷，宋乾道二年（1166）吴郡斋刊宋吕本中撰《东莱先生诗集》20 卷，宋乾道七年（1171）平江府学刊唐韦应物撰《韦苏州集》10 卷，宋庆元六年（1200）华亭县学刊晋陆机撰《陆士龙文集》，宋嘉泰三年（1203）吴郡范莘刊宋范成大撰《石湖居士诗文集》130 卷，宋嘉泰四年（1204）梁溪沈有开刊宋吕祖谦奉敕编《皇朝文鉴》150 卷，宋开禧三年（1207）昆山郡斋刊宋龚昱辑《昆山杂咏》3 卷，宋嘉定初期（1208—1210）吴郡守李大异刊唐白居易撰《白氏文集》71 卷，宋嘉定十三年（1220）陆子遹溧阳学宫刊宋陆游撰《渭南文集》，宋端平三年（1236）常州军刊《古文苑》，宋景定五年（1264）淮安州学刊宋徐积撰《徐节孝先生集》30 卷等，其中宋人著作占半数以上。

两宋的士大夫以极大的热情，"游文章之林府""漱六艺之芳润"，在相对安定的社会环境中，受朝廷重文崇儒政策的鼓励，读书治学，吟诗问艺，追求高雅的文化生活，营造浓郁的学术氛围。如宋哲宗元祐四年

---

① ［宋］范纯仁：《安州白兆山寺经藏记》，载曾枣庄等主编：《全宋文》卷 1555，上海：上海辞书出版社，2006 年，第 71 册，第 298 页。

(1089)五月，晁补之为李清照父李格非的有竹堂撰记，称他"率午归自太学，则坐堂中，扫地置笔研，呻吟策牍。为文章，日数十篇不休，如茧抽绪，如山云蒸，如泉出地流，如春至草木发，须臾盈卷轴"①。所以，王国维十分推崇宋代的学术文化，指出："宋自仁宗以后，海内无事，士大夫政事之暇，得以肆力于学问。其时哲学、科学、史学、美术各有相当之进步，士大夫亦各有相当之素养。赏鉴之趣味与研究之趣味，思古之情与求新之念，互相错综，此种精神于当时之代表人物苏轼、沈括、黄庭坚、黄伯思诸人著述中，在在可以遇之。"②所以，宋人著述的规模是空前的，仅别集一项，陈振孙《直斋书录解题》就著录了 277 种，另有诗、词集 250 余家。20 世纪 80 年代，四川大学古籍整理研究所为编辑《全宋文》，对现存宋人别集进行搜集整理，得宋人诗文集，包括词集、各类文集及后人的辑本739 家。

北宋仁宗时人才川涌云集，位列"唐宋八大家"的欧阳修、苏洵、曾巩、王安石、苏轼、苏辙，以及司马光、黄庭坚等诗文集盛行于世，即如与黄庭坚、秦观、晁补之并称"苏门四学士"的张耒，仅南宋周紫芝就先后在大梁、杭州、浙西、四川四地得到四种刊本，书名不同，卷数各异。名家别集，"虽樵夫野老，市井庸人，皆能道其姓字而乐诵之"③。北宋宣和间吕荣义的这一评说，足令我们遥想当时名家诗文别集社会传播阅读的盛况，这也正是我们今天能见到江苏宋代所刊 20 余种集部典籍的历史原因。

《中华再造善本》选印宋绍兴二十一年(1151)两浙西路转运司王珏刊宋王安石《临川先生文集》，宋乾道七年(1171)平江府学刊唐韦应物撰《韦苏州集》，宋乾道九年(1173)高邮军学刻绍兴三年谢雩重修本《淮海集》，宋嘉定六年淮东仓司景定三年(1262)郑羽补刻本《施顾注东坡先生诗》，宋嘉定十三年(1220)陆子通溧阳学宫刊宋陆游撰《渭南文集》等 10

---

① [宋]晁补之：《有竹堂记》，载曾枣庄等主编：《全宋文》卷 2738，上海：上海辞书出版社，2006年，第 127 册，第 15 页。

② 王国维：《宋代之金石学》，载胡逢祥主编：《王国维全集》第 14 卷，杭州：浙江教育出版社，2009 年，第 321 页。

③ [宋]吕荣义：《眉山唐先生文集序》，载曾枣庄等主编：《全宋文》卷 3769，上海：上海辞书出版社，2006 年，第 173 册，第 4 页。

种,辑入《唐宋编》。可以肯定,这些在历史上产生过重要影响的江苏刊本,将继续在中华优秀文化的传承中发挥积极的作用。

研究宋代的刻书情况,大多会引用宋代叶梦得在《石林燕语》中的那段著名的评论:"今天下印书,以杭州为上,蜀本次之,福建最下。京师比岁印板,殆不减杭州,但纸不佳;蜀与福建多以柔木刻之,取其易成而速售,故不能工。福建本几遍天下,正以其易成故也。"[①]此处列举杭州、福建、四川三个刻书中心。其实当时两浙路刻书在全国名列前茅,两浙东路以杭州为代表,两浙西路则以平江府(苏州)为代表;江南东路和淮南路的刻书都受两浙路的影响。正如宿白所指出的:"建康(南京)和饶州(今鄱阳)是江南东路南北两个重要雕印据点。它们雕版之始都深受两浙影响。建康的绍兴至淳熙年间(1131—1189)刻本,除刊工大部互见于浙本外,字体刻风也极力摹仿两浙。"又曰:"淮南雕版多在东西两路的路治扬州、庐州(今合肥)及其附近……南宋绍兴间(1131—1162),淮南转运司所刻无为军教授潘旦参与校对的《史记集解》和高邮军所刻《淮海集》,皆多募浙工。嘉泰间(1201—1204),淮东仓司所刊《注东坡先生诗》仍不脱两浙风格。淮东雕版大约终宋之世始终从属于浙系。"[②]叶梦得是苏州吴县人,南宋绍兴年间,两次出守建康,重建建康府学藏书,他非常熟悉两浙刻书的情况,所以举杭州以为两浙的代表。

总括来讲,在宋代,江苏区域内形成了建康、平江、扬州三个出版中心。下文将分宋时区域叙述各地的出版情况。

第四节　江南东路建康府(南京)的出版

南京,自唐贞观以来,其名在"江宁""昇州"之间几经改变。宋太祖开宝八年(975)灭南唐,复名昇州。真宗天禧二年(1018),升为建康军节度。高宗建炎三年(1129),诏改江宁府为建康府,隶江南东路,属县五:

---

① [宋]叶梦得撰,宇文绍奕考异,侯忠义点校:《石林燕语》卷8,北京:中华书局,1984年,第116页。

② 宿白:《唐宋时期的雕版印刷》,北京:文物出版社,1999年,第99、101页。

上元、江宁、句容、溧水、溧阳。

建康是六朝古都,虎踞龙盘,宋高宗时,建炎初曾建行宫,绍兴中置行宫留守。作为江南重镇,建康的文化建设根基深厚,其出版事业发达,社会图书普及率高。

南宋理宗景定年间(1260—1264),周应合编纂《景定建康志》,其卷三三为《文籍志》,主要著录了景定二年(1261)建康府学的藏书。这一目录细分为御书石经、经书、史书、子书、理学书、文集、图志、类书、字书、法书、医书等11类,共著录300余种,基本包括四部中的重要典籍。其中经书9种有176种不同的版本;而史书中的《资治通鉴》《续资治通鉴长编》,文集中的《文选》《文苑英华》《唐文粹》《皇朝文鉴》,类书中的《艺文类聚》《太平广记》等都卷帙浩繁。另藏有68种图书的书版2万余版。以府学这样一个地方教学机构,能有这样在数量、质量上都处于较高水平的收藏,间接地说明了当时建康图书普及的状况。建康府学的藏书始于天圣七年(1029),张士逊出守江宁,奏请朝廷下拨国子监所刻书。绍兴中,叶梦得两次出守建康,先拨后捐800万缗,授府学校刊六经,四处购置经史诸书,重建毁于靖康兵火的藏书。景定二年,建康守马光祖再次搜集缺藏的国子监刊本。① 这里我们可以看出,200多年中,建康府学通过朝廷下拨国子监所刻书、自刻和市场选购3种渠道建设自己的藏书。这正反映出宋代图书普及的基本情况。

宋代建康府的刻书情况,详情现在已经难以考知,如《景定建康志·文籍志》中提及绍兴中叶梦得授府学校刊六经事。上文我们已经提及,从有关文献记载中了解到宋绍兴三年(1133)建康府学曾刊《杜工部集》,宋嘉定十六年(1223)金陵学舍曾刊宋戴溪撰《春秋讲义》。类似情况还有宋庞元英《文昌杂录》6卷,陈振孙《直斋书录解题》卷七著录,称:"官制初行,元英为郎,在省四年,记一时见闻及古今典故可观览。元英,丞相庄敏公籍之子。"未及版刻信息。《四库总目提要》则称:"原本六卷,后有补遗六条,故《宋史·艺文志》作七卷。又自为跋,记其入省及作书岁

---

① [宋]周应合纂,王晓波等点校:《景定建康志》卷33,载《宋元珍稀地方志丛刊·甲编》,成都:四川大学出版社,2007年,第3册,第1492页。

月。首有宋卫传序。自明以来仅抄本流传,近始有刻本。"检卷首卫传《序》,其曰:"右《文昌杂录》六卷,庞元英懋贤之书也。乾道丁亥夏,留尹方公刊置建康郡斋。"乾道丁亥为乾道三年(1167),则此书乾道三年刊于建康。考《景定建康志·文籍志》记录府学存留书版中,有《文昌杂录》96版,可能即此刻本的版片。又淳熙十五年(1188),陆游跋《半山集》:"右《半山集》二卷,皆荆公晚归金陵后所作诗也。丹阳陈辅之尝编纂,刻本于金陵学舍,今亡矣。"[①]此类情况尚待进一步发掘梳理。

下面将简介现存(包括残本)以及有可信鉴定结论的建康府宋刻本,并就《景定建康志·文籍志》中所列 65 种书版作检视梳理,以展示建康府宋代刻书的历史概貌。

一、史部

史部典籍是建康府宋代刻书中引人注目的部类,现存有绍兴两淮江东转运司刻三史原刻残本,能了解原刻面貌的则有记载建康地方历史的《建康实录》《六朝事迹编类》《景定建康志》等 3 种。

1.《史记集解》

《史记集解》130 卷,刘宋裴骃撰,宋绍兴年间(1131—1162)淮南路转运司刊本。

此本半叶 9 行,行 16 字。注文双行,行 20 字、21 字不等。白口,单鱼尾,左右双边。明清藏书家鉴定为宋蜀刻大字本,清黄丕烈在《百宋一廛赋注》中说:"蜀大字本《史记集解》一百三十卷,每半叶九行,行大十六字小廿字。所缺旧钞补足。《汲古阁秘本目》有蜀本大字《史记》,云有缺。未知与此何如也?"清常熟藏书家张月霄《爱日精庐藏书志》卷八亦著录有蜀大字本《史记残本》30 卷,所记行款与黄氏《赋注》同。然两目著录文字简略,未明鉴定依据。民国时期,张元济为南海潘宗周藏书所撰《宝礼堂宋本书录》,对此著录始详,指出"《建元以来王子侯者表》《历书》《李斯列传》《樊郦滕灌列传》《匈奴列传》《滑稽列传》,其末叶均有'左迪功郎充无为军军学教授潘旦校对、右承直郎充淮南路转运司干办公事

① [宋]陆游撰,马亚中校注:《渭南文集》卷 27,载钱仲联、马亚中主编:《陆游全集校注》第 10 册,杭州:浙江教育出版社,2011 年,第 174 页。

石蒙正监雕'二行",因而对此本为蜀刻大字本的旧说提出疑问:"曰'无为军'、曰'淮南路',均不在蜀境之内。今眉山七史宋刊卷叶犹有存者,其每行字数为十八,与此之十六字亦有不同。余非敢谓前人为误,特未得其左证,不能无所怀疑耳。是本字体浑厚端凝,避宋讳较严者,余认为最初刊本。卷末有校对、监雕衔名二行者,均在其中。"①

20世纪50年代,北京图书馆编《中国版刻图录》,著录此本(上海图书馆藏本),解题曰"此书却非无为刻版。刻工与建康府江南东路转运司本后汉书,以及当涂、宣城等地刻书多同,宋讳缺笔至构字,间有避慎字者,因推知此书刻版实由南宋初叶南京地区工人担任。容斋续笔:绍兴中分命两淮江东转运司刻三史版,即指此本。此书版片稍后取入临安国子监,故别本补版都由杭州地区工人任之。元时版送西湖书院,西湖书院重整书目中有大字史记一目,盖即此本"②,并明确著录刻书地点为南京。

上海图书馆藏本(图5-6)现存30卷:五至六,八至十二,十六至十七,三十四至四十,四十八至五十四,五十六,九十九至一百,一百七至一百十,凡17册。见于宝礼堂本的衔名二行,上海藏本缺失。《上海图书馆藏宋本图录》著录时肯定:"宋代无为军属淮南西路,则此书当是绍兴淮南西路转运司所刻,与蜀本不相关涉。"并详列刻工王全、王祐、王华、王泽、丘旬等50余人,都是南宋初良工,活动于两淮、江浙一带,其中丘旬、朱明、何通、吴佐、李秀、张宗等10余名刻工"曾参与刊刻

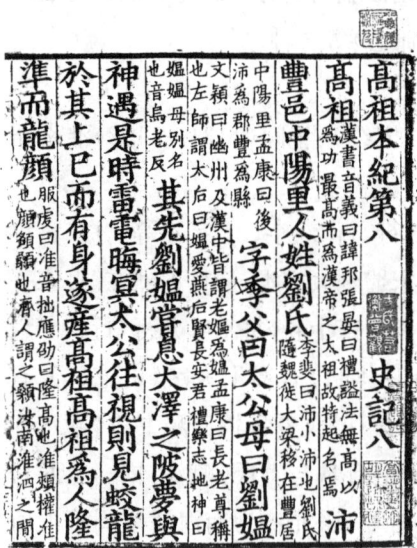

图5-6 《史记集解》书影
宋绍兴年间淮南路转运司刊本

① 张元济:《宝礼堂宋本书录》,载张人凤编:《张元济古籍书目序跋汇编》,北京:商务印书馆,2003年,上册,第198页。
② 北京图书馆编:《中国版刻图录》,北京:文物出版社,1960年,第1册,第26页。

绍兴建康府江南东路转运司刻本《后汉书》,《中国版刻图录》因定此本刊刻地点在今南京"①。

《中国版刻图录》称上海图书馆藏本"初印精湛,无一补版,惜仅存三十卷"。

2. 两《汉书》

宋刊《汉书》《后汉书》,与上述《史记》均为9行16字本,一直以来都以为是蜀刻大字本。

20世纪30年代,上海商务印书馆影印《百衲本二十四史》,其中《后汉书》选用9行16字的南宋绍兴本,张元济在跋中写道:"班书既成,欲觅一同式之范书不可得。先是涵芬楼收的此本,因取以为配。书中避宋讳者……恒、构二字,时作'渊圣御名'及'今上御名',其为字不成者,迹多剜改,且有已剜未补遂留空格者。瑗、玮、慎三字亦多缺笔。是盖刊于高宗南渡以还,而成于孝宗受禅之后。"②几乎同时,赵万里发表《南宋诸史监本存佚考》一文,提出自己的论断:"宋南渡后,北宋诸史监本中之十行本,既毁于兵燹,或且为金人辇去。十四行本独存,然有《新唐书》无南北朝各史,未为备也。绍兴间遂有令州郡分刊之议,除《三国志》乃衢州刊,仍遵用北宋旧式外,余皆九行十九(六)字本也。今可考者,《史记》为淮南漕司所刊,《前后汉》为江东漕司所刊,南北朝七史,虽未详确为何地所刊,然必为江南或浙杭附近所雕,则可断言。何以征之,《容斋续笔》云:'前绍兴中命两淮江东转运司刻三史版。'今所传《史记列传》二十七后有'左迪功郎充无为军军学教授潘旦校对、右承直郎充淮南路转运司干办公事石蒙正监雕'二行,其为淮南漕司所刊无疑。《史记》为淮南刊,则两《汉书》当为江东刊矣。《前汉书》版心下记刊工姓名有孙昇、李度、董晖诸人,悉与《后汉》同,而与《史记》所记刊工无一合者,其为江东所刊而非淮南,审矣。"③梳理赵万里的论证,《容斋续笔》中的记载显得十分

---

① 上海图书馆编:《上海图书馆藏宋本图录》,上海:上海古籍出版社,2010年,第107页。

② 张元济:《宋绍兴本后汉书跋》,载《百衲本二十四史后汉书》,上海:商务印书馆,1931年,第40册。

③ 赵万里:《南宋诸史监本存佚考》,载《国立中央研究院:庆祝蔡元培先生六十五岁论文集》(历史语言研究所集刊外编第一种),北平:国立中央研究院,1933年,上册,第171页。

重要。这条记载见宋洪迈《容斋续笔》卷十四"周蜀九经"条,其文称:"绍兴中,分命两淮、江东转运司刻三史板,其两《汉书》内,凡钦宗讳,并小书四字,曰'渊圣御名'。"①洪迈绍兴十五年(1145)中词科,授两浙转运司干办公事,历知两浙路的婺州、绍兴府,所记确然可信。《史记》中的两行衔名,与"两淮"相合;而《后汉书》中的宋讳"桓"时作"渊圣御名",则与洪迈所记"钦宗讳"相合。再者,《史记》、两《汉书》都为9行16字本,行款与其他宋本不同,加之三书刻工的异同,确认这三史即绍兴两淮、江东转运司刻本,两《汉书》江东转运司所刻。

(1)《汉书》100 卷

汉班固撰,唐颜师古注。宋绍兴年间(1131—1162)江南东路转运司刻本。半叶九行,行十六字,小字双行二十字,白口,左右双边。据日本学者尾崎康的统计,现存八部,分藏于中国国家图书馆、北京大学图书馆、日本静嘉堂文库等,但均为残本,大都"经过南宋中期、元中期以后两次共三次补刻。"②上海图书馆藏有一部宋元明初递修本,存 77 卷。

(2)《后汉书》120 卷

本纪 10 卷、列传 80 卷,南朝宋范晔撰,唐李贤注。八志 30 卷,晋司马彪撰,南朝梁刘昭注。宋绍兴年间(1131—1162)江南东路转运司刻本。半叶 9 行,行 16 字,小字双行 20 字,白口,左右双边。傅增湘在《藏园群书题记》卷第二《宋刊后汉书残本跋》中说:"昔人谓范书难得佳本,以余所见衡之,北平馆所藏'绍兴九行大字本'实为最胜,曾取汲古阁勘诵一过。"傅增湘所说"绍兴九行大字本",即今中国国家图书馆藏宋绍兴江南东路转运司刻宋元递修本(卷十二至十六配涵芬楼抄本),现已影印辑入《中华再造善本》。商务印书馆百衲本《后汉书》则据涵芬楼旧藏宋绍兴刻本影印,原阙 5 卷半借北平图书馆(即今中国国家图书馆)藏本配补。

3.《建康实录》

《建康实录》20 卷,唐许嵩撰。宋嘉祐三年(1058)江宁府刊。

该书记六朝事迹,起吴大帝迄陈后主,南朝六代四十帝 400 年间之

---

① [宋]洪迈:《容斋随笔·续笔》卷 14,上海:上海古籍出版社,1978 年,第 387 页。
② [日]尾崎康著,陈捷译:《以正史为中心的宋元版本研究》,北京:北京大学出版社,1993 年,第 37 页。

君臣行事，兼及土地、山川、城池、宫苑等，各明处所，尤加意于古迹。六朝皆都建康，故以为名。《四库全书总目》隶之史部别史类。今嘉祐本已佚，但 90 年后，绍兴十八年（1148）荆湖北路安抚使司重刊递修本尚存，今藏中国国家图书馆。其卷末仍保留有嘉祐本题注和衔名凡 10 行：江宁府嘉祐三年十一月开造建康实录并案三国志；东西晋书并南北史校勘至嘉祐四年五月毕工凡；二十卷总二十五万七千五百七十七字计一十策；将仕郎守江宁府溧水县主簿张庖民校正；将仕郎守江宁府句容县主簿钱公瑾校正；将仕郎守江宁府右司理参军曾伉校正；朝奉郎试秘书省校书郎权江宁府节度推官熊本校正；宣德郎守大理寺丞致仕充江宁府学教授赵真卿校正；朝奉郎尚书比部员外郎通判军府骑车都尉赐绯鱼袋彭仲荀；龙图阁直学士朝散大夫右谏议大夫知军府事兼管内劝农使南昌开国伯赐紫金鱼袋梅挚。绍兴本已影印辑入《中华再造善本》。

4.《六朝事迹编类》

《六朝事迹编类》14 卷，宋张敦颐撰。宋绍兴三十年（1160）建康府学刊。

《四库全书》卷七〇"史部地理类三"收录此书，作二卷，提要称其"补《金陵图经》"而作，凡十四门，征引颇为详博，而碑刻一门，尤有资于考据"。卷首有绍兴三十年张敦颐自序，谓："余因览《图经》《实录》，疑所载六朝事迹尚有脱误，乃取吴志、晋书，及宋、齐而下史传，与夫当时之碑记，参订而考之，分门编类，缀为篇目，凡十有四卷。"清江宁藏书家朱绪曾曾见 14 卷本，并有题跋称："《六朝事迹编类》十四卷，宋江东干官张敦颐撰，建康留守韩仲通所刊也。书作于绍兴三十年高宗戡影临安，是年殿中侍御史杜莘老请驻跸建康，以增士气。故此书于六朝建都一门，极言建康为根本，地（第）以吴孙皓、梁元帝、李嗣主为失策，此著书之微意，不独夸名胜游览而已也……宋人载金陵事书，如陈轩《金陵集》，石迈《古迹编》、《金陵故事》，乾道、庆元二志等，俱罕传，则此书亦幸存矣。壬辰（道光十二年，1832）春，于京师琉璃厂见曹栋亭家藏抄本此书及石林《建康集》，因购《建康集》，假是书以临写之。内'玄武湖'作'真武湖'，贞观、忠贞，'贞'皆作'正'，定为宋本。此书《直斋书录解题》作二卷，与《六朝宫苑记》俱无撰人名氏。兹本十四卷，与张氏自序及《宋史·艺文志》合，乃知世所行明吴琯刊本并为上下卷，非其旧也。"①

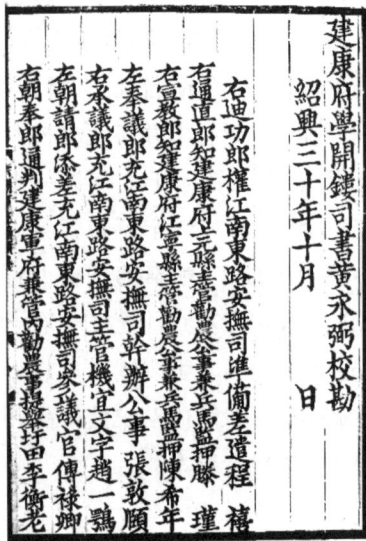

图5-7 《六朝事迹编类》书影
清光绪十三年（1887）上元宝章阁
仿宋绍兴建康府学本刻本

清光绪十三年（1887），南京宝章阁刊行《六朝事迹编类》14卷本，扉页题名《仿宋绍兴建康府学本六朝事迹编类十四卷》，卷首张敦颐自序后有《六朝事迹编类目录》，各卷末有"光禄寺署正上元李滨古渔重校刊"一行，卷末有绍兴三十年庚辰东鲁韩仲通刻书跋及官员衔名（图5-7）。李滨在卷末《重刊六朝事迹编类叙》中说，光绪十二年，从苏州府学训导包子丹得所藏14卷本，其"末叶题建康府学开镂及绍兴年月众官结衔，皆他本所缺。适宝章阁主人意眷眷刊古书，因假是本，主人出赀，余为之校雠监刊"。《六朝事迹编类》14卷宋刻本仅见清苏州藏书家汪士钟《艺芸书舍宋元本书目》著录，抄本则见上述朱绪曾著录。朱氏曰：抄本"内'玄武湖'作'真武湖'，贞观、忠贞，'贞'皆作'正'，定为宋本"。此宝章阁本正同。2003年，扬州广陵书社影印宝章阁本，辑入《中国风土志丛刊》。李滨（1855—1916），字古渔，一作古余，江苏上元人。宝章阁主，事迹待考。

5.《景定建康志》

《景定建康志》50卷，宋马光祖修，周应合纂，宋景定二年（1261）建康府刊。

《四库全书》卷六八"史部地理类一"收录此书，提要称其"凡分疆域、山川、城阙、官守、儒学、文籍、武卫、田赋、风土、祠祀等十类，援据该洽，条理详明，凡所考辨，俱见典核"，评价甚高。清嘉定钱大昕有《跋景定建康志》，谓："《景定建康志》五十卷，宋沿江制置使、知建康府马光祖在任

① ［清］朱绪曾：《开有益斋读书志》卷3"杂记"，北京：中华书局，1993年，第39页。

日，令幕僚豫章周应合淳叟撰次。建康，思陵驻跸之所，守臣例兼行宫留守，故首列《留都录》四卷。又六朝、南唐都会之地，兴废攸系，宋世列为大藩，南渡尤称重镇，故特为《年表》十卷经纬其事，此义例之善者，《古今人表传》，意在扶正学，奖忠勋，不专为一郡而作，故与它志之例略殊。淳叟自江东帅幕入为史馆检阅官，首言：'李璮以山东来归，急而求我，倘借援无功，彼败我辱，招衅之道。梁武在位四十余年，卒堕此计，陛下不宜复蹈前辙。'又言：'所在买公田，皆择民上腴，低直以酬。又欲令卖田之主抱佃输租，岁或荒歉，田主当割它租以偿；它租既竭，归于耕夫，耕夫逃亡，归于乡役，可谓获近效而忘远虑。'忤贾相意，喋言者劾去之。官至朝议大夫、知瑞州而卒。盖宋季豪杰之士。而《宋史》不为立传，此书又不入《艺文志》，文献无征，史臣不得辞其责也。"①评价由义例兼及应合品节，较四库馆臣所言更高。

据卷首周应合《景定修志本末》所载，全书"因前志（史正志《乾道建康志》、吴琚《庆元建康志》）之所有者十之四，增其所无者十之六，合为五十卷，凡一千六百余版，印标为二十四册，外目录一册，上之阃府。其书板首尾九百九十四片，为厨架五所，钥而藏之绅书堂中，选书吏以掌其启闭。每卷每类之末，各虚梓以俟续添。"明嘉靖间，黄佐《南雍志》尚著录《景定建康志》26 本，并注曰："弘治年间录补，尚有缺篇。"其后流传遂绝，清代藏书家目录犹见影宋抄本、旧抄本著录。清嘉庆六年（1801），孙星衍自两江总督费淳得康熙间敕赐宋本《景定建康志》，纸墨精好，遂借归江宁重刊。1990 年，中华书局据孙刊本影印，辑入《宋元方志丛刊》。近年来，南京出版社《南京稀见文献丛刊》，四川大学出版社《宋元珍稀地方志丛刊·甲编》，各有《景定建康志》的点校本。

二、子部

《说一切有部品类足论》卷第十一，唐释玄奘译，北宋元祐五年（1090）江宁府句容县崇明寺写本。

---

① ［清］钱大昕撰，吕友仁标校：《潜研堂集》卷 29《题跋三》，上海：上海古籍出版社，1989 年，第522 页。

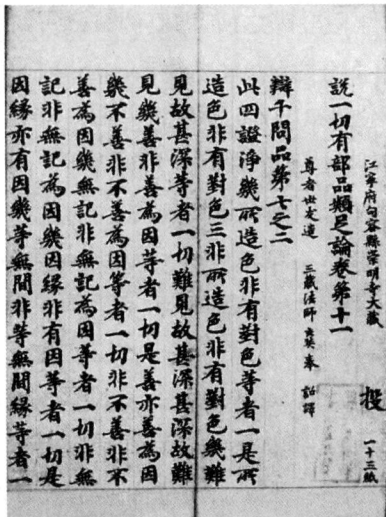

图 5-8 《说一切有部品类足论》宋元祐五年江宁府句容县崇明寺写本

这是建康府宋代子部书仅见的一部佛经写本（图 5-8）。此本经折装，半叶 6 行，行 17 字，朱丝栏。卷首首行题"江宁府句容县崇明寺大藏"，下为千字文帙号"投"，再下"十三纸"，表示本卷之篇幅。卷末有衔名 7 行：大宋元祐五年岁次庚午七月初六日起首写造，姑苏陆云松书；扬州僧子修校证；徒弟僧法隆、法典、景初、守象句当；写造僧守明；阁主僧永真；都劝缘兴教禅院住持传法沙门清济；当乡崇德乡卢汪村崇德里奉佛弟子凌守宗谨舍。现藏上海图书馆。

三、集部

建康府宋刊集部书今见有《杜工部集》《花间集》《清真词》《渭南文集》等 4 种。

1.《杜工部集》

《杜工部集》20 卷，唐杜甫撰，宋绍兴三年（1133）建康府学刊。

此本上文已经提及。据清钱谦益《钱注杜诗·略例》："杜集之传于世者，惟吴若本最为近古，他本不及也。题下及行间细字，诸本所谓公自注者多在焉，而别注亦错出其间。余稍以意为区别，其类于自者，用朱字，别注则用白字，从本草之例。若其字句异同，则一以吴本为主，间用他本参伍焉。"[①]则绍兴吴若建康府学刊本清初尚存。上海图书馆藏宋本《杜工部集》20 卷，其中卷十至卷十二即配绍兴建康府学刊本。此本半叶 10 行，行 20 至 21 字，左右双边，白口，单鱼尾。所存 3 卷中，可见刻工有杨茂、言清、言义、王祐、熊俊、黄渊、杨诜、郑珣、翟庠等。《上海图书馆藏宋本图录》有此书解题，指出其中刻工"黄渊、杨诜、郑珣分别又参与雕刻绍兴十八年（1148）建康郡斋本《花间集》及南宋前期本《青山集》，

---

① ［唐］杜甫著，［清］钱谦益笺注：《钱注杜诗》，上海：上海古籍出版社，2009 年，上册，第 5 页。

王祐也曾与刻绍兴淮南路转运司本《史记集解》"。上海图书馆藏宋本《杜工部集》已影印辑入《中华再造善本》唐宋编。

2.《花间集》

《花间集》10卷,后蜀赵崇祚编。宋绍兴十八年(1148)建康郡斋刊。

此集录自温庭筠而下18人凡500首词作。卷首有后蜀广政三年(940)翰林学士中书舍人欧阳炯序。卷末有绍兴十八年二月晁谦之跋:"建康旧有本。比得往年例卷,犹载郡将、监、司、僚幕之行,有《六朝实录》与《花间集》之贶。又他处本皆讹舛,乃是正而复刊,聊以存旧事云。"晁谦之,字恭道,绍兴十五年四月以敷文阁直学士安抚使兼建康行宫留守司公事,绍兴十八年四月罢。在知建康府事期间,晁谦之曾将宋高宗御书孝经刻石府学。

《四库全书总目》评价此集:"诗余体变自唐,而盛行于五代。自宋以后,体制益繁,选录益众,而溯源星宿,当以此集为最古。唐末名家词曲,俱赖以仅存。其中渔父词、杨柳枝、浪淘沙诸调,唐人仍载入诗集,盖诗与词之转变,在此数调故也。"

此本每半叶8行,行17字,白口,左右双边。刻工有周清、章旼、毛仙、于洋、王琼、林青、郑珣、黄渊等,前四位又与刻江南东路转运司本《后汉书》。现藏中国国家图书馆,已影印辑入《中华再造善本》唐宋编。

3.《清真词》

《清真词》2卷,宋周邦彦撰。宋淳熙七年(1180)溧水县斋刊。

宋陈振孙《直斋书录解题》卷二十一著录《清真词》2卷、《后集》1卷,解题曰:"周邦彦美成撰。多用唐人诗语隐括入律,浑然天成。长调尤善铺叙,富艳精工,词人之甲乙也。"未及版本信息。而在卷十七另著录《清真杂著》3卷,称:"邦彦尝为溧水令,故邑有词集。其后有好事者,取其在邑所作文记诗歌,并刻之。"则陈振孙当时有溧水刊本《清真词》行世。

明汲古阁刊周邦彦《片玉词》,阁主毛晋跋称:"美成于徽宗时提举大晟乐府,故其词盛传于世。余家藏凡三本:一名《清真集》,一名《美成长短句》,皆不满百阕。最后得宋刻《片玉集》二卷,计调百八十有奇,晋阳强焕为序,余见评注庞杂,一一削去,厘其讹谬,间有兹集不载,错见清真诸本者,附《补遗》一卷,美成庶无遗憾云。若乃诸名家之甲乙,久著人间,无待予备述也。"周邦彦元祐八年(1093)二月到任溧水令,而强焕则淳熙五年(1178)七月到任,故他在序中称:"余慕周公之才名有年于兹,不谓于八十余载之后,踵公旧踪,既喜而且愧……暇日从容式燕嘉宾,歌者在上,果以公之词为首唱,夫然后知邑人爱其词,乃所以不忘其政也。余欲广邑人爱之之意,故哀公之词,旁搜远绍,仅得百八十有二章,厘为上下卷,乃辍俸余,鸠工锓木,以寿其传。非惟慰邑人之思,亦薪传之有所托,俾人声其歌者,足以知其才之优于为邑如此,故冠之以序,而述其意云。公讳邦彦,字美成,钱塘人也。"强焕序作于淳熙七年(1180),毛晋跋称见于宋刻《片玉词》。虽今强焕序刻之溧水县斋本已佚,但可借毛晋汲古阁本《片玉词》识其面目。

4.《渭南文集》

《渭南文集》50卷,宋陆游撰。宋嘉定十三年(1220)建康府溧阳县学宫刊本(图5-9)。

陆游晚年封渭南伯,故取以名集。此集半叶7行,行17字,左右双边,白口。其第一卷至四十一卷皆古文,第四十二卷为《天彭牡丹谱》、《致语》六首,第四十三卷至四十八卷为《入蜀记》,第四十九、五十卷为词。卷首有嘉定十三年(1220)承事郎知建康府溧阳县主管劝农事陆子遹跋,称此集为其父先太史陆游生前编辑,"凡命名及次第之旨,皆出遗意,今不敢紊。乃锓梓溧阳学宫,以广其传"。

图5-9 《渭南文集》卷首陆子遹跋
宋嘉定十三年(1220)溧阳县学宫刻本

清《天禄琳琅书目》卷十著录《渭南文集》1函8册，为明末汲古阁刊本，有毛晋识语曰："迩来吴中士大夫有钞而秘其本者，亦颇无诠次。既得光禄华君活字印本《渭南文集》五十卷，乃嘉定中翁幼子遹编辑也。但活版多谬多遗，因严加雠订，并付剞劂。"文中所谓"光禄华君"，即明无锡兰雪堂华珵，字汝德。华珵活字本卷首冠明弘治十五年（1502）长洲吴宽序，谓《渭南文集》"近少其本，致光禄署丞事锡山华君汝德得之，乃嘉定中其子知溧阳县子遹初刻本也，因托活字摹而传之"。华珵活字本已影印辑入《四部丛刊》，汲古阁本也易见，唯当日华珵所得溧阳初刻本，不知何处。

今中国国家图书馆藏本后有清苏州藏书家黄丕烈长篇题跋，解开了此集的传授路径。跋称：自己经多年寻觅，辗转从五柳居陶珠琳处购得嘉定本《渭南文集》，清嘉庆二年（1797）从玄妙观书摊购得华氏活字本，见吴宽序、华珵跋皆谓得子遹旧刻本而以活字传之，因"取对余所藏者，遇有红笔描改处，皆与活字本合。则华氏所藏宋本即此。以几百年未合之物而一旦相为证明，何快乃尔！"。可见，此宋本《渭南文集》，自溧阳学宫刊印后，约300年为无锡华氏收藏；又近300年后，归苏州黄氏。检国图藏本，黄丕烈所谓"红笔描改处"仍字画清晰。

四、建康府学藏书版

《景定建康志》卷三十三《文籍志一》有书籍、书版、石刻三目录，其序称："今以建康所存之书序列于前，其锓梓者次之，刻石者又次之。"所谓"锓梓者"就是指所存的书版。在书版目录中，共列出68种典籍的见存书版，其是否全系建康府景定前刊行者，从"其锓梓者"四字的表述中似可得出明确的结论。而其中宋戴溪《春秋讲义》、唐许嵩《建康实录》、宋张敦颐《六朝事迹编类》、宋庞元英《文昌杂录》、唐杜甫《杜工部集》、后蜀赵崇祚《花间集》等数种，在本节前文中已经确定为建康刻本，其他各种尚无相关版本信息，有的甚至缺乏基本信息。以下我们对此68种书版逐一作信息梳理，无进一步信息者仍保留原著录。由于书版所录皆宋本，故征引文献以宋代为主，尤以晁公武、陈振孙两目为多。文中凡引两目文字，晁公武《郡斋读书志》、赵希弁《读书附志》皆出上海古籍出版社1990年孙猛校证本，陈振孙《直斋书录解题》皆出上海古籍出版社 1987 年徐小蛮等点校本。为避免注释过繁,文中不再一一出注。

1.《横渠易说》168 版

《横渠易说》3 卷,陈振孙《直斋书录解题》著录:崇政殿说书长安张载子厚撰。有《四库全书》本,提要称《上经》1 卷,《下经》1 卷,《系辞传》以下至《杂卦》为 1 卷,末有《总论》11 则。《书籍》"经书之目"著录《周易》二十六本,其中"横渠《解》"盖即此书。

2.《易象图说》85 版

3.《易索》145 版

《易索》13 卷,知岳州太和张汝明撰。其书每卦以"索曰"释经,凡上、下《经》6 卷,《观象》3 卷,《观变》《玩辞》《玩占》《丛说》各 1 卷。张汝明,字舜文,元祐七年(1092)进士,大观初为御史省郎。宋陈振孙《直斋书录解题》卷一著录。《书籍》"经书之目"著录《周易》二十六本,其中有《易索》。

4.《周易终说》120 版

5.《李公易解》280 版

宋陈振孙《直斋书录解题》卷一著录:《周易集解》十卷,唐著作郎李鼎祚集子夏、孟喜、京房、九家、乾凿度、马融、荀爽、郑康成、刘表、何晏、王弼、宋衷、虞翻、陆绩、王肃、干宝、姚信、王廙、张璠、向秀、王凯冲、侯果、蜀才、翟玄、韩康伯、刘瓛、何妥、崔憬、沈麟士、卢氏、崔觐、孔颖达等诸家,凡隋唐以前《易》家诸书逸不传者,赖此犹见其一二。或即为此书。

6.《学易蹊径》1500 版

《学易蹊径》20 卷、《图》1 卷,宋田畴撰。田畴,字惠叔,号兴斋,华亭人。《江南通志》卷一六三载其嘉定间尝设讲席于国学,六馆之士皆执北面礼。所著有《学易蹊径》等书。朱彝尊《经义考》卷三十三著录田氏《学易蹊径》20 卷,未见。则此书清初已佚。

7.《礼记集说》4600 版

宋陈振孙《直斋书录解题》卷二著录:《礼记集说》一百六十卷,直秘阁昆山卫湜正叔集诸家说,自注疏而下为一书,各著其姓氏。宝庆二年(1226)表上之,由此寓直中秘。魏鹤山为作序。卫湜,字正叔,昆山人。

好古博学,仕至直宝谟阁知袁州。藏书室名栎斋,学者称为栎斋先生。宋魏了翁《鹤山集》卷五十四有《卫正叔礼记集说序》,曰:"平江卫氏世善为礼,正叔又自郑注、孔义、陆释,以及百家之所尝讲者,会梓成书,凡一百六十卷。如范宁、何晏例,各记其姓名,以听览者之自择。"

民国王文进《文禄堂访书记》卷第一:"宋卫湜撰。宋绍定刻本。半叶十三页,行二十四字至二十六字。白口。版心上记字数,下记刊工姓名。首魏了翁序佚,仅存'了翁序'三字。附'鹤山书院'四字亚形木记,姓氏末刊'绍定辛卯赵善湘锓板江东漕院。越九年复为覆定,别刊于新定郡斋'二行。宋讳'玄''恒''慎'字,皆缺笔。有'华亭朱氏珍藏''秦蕙田''锡山秦氏家藏''汪士钟''阆源真赏''郁松年'各印。"①绍定辛卯为绍定四年(1231),则此书确刻于建康。

8.《春秋讲义》310 版

《春秋讲义》4 卷,宋戴溪撰。此书嘉定十六年(1223)由其长子戴桷刻于金陵学舍,宝庆二年(1226)牛大年复刻于泰州。详见上文。

9.《春秋纪咏》493 版

《春秋纪咏》30 卷,宋洪皓撰。洪皓,字光弼,鄱阳人。政和五年(1115)进士,累擢徽猷阁待制。建炎中使金,被羁留 15 年始还。卒谥忠宣。有《鄱阳集》4 卷,洪适《跋先忠宣公鄱阳集》称:"手泽之藏于家者,唯北方所作诗文数百篇,谨泣而叙之,以为十卷,刻诸新安郡。未汇次者,犹有《春秋纪咏》千篇云。"朱彝尊《经义考》著录此书已佚。

10.《语孟拾遗》19 版

11.《东坡论语》120 版

晁公武《郡斋读书志》卷第四著录:《东坡论语解》十卷,右皇朝苏轼子瞻撰。子瞻没后,义有未安者,其弟子由尝辨正之。凡二十七章。陈振孙《直斋书录解题》卷三著录:《东坡论语传》十卷,苏轼撰。马端临《文献通考·经籍考》卷十一著录:"东坡《论语解》十卷,颍滨《论语拾遗》。颍滨自序:予少为《论语解》,子瞻谪居黄州,为《论语说》,尽取以往,今见于书十二三也。大观丁亥(大观元年,1107),闲居颍川,为孙籀、简、筠讲

---

① 王文进著,柳向春标点:《文禄堂访书记》卷 1,上海:上海古籍出版社,2007 年,第 29 页。

《论语》,子瞻之说,意有所未安,时为籀等言,凡二十七章,谓之《论语拾遗》,恨不得质之子瞻也。"①《书籍》"经书之目"著录《论语》三十一本,其中"东坡《解》""颍滨《拾遗》",盖即此书。

12.《论语约说》320 版

《论语约说》,宋钟宏撰。钟宏,字子虚,乐平人。从邑宰杨简游,见器重。嘉定十六年(1223)举进士,官贵溪县丞,有惠政,入为太学录。朱彝尊《经义考》卷二百十九著录其书已佚。

13.《孝经集遗》19 版

14.《程子》179 版

《书籍》"子书之目"著录《程子》一书,而"理学书之目"又有《程氏遗书》。

15.《近思录》260 版

宋陈振孙《直斋书录解题》卷九著录《近思录》14 卷,解题称:朱熹、吕祖谦取周、程之书关于大体而切于日用者六百十九条,取"切问近思"之义,以教后学。《书籍》"理学书之目"著录《近思录》一书。

16.《小学之书》210 版

宋陈振孙《直斋书录解题》卷九著录《小学书》4 卷,解题称:朱熹所集古圣格言,至论以教学者,皆成童幼志进学之序也。《内篇》曰《立教》《明伦》《敬身》《稽古》,《外篇》曰《嘉言》《善行》。宋赵希弁《郡斋读书附志》著录《小学之书》4 卷,解题称:右朱文公先生所编也。有内篇,有外篇。其宏纲有三:曰《立教》,曰《明伦》,曰《敬身》。《明伦》则有父子、君臣、夫妇、长幼、朋友之品,《敬身》则有《心术》《威仪》《衣服》《饮食》之目。又采摭古今经传书史之所记载,曰《稽古》、曰《嘉言》、曰《善行》,以广其教而实其事。小学之工程,大学之门户也。与陈氏所说,编次内容稍有不同。《书籍》"理学书之目"著录《朱文公小学之书》,盖即此书。

日本内阁文库藏有明万历二十七年(1599)朝鲜前员外志完的写本《小学》,依陈振孙所著录内外篇的类目分为 6 卷,赵希弁所谓的"以广其

---

① [元]马端临著,华东师大古籍研究所标校:《文献通考·经籍考》卷 11,上海:华东师范大学出版社,1985 年,上册,第 279 页。

教而实其事",是指《嘉言》下分广立教、广明伦、广敬身三目,而《善行》则下分实立教、实明伦、实善行三目。写本卷首有淳熙十四年(1187)朱熹的"小学书首"曰:"古者小学教人以洒扫、应对、进退之节,爱亲、敬长、隆师、亲友之道,皆所以为修身、齐家、治国、平天下之本,而必使其讲而习之于幼稚之时,欲其习与智长,化与心成,而无扞格不胜之患也。今其全书虽不可见,而杂出于传记者亦多,读者往往直以古今异宜而莫之行。殊不知其无古今之异者,固未始不可行也。今颇搜辑,以为此书,授之童蒙,资其讲习,庶几有补于风化之万一尔。"

17.《朱文公年谱》120 版

宋陈振孙《直斋书录解题》卷七著录《紫阳年谱》3 卷,解题称:朱侍讲门人通判辰州昭武李方子公晦撰。李方子,字公晦,号果斋,福建光泽人。朱熹弟子。嘉定七年(1214)进士,累官国子录,通判辰州。此书宋赵希弁《郡斋读书附志》著录称"卢壮父刻之于瑞阳者为三册,倪灼刻于康庐者为一册"。而宋魏了翁《鹤山集》卷五十四有《朱文公年谱序》,其谓"吾友李公晦方子尝辑先生之年行,今高安洪使君友成为之锓木,以寿其传"。则已有 3 个刊本行世。《书籍》"理学书之目"著录《朱文公年谱》,盖即此书。

18.《师说》154 版

《河南师说》10 卷,颍川韩元吉撰。宋陈振孙《直斋书录解题》卷九著录《河南师说》10 卷,解题称:尚书颍川韩元吉无咎以《河南雅言》《伊川杂说》及诸家语录,厘为十卷,以尹和靖所编为卷首。不若《遗书》之详订也。未知是否即此书。

19.《四家礼范》150 版

宋陈振孙《直斋书录解题》卷六著录《四家礼范》5 卷,解题称:张栻、朱熹所集司马、程、张、吕氏诸家,而建安刘珙刻于金陵。则此书为建康刊本无疑。又宋程珌《洺水集》卷九有《书四家礼范后》,称此书乃绍熙庚戌(绍熙元年,1190),"予侍先舅太府丞宰大冶之时,命笔吏徐说编之。今俯仰顷耳已四十九年,二外弟皆先逝,笔吏徐说、袁抒亦皆不存。戊戌(嘉熙二年,1238)九月十九日早,偶见此书,青灯荧然,为之感叹"。程珌,字怀古,休宁人。绍熙进士,累官礼部尚书、端明殿学士赠少师。立朝以经济自任。则宋时别有一本《四家礼范》。

20.《释奠通祀图》35 版

《宋史·艺文志》卷三著录张维《释奠通祀图》1 卷。宋王应麟《玉海》卷一百十三著录《乾道释奠通祀图》1 卷，称"乾道中，张维取元符、政和新旧仪各为之图"。《书籍》"图志之目"著录《释奠图》，未知是否即此书。释奠，古代入学祭奠先圣先师的一种礼仪。

21.《诸史精语》730 版

《四库全书总目》卷六十五"史部史抄类存目"著录宋洪迈撰《南朝史精语》10 卷，解题曰："迈于诸书多有节本。其所纂辑，自经子至前汉，皆曰《法语》；自后汉至唐书，皆曰《精语》。此所摘宋、齐、梁、陈四朝史中之语也。凡《宋书》四卷、《齐书》三卷、《梁书》二卷、《陈书》一卷，其去取多不可解。"同卷，在宋钱端礼撰《诸史提要》的解题中，称"其体例颇与洪迈《史汉法语》《诸史精语》相近"。则所谓《诸史精语》系洪氏所纂《后汉书》至《唐书》各史精语的总称。

22.《通鉴笔义》155 版

《江南通志》卷一百九十一"艺文志·史部"著录《通鉴笔义》，宋华亭叶汝舟撰。叶汝舟（1218—1293），字济川，华亭人。淳祐进士。历官池州司理、饶州永平监等。元张之翰《西岩集》卷二十有《故文林郎安吉州录事参军叶公墓志铭》，称其"未尝一日废书，六经、诸子而下无不读，尤邃史学，著史记、通鉴笔义若干卷"。则尚有《史记笔义》，然两书皆未见他目著录。

23.《建康实录》740 版

《建康实录》20 卷，唐许嵩撰。宋嘉祐三年（1058）江宁府刊。《书籍》"图志之目"著录《建康实录》，盖即此书。见本节"史部"介绍。

24.《六朝事迹》230 版

即《六朝事迹编类》，有 2 卷本和 14 卷本，宋张敦颐撰。宋绍兴三十年（1160）建康府学刊。见本节"史部"介绍。

25.《乾道建康志》280 版

宋陈振孙《直斋书录解题》卷八著录《建康志》10 卷，解题曰：府帅史正志志道撰。时乾道五年（1169）。史正志，字志道，江都人。绍兴二十一年(1151)进士,历守庐、扬、建康,官至吏部侍郎。归老姑苏,自号吴门老圃。

26.《庆元建康志》120 版

宋陈振孙《直斋书录解题》卷八著录《建康续志》10 卷,解题曰:府帅吴琚居父以郡人朱舜庸所编铨次,与前《志》并行。时庆元六年(1200)。

27.《景定建康志》1728 版

《景定建康志》五十卷,宋马光祖修,周应合纂,宋景定二年(1261)建康府刊。见本节"史部"介绍。

以上三志,皆见《书籍》"图志之目"著录。据《至正金陵新志》"修志本末"称:《金陵图志》,存者唯唐许嵩《建康实录》、宋史正志《乾道志》、吴琚《庆元志》、周应合《景定志》,而刻板已亡,所见卷帙,类多讹缺。则书版元时已毁。

28.《皇朝特命录》45 版

《宋史·艺文志》著录龚颐正《宋特命录》1 卷。龚颐正,字养正,室名芥隐,处州遂昌人。光宗绍熙(1190—1194)时为国史院检讨官。著有《芥隐笔记》1 卷。

29.《翰苑群书》250 版

宋陈振孙《直斋书录解题》卷六著录《翰苑群书》3 卷,解题曰:"学士承旨鄱阳洪遵景严撰。自李肇而下十一家及年表、中兴后题名共为一书,而以其所录遗事附其末,总为三卷。遵后至签枢,父皓、兄适、弟迈四人入翰苑,可谓盛矣。"

宋赵希弁《郡斋读书附志》则进一步注明 3 卷各自的内容:唐李肇《翰林志》,元稹《承旨学士院记》,韦处厚《翰林学士记》,韦执谊《翰林院故事》,杨巨《翰林学士院旧规》,《皇朝禁林燕会集》为 1 卷;钱惟演《金坡遗事》,晁迥《别书金坡遗事》,李宗谔《翰苑杂记》为 1 卷;苏易简《续翰林志》,苏耆《次续翰林志》,《学士年表》、《翰苑题名》、《翰苑遗事》为 1 卷。

《书籍》"类书之目"著录《翰苑群书》,盖即此书。

30.《集贤注记》61 版

宋陈振孙《直斋书录解题》卷六著录《集贤注记》3 卷,解题曰:"唐集贤院学士京兆韦述撰。叙置院始末、学士名氏及院中故事。"

31.《文昌杂录》92 版

宋陈振孙《直斋书录解题》卷七著录《文昌杂录》6 卷,解题曰:"主客郎中南京庞元英懋贤撰。"乾道三年(1167)刊于建康,见前文所述。

32.《东观余论》210 版

陈振孙《直斋书录解题》卷十七著录《东观余论》2 卷,解题曰:"秘书郎昭武黄伯思长睿撰。伯思,右丞黄履之孙,吴园张根之婿,于李忠定纲为中外襟袂,故忠定志其墓。伯思元符庚辰(元符三年,1100)进士,年四十而卒。好古博雅,喜神仙家言,自号云林子,别字霄宾。有集一百卷。此书止《法帖刊误》及序跋古书画器物,故名《余论》。"黄伯思号为南宋博雅第一,宋楼钥《攻媿集》卷七十六有《跋黄长睿东观余论》,跋中引王应麟语:"本朝始自欧阳公《集古录》千卷,赵德甫《金石录》至二千卷,考订甚工,然犹未免差误,惟云林之书为尽善。"

33.《富文公赈济录》62 版

宋陈振孙《直斋书录解题》卷五著录《青社赈济录》1 卷,解题曰:"丞相富文忠公弼青州救荒施行文牍也。"即此书。史称庆历八年(1048),大水,八州之民俱逃难京东。时富弼知青州,施以救济,至次年麦熟,遂各计难民回家路途之远近,授粮使归。得救者 50 万余人。富弼,字彦国,洛阳人。仁宗至和二年(1055)拜相。卒谥文忠。

34.《救荒录》186 版

宋陈振孙《直斋书录解题》卷五著录《刘忠肃救荒录》5 卷,解题曰:"王居仁撰。淳熙乙未(淳熙二年,1175),枢密刘珙共父帅江东救荒本末,嘉定乙亥(嘉定八年,1215)真景元刻之漕司,以配富郑公《青社》之编,而以刘公行状、谥议附录于后。"真德秀,字景元,嘉定八年在建康任江南东道转运副使,时江南大旱,飞蝗遍野,建康尤甚。史称真德秀大讲荒政,"本之以河北救灾之议,行之以青州之政",发廪粟赈济,活人无数。此时真氏刻《救荒录》,即其大讲荒政的措施之一。宋时诸州转运使主管财政税赋,办理上供及漕运诸事,南宋时称漕司。

35.《活民书》176 版

宋陈振孙《直斋书录解题》卷七著录《救荒活民书》3 卷,解题曰:"从政郎鄱阳董煟编进。煟,绍熙五年(1194)进士,尝知瑞安县。"此书上卷考古以证今,中卷条陈救荒之策,下卷备述宋朝名臣贤士的有关议论。《书籍》"文集之目"著录《救荒活民书》,盖即此书。

元泰定帝泰定二年(1325),中书左丞赵简曾请以宋董煟所编《救荒活民书》颁州县。

36.《唐花间集》177 版

即后蜀赵崇祚编《花间集》,见本节"集部"该书简介。

37.《重编楚辞》570 版

《重编楚辞》16 卷,宋晁补之重编。晁公武《郡斋读书志》卷第十七著录,解题称其编次:"独《离骚经》仍故,为首篇。其后以《远游》《九章》《九歌》《天问》《卜居》《渔父》《大招》《九辩》《招魂》《惜誓》《七谏》《哀时命》《招隐士》《九怀》《九叹》为次,而去《九思》一篇。又颇删逸《离骚经》训释浅陋者,而录司马迁原传冠其首。"

38.《杜工部诗》510 版

即吴若本《杜工部集》,见本节"集部"该书简介。

39.《少陵先生年谱》68 版

明《文渊阁书目》著录《少陵先生年谱》1 部 1 册,未明作者。《四库全书总目》著录两部杜甫《年谱》,一为宋赵子栎撰,名《杜工部年谱》;一为宋鲁訔撰,名《杜工部诗年谱》。赵子栎,字梦授,太祖六世孙。元祐六年(1091)进士,绍兴中官至宝文阁直学士。鲁訔,字季钦,号冷斋,嘉兴人。绍兴五年(1135)进士,官至福建提点刑狱公事。两书均为 1 卷,篇幅似与 68 版相近。未知孰是,或另有其书。

40.《金陵览古诗》35 版

宋陈振孙《直斋书录解题》卷二十著录《金陵览古诗》3 卷,解题曰:"虞部员外郎杨备撰,亿之弟也。"宋陈思编《两宋名贤小集》卷二百四十一有杨备《萝轩外集》,小传曰:杨备字修之,建平人。杨亿之弟。庆历中为尚书虞部员外郎,分司南京,上轻车都尉。有《姑苏百题》《金陵览古诗》。集中并录其《金陵览古杂咏》10 首。

《宋史·艺文志》著录朱存《金陵览古诗》2 卷,清《江南通志艺文志》同。检《至正金陵新志》卷首《新旧志引用古今书目》有《金陵览古诗》,小注曰:朱存、陈轩、杨备、马之纯。则其书非杨备一人之诗,或多人诗集同一书名。

41.《金陵怀古诗》85 版

42.《庄敏遗事》32 版

宋陈振孙《直斋书录解题》卷七著录《韩庄敏遗事》1 卷,解题曰:"秘书丞韩宗武文若撰。记其父丞相缜玉汝事。末亦杂记他事。宗武,即少年遇洋客者也,年八十二乃卒。此编亦载其诗,云熙宁间得异疾,与神物遇。"

43.《棠阴比事》56 版

此书宋桂万荣撰。桂万荣,鄞县(今宁波)人。庆元进士。由余干尉仕至朝散大夫、直宝章阁、知常德府。此集前有嘉定四年(1211)万荣自序,称:"于暇日取和鲁公父子《疑狱集》,参以开封郑公《折狱龟鉴》,比事属词,联成七十二韵,号曰《棠阴比事》。"其书仿唐李瀚《蒙求》之体,括以四字韵语,便于记读。自为之注,并注明出处,凡 144 条,皆古来剖析疑狱之事。

《四库全书总目》子部法家类著录《棠阴比事》1 卷、《附录》1 卷,取用明吴讷的删补本。吴本删去原书中不足为法及相类重复者 64 条,存 80 条编为 1 卷,又补遗 23 事、附录 4 事别为 1 卷,已非桂本原貌。日本内阁文库藏有日本后水尾天皇宽永年间(1624—1629)刊本,卷首有元武宗至大元年(1308)承事郎澧州路总管府推官居延田泽序,称:"大德癸卯(大德七年,1303),被命推刑兰澧,得四明桂氏所编《棠阴比事》……因公退之暇,取开封郑氏评语,列之各条之下,且复揭其纲要,疏其音义而标题于上。命工绣梓,用广其传。"该本自"向相访贼,钱推求奴"至"承天议射,廷尉讯猎",凡 72 韵 144 条,分为 3 卷,各卷 24 韵 48 条,各条引注文字皆标明出处。可知此本系据宋本翻刻,保留了桂氏原本面貌。

44.《松漠记闻》45 版

《松漠记闻》1 卷、《续》1 卷,宋洪皓撰。建炎三年(1129),洪皓以徽猷阁待制假礼部尚书为大金通问使,凡留金 15 年。此书乃其所记金国杂事。始于留金时随笔纂录,及归,惧为金人搜获,悉付诸火。后复追述一二,名为《松漠记闻》。书后有其仲子洪遵乾道九年(1173)六月跋,称:"先忠宣《松漠记闻》,伯兄镂板歙、越,遵来守建业又刻之。暇日庋阅故牍,得北方十有一事,皆曩岁侍亲傍闻之者,目曰《补遗》,附载于此。"时洪遵以资政殿大学士左中大夫知建康府江南东路安抚使兼行宫留守。则此书刻于建康,清陆心源《皕宋楼藏书志》卷二四著录此书明仿宋本。

45.《江行图录》65版

宋陈振孙《直斋书录解题》卷八著录《江行录》1卷,解题曰:"真州教授勾颖绍圣三年(1096)所序云,太守张公所修也。张不著名。自真而上直抵荆南,自岳而分,旁征衡、永,自湖口而别,则东入鄱阳,南至庐陵,程期岸次、风云占候、时日吉凶,与夫港派滩碛矶洑,莫不具载。江行者赖焉。"元李翀《日闻录》引《江行录》云:"禽鸟翻飞,天色昏淡,云行急,头腮热,日月昏晕,参宿动摇,灯火焰明作声,皆有大风之兆,当预防不测。"又云:"酉毛招风,乙酉丁酉,日烧三岁,雄雌鸡,羽扬灰,风立至。"与陈氏解题所说内容相合。

《书籍》"图志之目"著录《江行图》,未知与《江行录》《江行图录》是否为同一书。

46.《张公奏议》260版

《书籍》"文集之目"著录《张公奏议》,盖即此书。宋陈振孙《直斋书录解题》卷二十二著录《南轩奏议》10卷,解题曰:张栻撰。张栻(1133—1180),字敬夫,号南轩,四川绵竹人,理学家。他曾在南京讲学,旧址在天禧寺方丈后,后建南轩书院。张守(1084—1145),字全真,一字子固,晋陵(今江苏常州)人。崇宁元年(1102)进士。绍兴七年(1137)拜参知政事,十四年知建康。《宋史·艺文志》著录其有《奏议》25卷。张守、张栻,孰为张公?

47.《李公家传》145版

《宋史·艺文志》著录李复圭《李氏家传》3卷。李复圭,字审言,徐州丰县人。历两浙转运使、淮南转运使。

48.《保庆集》19版

宋陈振孙《直斋书录解题》卷十三著录《产育保庆集》1卷,解题曰:"濮阳李师圣得《产论》二十一篇,有其说而无其书。医学教授郭稽中以方附诸论之末,遂为全书。近时括苍陈言尝评其得失于《三因方》,婺医杜㧑者又附益之,颇为详备。"《宋史·艺文志》著录郭稽中《妇人产育保庆集》1卷。《中国医籍考》称其书已佚,而录有评语:"郑汝明曰:昨得湘潭陈友直施本二十一论,乃大观间郭稽中集,不云何许人作。至绍兴辛亥(绍兴元年,1131)镂版印施。屡试神验,起死回生,效有万全。"①

49.《清晖阁诗》46 版

宋陈振孙《直斋书录解题》卷十五著录《清晖阁诗》1 卷,解题曰:"史正志创阁于金陵,僚属皆赋诗。"已佚。

50.《辅轩唱和》31 版

《宋史·艺文志》著录《辅轩唱和集》3 卷,洪皓、张邵、朱弁所集。

洪皓(1088—1155),字光弼,鄱阳人。政和五年(1115)进士。张邵(1096—1156),字才彦,乌江人。宣和三年(1121)进士。朱弁(? —1144),字少章,婺源人。高宗建炎三年(1129),三人分别受命使金,皆以不屈留北 15 年。绍兴十三年(1143)初,三人得赦南归,六月集于燕山永平馆,一路南还,途中以诗唱和,因而名曰《辅轩唱和集》。辅轩,轻车,一般指使臣所乘之车。

51.《和晏叔原小山乐府》246 版

晏叔原,名几道,晏殊子。宋陈振孙《直斋书录解题》卷二十一著录其《小山集》1 卷,解题称:"其词在诸名胜中独可追逼《花间》,高处或过之。"然和其乐府者,未见著录。

52.《寒山子诗》68 版

《四库全书总目》卷一四九著录《寒山子诗集》2 卷,提要称:"寒山子,贞观中天台广兴县僧,居于寒岩,时还往国清寺。丰干、拾得则皆国清寺僧也。世传台州刺史闾邱允遇三僧事,踪迹甚怪。盖莫得而考证也。其诗相传即允令寺僧道翘寻寒山平日于竹木石壁上,及人家厅壁所书,得三百余首。又取拾得土地堂壁上所书偈言,并纂成卷。丰干则仅存房中壁上诗二首。允自为之序。宋时又名《三隐集》,见淳熙十六年沙门道南所作记中。"②《天禄琳琅书目后编》卷六著录《寒山子诗集》1 函 1 册,称"是本宋讳缺笔,雕手古雅,汲古阁所藏"。此本后为周叔弢所得,傅增湘《藏园群书经眼录》卷十二著录称:"宋刊本,十一行十八字本,白

① [日]丹波元胤编:《中国医籍考》卷 72"方论",北京:人民卫生出版社,1983 年,第 967 页。
② [清]永瑢等:《四库全书总目》卷 149"集部别集类二",北京:中华书局,1987 年,第 1277 页。

口,左右双栏。刻工有徐忠、李春（椿）、章椿、陈亨、董源、施昌诸人。首间丘胤序,次寒山诗,次丰干禅师录、次拾得录、次拾得诗。钤有'毛晋私印''子晋''汲古主人''宋本''甲'诸印。"与《天禄琳琅书目》著录完全一致(图5-10)。此本现藏中国国家图书馆,已影印辑入《中华再造善本》唐宋编。

关于此本,傅增湘鉴定指出:"字体方整,似南渡初刊本。"考此本已知5位刻工,皆隶南宋绍兴、淳熙间江浙籍,据瞿冕良《中国古籍版刻辞典》(增订本)记载,其中徐忠、施昌又参与刻淳熙八年(1181)

图5-10 《寒山子诗集》书影
宋刻本

江阴耿秉刊《史记》,李春则参与刻江南东路转运司绍兴年间刊《后汉书》。至于是否为建康刊本,刊于何时,皆有待论证。

53.《苏氏道德经》88版

《老子道德经义》2卷,苏辙撰。见《宋史·艺文志》著录。晁公武《郡斋读书志》卷第十一著录《苏子由注老子》2卷,解题称:"右皇朝苏辙子由注。子由谪官筠州,颇与学浮屠者游,而有所得焉,于是解《老子》。"综上所述,晁《志》与《宋志》所录当为一书。

54.《太一醮式》32版

醮,祭祀。宋玉《高唐赋》:"醮诸神,礼太一。"道教的祭祷仪式称斋醮,具有设坛摆供、焚香、化符、念咒等一整套仪范。此书当属宗教仪式类书籍,然未见他处著录,作者、内容无考。

55.《产宝类要》175版

56.《小儿保生方》51版

宋尤袤《遂初堂书目》著录《小儿保生方》,未及作者和卷数。宋陈振孙《直斋书录解题》卷十三《小儿保生方》3卷,称左司郎姑孰李柽与几撰。李椿，字与几，一作汝几，安徽当涂人。宣和三年（1121）进士，以《易》学名。历官尚书左司郎中，先后出知信州、饶州、睦州。宋周南《山房集》卷八"杂记"有李椿小传，称其"学窥于医，心悟针法，铸铜为人身，具百脉，幕楮施针，芒镂不差"。①《宋史·艺文志》尚著录其《伤寒要旨》《医家妙语》各1卷。

57.《钱氏小儿方》145版

《钱氏小儿方》8卷，宋钱乙撰。晁公武《郡斋读书志》卷第十五称钱乙"神宗时，擢太医丞。于书无所不窥，他人靳靳守古，独乙度越纵舍，卒与法合。尤邃《本草》，多识物理，辨正阙误，最工疗婴孺病。年八十二而终。阎季忠方附于后"。陈振孙《直斋书录解题》卷十三著录《钱氏小儿药证真（《宋志》作直）诀》3卷（《宋志》作8卷），称："太医丞东平钱乙仲阳撰，宣教郎大梁阎季忠集。上卷言证，中卷叙尝所治病，下卷为方。季忠亦颇附以已说。"而宋阳枋《字溪集》卷八有宝祐三年（1255）所撰《编类钱氏小儿方证说》，称钱仲阳《小儿病方》"其所论载，真小儿大造之书也。严氏录其治疗诀法，至详密矣。惜其记载参错，未有诠次。今兹迟以岁月，沉潜披玩，类分门目，意讹错者正之，字冗覆者刊之，成三十七条，总为一卷。于是曰病曰症曰方，并有秩序，可以见于某条，观某病，依某证，用某药，无复差误，而钱氏之心无遗憾于万世矣。其药方目录，则一仍其旧"②，说明此书对后世影响较大。

钱乙，字仲阳，郓州人。父颖善医，乙始以颅囟方著名，幼科冠绝一代。曾至京师视长公主女疾，授翰林医学。《宋史》卷四百六十二《方技下》有传。

58.《张氏小儿方》210版

宋陈振孙《直斋书录解题》卷十三著录《小儿医方妙选》3卷，称："成安大夫惠州团练使张涣撰。凡四百二十方。涣五世为小儿医，未尝改科。靖康元年（1126）自为之序。"

《中国医籍考》卷74"方论"著录此书，并引元人曾世荣《活幼口议》

---

① 曾枣庄等主编：《全宋文》卷6696，上海：上海辞书出版社，2006年，第294册，第164页。
② 曾枣庄等主编：《全宋文》卷7484，上海：上海辞书出版社，2006年，第325册，第443页。

中评论曰:"宋朝徽宗朝,太子寿王聪慧,幼时常发痫疾,诸大名医莫之安愈。时有草泽医士张焕,挟盠货药于都下。召之入内,用药即效,官至翰林医正。张氏北人也,留方五百有余,逐病叙说。近传于世,目曰《张氏妙选》,四方士夫乐而用之。"①

59.《海上名方》65 版

宋陈振孙《直斋书录解题》卷十三著录《海上方》1 卷,称:"不著名氏。括苍刻本。《馆阁书目》有此方,云乾道中知处州钱竽编。"尤袤《遂初堂书目》、《宋史·艺文志》皆著录为《海上名方》。

钱竽,字仲韶,浙江临安人。乾道间直秘阁,出守处州。

60.《余山南升杲》22 版

余山南,其人事迹无考。唯见宋释道璨《柳塘外集》卷一有《和余山南金判清溪观荷》,金判,全称为签书判官厅公事,宋代为各州府的幕僚。释道璨,字无文,姓陶氏,南昌人。咸淳间(1265—1274)尝主饶州荐福寺。

61.《西山先生心政经》96 版

《嘉业堂藏书志》卷三著录《心经》《政经》各 1 卷,解题称:"《心经》一卷,宋刻大字本。宋真德秀撰。是编集圣贤论心格言,而以诸家绪论为之注。末有《四书赞》一首。是书宋刊,每半叶十行,行十八字。黑口,单边。上鱼尾下'心经'二字,下鱼尾下字数。淳祐二年(1242)门人王迈序。赵宗华令大庾时锓于郡斋。前有端平改元(1234)颜若愚序。"《政经》同时合刻,其内容为:"采典籍中论政之言列于前,而以行政之绩列于后,题曰'传'以别之。"②《嘉业堂善本书影》录有该书书影。

62.《半山老人绝句》38 版

王安石晚年罢相后退居金陵,自号半山老人,其时所作诗辑为《半山集》2 卷,刻于金陵学舍。淳熙十五年(1188),陆游有跋语称已亡佚。此本似与之相关。

① ［日］丹波元胤编:《中国医籍考》卷 74"方论",北京:人民卫生出版社,1983 年,第 996 页。
② 缪荃孙等撰,吴格整理点校:《嘉业堂藏书志》卷 3,上海:复旦大学出版社,1997 年,第 395 页。

63.《西山先生文章正宗》1996 版

陈振孙《直斋书录解题》卷十五著录《文章正宗》20 卷,解题曰:"参知政事真德秀希元撰。自序'正宗'云者,以后世文词之多变,欲学者识其源流之正也。其目凡四,曰'辞命'、曰'议论'、曰'叙事'、曰'诗赋'。去取甚严。"真德秀自序作于宋理宗绍定五年(1232)。

《天禄琳琅书目》卷三著录宋本《文章正宗》4 函 32 册,称"是书宽行大字,用笔整肃,刻手印工亦皆精好。前后无他人序,似即德秀纂辑成书时自为校刊之本"。

64.《选诗演义》73 版

明《文渊阁书目》著录《选诗演义》1 部 2 册,作者、卷数、内容等版本信息皆无。

65.《余山南南轩讲义》35 版

66.《余山南读易记》65 版

67.《伤寒须知》26 版

68.《小儿疮疹论方》220 版

考《中国医籍考》卷七十四"方论"著录陈文中《小儿病源方论》4 卷,卷末郑全序中称:"陈公明大小方脉,于小儿疮疹,尤造其妙。公姓陈,名文中,字文秀,宿之符离人也。亡归宋,处涟水十五年,涟人无大小,识与不识,皆称之为宿州陈令。居维扬,医道盛行。"①

以上 68 种,能够确定为建康刻本者,有《礼记集说》《四家礼范》《救荒录》《松漠记闻》等,及前面已经提到的《春秋讲义》《文昌杂录》等数种。

---

① [日]丹波元胤编:《中国医籍考》卷 74"方论",北京:人民卫生出版社,1983 年,第 1002 页。

第五章　两宋时期的江苏出版（下）

两宋时期，江苏的大部分地区隶属两浙路和淮南东路，以长江为界，长江以南的平江、镇江两府，常州，江阴军与浙江大部属两浙路。长江以北的扬州、海州、高邮军、淮安军等属淮南东路。南宋分东西两路，江苏部分隶属西路。

受地域经济和文化的影响，两浙西路和淮南东路的刻书出版业，在刻工队伍和刻本风格上可以归入以杭州为中心的刻书文化圈。故这里将两浙西路和淮南东路的刻书和出版历史合为一章，作为两宋时期的下篇展开叙述。

第一节　两浙西路平江府（苏州）的出版

平江，北宋开宝八年（975），改苏州中吴军为平江军。太平兴国三年（978），钱俶纳土。政和三年（1113），升为府。宣和五年（1123），置浙西提举司，建炎四年（1130），置浙西提点刑狱司。下辖六县：吴县、长洲、昆山、常熟、吴江、嘉定。嘉定，南宋嘉定年间，析昆山县安亭等五乡置，以年号为名。

苏州素为海内名郡，风土清嘉。从太平兴国三年钱俶纳土，至神宗元丰初的百年间，苏州的繁荣超过唐世。宋朱长文在元丰七年（1084）所著《吴郡图经续记》卷上记当时盛况曰："郛郭填溢，楼阁相望；飞杠如虹，栉比棋布。近郊隘巷，悉甃以甓。冠盖之多，人物之盛，为东南冠。"社会经济的发展,培育了文化消费市场,带动了文化出版事业的繁荣。

一、人文环境和出版条件

唐德宗贞元初,至文宗大和八年(834),半个世纪中,著名诗人韦应物、白居易、刘禹锡先后出任苏州刺史。北宋仁宗庆历至徽宗大观中,60余年间,文学家苏舜钦、贺铸又踵次寓居苏州。韦、白、贺诸人都是唐宋有记载可考的藏书家,在苏州的时日里,他们各以诗书娱人,山水招友,所谓名人名园多藏书,游山游水常吟诗。

苏舜钦(1008—1048),字子美,北宋文学家。他才气横溢而时运不佳,庆历四年(1044),37岁的苏舜钦因范仲淹荐举,得授集贤校理,监进奏院。随即受政敌打击,获罪削职。离京之日,苏舜钦吟着"脱身离网罟,含笑入烟萝"的诗句,登舟南下苏州,以四万钱购得城南吴越时中吴节度使孙承祐旧馆废址,傍水叠石建沧浪亭。在回复友人韩维的《答韩持国书》中,苏舜钦详细描绘了自己在苏州的生活和心境:

> 三商而眠,高春而起,静院明窗之下,罗列图史琴尊,以自愉悦;逾月不迹公门,有兴则泛小舟出盘阊,吟啸览古于江山之间;渚茶野酿,足以消忧;莼鲈稻蟹,足以适口;又多高僧隐君子,佛庙胜绝;家有园林,珍花奇石,曲池高台,鱼鸟留连,不觉日暮。

静院明窗下读书鉴古,江山佛庙间吟啸览胜,苏舜钦这种在自然中放松身心、在诗书里自得其乐的人生,成为后世文人的向往。于是,结园吴中、诗书自娱之风,盛炽数百年而不衰。

贺铸(1052—1125),字方回,卫州(今河南卫辉)人。北宋词人。晚年客居苏州,在苏州昇平桥居所筑企鸿轩,又在盘门南10余里的横塘筑横塘别墅。他经常往来昇平桥与横塘之间,一路满目美景,见景生情,作《青玉案》"凌波不过横塘路",遂以"一川烟草,满城风絮,梅子黄时雨"句,名满天下,横塘镇左侧的梅子桥即以此得名。贺铸企鸿轩中藏书万余卷,皆手自校雠,无一字脱误。宋苏州学者王梾曾得他所藏抄本《嵇康集》,并详细记载道:"仆得毗陵贺方回家所藏缮写《嵇康集》十卷,有诗六十八首,今《文选》所载康诗,才三数首;《选》惟载康《与山巨源绝交书》一首,不知又有《与吕长悌绝交》一书。《选》惟载《养生论》一篇,不知又有

《与向子期论养生难答》一篇，四千余言，辩论甚悉。《集》又有《宅无吉凶摄生论难》上中下三篇，《难张叔辽自然好学论》一首，《管蔡论》《释私论》《明胆论》等文。其词旨玄远，率根于理，读之可想见当时之风致。《崇文总目》谓《嵇康集》十卷，正此本尔。唐《艺文志》谓《嵇康集》十五卷，不知五卷谓何。"[1]这则文字，与史传对贺铸抄校图书的记录相互印证。

公元1127年，靖康之难骤起。有传其后人在道旁鬻卖家藏图书。南宋中兴，朝廷要重建秘书省。绍兴二年(1132)正月，高宗诏命平江府守臣市贺铸家所鬻书，以充实三馆国家藏书。诏书下，贺铸次子将仕郎贺廪立即献书5000卷，皆经贺铸亲手校雠。贺廪因此得官，监平江府粮料院。时上距贺铸谢世不及10年。

政和(1111—1118)中，中书舍人程俱上书论时政，与当政不合，于是来苏州，于城北茸小屋，号曰蜗庐。其《和柳子厚读书》诗中有"廛中亦何有，坐听日月逾。展卷阅千古，置书忘万殊。"可见家中富有藏书。贺铸居吴时，与程俱最善。程俱在《秋夜写怀呈常所往来诸公八首》中道贺铸"颇携未见书，过我樵无烟"，可见二人时以诗书结缘，频繁过往。

两宋时期，苏州见诸记载的藏书家还有不少，如郡城的朱长文、章甫，昆山的卫湜、李衡等，他们的藏书都多达万卷。

苏州园林、山水的魅力以及良好的社会人文环境，吸引众多文人学者前来寓居；而诗人、学者彼此交往，与山水自然邂逅，都留下了大量优秀的诗文作品，在社会广泛传播，引发和提高了苏州士人的阅读兴趣和审美水平，也培育了需求旺盛的文化消费市场。嘉祐四年(1059)，知州王琪在苏州郡斋刻印《杜工部集》，据《吴郡志》卷六"官宇"记载，当时"镂版印万本，每部为直千钱，士人争买之，富室或买十许部"。这一现象，正可视为佐证。

图书的流通需要中介，古代除学者、藏家之间互相传抄以外，主要依靠书肆。宋代苏州的书肆，目前尚缺乏足够的文献记载来描述。南宋林光朝一段叙述可以提供一点信息，他在《与王舍人宣子》一文中说："某一生来收拾书卷，每自吴中来，必至空囊尽买书。今旋觉目力日益短，得

① [宋]王楙撰，王文锦点校：《野客丛书》卷8《嵇康集》，北京：中华书局，1987年，第90页。

所寄《汉书》善本并其他数种书，虽暗中可以摸索，忠信之实，何可弥忘也！"①林光朝（1114—1178），字谦之，号艾轩，兴化军莆田（今福建莆田）人。隆兴元年（1163）进士。历仕国子祭酒、中书舍人、婺州知州等。林光朝博学有行，南渡后首先在东南倡导伊洛之学，从学者常数百人，有"南夫子"之称，故与书有如此情感。文中所说"吴中"当指苏州，"空囊尽买书"，买书场所应该主要是书肆。

雕版印刷或手工传抄都需要纸，出版规模的扩大需要大量优质的纸，宋代苏州具有较高水平的造纸技术，生产的竹纸名列全国优等行列。南宋陈槱所撰《负暄野录》卷下"论纸"条记载：

> 布缕为纸，今蜀笺犹多用之，其纸遇水滴则深作窠臼，然厚者乃尔。故薄而清莹者乃可贵。古称剡藤，本以越溪为胜。今越之竹纸，甲于他处，而藤乃独推抚之清江。清江佳处，在于坚滑而不留墨。新安玉版，色理极腻白，然质性颇易软弱，今士大夫多糨而后用，既光且坚，用得其法，藏久亦不蒸蠹。又吴人取越竹，以梅天水淋，晾令稍干，反复碓之，使浮茸去尽，筋骨莹澈，是谓春膏。其色如蜡，若以佳墨作字，其光可鉴。故吴笺近出，而遂与蜀产抗衡。江南旧称澄心堂纸，刘贡父诗所谓百金售一幅，其贵如此。今亦有造者，然为吴蜀笺所掩，遂不盛行于时。②

潘吉星指出："从这段记载中可知宋代各产地及纸的品种与特点，有四川的厚、薄麻纸、浙江剡溪的藤纸、江西抚州的清江纸（藤纸）、浙江绍兴的竹纸、安徽新安的玉版纸（皮纸）、苏州的竹纸和安徽歙州的宋仿澄心堂纸（楮皮纸）。"③可见春膏纸是宋代苏州优质竹纸的专名。陈槱，福建长乐人。绍熙元年（1190）进士。《四库全书总目》称其书："上卷论石刻及诸家书格，下卷论学书之法及纸墨笔研。诸事皆源委分明，足资考证。"《负暄野录》卷下"论纸"条后，陈槱还记录了一位造纸高手，"春膏纸

① 曾枣庄等主编：《全宋文》卷4651，上海：上海辞书出版社，2006年，第210册，第12页。
② ［宋］陈槱：《负暄野录》卷下，上海：商务印书馆，1939年，第11页。
③ 潘吉星：《中国造纸史》第五章"宋元时期的造纸术"，上海：上海人民出版社，2009年，第267页。

诗"条曰:"吴门孙生造春膏纸,尤造其妙。予尝赋诗曰:膏润滋松雨,孤高表竹君。夜碾寒捣玉,春几莹铺云。越地虽呈瑞,吴天乃策勋。莫言名晚出,端可大斯文。"

南宋临安诗人张镃《寄春膏笺与何同叔监簿因成古体》也提供了有关春膏纸的宝贵史料,诗曰:

> 苏州粉笺美如花,萍文霜粒古所夸。近年专制浅蜡色,软玉莹腻无纤瑕。盘门系缆高桥住,呼僮径访孙华铺。雕镂红碧任成堆,春膏且问如何去?乃知剡溪桃花黄,楮君同谱生殊乡。买来论担不计数,直候东风花草香。其时霡霂吹微雨,润物无声略胶土。展开千幅向晓空,渍染都匀始轻杵。捣成一色坚且明,幽具本岂钻公卿。要供海内觅句客,觅句只今谁有名。月湖老仙居胄监,诗好工夫到平淡。寄分聊当野人芹,莫充谏稿恐被焚,便将演纶登北门。①

张镃(1153—1221),字功甫,号约斋,是宋代名将张俊的曾孙,以荫官奉议郎,直秘阁,权通判临安府。曾学诗于杨万里、陆游。淳熙十六年(1189),杨万里为他的《南湖集》作序。可见张镃与陈槱同时,他在诗中提到的"孙华铺"提供了两个信息:孙华可能就是陈槱笔下的造纸高手吴门孙生,而且其在苏州有专门销售春膏纸的店铺。"盘门系缆高桥住,呼僮径访孙华铺",点明了孙华纸铺开设的地点:高(皋)桥。皋桥,在苏州郡城西北,阊门内,因汉朝议郎皋伯通居桥侧而得名。自从吴王阖闾建苏州城以来,阊门就一直是苏州繁华的标志,所以晋陆机在《吴趋行》中说:"吴趋自有始,请从阊门起。"发展到明代万历年间,苏州坊刻闪亮登场,在商贾云集的阊门地区形成了一个颇具规模的书业文化区。当时浙江藏书家胡应麟过苏州访书,记述所见曰:"凡姑苏书肆,多在阊门内外及吴县前,书多精整,然率其地梓也。"②这正是当时阊门书业文化区的实景描写,而张镃此诗中对孙华纸铺的描述,虽然简单,但确是有关苏州宋代书业的一条宝贵史料。

---

① 北京大学古文献研究所编:《全宋诗》卷 2682,北京:北京大学出版社,1998 年,第 50 册,第 31549 页。

② [明]胡应麟:《少室山房笔丛》卷 4《经籍会通四》,北京:中华书局,1958 年,第 56 页。

南宋范成大《吴郡志》卷二十九"土物"有一条关于苏州造纸的记载："彩笺，吴中所造，名闻四方。以诸色粉和胶刷纸，隐以罗纹，然后砑花。唐皮、陆有倡和鱼笺诗云：'向日乍惊新茧色，临风时辨白萍文。'注：'鱼子曰白萍'，此岂用鱼子耶？今法不传，或者纸纹细如鱼子耳。今蜀中作粉笺，正用吴法，名吴笺。"①文中所引陆龟蒙原诗为《袭美以鱼笺见寄，因谢成篇》："捣成霜粒细鳞鳞，知作愁吟喜见分。向日乍惊新茧色，临风时辨白萍文。好将花下承金粉，堪送天边咏碧云。见倚小窗亲襞染，尽图春色寄夫君。"可知鱼笺是一种光润细腻的彩色纸笺，文人用来书写尺牍和抄录诗作。其制作方法宋代虽已失传，但有新法相续、新品流行，就是文中所谓的"吴笺"。苏州的吴笺流行较广，陆游《湖山寻梅》诗中就曾提到："小雪湖上寻梅时，短帽乱插皆繁枝。路人看者窃相语：此老胸中常有诗。归来青灯耿窗扉，心镜忽入造化机。墨池水浅笔锋燥，笑拂吴笺作飞草。"②

不仅宋代，明代的文人学者也爱用吴笺。清杭州倪涛所纂《六艺之一录》卷三百八十九录有明代苏州书法家吴宽手迹《吴文定杂诗卷》，其有《吴笺数幅供用，敢以短句侑之》诗曰："入手新诗已百篇，奉偿日费有吴笺。故知供得高才足，岁取于今拟十千。"吴宽系成化八年（1472）状元，官至礼部尚书，同时又是藏书家、书法家，所抄书以书法精楷闻名于世。其抄本用纸版心有"丛书堂"三字，今中国国家图书馆藏有《石湖居士集》《山海经》等丛书堂抄本。

我们虽然已无法证明《吴郡志》所说的吴笺就是吴宽所用之吴笺，或吴宽所谓吴笺只是文人学者习用的高雅的纸品代名词，但是有一点可以肯定，宋代苏州的竹纸生产规模适应当时出版业旺盛的需求，两者相互促进，而吴笺则满足了文人学者高雅的用纸需求。

---

① ［宋］范成大撰，陆振岳校点：《吴郡志》卷29"土物"，南京：江苏古籍出版社，1999年，第433页。

② ［宋］陆游著，钱仲联校注：《剑南诗稿校注》卷80，上海：上海古籍出版社，1985年，第8册，第4309页。

二、刻书概况

靖康之变后，建炎中，平江曾遭战火重创。《吴郡志》卷六"官宇"记载曰："吴都佳丽，自昔所闻。建炎兵烬，所存惟觉报小寺及子城角天王祠。今州宅、官廨、学舍、仓庾、亭馆之类，皆中兴后随事草创，不能悉如旧观。"可以想象平江的出版业受到多大的创伤。故两宋时期，平江府的刻书，据文献记载和现存实物，仅有 30 余种，基本集中在史、子、集三部，无经部典籍。这显然没能真实反映出宋代平江刻书的历史面貌。下面我们以平江学者朱长文、王蘋为例，稍加说明。

朱长文（1039—1098），字伯原，苏州人。自幼随父亲光禄卿朱公绰居郡城凤凰乡集祥里，园亭甚古，是五代十国吴越广陵王钱元璙金谷园遗址。嘉祐四年（1059），长文弱冠登第，因堕马伤足，隐居不仕。熙宁中开始经营旧园，使具山林之趣，名为乐圃，自号乐圃先生。他在元丰三年（1080）撰写了一篇《乐圃记》，说自己在圃中，朝诵《周易》《春秋》，夕读诸子群史，足见园中藏书甚富。伯原经营乐圃，著书阅古，乐在其中，所著有《乐圃余稿》《吴郡图经续记》《墨池编》《琴史》等传世。但他尚撰有多部经学著作，其中《易解》尚有传本。清末缪荃孙《艺风藏书记》卷一著录《朱氏易解》5 卷，解题称："宋朱长文撰。旧抄本，有绍圣元年秋九月既望吴郡朱长文序。《四库》未著录，《经义考》止有长文《易意》，未知即此书否？缺自《讼》至《离》约半卷。收藏有'秘册'阳文长方印、'张印月霄'、'爱日精庐藏书'朱文两方印。张氏书目亦未载。"[1]清方功惠辑《碧琳琅馆丛书》，收录朱氏《易经解》（图 6 - 1），不分卷，虽然没有著录版本信息，但是录其自序。该序未见今存朱氏《乐圃余稿》收录，

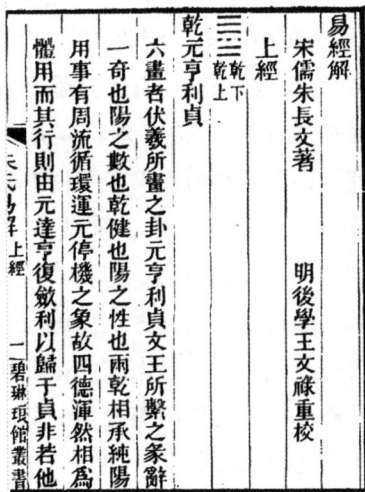

图 6 - 1　《易解》书影　清刻本

---

① 缪荃孙著，黄明等标点：《艺风藏书记》，上海：上海古籍出版社，2007 年，第 5 页。

其中有这样的描述："余壮岁属疾,杜门却扫,惟留心编述,聊以自娱。曩所著《春秋通志》《诗赞》《书说》《礼记中庸解》,及《琴史》《墨池编》《阅古编》《吴郡图经》诸书,既先后问世,遂以未得阐明大易为憾。爰是探求经义,演列象图,撷诸氏之英华,抒一心之领会,重加注订,名曰《易经解》。盖取显明条畅、详简适宜、言似浅近而指实深远,俾太易之旨粲然昭著,不为艰晦之辞所蔽,读者亦得醒豁心胸,可免扞格不通之患。"①据序中自述,当时朱长文至少有 5 种经学著作行世。检苏轼有《荐朱长文札子》,元祐元年(1086)六月,苏轼以朝奉郎试中书舍人的身份,同邓温伯、胡宗愈、孙觉、范百禄等推荐朱长文差充苏州州学教授,称其居乡里 30 年,"不以势利动其心,不以穷约易其介,安贫乐道,阖门著书,孝友之诚,风动闾里,廉高之行,著于东南……欲望圣慈褒难进之节,收久废之材,量能而使之,特赐就差充苏州州学教授,非惟禄饩赒养一乡之善士,实使道义模范彼州之秀民"②。可见朱长文绍圣元年(1094)所撰《易解序》中所列 4 种经学著作问世于隐居苏州期间,而《易解》则完成于苏州州学教授任内,其传世方式或刻印,或传抄,其地点应当就在苏州。

王蘋(1082—1153),字信伯,平江吴江人。祖籍福建福清。师事程颐,为程门高第。绍兴四年(1134)岁末,宋高宗在平江,知府孙祐举荐王蘋,称其素行高洁,有忧时爱君之心,开物成务之学。召见,赐进士出身,除秘书省正字,绍兴六年三月迁著作佐郎,七年通判常州,官至左朝奉郎。嘉熙元年(1237),平江知府王遂祠之吴学。王蘋曾著《论语集解》未成,合《文集》为 4 卷。陈振孙《直斋书录解题》卷十八著录《王著作集》4 卷,未注明版本信息。《四库全书总目》集部著录《王著作集》8 卷,为明弘治中蘋十一世孙王观所编,已非宋本旧观,其中蘋之遗文仅为 1 卷 10 余篇而已。然所录南宋宝祐四年(1256)卢钺序记录了该书的版本源流,序称:"福清邑庠旧有先生文集,而吴学独无有,非一大欠缺欤? 曩王公遂守此邦,始祠先生于学,访其后曰思文者,俾奉尝岁时。思文将以福清墨本刊于吴学,嘱钺序之……吴门文献之邦,使家有其书,士宗其学,庶

---

① [清]方功惠《碧琳琅馆丛书》本,宣统元年(1909)印本。
② [宋]苏轼撰,孔凡礼点校:《苏轼文集》卷 27"奏议",北京:中华书局,1986 年,第 2 册,第 779 页。

乎师道立,则善人多矣。"王蘋曾孙思文宝祐四年所刊本早已亡佚,而其刊于吴学则是事实。

类似情况尚多,有待进一步从历史文献中发掘梳理。显然,仅据目前已确切掌握的 30 余种书籍,难以准确描述宋代平江出版业的历史场景,但管中窥豹,我们仍能从中分析出这一历史时期出版的基本特点。

两宋时期,府、县地方政府主导了平江的出版,现在已知或尚存的平江刻本绝大多数为官刻本,这与江苏其他地区的情况是一致的。在内容方面,史、子、集三部类各具特色。

其一,史部。史部 7 种典籍中 4 种为地方志:宋朱长文撰《吴郡图经续记》3 卷,宋范成大撰《吴郡志》50 卷,宋鲍廉撰《琴川志》15 卷,宋凌万顷、边实撰《玉峰志》3 卷、《续志》1 卷。其中前两种今存南宋刻本。陈振孙《直斋书录解题》卷八著录《苏州图经》6 卷,解题曰:"翰林学士饶阳李宗谔昌武等撰。景德四年,诏以四方郡县所上图经,刊修校定为一千五百六十六卷。以大中祥符四年颁下,今皆散亡,馆中仅存九十八卷。余家所有惟苏、越、黄三州刻本耳。"同卷《越州图经》解题曰:"李宗谔祥符所上也。末有秘阁校理李垂、邵焕及覆修名衔。而宗谔特提总其凡耳。"《黄州图经》解题曰:"李宗谔祥符所修《图经》,亦颇有后人附益者。"关于大中祥符年间诏修《图经》一事的具体过程,朱长文在《吴郡图经续记》自序中有一段叙述:"自大中祥符中诏修《图经》,每州命官编辑而上,其详略盖系乎其人。而诸公刊修者,立类例,据所录而删撮之也。夫举天下之经而修定之,其文不得不简,故陈迹异闻难于具载。由祥符至今,逾七十年矣,期间近事,未有纪述也。"可知当时由各地任命官员编辑本州《图经》,报送朝廷,复由朝廷任命纂修官制定统一编例,并以此修订各地上报体例不一之本。故陈振孙所录《苏州图经》应系朝廷校刻之本,而朱长文所撰《吴郡图经续记》就为补续该本之未备,包括过简从略和后来未录两部分内容。

其二,子部。在子部典籍中,平江刻书最显著的特色就是佛教文献。1978 年 4 月,苏州瑞光塔内发现宋咸平四年(1001)苏州军刊印的《大隋求陀罗尼》经咒,这是目前已知最早的苏州雕版印刷物。南宋宝庆、绍定间(1225—1233),平江碛砂延圣院(今苏州吴中区陈湖)又开雕《碛砂藏》。全藏梵夹装,591 函,6362 卷。今太原崇善寺贮有全藏,仅缺 48 函 975 卷。郑振铎曾在《中国版画史序》中称该藏卷端扉画"最为精良可喜,线条流动,结构庄丽,允为初期版画之杰作"(图 6 - 2)。平江多刊佛经,与当时苏州社会风尚有关。朱长文在《吴郡图经续记》中对此有较详细的描述:"自佛教被与中土,旁及东南,吴赤乌中,已立寺于吴矣。其后,梁武帝事佛,吴中名山胜境,多立精舍。因于陈隋,寖盛于唐。唐武宗一旦毁之,已而,宣宗稍复之。唐季盗起,吴门之内,寺宇多遭焚剽。钱氏帅吴,崇向尤至。于是,修旧图新,百堵皆作,竭其力以趋之,唯恐不及。郡之内外,胜刹相望,故其流风余俗,久而不衰。民莫不喜蠲财以施僧,华屋邃庑,斋馔丰洁,四方莫能及也。寺院凡百三十九,其名已列《图经》。今有增焉,考其事迹可书而《图经》未载者,录于此。"[1]林立的寺院,忙碌的僧众,不仅满足了社会上众多虔诚信徒诵经礼佛的迫切心愿,且创例编纂了重要的佛教典籍,深刻影响了中国佛教史的研究。如在朱长文增列的寺院中有永安禅院,旧号弥勒院。宋太宗时期,有寺院禅师道原,诣阙借板印造佛经藏于院中。真宗大中祥符八年(1015),道原编修《景德传灯录》30 卷,上献朝廷,真宗诏翰林学士杨亿等润色裁定,刻

图 6 - 2 《碛砂藏》卷端扉画

---

[1] [宋]朱长文撰,金菊林校点:《吴郡图经续记》卷中"寺院",南京:江苏古籍出版社,1999 年,第 30 页。

版宣布，遂盛行于世。寺院亦获赐今额。传灯录简称灯录，是禅宗历代传法机缘的记载，以法传人，犹如灯火相传，光明不断，辗转不绝，故名。全书记禅宗世系源流，上起七佛，下止法眼宗文益法嗣长寿院法齐禅师，凡52世1701人。南宋嘉泰四年（1204），平江府报恩光孝禅寺臣僧正受又编《嘉泰普灯录》30卷，卷末有嘉泰四年陆游跋，有南宋嘉定残宋本传世。

灯录是一种介于僧传与语录之间的文体，以禅宗传授的世次编次，详于记言，为禅宗首创，可视为一部禅宗思想发展史。《景德传灯录》问世以后，影响极大，朱熹编写反映理学思想渊源的《伊洛渊源录》，其编写思想就来自《传灯录》，可以想见当时儒者研读此书的用心和专志。据宋释惠洪《冷斋夜话》记载，苏轼曾经在曹溪夜读《传灯录》，不意灯花堕卷上，烧掉一个"僧"字，即以笔记于窗间吟写小诗一首："山堂夜岑寂，灯下看《传灯》，不觉灯花落，荼毗一个僧。"荼毗：梵语，意指僧人死后的火葬。这则读佛书的逸事，虽无法考证真假，但肯定不是无中生有，从中可以看到宋代士大夫阅读佛书的态度。

其三，集部。宋代平江所刻集部典籍主要是唐宋名人诗文集，大致可以归集为三类，一是唐宋苏州名人，如唐张籍的《张司业集》8卷，唐陆龟蒙的《甫里先生集》20卷，宋朱长文的《吴郡乐圃朱先生遗稿》10卷，宋范成大的《石湖居士诗文集》130卷；二是唐宋诗文大家，如唐李白的《李翰林集》30卷，唐杜甫的《杜工部集》20卷，宋王安石的《临川先生文集》100卷，宋苏轼的《东坡集》40卷、《后集》20卷；三是曾出任刺史的名家，如唐韦应物的《韦苏州集》10卷，唐白居易的《白氏文集》71卷，等等。

宋徽宗宣和四年（1122），吕荣义在《眉山唐先生文集序》中指出："近世以文集显于时者，文忠公有《六一居士集》，舒王有《临川先生集》，参政吕公有《观文集》，丞相张公有《无尽居士集》，盖其文如是，其官如是，虽樵夫野老，市井庸人，皆能道其姓氏，而乐诵之。故言之易以信，而传之易以广，其势然也。"①吕荣义认为文品如人品，文中所及欧阳修、王安石、张商英等人为官正直，人品受人敬仰，为文清雅，文章得人喜爱，所以

① 曾枣庄等主编：《全宋文》卷3769，上海：上海辞书出版社，2006年，第173册，第4页。

其人品文章皆在社会广为传颂。宋仁宗景祐年间（1034—1038），范仲淹因"离间大臣，自结朋党"的罪名黜知饶州，余靖、尹洙上疏论救，以朋党坐贬。欧阳修因此贻书指责司谏高若讷不辨是非，被降职为夷陵县令。当时任职西京留守推官的蔡襄作《四贤一不肖诗》①，以张正气，都下人士争相传写，书坊因此雕印市卖，喜得厚利。这一出版传播事件说明了同样的道理，也解释了两宋时期平江乃至全国唐宋名家诗文集出版传播旺盛的原因。

从平江府的个例来分析，不能不提及另一个重要原因。中唐苏州刺史白居易与元稹以诗鸣世，两人共同倡导新乐府运动，诗歌酬唱数十年，作品在苏州、杭州等江南地区广泛传播，史称"元白体"。长庆三年（823），罢相后的元稹赴任路过杭州，杭州民众闻信竞相围睹。刺史白居易以为大家要看朝廷大官，民众却都说："非欲观宰相，盖欲观曩所闻之元白耳。"②足见元白诗歌传播之广，民众喜爱之深。宋初，太宗雍熙年间（984—987），王禹偁、罗处约先后出任平江长洲县、吴县知县，二人公务之余，日以诗篇倡酬，作品播诵苏、杭之间。太宗闻其名，一并召赴京师，通过亲自命题测试，擢升罗处约为著作郎，王禹偁为右拾遗，皆直史馆，赐绯鱼。可以说，唐宋以来，苏州一地盛炽的诗风，与这些名家的活动和诗集的刊行有着密切的关系。

三、刻本叙录：史、子

宋代平江所刻史部、子部类书籍，今存数量很少，现分类各略依其刊行时间先后，叙录如下：

1.《吴郡图经续记》

《吴郡图经续记》3 卷，宋朱长文撰。宋元符三年（1100）苏州公使库刊，绍兴四年（1134）郡守孙佑刻本。

书成于元丰七年（1084）九月，据卷首朱长文自序称，元丰初，受郡守晏知止之请编撰，稿成，晏公离任，藏于家。元丰七年，郡守章岵欲观《图经续记》，长文因"稍加润饰，缮写以献"，置诸郡府，以备谘阅。上卷分封

---

① 诗见［宋］蔡襄：《蔡襄集》卷 1"古诗"，上海：上海古籍出版社，1996 年，第 8 页。
② ［唐］元稹：《永福寺石壁法华经记》，载［唐］元稹撰，冀勤点校：《元稹集》卷 51，中华书局，1982 年，第 558 页。

域、城邑、户口、坊市、物产、风俗、门名、学校、州宅、南园、仓务、海道、亭馆、牧守、人物 15 门,中卷分桥梁、祠庙、宫观、寺院、山、水 6 门,下卷分治水、往迹、园第、冢墓、碑碣、事志、杂录 7 门。卷末有后序 4 篇:一为元祐元年(1086)常安民作。一为元祐七年(1092)林虙作。一为元符二年(1099)祝安上作,称"得此书于公之子耜,读之终卷,惜其可传而未传也。镂版于公库以示久远"。祝氏元符元年到任,书刊成于三年。一为绍兴四年孙佑作,称"时兵火之余,图籍散亡。前湖州通判陈能千……携此书相访,开卷欣跃,因授学官孙卫补葺校勘,复为成书以传"。

《四库全书总目》称是书"征引博而叙述简,文章尔雅,犹有古人之风。州郡志书,五代以前无闻,北宋以来,无古于《长安志》及是记者矣。朱彝尊跋《咸淳临安志》,历数南北宋地志,不及是记,知彝尊未见其书,为希觏之本也"①。

绍兴原刻本清末已成海内孤本,民国时入藏北平国立中央图书馆,现藏台北。该本卷末有清黄丕烈乾隆六十年(1795)、胡珽咸丰二年(1852)、翁同龢光绪二十六年(1900)三跋。从清人三跋和书中藏印可知,该本先后经明代苏州藏书家钱穀悬磬室、昆山叶盛菉竹堂、清昆山徐乾学传是楼、苏州华阳顾听玉、苏州黄丕烈百宋一廛、归安吴云两罍轩、苏州山塘汪鸣銮万宜楼、乌程蒋汝藻密韵楼等递藏,其授受源流清晰可考。

现《吴郡图经续记》有多种丛书本流传:清嘉庆十年常熟张氏学津讨原本、道光十年长白荣誉得月簃丛书本、咸丰三年胡珽琳琅秘室丛书木活字排印本、同治十二年江苏书局刻本、1924 年乌程蒋汝藻影宋刻本等。其中蒋汝藻影宋刻本的底本即现藏台北的绍兴原本。1990年,北京中华书局即据乌程蒋汝藻影宋刻本影印,辑入《宋元方志丛刊》。

---

① [清]永瑢等:《四库全书总目》卷 68"史部地理类",北京:中华书局,1987 年,第 597 页。

2.《营造法式》

《营造法式》36 卷,宋李诫撰。宋绍兴十五年(1145)平江府刊本。

李诫《营造法式》,宋代晁公武《郡斋读书志》卷第七"职官类"、陈振孙《直斋书录解题》卷七"法令类"均有著录,提要后者为详。陈氏曰:"将作少监李诫编修。初,熙宁中,始诏修定,至元祐六年成书。绍圣四年命诫重修,元符三年上,崇宁二年颁印。前二卷为《总释》,其后曰《制度》、曰《功限》、曰《料例》、曰《图样》,而壕寨石作、大小木雕镟锯作,泥瓦、彩画刷饰,又名分类,匠事备矣。"①崇宁二年(1103),由朝廷颁印小字本《营造法式》。40 余年后,知平江军府事王唤于绍兴十五年重刊,史称"绍兴本"。绍兴本的题记对此作了详细记载"平江府今得绍圣《营造法式》旧本,并《目录》《看详》共一十四册,绍兴十五年五月十一日校勘重刊",后列衔名"左文林郎平江府观察推官陈纲校勘,宝文阁直学士右通奉大夫知平江军府事提举劝农使开国子食邑五百户王唤重刊"。现《营造法式》的崇宁本、绍兴本均无存,而所存各种影宋抄本均附有此《题记》,说明都出自绍兴本。1918 年,傅增湘从清内阁大库档案所遗纸堆中检得《营造法式》卷八残叶(图 6 - 3),当时以为是崇宁本残叶。他记载道:"余收得此残叶,为卷八首叶前半。陶兰泉重刻此书,即据此叶以定版式,真零玑断璧,可贵也。"②陶兰泉即近代武进藏书家、出版家陶湘。1925 年,陶氏按宋版样式重刻《营造法式》,1933 年刊入万有文库,为通行本。

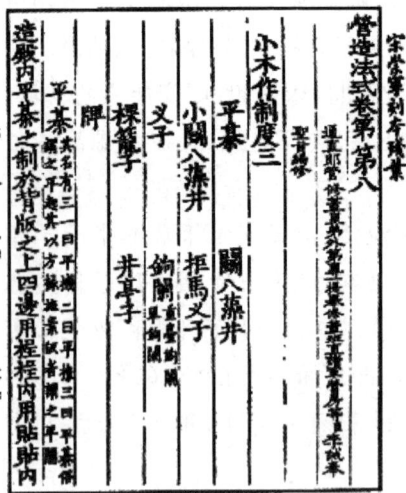

图 6-3 《营造法式》宋刻残叶

1956 年,再次发现《营造法式》宋刻残本,存卷十一至卷十三,卷十之第六、七、九、十叶,凡 3 卷又 4 叶,现藏中国国家图书馆。《中国

---

① [宋]陈振孙撰,徐小蛮等点校:《直斋书录解题》卷7,上海古籍出版社,1987 年,第 225 页。

② 傅增湘:《藏园群书经眼录》卷6"史部四",北京:中华书局,1983 年,第 486 页。

版刻图录》收录此书，著录为宋刻元修本，其书"十一行，行二十一字、二十二字不等，细黑口，左右双边。刻工金荣、蒋宗、贾裕、蒋荣祖、马良臣等又刻绍定《吴郡志》《碛砂藏》等书，因推知此书当是南宋后期平江府官版。"①这部绍定间平江府官刻本未见史书记载。可见南宋间平江府的两次官刻，对《营造法式》的保存和流通发挥了极为重要的作用。

3.《大事记》

《大事记》12卷、《通释》3卷、《解题》12卷，宋吕祖谦撰，宋嘉定五年（1212）吴郡学舍刻本。

吕祖谦（1137—1181），字伯恭，婺州金华（今属浙江）人。南宋著名学者，曾在婺州建丽泽书院，传播理学，与朱熹、张栻并称"东南三贤"。此书卷首有淳熙七年（1180）正月吕祖谦自序，计划《大事记》"起春秋后讫于五代"，因病起而至汉武帝征和而止。陈振孙《直斋书录解题》卷四著录，然未及版本。《四库全书总目》著录浙江吴玉墀家藏本，并提要称"此本乃宋嘉定壬申刊行于吴郡学者"，其依据即为卷末平江府学教授李大有的跋。其跋称："太史先生是书名袭迁史，体备编年，包举广而兴寄深，虽不幸绝笔于征和，而书法可概见。其文则史，其义则窃取之矣。通释，是书之总也；解题，是书之传也。学者考通释之纲，玩解题之旨，斯得先生次辑之意云。嘉定壬申（嘉定五年，1212）锓木吴学，谨识于卷后。时冬至前三日，学掾东阳李大有书。"李大有（1159—1224），字谦仲，东阳人。庆元二年（1196）进士，授迪功郎，历官潭州益阳主簿，平江府教授。

今《四库全书》本未见李跋。清陆心源《皕宋楼藏书志》卷二十"编年类"著录此书宋刊本，其题跋抄录李大有跋，清胡凤丹《金华丛书》本亦录李跋，可参见。

4.《吴郡志》

《吴郡志》50卷，宋范成大撰。宋绍定二年（1229）平江府学刻本。

范成大（1126—1193），字至能，号石湖居士。苏州吴县人。绍兴二十四年（1154）进士，官至参知政事。事迹具《宋史》本传。卷首有绍定二年（1229）十一月赵汝谈序，叙编辑刊刻过程甚详。全书分为39门，四库

---

① 北京图书馆编：《中国版刻图录》（增订本），北京：文物出版社，1990年，第27页。

馆臣盛赞其"征引浩博而叙述简核,为地志中之善本"。《四库全书》著录兵部侍郎纪昀家藏本,称:"刊本久佚,此本犹绍定旧椠。"清钱大昕跋《吴郡志》曰:"范文穆公为《吴郡志》,叙述讫于绍熙三年(1192)。公殁后,郡守具木欲刻矣,或哗言是书非石湖笔,遂弗刻而藏之学宫。绍定初,李寿朋守平江,从范氏求公遗书,得数种,而斯志与焉。以校学宫本,无少异,乃议刊行;并增入建置百万仓、嘉定新县、许浦水军、顾径移屯诸事,赵汝谈为之序。今世行本第十一卷牧守题名增至淳祐七年(1247),第二卷亦增入淳祐己酉(九年)一条,又非绍定元刻矣。"①纪昀(1724—1805)与钱大昕(1728—1804)同时,检四库文渊阁本,其第 2 卷、第 11 卷增加淳祐的内容,与钱大昕所言相同;而清常熟瞿氏铁琴铜剑楼藏宋刊本,据其提要所称,牧守题名也增至淳祐。1926 年,吴兴张钧衡《择是居丛书》有影宋刻本,中华书局据以影印刊入《宋元方志丛刊》,其所增淳祐内容的文字亦与上述相同。可见绍定原刻早佚,清初以来,学者藏家所见,多为绍定宋刻的元修本。

现中国国家图书馆藏有宋绍兴刻元修本,已影印刊入《中华再造善本》唐宋编。

5.《玉峰志》《玉峰续志》

《玉峰志》3 卷,宋凌万顷、边实撰,宋淳祐十二年(1252)昆山县学刊本;《玉峰续志》1 卷,宋边实撰,宋咸淳八年(1272)昆山县学刊本。

《玉峰志》卷首有凌万顷、县令项公泽跋,两跋间,有一叶刊"《玉峰志》淳祐辛亥五月修壬子二月刊于县学"一行并列与纂者名衔。《玉峰续志》有咸淳壬申县令谢公应跋。该正、续志宋本久佚,清修四库全书未及收录,阮元辑入《四库未收书提要》,称:"志中所载沿革风俗以及人物古迹甚悉。宋、元时昆山志乘,世不多得,是册足备一方之文献也。"②清宣统元年(1909),缪朝荃据旧抄本校勘,辑入《汇刻太仓旧志五种》,中华书局又取以影印,刊入《宋元方志丛刊》。清钱大昕有《跋玉峰志》一文,考述其源流价值甚详:"予先世自常熟双凤里徙家嘉定西乡,逮予八传矣。

---

① [清]钱大昕撰,吕友仁标校:《潜研堂集》卷 29"题跋三",上海:上海古籍出版社,1989 年,第 518 页。

② [清]阮元撰,邓经元点校:《揅经室集·外集》卷 5,北京:中华书局,1993 年,第 1277 页。

嘉定本昆山地,宋南渡始析为县。征吾乡掌故者,沂而上之,当求诸昆山,而宋元志乘,访寻终不可得,意常恨之。今春,闻袁又恺购得凌万顷、边实《玉峰志》及实《续志》,亟假归读之。《志》成于淳祐壬子,《续志》成于咸淳壬申,皆在析县以后,不叙嘉定事。然遍览近代藏书家目录,均未之及,乃知天壤间奇秘之物固自不乏,特未遇波斯,不免埋没于瓦砾耳……凌万顷字叔度,景定三年(1262)进士,本阳羡人,其父为颜氏婿,因家焉。边实本开封人,枢密直学士肃七世孙,自高祖以下始居于此。《志》既为其曾祖惇德立传,而《续志》复为《自序》一篇,追本得姓之始。"①足资参考。

6.《大隋求陀罗尼》经咒

《大隋求陀罗尼》经咒1卷,宋咸平四年(1001)苏州军州刊本。

《大 隋 求 陀 罗 尼》经 咒(图6-4)是目前已知最早的苏州雕版印刷物,1978年4月发现于苏州瑞光塔。经咒藏在真珠舍利宝幢经幢内,为一长方形皮纸,四角有四天王像,中心为释迦像,环以汉文经文。左右各边款一道:右行是"朝请大夫给事中知苏州军州事清和县开国男食邑三百户柱国赐紫金鱼袋张去华……"等数人职官姓名,左行是"大理寺丞知长洲县事王允已……"等数人职官姓名。其下部正中长方形框内有落款"咸平四年十一月□日杭州赵宗霸开"。②张去华(938—1006),字信

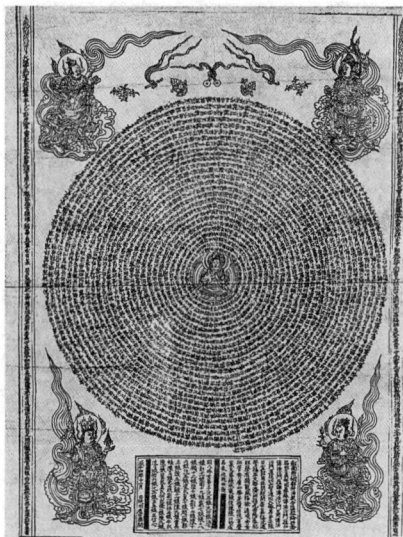

图6-4 《大隋求陀罗尼》经咒
宋咸平四年(1001)苏州军州刊本
苏州博物馆藏

---

① [清]钱大昕撰,吕友仁标校:《潜研堂文集》卷29"题跋三",上海:上海古籍出版社,1989年,第524页。
② 苏州文管会、苏州博物馆:《苏州瑞光寺塔发现一批五代、北宋文物》,《文物》1979年第11期。

臣,开封襄邑人。建隆二年(961)进士,累官工部侍郎。据清人吴廷燮《北宋经抚年表》卷二记载,至道三年(997)六月,张去华知杭州;卷四载咸平二年四月,徙知苏州。①

瑞光塔中同时发现刻本《妙法莲华经》,1部7卷,第6卷已毁。第1卷包首有朱题:"天禧元年(1017)九月十五日,雍熙寺僧永宗转舍《妙法莲华经》一部七卷入瑞光院新建多宝佛塔相轮珠内。"《吴郡图经续记》卷中"寺院"记载:"雍熙寺,在吴县北,故传郡人陆氏舍宅以置,号曰'法水'。旧有三殿三楼,高僧清闲所建也。雍熙中改今额。寺之子院三:曰华严,曰普贤,曰泗州,皆为讲教之所。"可见雍熙寺建寺早,且有相当规模,常有佛门信徒舍入佛经。《妙法莲华经》即早先由信徒舍入,再由寺僧转舍瑞光院。由于此卷无牌记、题名,且存在明显的补板现象,应该不是该雕版的初印本。研究者根据刻本的版式、字体、纸质特点,认为刻本印刷时间在北宋太宗雍熙年间(984—987),推测其"雕版时在五代吴越的末年是有可能的",具体大致在"太平兴国元年—三年(976—978)吴越纳土归宋以前",并认为"没有牌记和题记当然也有另一种情况,那就是专门作为在佛教徒中流通的坊刻本经卷"。② 这部发现于苏州,与苏州有着多重密切关系的珍贵的宋刻经卷,由于尚无法确知其刊印的时间、地点和机构,姑先著录于此,期待发现新资料加以印证。

7.《佛顶心观世音菩萨大陀罗尼经》

《佛顶心观世音菩萨大陀罗尼经》1卷,宋崇宁元年(1102)吴江石处道等刻本。

此经卷凡238行,行14字,卷末有题记"崇宁元年石处道同妻梁氏镂版印施"。清末发现于吴江东郊垂虹桥塬华严塔石匣中,《中国版刻图录》著录,称:"开卷佛说法图、观世音菩萨化僧解冤等扉画。初印精湛,纸墨莹洁。"

8.《备急总效方》

《备急总效方》40卷,宋绍兴二十四年(1154)知平江军府事李朝正

---

① [清]吴廷燮撰,张枕石点校:《北宋经抚年表》,北京:中华书局,1984年,第91、254页。
② 苏州文管会、苏州博物馆:《谈瑞光寺塔的刻本〈妙法莲华经〉》,《文物》1979年第11期。

序刊本。

《备急总效方》40卷,最早见于陈振孙《直斋书录解题》卷十三"医家类"著录,陈氏曰:"知平江府溧阳李朝正撰。大抵皆单方也。"《宋史·艺文志》、明《千顷堂书目》著录皆同。此后,该书罕见明清官私书目著录,故丹波元胤在道光六年(1826)成书的《中国医籍考》中著录为"佚"。1920年,傅增湘在《藏园群书经眼录》卷七"子部一"著录《备急总效方》40卷,提要称:"宋绍兴二十四年刊本,十行十六字,方低一字,每证下注方所出书名,病题用阴文,白口,左右双栏。鱼尾下题备方一二等字,版心下方题刊书人姓名,有乙成、金彦、惠道、李祥、王份、项中、蒋諲、牛智、叶先、贾琚、昌旼、陈忠。宋讳玄镜竟敬惊均缺末笔。有绍兴二十四年四月二十日左朝奉大夫知平江军府事提举学事兼管内劝农使溧阳县开国男食邑三百户赐紫金鱼袋李朝正序……钤有'元恭'、'徐枢'、'文医司马'、'乾学'、'徐健庵'、'季振宜印'、'沧苇'各藏印。"①稍后,在北平设文禄堂书店的王文进也经眼此书,他在《文禄堂访书记》卷第三著录《备急总效方》40卷,称:"宋李朝正编。宋临安刻本。半叶十行,行十六字,白口。板心下记刊工姓名。牛智、陈忠、叶先、李祥、蒋諲、惠道、金彦、贾琚、王份、昌旼、项中、乙咸(咸字误,当为成)。绍兴二十四年自序。有'徐乾学健庵''季振宜沧苇'印。"②季振宜,号沧苇,扬州泰兴人,清顺治四年(1647)进士,有《沧苇书目》传世;徐乾学,号健庵,苏州昆山人,清康熙九年(1670)进士,有传是楼藏书名扬天下。从傅、王两家著录的版式、刻工、藏印分析,可知其所见为同一书。

关于刊刻地点,傅增湘认为"此书字抚欧体,刊工陈忠见敝藏绍兴本水经注及明州本文选补版中,则也南渡初浙刻本也"。王文进则直接著录为"宋临安刻本"。虽然两家所列12名刻工多为南宋初临安地区人,但是我们有理由认为该书为平江刊本。其一,这12名刻工南宋初多次参加平江府的刻书活动,如乙成、金彦、惠道、李祥、王份、项中、叶先、昌旼、陈忠参与雕刻绍兴二十一年(1151)两浙西路提举常平茶盐司本《临

① 傅增湘:《藏园群书经眼录》卷7,北京:中华书局,1983年,第3册,第590页。
② [清]王文进著,柳向春标点:《文禄堂访书记》,上海:上海古籍出版社,2007年,第167页。

川先生文集》。浙西路茶盐司治平江府,衙门在苏州子城之东。李祥、牛智与刻乾道二年(1166)平江知府沈度本《东莱先生诗集》,贾琚则参与绍兴四年(1134)平江郡守孙佑本《吴郡图经续记》的雕版,等等。这符合当时两浙路刻工根据刻书任务南北流动、适时组合的实际状况。其二,书中有时任苏州郡守李朝正的序。李朝正(1096—1155),字治表,溧阳人。建炎二年(1128)进士。绍兴中以宣义郎知建康府溧水县,历官右司员外郎,权户部侍郎。绍兴二十三年出知平江府,次年罢免。所以,《备急总效方》40 卷应为绍兴二十四年平江军的官刻本。

此书写刻精良,傅增湘盛赞其"写刻既工,印尤精妙,桑皮莹洁,墨采静穆,真稀世之珍也"。傅、王两家经眼的这部递经清初江苏藏书家收藏的宋版《备急总效方》,民国初流入日本。冈西为人《宋以前医籍考》第十二类"诸家方论(南宋)"著录《备急总效方》40 卷,并引录李朝正序,序称绍兴初年,自己的女儿罹患痘疮,当时病急危殆,靠《证类本草》所载单方救治,"药到痛止,不日而安,乃知单方之可以济缓急如此"。于是李朝正以《证类本草》的附方为基础,并增辑唐人崔元亮《海上集验方》、宋赵士纡《九籥卫生方》、宋张锐《鸡峰备急方》等方书中的经验方,"搜罗剔抉,聚为一书,命曰《备急总效方》。非特检寻之便、标目之广则于疾无遗,品类之多则于药易得⋯⋯命工刊之,以广其传"。① 从上述文字可以看出,陈振孙"大抵皆单方也"的注语并没有说出该书的特点。2010 年,郭秀梅整理《宋以前医籍考》,在《备急总效方》的刊本著录下加注称:"宋刊本全四十卷,现藏于武田科学振兴财团杏雨书屋(贵·四二一)。"日本武田氏家族以经营医药著称,杏雨书屋为家族藏书楼,以日本和中国本草类医书的收藏闻名。1964 年,武田家族成立武田科学振兴财团,杏雨书屋转由财团管理。2005 年,书屋曾将所藏宋本《备急总效方》影印 200 部,供内部交流。

9.《翻译名义集》

《翻译名义集》7 卷,宋姑苏景德寺普润大师法云编,宋绍兴二十七年(1157)姑苏景德寺募刊本。

---

① [日]冈西为人著,郭秀梅整理:《宋以前医籍考》,北京:学苑出版社,2010 年,第 732 页。

历代汉译佛经，虽多经汉学者的润色，但是字里行间仍保留不少梵语，这给后来不熟梵语者研读佛经带来困难。南宋苏州景德寺僧法云针对这一问题编写此书，用汉语解释梵语之义，类似一部佛经梵语词典。全书7卷，分类编成64篇。卷首有绍兴二十七年荆溪周敦义序，正文前有法云绍兴十三年自序。各卷后有捐资开版人名字，多为苏州人士，如僧徒有景德寺僧、开元寺僧、尹山延庆庵沙门、吴江法喜院比丘、平江开元寺比丘等，信徒有宋太尉宅、平江府宁国寺西面南居住弟子、中街路西面南居住女弟子等。

清以来，此书宋本三见著录。其一，潘祖荫《滂喜斋藏书记》卷二著录《宋刻残本翻译名义》2卷，称："题姑苏景德寺普润大师法云编。仅存第一、第二两卷，前有绍兴丁丑一序，而脱去首叶。证以支那本，知为周敦义序也。板心有开经人名字，皆断烂。"[1]其二，王文进《文禄堂访书记》卷第三著录《翻译名义集》7卷，提要称："宋释法云编。宋吴郡刻本。半叶五行，行十一、二字，注双行二十字。白口。板心助刊姓氏。"其三，南海潘宗周宝礼堂藏宋刊本。此本版式为梵语大字跨行，释义半叶10行，行20—23字，小注双行，行23—27字，左右双栏，版心白口，单鱼尾。潘宗周编《宝礼堂宋本书录》"子部"著录《翻译名义集》7卷14册，称："宋讳避至高宗止，盖刊于绍兴之世，是书成后第一刊版也……前三卷原佚，据宋刻景写，极精。"藏印有"汪印士钟"，"三十六峰园主人"等。[2]潘祖荫编有《艺芸书舍宋元本书目》，其中宋版书目中著录有《翻译名义集》7卷。《四部丛刊》初编子部收录《翻译名义集》，系影印宝礼堂所藏宋本。汪士钟，字阆源，清苏州藏书家，藏书室名艺芸书舍，"三十六峰园主人"是他的藏书印之一。

该书元刻本和日本宽永本卷首周敦义序后有元大德五年（1301）普恰撰《苏州景德寺普润大师行业记》，称普润大师名法云，字天瑞，自称无机子，俗姓戈。长洲人，住苏州景德寺。绍兴二十八年（1158）圆寂，享年71岁。

---

① ［清］潘祖荫著，余彦焱标点：《滂喜斋藏书记》，上海：上海古籍出版社，2007年，第64页。
② 潘宗周编，柳向春标点：《宝礼堂宋本书录》，上海：上海古籍出版社，2007年，第277页。

10.《吕氏乡约》《乡仪》

《吕氏乡约》1卷、《乡仪》1卷，宋吕大钧撰。宋嘉定五年(1212)吴郡学舍刊本。

吕大钧(1031—1082)，字和叔，京兆蓝田(今属陕西)人。嘉祐二年(1057)进士，《宋史》有传。吕大钧从理学名家张载学，一生致力于"教化人才，变化风俗"，所撰《乡约》成于北宋熙宁九年(1076)，是现存古代最早的乡规民约。百年后，淳熙二年(1175)，朱熹撰写跋语，确认作者为吕大钧，纠正了流传中有关作者的误植。此本后有嘉定壬申(嘉定五年，1212)长至前十日郡文学李大有刻书跋，称："往年冬，大有尝更定吴门聚拜之仪……今得晦庵先生所订《吕氏乡约》《乡仪》，用刊诸梓，贻我同盟。"此宋刻原本现藏中国国家图书馆，已辑入《中华再造善本》唐宋编，著录为"李大有刻本"。①

李大有，字谦仲，嘉定间任平江府学教授。魏了翁称李大有"绍熙四年(1193)，补博士弟子员。庆元二年(1196)中进士第，授迪功郎。主簿潭之益阳，教授平江府，知福州闽县，通判通州，主管官告院，历司农、太常寺主簿，迁太常博士，积阶至朝请郎。在平江，著录公明，不可干以私。正岁，乡之大夫士属于序，谦仲为正齿位，仿古饮酒礼，且取前贤乡约乡仪锓梓以风示之，士习用劝"②，明言此书系李氏刊于平江府学任上。李大有还刊有宋吕祖谦的《大事记》，跋语称："嘉定壬申锓木吴学，谨识于卷后。时冬至前三日，学掾东阳李大有书。"(见第205页"3.《大事记》")按，李大有《吕氏乡约》跋语中的"长至"日，旧时指夏至，亦可指冬至。由此可见，本书与《大事记》均系李大有同年在平江府学教授任上所刊。

11.《碛砂大藏经》

《碛砂大藏经》，6362卷，南宋宝庆、绍定间(1225—1233)平江碛砂延圣院始刊。

---

① 《中华再造善本总目提要》此篇提要著录吕大钧生卒为公元1029—1080年，误。宋范育《吕和叔墓表》记载其卒于元丰五年(1082)，"享年五十有二"。见曾枣庄等主编：《全宋文》卷1659，上海：上海辞书出版社，2006年，第76册，第111页。

② [宋]魏了翁：《太常博士李君墓志铭》，载曾枣庄等主编：《全宋文》卷7117，上海：上海辞书出版社，2006年，第311册，第171页。

平江碛砂延圣院，旧名延圣禅院，在长洲县二十六都陈湖之北（今苏州吴中区陈湖），宋乾道间寂堂禅师（寂堂，俗姓祝，名师元，华亭人）创建。据《中国版刻图录》著录，碛砂延圣院"绍定四年（1231）设经坊，一名大藏经局，开雕全藏。藏主为法忠禅师"。对此，元释圆至《平江府陈湖碛砂延圣院记》中有"刻三藏之经而栖其板于院北之坊"的记载。宋理宗嘉熙、淳祐年间（1237—1252）刻经活动十分繁盛，此后寺院遭遇火灾，全藏断续下延至元至治二年（1322）方告竣工，前后历时 91 年。

20 世纪 20 年代，西安开元寺和卧龙寺所藏《碛砂藏》被发现。经朱庆澜、叶恭绰等多方呼吁筹款，《影印宋碛砂经藏》于 1935 年在上海问世，经折装，凡 500 部。随后，太原崇善寺、日本杏雨书屋、美国普林斯顿大学葛斯德东方书库、北京柏林寺大佛内藏的《碛砂藏》藏本陆续被发现。2005 年，北京线装书局主持整理影印宋元版《碛砂藏》，以陕西藏本为底本，以他本和零本参校。影印本精装 120 册，编附《总目》《分目》和《经名索引》。

《碛砂大藏经》是迄今保存最为完整的宋元版大藏经，又是已知大藏经中插有扉画最丰富的一种，具有重要的文献和历史文化价值。所以自发现、影印以来，关于其刊刻年代、主持人等问题，争鸣甚多。

20 世纪 90 年代，日本奈良西大寺发布所藏碛砂宋版《大般若波罗蜜多经》的有关发现：卷一有"嘉定九年丙子"的刊记；卷二有题记"干造比丘了勤舍梨板三十片刊般若经第一、二、三卷，并看藏入式及序，祈求佛天护佑，令大藏经律论板速得圆满"（图 6-5）；卷末有刊记"嘉定十五年十二月□日刊第二卷八千八百九十五字十八纸"。嘉定为南宋宁宗赵扩的年号，嘉定九年为公元 1216 年，早于宝庆元年

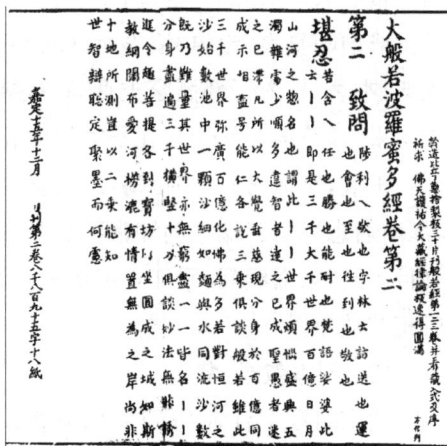

图 6-5　《大般若波罗蜜多经》卷二题记
南宋平江府碛砂延圣院刊本
日本宫内厅书陵部藏

(1225)9年。

有关《碛砂大藏经》的详细情况,苏州古吴轩出版社2016年出版孙中旺主编的《〈碛砂藏〉研究论文选辑》,可以参考。

12.《琴史》

《琴史》6卷,宋朱长文撰,宋绍定六年(1233)平江朱正大刊本。

卷首有朱长文元丰七年(1084)序,称:"书画之事,古人犹多编述,而琴独未备,窃用慨然,因疏其所记,作《琴史》。方当朝廷成太平之功,谓宜制作礼乐,比隆商周,则是书也岂为虚文而已。"可见他十分看重本书的撰著。卷一至卷五汇录自帝尧、帝舜至北宋赵抃凡146人(附录9人)的相关事迹,卷六分篇阐发琴艺和琴史制度的内涵及其演变发展。四库馆臣称其书"采摭详博,文词雅赡",评价甚高。此书宋刊本已佚,今传四库全书本据明天一阁藏本抄录,另有清江宁织造曹寅楝亭藏本,卷首均有南宋绍定六年朱氏侄孙正大刻书序,称家中《琴史》"藏之既久,恐遂湮没,敬刻于梓,以永其传"。

13.《言子》

《言子》3卷,宋王爚编,宋理宗端平间(1234—1236)常熟县刊本。

此本最早见于陈振孙《直斋书录解题》著录,称:"言偃,吴人,相传所居在常熟县。庆元间,邑宰孙应时季和始为立祠,求朱晦翁为记。近新昌王爚伯晦复衷《论语》诸书所载问答为此书。"《四库全书总目》据《永乐大典》本著录,入子部儒家类存目,提要称其分内篇、外篇、附录3卷,所录均采自《论语》《礼记》《孔子家语》《孔丛子》诸书。

王爚,字仲潜,一字伯晦,绍兴新昌人。嘉定十三年(1220)进士。清《江南通志》称其"端平间知常熟县"。《四库全书总目》引清梁维枢《内阁书目》云:"宋嘉熙间,平江守王爚辑子游言行及祠庙事迹。"两者所述,前后相差数年。

四、刻本叙录:集

两宋时期平江府所刻集部典籍,已知较早的是唐韦应物《韦苏州集》、宋王安石《临川先生文集》及吕本中《东莱先生诗集》。

唐德宗贞元二年(786),韦应物以左司郎中出任苏州刺史。这位"屡访尘外迹,穷幽赏情"的诗人公余暇时,常与宾友聚游觞咏,尤喜游佛寺、访僧斋,对苏州西南永定寺"绿池芳草气,闲斋春树阴。晴蝶飘兰径,游蜂绕花心"的清景幽韵心赏不已。罢郡离职后,即寓居寺中,作《寓居永定精舍》《野居》诗,高歌去官的轻松喜悦,吟唱闲居的优游自适。风流雅韵,传播吴中。后世遂以"韦苏州"雅称之,他的诗集也就命名为《韦苏州集》。

据历代书志记载,宋本《韦苏州集》10 卷,分 14 类:古赋、杂拟、燕集、寄赠、送别、酬答、逢遇、怀思、行旅、感叹、登眺、游览、杂兴、歌行。宋仁宗嘉祐元年(1056)由王钦臣取时行诸本校定。此后凡四刻,三刻出于苏州:神宗熙宁九年(1076)吴县知事葛繁校刊于苏州,世称平江版;高宗绍兴二年(1132)再刻;孝宗乾道七年(1171)平江知府魏杞三刻。

1.《韦苏州集》

《韦苏州集》10 卷,唐韦应物撰,宋乾道七年(1171)魏杞平江府学刻递修本。

此本 10 卷,末附拾遗 8 首。卷首冠嘉祐元年太原王钦臣序,卷末有熙宁九年权知吴县事葛繁《韦苏州集后序》,绍兴二年姚宽《书葛繁校韦苏州集后》和乾道七年平江府学教授胡观国、崔敦礼两跋。葛序称:度支郎中韩朴出知苏州,"得晁文元公家藏韦氏全集,俾寮属宾佐参校讹谬而终之于繁,始命镂板,将以传之于后世"。胡观国《书重刊韦苏州集后》曰:"今丞相观文魏公,出镇三吴腹心之地。开藩之初,搜前代贤牧之治效,得韦公诗而喜观之。第以工匠雕锓舛讹既多,板籍寝久,磨灭亦甚。乃命教官参校而是正之,镂版以传不朽。"崔敦礼则在跋中记载了校勘情况:"韦苏州诗集十卷,并续添七篇,大丞相观文魏公守平江,命教官所校也……《诗》之本不一,以葛繁本为正,参以诸本,是正凡三百处而赢,又得《九日》一诗附于卷末。"

魏杞(1121—1184),字南夫,寿春人。从赵敦临习经,移居鄞之碧溪,学者称碧溪先生。绍兴十二年(1142)进士。乾道六年,因事免参知政事、右仆射,授观文殿学士知平江府。

2.《临川先生文集》

《临川先生文集》100 卷,宋王安石撰,宋绍兴二十一年(1151)两浙西路转运司王钰刻元明递修本。

此本原系李盛铎木犀轩藏本,上有清光绪元年(1875)李盛铎题识:"《荆公文集》世鲜宋刊,乾嘉以来藏书家如百宋一廛、爱日精庐皆称极富,其所著录不过明椠,它可知矣。此本前有吴草庐序,称危太朴搜索诸本增补校定。其实即以宋板略加修补掩为新刻(元人此类甚多),又间有明嘉靖五年(1526)补刊之叶,知此板明时尚存,宋刻十存六七。宋讳如竟、讓、縣、懲、完皆缺末笔,'恒'字注'渊圣御名',盖绍兴中公曾孙珏所刊,元明以来递有修板。此本虽系明印,而宋椠面目俱在,良可宝也。"[1] 王珏(1112—1164),字德全,临川人。王安石曾孙。右朝散大夫,提举两浙西路常平茶盐公事,绍兴十九年十一月到任,绍兴二十一年十二月任满。浙西路提举常平茶盐司治平江府,衙门在苏州子城之东。

现藏中国国家图书馆,已辑入《中华再造善本》唐宋编。

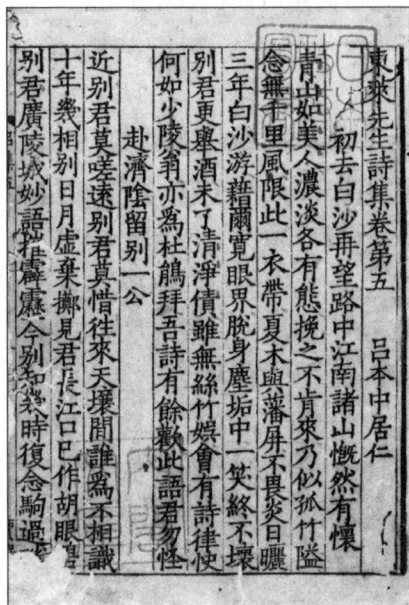

图 6-6 《东莱先生诗集》书影
南宋乾道二年(1166)苏州沈度刻本
日本内阁文库藏

3.《东莱先生诗集》

《东莱先生诗集》20 卷,宋吕本中撰,宋乾道二年(1166)吴郡守沈度刊本。

吕本中(1084—1145),字居仁,学者称东莱先生。《直斋书录解题》卷二十著录《东莱集》20 卷、《外集》2 卷,无版本信息。沈度,字公雅,德清人。师从陈渊二十年,绍兴十七年(1147),辑刻陈渊《默堂集》22 卷。隆兴二年(1164),以考功郎中除直秘阁、知平江。

1928 年,张元济东渡日本,得见内阁文库藏宋本《东莱先生诗集》(图 6-6),卷首冠乾道二年四月六日赣川曾几序,称:"仪真沈

---

① 李盛铎著,张玉范整理:《木犀轩藏书题记及书录》,北京:北京大学出版社,1985 年,第 39 页。

公,宗师名卿之子,少卓荦有奇志……公(吕本中)尤知之,往来酬唱最多。沈公之子公雅,以通家子弟从公游,公称之甚。乾道初元,几就养吴郡,时公雅自尚书郎擢守是邦,暇日裒集公诗,略无遗者,次第岁月,为二十通,锓板置之郡斋。盖公之知沈氏父子也深,故公雅编次之也备。"检《东莱先生诗集》卷二有《元日赠沈宗师四首》,诗题下有小注"大观三年(1109)真州",则沈宗师即曾序所谓仪真沈公,也即沈度之父。东莱离开真州,有《雨后月夜怀沈宗师承务》诗,称:"我生无南北,所到意趣遂。孰知十年游,保此清净退。颇念城北人,结友老杉桧……何当持被来,把酒相就醉。"足见二人相知之深。

因此本难得,国内久佚,张元济求借摄影,刊入《四部丛刊续编》,并撰写题跋"宋吕本中《东莱诗集》二十卷,乾道初元沈公雅守吴郡日,裒集锓板,曾几为之序。是集宋本久佚,近代藏目皆旧抄本,搀入庆元二年陆游《文集序》,盖后来传抄所附益,非原刊所旧有也",此本"前有曾几序及总目,无陆序",最后深有感慨道:"书之必贵宋刻,岂好事哉!东莱于江西诗派中,自居殿军,得此真本传世,讵非学者之喜,而亦邻邦七百年藏弆之贻也。"①

4.《昆山杂咏》

《昆山杂咏》3卷,宋龚昱辑,宋开禧三年(1207)昆山县斋刻本。

此本前有嘉定元年(1208)朝散郎监察御史范之柔序,后有开禧三年(1207)仪真徐挺之跋。徐跋称:"栖闲主人龚君昱字立道,昆山佳士也。讲学之暇,刻意于诗。裒所藏今昔名公之什,总成此编以示。交承金华潘文叔。文叔迫去,不克广其传。挺之来试邑,刊置县斋。"龚昱,江苏昆山人。其父龚明之撰有《中吴纪闻》。昱安贫乐道,有学行,乡人称为龚山长。师从李衡6年,曾录李衡平日讲学之语,编为《乐庵语录》5卷,并辑《乐庵遗书》4卷。

《昆山杂咏》凡上、中、下3卷,选唐宋名家咏昆山诗,首唐张祜《慧聚寺》,终项寅宾《两木(枇杷、绿橘)》。全书写刻精美,每半叶8行,行15字,"搆""慎""敦"字俱注庙讳。此书开苏州地方诗选之风。明代王纶复

① 张元济著,顾廷龙编:《涉园序跋集录》,上海:古典文学出版社,1957年,第228页。

辑元、明人诗歌百篇,附益其后重刊。方鹏为王书作序,指出读其书,可生二叹:其一,社会风尚变化。从书中歌咏对象看,唐宋元三代崇佛教,小小昆山,竟有僧房百十之数。而明朝崇正辟佛,昆山僧寺零落殆尽。其二,社会经济消长。宋、元之时,邑人富庶,往往斥余财助修名胜。明朝则赋重役繁,邑人谋生为急,邑中名胜古迹,相继荡为树榛瓦砾之场。方序点出从中可以观风俗之变,察兴衰之迹。稍后,俞允文又上溯晋唐,再得数百篇,统编为 28 卷,《四库全书总目》即著录俞编本。

此本原藏清常熟铁琴铜剑楼,楼主瞿镛用以校勘俞允文本,凡校正俞本近百处讹误,写入宋本《昆山杂咏》题跋。① 瞿本现藏中国国家图书馆,已辑入《中华再造善本》唐宋编。

此外,尚有以下数种宋代苏州所刊集部典籍,见于宋人记载,但宋时原刊已佚,而仍有线索可寻,或有余稿存世。现一并著录,以图拼接苏州宋代出版之概貌。

1. 杜工部集

《杜工部集》20 卷,唐杜甫撰,宋嘉祐四年(1059)苏州公使库刊本。

北宋仁宗嘉祐间,太原王琪来守苏州,曾借公使库钱修葺官署,无力偿还,欲刊书盈利还钱。嘉祐四年(1059),王琪将所得王洙家藏杜甫诗集的善本,与其他各本参订后,交苏州公使库刻成《杜工部集》20 卷。

王琪刊本,据王洙编次之本再加厘订,史称"二王本"。张元济在《宋本〈杜工部集〉跋》中称:"自后补遗、增校、注释、批点、集注、分类、编韵之作,无不出二王之所辑梓。原叔曾否刊行,无由闻见。惟赖君玉剞劂行世,遂为斯集之鼻祖。"②然其原刻本久佚,"但南宋翻本在明末清初尚有流传。汲古阁主人毛晋曾借的宋本影抄一部藏于家"③。该书后流入吴县潘氏滂喜斋,现藏上海图书馆。因此本为现存最早翻刻王琪本之宋本,且又孤本仅存,故先由张元济影印辑入《续古逸丛书》,现又列入《中华再造善本》唐宋编。

---

① [清]瞿镛编纂,瞿果行标点,瞿凤起覆校:《铁琴铜剑楼藏书目录》卷 23,上海:上海古籍出版社,2000 年,第 654 页。

② 张人凤编:《张元济古籍书目序跋汇编》下册,北京:商务印书馆,2003 年,第 1127 页。

③ 上海图书馆编:《上海图书馆藏宋本图录》,上海:上海古籍出版社,2010 年,第 116 页。

2.《李翰林集》

《李翰林集》30 卷,唐李白撰,宋元丰三年(1080)苏州郡守晏知止刊本。

宋陈振孙《直斋书录解题》著录《李翰林集》30 卷,解题称:"别有蜀刻大小二本,卷数亦同,而首卷专载碑、序,余二十三卷歌诗,而杂著止六卷。有宋敏求后序,言旧集歌诗七百七十六篇,又得王溥及唐魏万集本,因哀唐《类诗》诸编洎石刻所传,广之无虑千篇。以《别集》、杂著附其后。曾巩盖因宋本而次第之者也。以校旧藏本篇数,如其言,然则蜀本即宋本也耶?末又有元丰中毛渐题,云'以宋公编类之勤,曾公考次之详,而晏公又能镂板以传于世',乃晏知止刻于苏州者。然则蜀本盖传苏本,而苏本不复有矣。"①陈氏所引毛渐题跋见清王琦李集注本,其曰:"临川晏公知止字处善,守苏之明年,政成暇日,出李翰林诗以授于渐曰:'白之诗历世浸久,所传之集率多讹缺。予得此本,最为完善,将欲镂板,以广其传。'渐切谓李诗为人所尚,以宋公编类之勤,而曾公考次之详,世虽甚好,不可得而悉见。今晏公又能镂板以传,使李诗复显于世,实三公相与成始而成终也。元丰三年夏四月,信安毛渐校正谨题。"②王琦在毛渐题跋后注称"刻本有删去此篇者,以其无关于太白之事迹耳。然宋公编类之稿,镂木传世,实始于是,今所传诸刻,无不滥觞焉。不敢泯其所自,故仍旧本存之",肯定晏知止苏州刻本对后世的影响。晏知止,晏殊之子,《吴郡志》卷十一记载:元丰中,朝请大夫、尚书司封员外郎晏知止守苏。

3.《笠泽丛书》《补遗》

《笠泽丛书》4 卷、《补遗》1 卷,唐陆龟蒙撰,宋政和元年(1111)吴江令朱衮刊本。

陆龟蒙(?—约 881),字鲁望,苏州人。唐武周朝宰相陆元方七世孙。居城东临顿里。自幼聪悟善学,好读书属文,早有诗名。然而仕途多舛,"哀吾材之不试,徒抱影以中泣"。在经历了一段艰难的人生之旅后,他摒弃了举业,退居松江甫里(今苏州甪直),自号天随子,以读书著

---

① [宋]陈振孙撰,徐小蛮等点校:《直斋书录解题》卷 16,上海:上海古籍出版社,1987 年,第 469 页。

② [唐]李白著,王琦注:《李太白全集》卷 31,北京:中华书局,1999 年,第 1480 页。

述自娱。明吴宽序沈周《石田稿》,称沈周"上溯乎鲁望,且其斋居江湖间,不减甫里之胜。宾客满座,尊俎常设,谈笑之际,落笔成篇……溪风渚月,谷霭岫云,形迹若空,姿态倏变,玩之而愈佳,揽之而无尽。"可见陆龟蒙对后世苏州文人的影响。

陆龟蒙的诗赋杂著,自编为《笠泽丛书》,金元好问曾于开封相国寺书肆买得唐竹纸写本。《四库全书》收录内府藏本《笠泽丛书》4卷、《补遗》1卷,其卷末有朱衮题记:"世所传《丛书》多舛谬,衮既至是邑,想其遗风,因求校证,刊之于板,俾览者非独玩其辞而已矣,于其志节将有取焉。政和改元季夏四日毗陵朱衮记。"四库馆臣解题称:"此集为龟蒙自编。以其丛脞细碎,故名《丛书》。以甲、乙、丙、丁为次。后又有《补遗》一卷。宋元符间,蜀人樊开始序而梓之。政和初,毗陵朱衮复行校刊,止分上下二卷,及补遗为三。此本为元季龟蒙裔孙德原重镌。既依蜀本厘为四卷,而序仍毗陵本作三卷者,字偶误也。"①

宋陈振孙《直斋书录解题》卷十六著录《笠泽丛书》4卷、《补遗》1卷,解题曰:"唐处士吴郡陆龟蒙鲁望撰。为甲、乙、丙、丁,诗文、杂编。政和中朱衮刊之吴江。末有四赋,用蜀本增入。"同时著录《笠泽丛书蜀本》17卷,称:"元符中郫人樊开所序。"②检杨万里《诚斋集》卷二十七《读笠泽丛书》诗,有"笠泽诗名千载香,一回一读断人肠"之句。可见南宋《笠泽丛书》流传尚广。1922年,上海古书流通处影印清嘉庆二十四年许梿古韵阁仿宋校刊本《笠泽丛书》7卷、《补遗》1卷、《续补遗》1卷。

北宋政和间,朱衮刻《笠泽丛书》于吴江。百余年后,南宋宝祐五年(1257),吴江叶茵合刻《笠泽丛书》及陆龟蒙与皮日休唱和的《松陵集》,名之曰《甫里先生文集》。叶茵有识语称:"甫里先生,吾邦先贤也。出处大节,已见本传。独著述散漫,未有善本。今传于世者,《笠泽丛书》《松陵集》,以篇计之仅四百八十一。茵居其乡,诵其文,且和其绝句百八十余首,遂于文籍中裒集得一百七十一篇,合《丛书》《松陵集》,计六百五十二篇。凡可助此书以流行者,聚于卷末,名曰《附录》。总为二十卷,刊置

① [清]永瑢等:《四库全书总目》卷151,北京:中华书局,1987年,第1300页。
② [宋]陈振孙撰,徐小蛮等点校:《直斋书录解题》卷16,上海:上海古籍出版社,1987年,第485页。

义庄。以广观览。其间字画疑者存之,舛讹者是正之,文有遗逸者行且增补之,庶可酬先生泉下之望,亦可见茵景慕先哲之意云。宝祐五年闰月上巳日叶茵谨识。"叶茵,字景文,苏州人。与徐玑、林洪相唱和,南宋江湖派诗人。不慕荣利,萧闲自放。所居草堂三楹,榜曰顺适。取少陵"洗然顺所适"之句,翛然有遗世之想焉。有《顺适堂吟稿》5卷传世。

叶刻《甫里先生文集》岁久阙失,明成化二十三年(1487),昆山严春重刻,此为今陆龟蒙文集传世最古之本。万历三十一年(1603),许自昌刻《合刻陆鲁望皮袭美二先生集》,即取严本重刻,于附录中续增范成大《吴郡志》1条,王鏊《姑苏志》1条。其余诗13卷,赋2卷,杂文4卷,则悉依旧次。《四库全书总目》即著录许刻本。1938年,天津藏书家周叔弢重值从北平藻玉堂书估王子霖处得一严刻本,发现是苏州藏书故家周香严的旧藏,黄丕烈曾借校所藏明抄本。今藏中国国家图书馆。清苏州藏书家黄丕烈藏明抄本,民国间影印刊入《四部丛刊》初编。

4.《东坡全集》

《东坡全集》,宋苏轼撰,宋宣和间(1119—1125)姑胥居世英刊本。

《四库全书》集部收录内府藏本《东坡全集》115卷,馆臣在提要中指出"陈鹄《耆旧续闻》则称姑胥居世英刊《东坡全集》殊有序,又绝少舛谬,极可赏。是当时以苏州本为最善,而今亦无存",并总结历来苏集"体例大要有二:一为分集编订者,乃因轼原本原目,而后人稍增益之,即陈振孙所云杭本。当轼无恙之时已行于世者,至明代江西刊本犹然,而重刻久绝;其一为分类合编者,疑即始于居世英本,宋时所谓大全集者类用此例,迄明而传刻尤多"。[1] 文中所引宋陈鹄语,见其所撰《西塘集耆旧续闻》卷三"洪玉父所编豫章集前后抵牾"条。不仅陈鹄,宋胡仔也有类似记述:"《东坡文集》行于世者,其名不一,惟《大全》《备成》二集,诗文最多,诚如所言,真伪相半。其后居世英家刊大字《东坡前后集》,最为善本。世传《前集》乃东坡手自编者,随其出处,古律诗相间,谬误绝少,如《御史府》诸诗,不欲传之于世,《老人行》《题申王画马图》,非其所作,故

---

① [清]永瑢等:《四库全书总目》卷154,北京:中华书局,1987年,第1326页。

皆无之。《后集》乃后人所编,惜乎不载《和陶》诸诗,大为阙文也。"①可见居世英苏州所刊《东坡全集》深受宋代学者推崇。居世英,据《吴郡志》记载,为宋徽宗宣和六年(1124)沈晦榜进士②。检明王鏊等撰《姑苏志》,发现一段有关记载:宋徽宗政和元年(1111),襄阳盛章以朝奉郎、直龙图阁、京畿转运副使、充集贤殿修撰知苏州。"宣和元年七月,臣僚言:章守平江日,于豪民居世英家借贷,动数千百缗,请求嘱托,悉出其手。物论喧腾,章遂以女妻之,以弭外议。"③可见居世英家产殷实,故可精刊《东坡全集》。

5.《乐圃余稿》《附录》

《乐圃余稿》10卷、《附录》1卷,宋朱长文撰,宋绍熙五年(1194)朱思刊本。

《四库全书总目》著录《乐圃余稿》10卷、《附录》1卷,提要称朱长文"著述甚富,所撰诗词、赋、辨、表章、杂说凡一百卷,以所居名乐圃,故名之曰《乐圃集》。南渡以后,尽毁于兵。其从孙知汉阳军思哀集遗文,得诗百六十有三、记五、序六、启七、墓志五、杂文六。重为编次,类为十卷。又以墓铭、表传等为《附录》一卷,锓木以传。以非《乐圃集》之全本,故名之曰《余稿》。岁久版佚。藏书家递相传录,惟写本仅存。康熙壬辰,其裔孙岳寿即旧木重刊,复行于世"④。陆心源《皕宋楼藏书志》卷七七著录张立人手抄本《吴郡乐圃先生余稿》10卷、《附录》1卷,侄孙中奉大夫知汉阳军事赐紫金鱼袋思哀次,并录朱思绍熙甲寅序:"《乐圃文集》旧有百卷,家藏古今篇帙动万计,与夫数世聚族之居,堂宇亭榭,名花古木,罹建炎兵火之难,吴城失守,一日翦为劫灰……思自幼搜访乐圃余稿,每得一篇,必珍而藏之。今哀集有年矣。"遂编为10卷,"捐俸募工,以锓诸木"。

明清时期,《乐圃余稿》有多种抄校本、影宋抄本存世。清学者卢文

---

① [宋]胡仔撰,廖德明校点:《苕溪渔隐丛话后集》卷28"东坡三",北京:人民文学出版社,1962年,第211页。

② [宋]范成大撰,陆振岳校点:《吴郡志》卷28"进士题名",南京:江苏古籍出版社,1999年,第411页。

③ [明]王鏊等修纂:《(正德)姑苏志》卷39,台北:学生书局,1986年影印本,第536页。

④ [清]永瑢等:《四库全书总目》卷155,北京:中华书局,1987年,第1335页。

弨曾抄校《乐圃余稿》，并撰写跋语："著书满家，不幸而无零章剩幅之传者，比比是也。宋朱伯原氏有文三百卷，经兵燹亡失。其从孙思掇拾补缉，仅得三十之一而已，名曰《乐圃余稿》。不必皆其生平文字之至者，然而流传五六百年不衰，犹幸也。夫伯原，吴人，举乙科，以足疾不仕。穷经阅古，世皆知其贤。起教授乡邦，为诸生说《春秋》。后又以之教国学，著《春秋通志》二十卷，今亦佚矣。独《墨池编》二十卷，世尚有版行本。他所著《图经》《琴史》，不能定当世藏书家之有无也。人生何必为达官要职，如伯原氏，官不过正字，所尽者不过师儒之职，而当时贵之，后世慕之，其所居乐圃之坊名，至今未改也。学何负于人哉！人富善用其长，毋强用其所短。伯原氏可师也，安在其无能庶几乎。"①从中可见著作出版传世，与社会环境和社会风尚的关系至深。

6.《石湖集》

《石湖集》130卷，宋范成大撰，宋嘉泰三年（1203）范莘苏州刊本。

宋陈振孙《直斋书录解题》卷十八著录范成大《石湖集》136卷，未记及版本。《宋史·艺文志》则著录《石湖大全集》136卷，与陈氏著录同。而又有《石湖别集》29卷，又有《石湖居士文集》，亡其卷数。今存《石湖诗集》有嘉泰三年成大子莘、兹跋，曰："先人尝为莘等言'自十四五始为诗文，晚而深笃，或寝疾，医以劳心见止，亦以政自不能不尔谢之。'手编仅成帙，而弃不肖之孤，其尚忍言哉！当从九京游而未敢者，以先人之志未承也。诗文凡百有三十卷，求序于杨先生诚斋，求校于龚编修芥隐，而刊于家之寿栎堂。春秋霜露，思其志意，思其所乐，优然如见，忾然如闻，庶得借口以告吾先人云。嘉泰三年十二月初三日莘、兹谨书。"②龚颐正，字养正，室名芥隐，祖籍历阳，苏州人。官枢密院编修、实录院检讨。有文名，尤为范成大所赏。寿栎堂，范成大苏州居所堂名，《石湖诗集》卷三十二有《寿栎堂前小山峰凌霄花盛开，葱蒨如画，因名之曰凌霄峰》诗："天风摇曳宝花垂，花下仙人住翠微。一夜新枝香焙暖，旋薰金缕绿罗衣。"

---

① ［清］卢文弨著，王文锦点校：《抱经堂文集》卷13，北京：中华书局，1990年，第187页。
② ［宋］范成大：《范石湖集》"附录三"，上海：上海古籍出版社，1981年，第507页。

明清以来,仅有《石湖诗集》34卷传世,其中以清康熙苏州顾嗣立刊本最著。《四库全书总目》著录《石湖诗集》34卷,提要称:"此本为长洲顾嗣立等所订,乃于全集之中独摘其诗别行,而附以赋一卷。前有杨万里、陆游二序。然万里所序者乃其全集,不专序诗。游所序者乃其西征小集,亦非序全诗。以名人之笔,嗣立等姑取以弁首耳。据万里序,集乃成大所自编。考十一卷末有自注云,以下十五首,三十年前所作。续得残稿,附此卷末。其余诸诗,亦皆注以下某处作。是亦手订之明证矣。诗不分体,亦不分立名目,惟编年为次。"①

7.《白氏长庆集》

《白氏长庆集》71卷,唐白居易撰,宋嘉定初(1208—1209)平江守李大异刊本。

开成四年(839),即白居易离开苏州13年后,将自己亲手编纂的一部《白氏文集》写本送至苏州南禅院千佛堂。宋代苏州曾两刻《白氏文集》,一为大字本,一为苏州守李大异所刻。南宋文学家楼钥《攻媿集》卷七十三《跋龙眠二马》:"余家藏《白氏长庆集》久矣,近又得吴门大字者。周伯范模欲得旧本,以所藏龙眠二马遗余。古有以妾换马者矣,以书换马,自攻媿始,可博一笑。"卷七十六有《跋白乐天集目录》,称:"香山居士之诗,爱之者众,亦有轻之者……余平日佩服其妙处,手编目录,寄吴门使君李公谏议,并以所闻录寄之。李德邵璜有《白氏年谱》尚当访求,以成此书云。"②楼钥(1137—1213),字大防,自号攻媿主人。明州鄞县(今浙江宁波)人。隆兴元年(1163)进士,官至参知政事。为官刚直,文辞精博,有《攻媿先生文集》112卷。李璜,字德邵,自号檗庵,江都人。后寓居四明。楼钥在《檗庵居士文集序》中曰:"尝取其《白氏长庆诗谱》录寄吴门使君李谏议,即为刊于集后。"李大异,字伯珍,隆兴(今江西南昌)人。乾道八年(1172)进士。嘉定元年(1208),以朝奉大夫、徽猷阁待制知平江府。据宋陈振孙《直斋书录解题》卷五著录,嘉定三年,宝谟阁直学士李大异在建宁刻《本(皇)朝大诏令》240卷。

---

① [清]永瑢等:《四库全书总目》卷160,北京:中华书局,1987年,第1380页。
② 曾枣庄等主编:《全宋文》卷5960,上海:上海辞书出版社,合肥:安徽教育出版社,2006年,第264册,第289页。

8.《张司业集》

《张司业集》8卷,唐张籍撰,宋淳祐四年(1244)平江府署刊本。

张籍诗集,最早为张洎所编。张洎在序中自称搜集20年始成完本,共辑得400余篇,次为12卷,名《木铎集》。陈振孙《直斋书录解题》卷十九著录《张司业集》8卷、《附录》1卷,解题称:"汤中季庸以诸本校定,且考订其为吴郡人。魏峻叔高刻之平江,续又得《木铎集》,凡他本所无者,皆附其末。"①魏峻,字叔高,号方泉。淳祐四年(1244),以朝散大夫、集英殿修撰知平江府,兼两淮浙西发运副使。

9.《鹤山文集》

《鹤山文集》100卷,宋魏了翁撰,宋淳祐十一年(1251)魏近思、魏克愚平江刊本。

中国国家图书馆藏《重校鹤山先生大全文集》100卷、《目录》2卷,卷首有淳祐九年(1249)吴渊序,称:"公薨背十二年,而二子曰近思、克愚,萃遗稿刻梓,属渊序发之。"卷末有淳祐十一年吴潜后序,谓:"公之子近思、克愚相与搜遗罔轶,有《正集》《外集》《奏议》凡一百卷,将锓梓行于世。"此本卷末尚有开庆元年(1259)佚名者后序,详述刻梓经过:"余发未燥,闻鹤山先生名。年志学,诵鹤山先生文。先生将漕乡邑,伯仲叔季从先生游,余于定省余暇,获聆先生謦咳……岁乙酉,余忝以《春秋》窃第……越二十余载,侥幸分倅靖南。适郡太守乃先生长翁……暇日索先生文集,长翁以姑苏本垂教……余自顾此行,所得良不浅也。惟字书尚舛讹费点勘,拟命工刊正……家有先生遗稿,刊正之局方开,嘉定法掾赵与栐以得于先生次翁温本相过,字书精,纸墨善,意无以出其右。寻熟读,则舛误犹姑苏本。既而制干何璟、漕幕朱景行、昌士卢贞,皆以所藏先生《雅言》《周礼折衷》大魁之作来,至如墓志、书札等文,亦与《大全集者》项背相望,类成一编,比姑苏、温阳二本加详焉。余谓是编不容不再刊之,先生残编断简,散落人间,未易裒集,复命汉嘉士杨起寅偕寮友日夕相与校正,屡工锓梓。本集已有退庵之序,履斋之文,可以为重矣,余

① [宋]陈振孙撰,徐小蛮等点校:《直斋书录解题》卷19,上海:上海古籍出版社,1987年,第565页。

何措一词。"①序末题:"开庆改元夏五月甲子,诸生朝请大夫成都府路提点刑狱公(下文残缺)。"(图6-7)序中"岁乙酉",其年为理宗宝庆元年(1225),"越二十余载",则至宝祐初(1253—1254),上距魏近思姑苏刊《鹤山先生大全文集》仅数年。"退庵之序,履斋之文",即指吴渊序与吴潜后序,吴渊号退庵,吴潜号履斋。开庆序后有清钱大昕跋,称:"据此跋,知旧有姑苏、温溪两本,皆止百卷。至是始以《周礼折衷》《师友雅言》并它文增入,为百有十卷,故有'重校大全文集'之称。"

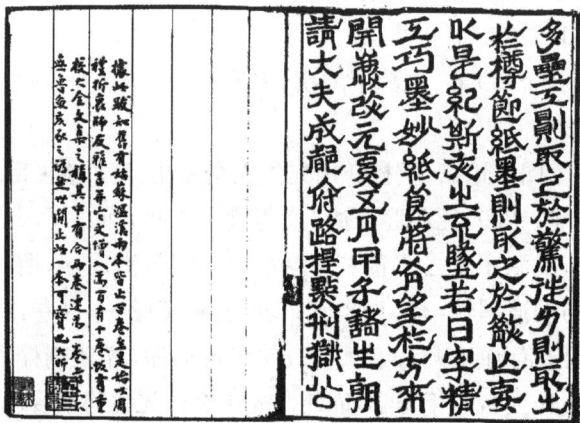

图6-7　《重校鹤山先生大全文集》开庆元年后序书影

由此可见,开庆序刊本以魏近思姑苏刊本及温阳本为底本,增校而成。据此本卷叶所钤藏印,清以来,先后经昆山徐乾学传是楼、苏州黄丕烈、汪士钟,以及南浔刘承干嘉业堂、南海潘宗周宝礼堂珍藏,最后归入中国国家图书馆。近年已辑入《中华再造善本》唐宋编。

魏了翁(1178—1237),字华父,邛州蒲江(今属四川)人。宁宗庆元五年(1199)进士,授剑南西川节度判官。开禧二年(1206),迁校书郎,知嘉定府。绍定中,累迁至同签书枢密,督视京湖军马,并领江淮,封临卭郡开国侯,御书"鹤山书院"四字赐之。已而以浙东安抚使就医平江,嘉熙元年卒。谥文靖。赐第于平江,葬吴县高景山金盆坞。所著《鹤山文

---

① 缪荃孙等撰,吴格整理点校:《嘉业堂藏书志》卷4《重校鹤山先生大全文集》,上海:复旦大学出版社,1997年,第575页。

集》外，尚有《九经要义》《周易集义》《易举隅》《周礼井田图说》《古今考》《经史杂录》《师友雅言》等。

第二节　两浙西路镇江府（镇江）的出版

东汉建安十三年（208），孙权（图6-8）徙吴郡治于此，号曰京城，也名京口。隋开皇十五年（595）置润州。唐德宗建中初（780—781）置镇海军节度使。宋开宝八年（975），改曰镇江军节度使，镇江之名自此始。宋徽宗政和三年（1113），升为府。下辖三县：丹徒、丹阳、金坛。

镇江自古有"形胜甲东南"之誉，宋孝宗赵昚"崒然天立镇中流，雄跨东南二百州"的题辞正是镇江形胜的诗意表达。其中金山、焦山、北固山之名，三国、六朝风流人

图6-8　吴主孙权像　唐阎立本绘

物之事，尤为世人所知，更是诗人笔下历久弥新的话题。宋宁宗开禧元年（1205），辛弃疾出知镇江府，当年就写下了两首脍炙人口的京口北固亭咏怀词。《南乡子·登京口北固亭有怀》："何处望神州？满眼风光北固楼。千古兴亡多少事？悠悠。不尽长江滚滚流。年少万兜鍪，坐断东南战未休。天下英雄谁敌手？曹刘。生子当如孙仲谋。"《永遇乐·京口北固亭怀古》："千古江山，英雄无觅，孙仲谋处。舞榭歌台，风流总被，雨打风吹去。斜阳草树，寻常巷陌，人道寄奴曾住。想当年：金戈铁马，气吞万里如虎。元嘉草草，封狼居胥，赢得仓皇北顾。四十三年，望中犹记，烽火扬州路。可堪回首，佛狸祠下，一片神鸦社鼓。凭谁问：廉颇老矣，尚能饭否？"基于六朝以来在京口上演的千古兴亡事，《隋书·地理

志》在记述风俗时称："京口东通吴、会，南接江、湖，西连都邑，亦一都会也。其人本并习战，号为天下精兵。俗以五月五日为斗力之戏，各料强弱相敌，事类讲武。"以"斗力之戏"为京口风俗文化之标志，引起了镇江士人的不满，以为这是以偏概全。《嘉定镇江志》卷三"风俗"序引唐刘禹锡《和浙西李大夫晚下北固山》中诗句"风俗太伯余，衣冠永嘉后"，以及李宗谔所引《旧经》语"本太伯之化，有谦逊之风"为证，强调"至今士大夫崇靖退，贵风气，下逮民庶，亦循理乐业而不好竞封，内如中古焉。世乃以京口为用武之国，而论风俗者率援《隋志》'斗力之戏'为证。夫击楫椎锋、执戈卫社，固忠臣志士所期自奋者，而概指'斗力之戏'为风俗，若将陋之则不可"。① 确如志书所述，东吴以来，镇江历史上既有刀光剑影的壮烈战事，也有斐然成章的编著活动。北宋靖康之乱后，南宋政权偏安江南，镇江再一次成为南宋与金朝军事对峙的前线，但军备战弦的紧绷仍未掩盖文化出版活动的精彩。

一、文化出版活动

宋宁宗嘉定十四年（1221），岳珂出知镇江府事，至理宗绍定元年（1228），再次以户部侍郎、淮东总领兼知镇江府事，先后在镇江仕居多年，对镇江的历史和文化传统称赏不已，指出"夫自江而南，名城奥都润为大；六朝而下，贤规隽辙润为古，而又据景物之会，穷心目之趣，惟润为多"②。仅从著述出版等文化活动来看，宋代就有三位著名的博学家在镇江留下了鲜亮的印记。他们就是苏颂、沈括和黄伯思。

苏颂（1020—1101），字子荣，北宋泉州同安（今属福建厦门）人，后徙居丹徒。庆历二年（1042）进士，官至右仆射兼中书门下侍郎，累爵赵郡公。著有《新仪象法要》《本草图经》等。英国著名科技史家李约瑟盛赞他"是中国古代和中世纪最伟大的博物学家和科学家之一"。与他同时代的学者曾肇在《赠司空苏公墓志铭》中评价他"博学，于书无所不读，图

---

① 《宋元方志丛刊》，北京：中华书局，1990年，第3册，第2338页。
② ［宋］岳珂：《宝晋英光集序》，载《景印文渊阁四库全书》第1116册，台北：台湾商务印书馆，1986年，第92页。

纬、阴阳、五行、星历,下至山经、本草、训诂文字,靡不该贯"①,揭示出勤奋读书、融会贯通是苏颂在科学上取得巨大成就的活水源头。苏象先是苏颂长孙,自幼不离祖父之侧。及长,每日记祖父教诲之言,日久积有数百条,靖康元年(1126)汇成《魏公谭训》10卷。其卷三有两段关于苏颂藏书读书的记录。其一是一段君臣之间饶有趣味又启人深思的对话:"神宗问祖父:'卿家必有异书,何故父子皆以博学知名?'祖父对曰:'臣家传朴学,唯知记诵而已。'上曰:'此尤难也。'祖父云:'吾收书已数万卷,自小官时得之甚艰。又皆亲校手题,使门阀不坠。则此文当益广,不然,耗散可待。可不戒哉。'"其二有关苏颂藏书的传播:"祖父在馆阁九年,家贫俸薄,不暇募佣书传写秘阁书籍。每日记二千言,归即书于方册。家中藏书数万卷,秘阁所传者居多。祖父自维扬拜中太一宫使归乡里,是时叶公梦得为丹徒县尉,颇许其假借传写。叶公每对士大夫言亲炙之幸。其所传写,遂为叶氏藏书之祖云。"②《嘉定镇江志》卷二十一"文事"引述了这段记载。

藏书读书的家风,不仅成就了苏颂自己的事业,也影响了子孙后代。苏师德(1098—1177),字仁仲,苏颂之孙。绍兴中为枢密院计议官,曾以右承议郎通判建康府。致仕后寓居绍兴。吕祖谦《东莱吕太史文集》卷第十五有《入越记》一文,记录了淳熙元年(1174)九月四日他在绍兴过访苏师德,观看苏家藏书的情形:"仁仲,苏子容丞相孙,致仕闲居,年垂八十,道前辈事亹亹不厌。出旧书数种,《管子》后子容手书'庆历乙酉家君面付',犹苏河阳所藏也。纸尾铭款云:'惟苏氏世,官学以儒。何以遗后,其在此书。非学何立,非书何习。终以不倦,圣贤可及。'其曰'书帙铭戒'者,子容所识。其曰'先公铭戒'者,铭语亦同,盖子容之子所识也。"③宋张嵲《紫微集》卷三十二有《读淮南子》,篇中称"余求是书十五年。至壬戌(绍兴十二年,1142)冬,从苏仁仲借得之,始获抄览。余悯古

① [宋]苏颂著,王同策等点校:《苏魏公文集》附录二,北京:中华书局,2004年,第1196页。
② [宋]苏颂著,王同策等点校:《苏魏公文集》附《丞相魏公谭训》卷3,北京:中华书局,2004年,第1135、1139页。
③ [宋]吕祖谦撰,黄灵庚等主编:《吕祖谦全集》,杭州:浙江古籍出版社,2008年,第1册,第229页。

书未见售于今之人,未有镂印者,恐其散佚不全。乃别加装褙而归之",足见苏颂的藏书惠及他人甚多。苏颂藏书著述活动,为镇江的文化积累增添了一抹绚烂的色彩。

沈括(1031—1095),字存中,北宋钱塘(今浙江杭州)人。嘉祐八年(1063)进士。宋哲宗元祐三年(1088),在完成奉命编绘的《天下州县图》(《守令图》)后,得到朝廷所给守光禄少卿、分司南京的虚衔,准许任便居住。沈括移居镇江"梦溪园",在园中伏案 8 年,先后完成了被李约瑟誉为"中国科学史上的坐标"的巨著《梦溪笔谈》、农学著作《梦溪忘怀录》以及医学著作《良方》等。

黄伯思(1079—1118),字长睿,别字霄宾,自号云林子,福建邵武人。元符三年(1100)进士,仕至秘书省秘书郎。黄伯思精通经史百家之书,尤精钟鼎彝器款式体制,在北宋以学问渊博名世。有《东观集》百卷,南渡后失传。其传世名著《东观余论》2 卷,绍兴间由其次子黄讱合编所著《法帖刊误》及金石、艺文论辨题跋而成。叶昌炽《藏书纪事诗》卷一著录黄伯思,其藏书事迹引《东观余论》卷下《跋章草鸡林纸卷后》,其文曰:"政和丁酉岁五月二十一日,于丹阳城南第暴旧书,得此鸡林小纸一卷,已为人以郑卫辞书盈轴矣。"政和丁酉岁为政和七年(1117),一年后,黄伯思去世,葬镇江招隐山。

宋代镇江藏书万卷的家族尚有金坛汤家。汤宋彦(1153—1222),字时美,号颐堂,金坛人。参知政事、知枢密院事汤鹏举孙。历官湖北安抚司参议。宋刘宰《漫塘集》卷十九有《颐堂集序》,称宋彦"少嗜书,家塾储书万卷,日涵泳其间。自六经、诸子、史,以及浮屠老子之书,与凡星官历史所载,无所不参综"①。又卷二十四有《题张端衮肯斋耕轩》文,称"故湖山堂张先生喜读书,储书之富,甲于吾里"。汤、张两家都称得上藏书家,从中也反映出宋代金坛诗书传家的社会风尚。刘宰,字平国,金坛

---

① [宋]刘宰:《漫塘集》,载《景印文渊阁四库全书》第 1170 册,台北:台湾商务印书馆,1986 年,第 542 页。关于汤宋彦生卒年,《漫塘集》卷二十九《故湖北安抚司参议汤朝议墓志铭》谓:"嘉定壬午三月卒于治所,享年六十有九。"而卷三十四《故湖北参议汤朝议行述》则称:"嘉定壬申三月十四日卒于治所,享年六十有九。"壬午为嘉定十五年,壬申则系五年,前后相差 10 年。午申或形近而误。现依《墓志铭》。

人。绍熙元年(1190)进士,仕至浙东仓司干官属。北伐衅起,遂退居漫塘,阅 30 年,屡荐不起,以直显谟阁主管玉局观卒于家。刘宰著作丰富,所著《漫堂集》中有关金坛宋代著述出版情况的记录甚多。

区域藏书的盛衰,往往与该地著述出版情况密切相关。

成书于宋末丹阳人之手的《京口耆旧传》,全书 9 卷,"采京口名贤事迹,各为之传。始于宋初,讫于端平、嘉熙间。其中忠烈如陈东,经济如张悫、张缜、汤东野、刘公彦,风节如王存、王遂、蒋猷、刘宰,文学如沈括、洪兴祖,书画如米芾父子。虽皆著在史传,而轶文逸事,则较史为详"[1]。检书中计有宋代京口人物 68 位的传记,加之附传,多达百余人。1994年,江苏人民出版社出版杨积庆主编的《江苏艺文志·镇江卷》,书中著录的宋代镇江人物达 74 名。两书记载的人物基本相同,包括吴淑、王存、苏颂、沈括、曾肇、米芾、葛胜仲、洪兴祖、刘宰等文化名人,可谓群星璀璨。他们之间的共同点,除了各自对社会发展的贡献,就是留下了自己的著述。如吴淑,除预修《太平御览》《太平广记》《文苑英华》《太宗实录》外,尚撰有《事类赋》30 卷、《文集》10 卷、《说文义》3 卷、《江淮异人录》3 卷、《秘阁闲谈》5 卷等。洪兴祖平生著述丰富,计有《春秋本旨》20卷、《周易义》20 卷、《古易考异》10 卷、《古今易总志》3 卷、《论语说》10卷、《左氏通解》10 卷、《孝经序赞》1 卷、《圣贤眼目》1 卷、补注《楚辞》17卷、韩文《辨证》《年谱》各 1 卷、注《黄庭内外经》2 卷、编次《阙里谱裔》1卷等 10 余种。

但是宋代镇江人的著述,留存至今者并不多。如沈括,据胡道静《沈括著述考略》的统计,多达 40 种,涉及经史子集四部 12 个类别,而今存仅《梦溪笔谈》《图画歌》《苏沈良方》等数种。[2] 又如丁明(1127—1211),字子公,金坛人。祖父丁权元祐三年(1088)进士,官至淮南东路及河北提举学事。丁明居乡,闭门读书 20 年,卒,乡里私谥"博雅先生"。刘宰

---

① 《四库全书》著录永乐大典本,称:"不著撰人名氏。明杨士奇《文渊阁书目》、焦竑《国史经籍志》皆载其名,亦不云谁作。考书中《苏庠传》末云:子家世丹阳,先人知其状为详。又从其孙嘉借家传,则作者当为丹阳人。庠卒于绍兴十七年,而作者得交其孙,则当为南宋末年人也。"见[清]永瑢等:《四库全书总目》卷 57,北京:中华书局,1987年,第 521 页。
② [宋]沈括著,胡道静校注:《梦溪笔谈校证》,北京:中华书局,1962年,第 1151 页。

231

第五章 两宋时期的江苏出版(下)

有《丁博雅诔》，称："先生少嗜书，以所阅书多，类而编之，为书五：曰《诸史偶类》二百卷，曰《诸史通考》一百卷，曰《小说编》五十卷，曰《诗编》三百卷，曰《赋编》一百卷。释《论语》二十篇，著《直说》四十篇。得其书者取之，左右逢其原，而《通考》《赋篇》止用以资场屋。"①从卷数看，这些类编之书不可能刊刻，大致以传抄的形式流传。据文中所说，当时已经产生社会效应。至今一无所存。

即使有幸留存至今者，大部分是宋以后的刊本，有极少量的宋刊本，但刊刻地点并非镇江。如吴淑的《事类赋》，绍兴十六年（1146）刊于绍兴；葛胜仲的《丹阳集》，隆兴元年（1163）刊于真州；沈括的《梦溪笔谈》，乾道二年（1166）刊于扬州。尽管如此，我们通过对已知文献记载的梳理，发现宋代，主要是南宋，镇江的出版活动还是相当出彩的。先看南宋藏书大家陈振孙的几段记载。

陈振孙《直斋书录解题》卷二著录晋五经博士孔晁注《汲冢周书》10卷，解题称："太康中，汲郡发魏安釐王冢所得竹简书，此其一也。凡七十篇，《序》一篇在其末。今京口刊本，以序散在诸篇，盖以仿孔安国《尚书》。相传以为孔子删书所余者，未必然也。"②《四部丛刊初编》史部收录孔晁注《汲冢周书》10卷，系据缪荃孙藏明嘉靖二十二年（1543）四明章檗刻本影印。卷首有宋李焘及嘉定十五年（1222）丁黼两跋，元至正十四年（1354）四明黄玠序，系元四明郡斋重刊宋嘉定本。卷末章氏《跋刻汲冢周书》又称"以手抄善本刻此"。检此本全书70篇，《序》1篇在卷末，与陈振孙所记述之京口刊本异。陈氏所见南宋京口刊本的详情已难以考知。

《直斋书录解题》卷十五著录《润州类集》10卷，《京口诗集》10卷、《续》2卷2种，前者解题曰："监润州仓曹曾旼彦和纂。始东汉，终南唐。"后者称："镇江教授熊克集开宝以来诗文。本二十卷，止刻其诗。续

---

① ［宋］刘宰：《漫塘集》卷36，载《景印文渊阁四库全书》第1170册，台北：台湾商务印书馆，1986年，第784页。

② ［宋］陈振孙撰，徐小蛮等点校：《直斋书录解题》卷2，上海：上海古籍出版社，1987年，第28页。

又得二卷，自南唐而上曾（曾旼《润州类集》）所遗者，补八十余篇。"①关于曾书，《嘉定镇江志》卷十六的记载较陈氏为详："曾旼元丰间以秀州军事推官监润州籴纳仓军事推官，今从事郎也。太守许遵令旼采诸家文集，始自东汉，终于南唐，歌诗赋赞五百余篇，厘为十卷，名曰《润州类集》。"从陈振孙、熊克编《续集》补曾书所遗的表述看，曾书已先有刊本行世，而从《镇江志》的记载分析，其最可能的刊刻地就是京口。熊克曾为京口府学教授，或从府学藏书中见到《润州类集》，故特编《续集》以补所遗。熊克任镇江府学教授期间，曾编刻多种图书，为镇江出版事业增色不少。

熊克，字子复，建宁建阳（今属福建）人。绍兴二十七年（1157）进士，授绍兴诸暨知县，官至起居郎兼直学士院，知台州。《宋史》本传称他"博闻强记，自少至老，著述外无他嗜。尤淹习宋朝典故，有问者酬对如响。家素俭约，虽贵不改，旧所居卑陋，门不容辙，虽部使者、郡守至，必降车乃入。尝爱临川童子王克勤之才。将妻以女而乏资遣，会草制获赐金，遂以归之，人称其清介。卒，年七十三"②。但没有提及他出任镇江府学教授的宦历。据已知文献记载，乾道六年至八年，熊克任职镇江府学教授。陆游《入蜀记》卷一记载：乾道六年六月"十七日，平旦入镇江，泊船西驿。见知府右朝散郎直秘阁蔡洸子平，都统庆远军节度使成闵，通判右朝奉大夫章汶，右朝奉郎陶之真，府学教授左文林郎熊克，总领司干办公事右承奉郎史弥正端叔"（图6-9）。《四库全书》经部《毛诗指说》有乾道八年熊克京口刻书跋。宋淳熙二年（1175）镇江府学刊本《新定三礼图集注》卷

名酒見王摩詰詩至今居民市肆頗盛夜抵鎮江城外是日立秋

十七日平旦入鎮江泊舩西驛見知府右朝散郎直秘閣蔡洸子平都統慶遠軍節度使成閔通判右朝奉大夫章汶右朝奉郎陶之眞府學教授左文林郎熊克總領司幹辦公事右承奉郎史彌正端叔

十八日右奉議郎簽書節度判官廳公事蔦郞觀察推官右文林郎徐滋司戶參軍左迪功郎楊沖焦山長老定圜甘露長老

图6-9 《入蜀记》书影 宋刻本

① ［宋］陈振孙撰，徐小蛮等点校：《直斋书录解题》卷15，上海：上海古籍出版社，1987年，第453—454页。
② ［元］脱脱等：《宋史》卷445，北京：中华书局，1977年，第13144页。

末有永嘉陈伯广淳熙乙未跋,称:"《三礼图》始熊君子复得蜀本,欲以刻于学而予至,因属予刻之。"据此,熊克应在淳熙乙未,即淳熙二年(1175)离开镇江,故将计划中的刻书事宜交予新任教授陈伯广完成。从乾道六年至淳熙二年,熊克在镇江6年,所刻书除了《京口诗集》及拟刻的《三礼图》外,已知尚有《毛诗指说》《老子注》2种。此二书皆见存四库全书本,且熊克刻书跋俱在。

先看经部《毛诗指说》,《四库全书总目》卷一五提要称:"此本末有克跋,盖即从宋本传刻也。克尝著《中兴小历》,别见史部编年类中。其刻此书,时方分教于京口,故跋称刻之泮林云。"熊克跋曰:"唐成伯瑜有《毛诗指说》一卷、《断章》二卷,载于本志。《崇文总目》谓《指说》略叙作诗大旨及师承次第。《断章》大抵取《春秋》赋诗断章之义,撷诗语汇而出之。克先世藏书,偶存《指说》。会分教京口,一日,同官毗陵沈必豫子顺见之,欲更访《断章》,合为一帙。盖久而未获,乃先刊《指说》于泮林,庶与四方好古之士共焉。乾道壬辰(乾道八年,1172)三月十九日建安熊克记。"①

子部《老子注》2卷,魏王弼撰。《四库全书总目》卷一四六著录兵部侍郎纪昀家藏本,提要称:"钱曾《读书敏求记》谓弼注《老子》已不传。然明万历中华亭张之象实有刻本。证以《经典释文》及《永乐大典》所载,一一相符。此本即从张氏《三经晋注》中录出,亦不免于脱讹,而大致尚可辨别。后有政和乙未(政和五年,1115)晁说之跋,称文字多谬误。又有乾道庚寅(乾道六年,1170)熊克重刊跋,称'近世希有,盖久而后得之。'则书在宋时已希逢善本矣。"熊跋全文如下:"王弼所注,言简意深,真得老氏清净之旨。克自此求弼所注甚力,而近世希有,盖久而后得之。往岁摄建宁学官,尝以刊行。既又得晁以道先生所题本,不分道德而上下之,亦无篇目。克喜其近古,缮写藏之。乾道庚寅,分教京口,复镂版以传。若其字之谬讹,前人已不能证,克焉敢辄易,故俟夫知者。三月二十

---

① [唐]成伯瑜:《毛诗指说》,载《景印文渊阁四库全书》第70册,台北:台湾商务印书馆,1986年,第179页。

四日左从事郎充镇江府学教授熊克谨记。"①

　　陈振孙《直斋书录解题》卷三尚著录熊克在镇江所刻 2 种《孝经》：
《孝经注》1 卷，郑康成撰；《御注孝经》1 卷，唐孝明皇帝撰并序。《孝经》
有古文、今文 2 本，世传两汉分别有孔安国、郑玄 2 家注，陈氏解题称：
"按《三朝志》，五代以来，孔、郑注皆亡。周显德中，新罗献别序《孝经》即
郑注者，而《崇文总目》以为咸平中日本僧奝然所献，未详孰是。世少有
其本。乾道中，熊克子复从袁枢机仲得之，刻于京口学宫，而孔《传》不可
复见。"唐玄宗御注《孝经》，陈氏解题曰："今世所行本也。始刻石大学，
御八分书，末有祭酒李齐古所上表及答诏，且具宰相等名衔，实天宝四
载，号为《石台孝经》。乾道中，蔡洸知镇江，以其本授教授沈必豫、熊克，
使刻石学宫。云欧公《集古录》无之，岂偶未之见耶？家有此刻，为四大
轴，以为书阁之镇。"②

　　宋代地方刻书，大都由郡守授意。如熊克作为府学教授，数年之间
有如此频繁的刻书活动，实属难能可贵。

　　又，刘宰《漫塘集》卷二十四有《书明秀轩米元晖诗后》一文，文中记
载了一则刻书史料："赵似之得米元晖《明秀轩诗》来尉金坛，即斥俸余刊
置轩下。似之名俙夫。"③米友仁(1074—1153)，字元晖，自号懒拙老人，
米芾子。清《乾隆江南通志》卷三十二"舆地志·古迹三"记载："明秀轩
在金坛县灵济庙前，宋米友仁避地居此，有诗题石轩前。"④据此可大致
推知金坛县尉赵俙夫所刊为米氏题诗的拓本，篇幅虽小，反映的却是当
时士人对地方人文景观的珍视。

　　二、四部叙录

　　宋代镇江府所刊典籍，留存至今，或传刻有绪者，除上述熊克刊本
外，尚有 6 种。现略按四部次序叙录如下。

---

① ［魏］王弼：《老子注》，载《景印文渊阁四库全书》第 1055 册，台北：台湾商务印书馆，1986 年，
　　第 185 页。
② ［宋］陈振孙撰，徐小蛮等点校：《直斋书录解题》卷 3，上海：上海古籍出版社，1987 年，第 69、
　　70 页。
③ ［宋］刘宰：《漫塘集》卷 24，载《景印文渊阁四库全书》第 1170 册，台北：台湾商务印书馆，
　　1986 年，第 619 页。
④ ［清］黄之隽等：《江南通志》卷 32，台北：京华书局，1967 年，第 628 页。

1. 《新定三礼图集注》

《新定三礼图集注》20 卷，宋聂崇义撰。宋淳熙二年（1175）镇江府学刊本。

此本见于宋代晁、陈两家书目著录。晁公武《郡斋读书志》卷二著录《三礼图》20 卷，称："聂崇义周世宗时被旨纂辑，以郑康成、阮谌等六家图刊定。宋建隆二年（961）奏之，赐紫绶犀带，奖其志学。"[1]陈振孙《直斋书录解题》卷二著录此书，解题曰："自周显德中受诏至建隆二年奏之。盖用旧图六本定之，故题'集注'。诏国学图于宣圣殿后北轩之屋壁，至道中改作于论堂之上，以版代壁。判监李至为之记。"[2]皆未及版本情况。其书卷末有淳熙二年永嘉陈伯广后跋，称："《三礼图》始熊君子复得蜀本，欲以刻于学而予至，因属予刻之。予观其图，度未必尽如古昔，苟得而考之，不犹愈于求诸野乎？"《中国版刻图录》著录此本，解题曰："纸背公文有淳熙五年镇江府学教授徐端卿、中奉大夫充徽猷阁待制知镇江府司马伋衔名。"检《嘉定镇江志》卷十五"宋润州太守"栏下著录："司马伋，中奉大夫徽猷阁待制，淳熙五年七月到，次年三月升宝文阁待制，改知平江府。"[3]又卷十六"学职"下府学教授名录中有熊克、陈伯广、徐端卿之名。记载一一相合，《图录》"因推知此书确是淳熙二年镇江府学官版。宋元间为俞琰、俞贞木父子藏书，明嘉靖中归华夏真赏斋，真赏斋赋著录。惟华氏误为北宋版，应予纠正"[4]。华夏，字中父，无锡人。与苏州文徵明、祝允明等人为性命之交，在东沙构筑真赏斋，收藏金石古籍。

清江藩《半毡斋题跋》卷上《三礼图》题跋谓："书中有曰旧图者，则郑康成、阮谌、梁正、夏侯伏朗、张镒五家之图也。"

书中有元学者俞贞木石涧藏印，清藏书家季振宜、徐乾学的藏印。卷末有清钱谦益题跋。可见此书元明以来始终在江苏藏书家

① ［宋］晁公武撰，孙猛校正：《郡斋读书志校正》卷 2，上海：上海古籍出版社，1990 年，第 77 页。
② ［宋］陈振孙撰，徐小蛮等点校：《直斋书录解题》卷 2，上海：上海古籍出版社，1987 年，第 50 页。
③ ［宋］卢宪：《嘉定镇江志》卷 15，载《宋元方志丛刊》第 3 册，北京：中华书局，1989 年，第 2461 页。
④ 北京图书馆编：《中国版刻图录》（增订本），北京：文物出版社，1990 年，第 26 页。

（图 6 - 10），已辑入《中华再造善本》唐宋编。

2.《嘉定镇江志》

《嘉定镇江志》22 卷，宋卢宪撰。宋嘉定年间（1208—1224）镇江府学刊本。

此书见陈振孙《直斋书录解题》卷八著录《镇江志》30 卷，解题仅短短九字："教授天台卢宪子章撰。"宋刻原本久佚，后人从《永乐大典》中辑出，清嘉庆年间，阮元得旧抄本 22 卷，经校正缮写，并撰写提要，详述原委："宋卢宪撰。《宋史·艺文志》有熊克《镇江志》十卷，而无宪此书。《书录解题》云：'《镇江志》三十卷，教授天台卢宪子章撰'。《文献通考》亦著录之。此书中称宪者四条，称卢宪者一条，故知是宪之书。书中所载事迹，惟史弥坚最详，赵善湘次之。考弥坚以嘉定六年九月守镇江，八年九月请祠。善湘以嘉定十四年十二月守镇江，十七年召还，宝庆二年再任。案元《至顺镇江志》学校门载教官卢宪嘉定癸酉谒庙事。癸酉为嘉定六年，正弥坚守郡之日，书堂（疑为'当'。繁体字'富'与'堂'字形相近而误）成于此时也。此书不见于近代藏书家著录，所存卷数与《书录解题》不同。中间脱文错简，往往而是。案其目录，似于体例间有未协。盖由原本已多讹脱。经后人重为编次。小有抵牾。固所不免。然宋人地志之存于今者十不得一，而镇江自六朝以后，递为重地，南渡以前之遗文坠典，如唐孙处元《图经》、《祥符图经》、《润州类集》、《京口集》之类，世无传本，借此以存厓略，零圭碎璧，尤可宝惜。今从旧抄本校正缮写之。"[1]清梁章钜《楹联丛话》中记载了

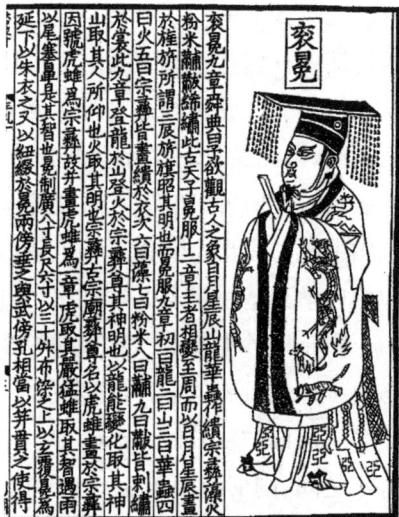

图 6 - 10 《新定三礼图集注》
宋淳熙二年（1175）镇江府学刊本

---

[1] ［清］阮元撰，邓经元点校：《揅经室集·外集》卷 1《四库未收书提要》，北京：中华书局，1993 年，第 1187 页。

一段有关此书的佳话,说镇江盐商歆慕阮元的楹帖,极欲得之。阮元找人传话:自己有两部旧书,应归镇江人刊行。如果能美成此事,一定书楹帖相报。该商欣然同意。阮元当日书就七字联句予以嘉奖:"古籍待刊三十载;旧闻新见一千年。"并撰跋语:"嘉庆间,余得宋嘉定、元至顺《镇江府志》两部,皆《四库》未收之书。曾经进呈,得蒙恩鉴,因以底本贮之焦山书藏。三十余年无过而问者。岁辛丑(道光二十一年,1841),丹徒包怡庄学兄请付枣梨。镇江之书,归镇江人珍护,甚善。"①

由于旧抄本仅 22 卷,序跋缺失,无法获取版本信息。按惯例,地方志由本地刊行者居多。《嘉定镇江志》卷十六"学职"府学教授名录中,卢宪名下注曰:"从政郎,嘉定六年闰三月至。"而《志》纪事下限在嘉定九、十年之间,则书当刻于嘉定十年以后。

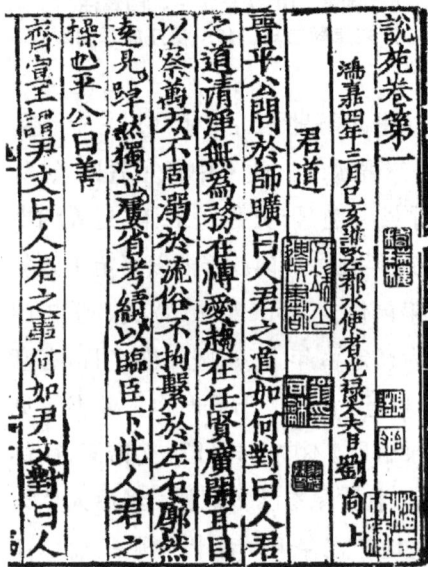

图 6-11 《说苑》书影
宋咸淳元年(1265)镇江府学刊本

3.《说苑》

《说苑》20 卷,汉刘向撰。宋咸淳元年(1265)镇江府学刊本。

此本卷首曾巩序,次刘向上书表并目录。每卷首行书名,次行低一字,题:"汉鸿嘉四年三月己亥护左都水使者光禄大夫臣刘向上。"三行低四字,题篇名(图 6-11)。卷末有"乡贡进士直学胡达之视役,迪功郎改差充镇江府学教授徐沂、迪功郎特差充镇江府府学教授李士龙命工重刊"三行,首行"乡贡进士"上有"说苑卷第二十"六字,末行上有"咸淳乙丑九月"六字。检《至顺镇江志》卷十七"学职"教授名

---

① [清]梁章钜撰,白化文等点校:《楹联丛话全编·续话》卷 3,北京:北京出版社,1996 年,第 191 页。

录中有记载曰:"徐沂,景定四年(1263)二月至;李士龙,迪功郎,景定五年二月至。"①咸淳乙丑系咸淳元年(1265),即此本为镇江府学在徐沂、李士龙到任一年半后刊行的。全书12册,每册首、末页皆钤盖"稽瑞楼"藏印、"翁同龢印"。稽瑞楼,清常熟藏书家陈揆藏书之所。陈揆(1780—1825),字子准,诸生。藏书多达10万卷。以无子嗣,卒后藏书尽散。同里翁同龢全力收致,得十之三四。此书或为其一。书末有清苏州藏书家黄丕烈嘉庆二年(1797),道光元年(1821)三月、六月,道光三年,顾广圻嘉庆二年等五跋墨迹。今藏中国国家图书馆,已辑入《中华再造善本》唐宋编。

张元济《涵芬楼烬余书录》子部亦著录1部咸淳镇江府学本《说苑》,为清吴骞拜经楼旧藏。

据已知文献记载,镇江府学南宋刻书十分丰富。《嘉定镇江志》卷十六"学职"叙称:"润学始于太平兴国八年(983),景祐三年(1036)有旨立学,宝元己卯(1039),文正范公仲淹为守,聘江南处士李觏,使讲说以教养其州之子弟。此时虽未建官,然设教于润,当自李始。"②特为拈出,以明镇江府学渊源。

4.《梁溪漫志》

《梁溪漫志》10卷,宋费衮撰。宋嘉泰元年(1201)丹阳县斋刊本。

费衮,字补之,江苏无锡人。国子监免解进士。始末无考。其祖父费肃,大观三年(1109)进士,历官校书郎。此本卷首为费衮绍熙三年(1192)自序,次开禧二年(1206)国史院抄录《梁溪漫志》牒文。卷末附录宋楼钥嘉定元年(1208)文、施济嘉泰元年跋。施济跋称:"予顷在戊申之岁,见其副于都城,则知爱慕之。今年春,补之以书来曰:'吾成此书,勤亦至矣,欲广其传,而力不逮。子为邑之暇,盍为我图之。'吾曰:'是吾心也。'乃命工刻之县斋,而志其后曰:'若自时厥后,近自京邑,远及遐徼,家藏此书,人挟此策,则当自丹杨始。'嘉泰改元中秋,晋陵施济书。"③据

① [元]俞希鲁编纂,杨积庆等校点:《至顺镇江志》,南京:江苏古籍出版社,1999年,第667页。
② [宋]卢宪:《嘉定镇江志》卷15,载《宋元方志丛刊》第3册,北京:中华书局,1989年,第2491页。
③ [宋]费衮撰,金圆校点:《梁溪漫志》,上海:上海古籍出版社,1985年,第125页。

此可以确定《梁溪漫志》嘉泰元年由施济刊于丹阳县斋。

《梁溪漫志》的嘉泰原刻本久佚,有影宋抄本传世。清乾隆年间,浙江鲍廷博据吴骞拜经楼藏明刻本,参校周春著书斋藏影宋抄本,刊入《知不足斋丛书》。

《天禄琳琅书目》卷九"明版子部"著录《梁溪漫志》,指出"施济识语作于嘉泰元年,称衮以书属济,济于为邑之暇命工刻梓云云。是此书初刻系出施济之手。然书前所载楼钥序文,乃作于嘉定元年,则距施济刻梓之时已逾七载。施之刊本不应有之。或钥所作序者,又别为一本。此则明代所刻,因合前人所有序与识语而并载之耳"①,以为楼序系明刻所增,非宋本所有,可谓确论。但楼钥此篇文字不合书序行文之例,为便于讨论,现录其文如下:

> 近见费补之衮《梁溪漫志》:绍兴间,韩蕲王自枢密使就第,放浪湖山,匹马数童,飘然意行。一日至湖上,遥望苏仲虎尚书宴客,蕲王径造其席,喜甚,醉归。翌日折简谢,饷以羊羔,且作二词,手书以赠。苏公缄藏之,亲题其上云:'二阕三纸,勿乱动。'淳熙丁未,苏公之子寿父山丞太府,携以示蕲王长子庄敏公,庄敏以示予。字画殊倾敧,然其词乃林下道人语。庄敏云:'先人生长兵间,不解书,晚年乃稍能之耳。'嘉定改元,庄敏公次子枢密承旨带御器械,以二词石本见示,益信《梁溪》之说。但词中一二字不同耳。昔人有竞病之诗及塞北烟尘之句,虽皆可称,殆未有超然物外如蕲王之旷达者也。中元日,四明楼钥书。②

上文中自"绍兴间"至"晚年乃稍能之耳",系《梁溪漫志》卷八"韩蕲王词"条的原文。而费衮原文后即录韩蕲王《临江仙》《南乡子》二词。可见楼文是针对韩词而言的。检楼钥《攻媿集》卷七十五"题跋"有《跋韩忠武王词》③,与此文相校,上文中"庄敏公次子枢密承旨带御器械"句,题跋则为"庄敏公次子枢密副都承旨带御器械杕"。韩世忠(1089—1151),

---

① [清]于敏中等著,徐德明标点:《天禄琳琅书目》,上海:上海古籍出版社,2007年,第306页。
② [宋]费衮撰,金圆校点:《梁溪漫志》,上海:上海古籍出版社,1985年,第124页。
③ 见曾枣庄等主编:《全宋文》卷5960,上海:上海辞书出版社,2006年,第264册,第277页。

字良臣,延安(一说绥德)人。南宋中兴名将。孝宗朝追封蕲王。长子韩彦直,绍兴十八年(1148)进士,仕至龙图阁学士,提举万寿观。卒,谥庄敏。韩杕系彦直次子。《江西通志》卷一百二十六有杕《韩蕲王赐田碑记》,开篇称"窃惟臣先祖臣世忠"。所谓楼序中佚"杕"字,随使官衔无主,文句不通。又题跋无"中元日四明楼钥书"句。或明人欲借名家以自重,遂将楼跋抄入所刻《梁溪漫志》。

鲍廷博在校刻过程中或已意识到明本之误,遂将此段文字作为附录移至卷末。然未注明出处,故亦未发现"杕"字佚失。今整理本仍沿知不足斋本之旧,当予纠正。

5.《李卫公备全集》

《李卫公备全集》50卷、《年谱》1卷、《摭遗》1卷,唐李德裕撰。宋淳熙间镇江知府耿秉京口刊本。

陈振孙《直斋书录解题》卷十六著录此本,解题曰:"比永嘉及蜀本三十四卷之外,有《姑臧集》五卷,《献替记》,《辨谤略》等诸书共十一卷。知镇江府江阴耿秉直之所辑;并考次为《年谱》《摭遗》。《姑臧集》者,兵部员外郎段令纬所集,前四卷皆西掖、北门制草,末卷惟《黠戛斯朝贡图》及歌诗数篇。其曰'姑臧',未详。卫公三为浙西,出入十年,皆治京口,故秉直刻其集。"[1]耿秉,字直之,江阴人。绍兴三十年(1160)进士。为官律己清俭。两为浙漕,所至以利民为事,仕至焕章阁待制。淳熙十年(1183),以承议郎直龙图阁知镇江。十三年闰七月,改知明州(今浙江宁波)。耿秉治学用力于《春秋》,兼诗赋。著《春秋传》20卷、《五代会史》20卷。淳熙八年,耿秉曾重修桐川张杅所刊《史记》130卷。

6.《宝晋英光集》

《宝晋英光集》8卷,宋米芾撰。宋绍定五年(1232)岳珂润州刊本。

《四库全书总目》集部著录《宝晋英光集》8卷,提要称:"宋米芾撰。其集于南渡之后,业已散佚。绍定壬辰,岳珂官润州时,既葺芾祠,因摭其遗文为一编,并为之序。序中不言卷数,而称《山林集》旧一百卷,今所

① [宋]陈振孙撰,徐小蛮等点校:《直斋书录解题》卷16,上海:上海古籍出版社,1987年,第482页。

荟萃附益,未十之一,似即此本。"①四库本卷首冠岳珂绍定五年序,交代了编刊米集的原委:"予仕居润余十年,会羽书交驰。凡访古摭奇,皆日力所不暇。仅能考海岳一遗址,堑槿为园,荐菊为祠,倚江为堂,礨石为刻,时一至其间,徙倚纵目,慨想摩挲而已……夫既卜园观,则不可以不祠;既葳祠,则不可以不摭遗考文翰,以备一堂之缺。既竣摹瑑之事,而捃放失恰,编次为是集以传。又次序之,所当举而必不可无者也。予按《山林集》旧一百卷,今所会萃附益,未十之一。南渡而后,文献不足,固无可议。若曰南宫被天鉴、流荣名,其在两朝,元不颛以结字。思陵《翰墨志》有曰:芾之诗文,语无蹈袭,出风烟之上,觉其词翰同有凌云之气。噫戏! 此汉武帝所以知相如也。冠于篇端,庶几览者有以自得焉。"②

米芾(1051—1107),字元章,号海岳外史。祖籍太原,迁襄阳,史称米襄阳。后定居润州(今江苏镇江)。以书画名世。徽宗赵佶召为书画学博士,官至礼部员外郎,人称米南宫。

第三节　两浙西路常州、江阴军的出版

宋代江苏江南地区,除建康府、平江府、镇江府外,尚有隶属两浙西路的常州和江阴军。

常州,古名毗陵郡。毗陵,一为郡名,一为县名。春秋时吴季札封地,为延陵邑。西汉改置毗陵县。三国吴为毗陵典农校尉治所。晋武帝太康二年(281)置毗陵郡,治所在毗陵县。后东海王司马越太子毗食采毗陵,东晋元帝时因讳毗字改为晋陵郡。其后,历宋、齐、陈三朝,因之不改。隋平陈,省晋陵郡,于苏州常熟县置常州,州名取自县名首字。隋炀帝大业初,州废,又为毗陵郡。唐高祖武德三年(620),置常州,领晋陵、义兴、无锡、武进四县。天宝元年(742)改为晋陵郡,乾元元年(758)复为常州。宋时领四县:晋陵、武进、无锡、宜兴。

① [清]永瑢等:《四库全书总目》卷154,北京:中华书局,1987年,第1331页。
② [宋]岳珂:《宝晋英光集序》,载《景印文渊阁四库全书》第1116册,台北:台湾商务印书馆,1986年,第92页。

江阴县割出建军。

江阴本古延陵邑之地。晋武帝置毗陵郡,并置属县暨阳。南朝梁末,始于其地置江阴郡及江阴县。隋废。唐武德三年,置暨州,九年州废。南唐李昪升元元年中(937)始建江阴军。江阴北临长江,东连海道,为江防要地。宋朝尝三废为县,中兴复为军。熙宁四年(1071),废江阴军为县,隶常州。建炎初,以江阴县复置军;绍兴二十七年(1157)废,三十一年复置。继以知县兼军使。领县一,治江阴。

一、文化出版活动

自太伯、仲雍奔吴以来,常州积累了深厚的历史文化传统。故宋乐史在《太平寰宇记》"江南东道四"这样叙述常州的风俗:"承太伯之高踪,由季子之遗烈,盖英贤之旧壤,杂吴、夏之语音。人性质直,黎庶淳让。言地则三吴襟带之邦,百越舟车之会。举江左之郡者,常、润其首焉。"①考察地域历史文化的兴盛、风俗的淳厚,人物和著述是两个不可或缺的指标。《四库全书存目丛书》史部传记类收录两种明人编常州历代名人传记集,一是明毛宪撰、吴亮增补的《毗陵人品记》10 卷。毛宪,字式之,武进人。正德六年(1511)进士,官至给事中。吴亮,字采于,武进人。万历二十九年(1601)进士,官至大理寺少卿。全书以道德、功业、文章为取舍标准,采录商周至明代常州优秀人物,卷一自太伯、季札始,至南齐,卷二录梁至南唐,卷三、四录宋代人物,卷五为元代,卷六至卷十辑录明代人物。除明代外,历代所辑人物以宋代为最,共入选 120 人。二是明欧阳东凤辑《晋陵先贤传》2 卷,表彰常州先哲寓贤,自吴延陵季子,讫明代钱一本,共 69 人。欧阳东凤,字千仞,潜江(今属湖北)人。万历十七年(1589)进士,官至常州府知府。全书广泛采录史传、郡志等史料,人各为传,传末各附以颂。所采资料都注明出处。其中亦以宋代人物最多,达 41 位,包括杨时、邹浩、周孚先、喻樗、尤袤、李祥等理学学者。宋代常州在文化传播和出版方面,最出彩的就是以杨时为代表的理学传播与出版活动。

理学是古代最重要的儒家学派之一,起于北宋,盛于南宋,影响至明末清初。学派确立"理"或"道"为哲学基本范畴,深入探讨"性命义理",故

---

① [宋]乐史撰,王文楚等点校:《太平寰宇记》卷 92,北京:中华书局,2007 年,第 1840 页。

史称"理学",或"道学"。理学在宋代发展于北方,创始人为洛阳二程:程颢(1032—1085),字伯淳,世称明道先生;程颐(1033—1107),字正叔,世称伊川先生。南宋初,时称"东南三贤"的朱熹、张栻、吕祖谦等理学大家群起角立,以办书院讲学的形式传播理学,声势颇为壮观。理学从北方二程到东南三贤,其传承发展的关键人物就是杨时。明毛宪撰《毗陵正学编》1卷,较系统地展示出杨时在常州传授理学的师承脉络。是编所载凡12人,首杨时,次邹浩、周孚先、周恭先、唐彦思、邹柄、喻樗、胡珵、尤袤、李祥、蒋重珍、谢应芳。其中,除谢应芳系元人外,其他皆为宋人。《四库全书总目》称:"自浩以下,或籍晋陵,或籍宜兴,或籍无锡,或籍武进,独时为剑州将乐人,于毗陵为流寓。盖以道南一脉假借之以为重云。"可见四库馆臣对毛宪将杨时列入常州道学一脉之首颇有微词,其实毛氏如此处理还是有一定事实依据的。

杨时(1053—1135),字中立,宋南剑州将乐(属今福建三明市)人。熙宁九年(1076)进士。曾任右谏议大夫兼国子祭酒。高宗即位,召为工部侍郎。以龙图阁直学士提举杭州洞霄宫致仕。先后学于二程。举进士后,闻河南二程先生讲孔孟绝学,即放弃出仕,赴颍昌以师礼见程颢。比归,程颢目送之,曰:"吾道南矣。"程颢卒,又到洛阳学于程颐。与游酢、吕大临、谢良佐同为程门高足,在程门号四先生。政和元年(1111),杨时出任萧山知县,自京过毗陵,邹浩病卒,为文祭之。明年赴萧山任。任满奉祠,遂客居毗陵。讲学城东书堂,从游者云集。杨时与邹浩友善,与周孚先、恭先兄弟又有同门之契,故在毗陵乐居18年。在毗陵期间,杨时整理了程颐的《易传》。《龟山集》卷二十五有《校正伊川易传后序》,文中称:"政和之初,予友谢显道得其书于京师。示予,而错乱重复,几不可读。东归待次毗陵,乃始校定,去其重复,逾年而始完。"今传《龟山集》中,《养浩堂记》《踵息庵记》诸记,《中庸义序》《孙先生(觉)春秋传序》等序文,也都在此期间撰写。在毗陵讲学期间,得弟子邹柄、喻樗。喻樗再传于尤袤,尤袤三传于李祥、蒋重珍。这些学者都在文化传播方面有所作为,其中以尤袤为最。

二、尤袤及其编辑出版活动

尤袤(1127—1194),字延之,常州无锡人。绍兴十八年(1148)进士。

官至礼部尚书。尝取晋孙绰《遂初赋》以自号，光宗赵惇尝书"遂初"二字赐之。卒，谥文简。尤袤从学喻樗，樗以所得杨时之学授之，由此学问益进。平生博极群书，贯通古今，时人号曰"尤书厨"。当世推为人物之宗。晚年更是嗜书不倦，所藏图书达3万卷。为诗平淡，与杨万里、范成大、陆游并列南宋四大家。

宋代是雕版印刷的全盛时期，家藏万卷的藏家学者很多。据《宋史》卷四百五十八《隐逸中》记载，常州人张举，治平四年（1067）进士。然调官不赴。"闭户读书四十年，手校数万卷，无一字舛。穷经著书，至夜分不寐。"但是如尤袤那样，既为藏书编目，又据所藏善本刊刻行世者却少见。在我国古代图书目录中占有重要地位的《遂初堂书目》，就是尤袤所编藏书目录。《直斋书录解题》卷八著录《遂初堂书目》1卷，解题称："锡山尤氏尚书袤延之，淳熙名臣，藏书至多，法书尤富。尝烬于火，今其存亡几矣。"①杨万里与尤袤在京同官多年，交谊匪浅。《诚斋集》有《益斋藏书目序》②，详记尤袤抄书编目事，十分动情。序中盛赞尤袤"于书靡不观，观书靡不记"，公余"则闭户谢客，日计手抄若干古书"的读书韧性和抄书精神。"今年予出守毗陵，盖延之之州里也。延之持淮南使者之节而归，一日入郛，访余。余与之秉烛夜语，问其闲居何为，则曰：'吾所抄书，今若干卷。将汇而目之，饥读之以当肉，寒读之以当裘，孤寂而读之以当友朋，幽忧而读之当金石琴瑟也。'余于是疑焉，盖若延之者，记之强，不必抄之富；学之就，不必读之劬。彼其淳之为道德，流之为文章，溥之为事业深矣，而犹脱腕于传写，焦唇于诵数，此余之所疑而愈不可解者也。盖彼其不可解也，只其为不可及欤？"③此文一出，尤袤这段关于读书的至情之语——四当说，很快成为古代阅读史上的至理名言，为后人广泛传诵。清末民初苏州藏书家章钰的书斋名"四当斋"，即取义于此。

---

① ［宋］陈振孙撰，徐小蛮等点校：《直斋书录解题》卷8，上海：上海古籍出版社，1987年，第235页。

② 四库馆臣称："杨万里《诚斋集》有为袤作《益斋书目序》，其名与此不同。然《通考》引万里序列《遂初堂书目》条下，知即一书。今此本无此序。"见［清］永瑢等：《四库全书总目》卷85，北京：中华书局，1987年，第730页。

③ ［宋］杨万里撰，辛更儒笺校：《杨万里集笺校》卷78，北京：中华书局，2007年，第3201页。

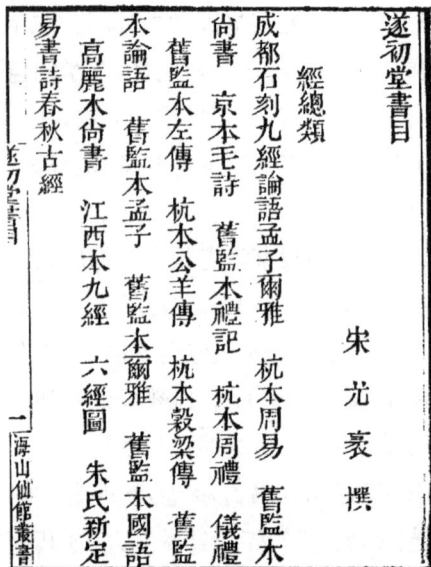

图 6-12 《遂初堂书目》书影
清潘氏海山仙馆丛书本

《遂初堂书目》(图 6-12)按四部分类,其经部分为 9 门:经总类、周易类、尚书类、诗类、礼类、乐类、春秋类、论语类孝经孟子附、小学类。史部分为 18 门:正史类、编年类、杂史类、故事类、杂传类、伪史类、国史类、本朝杂史类、本朝故事类、本朝杂传类、实录类、职官类、仪注类、刑法类、姓氏类、史学类、目录类、地理类。子部分为 12 门:儒家类、杂家类、道家类、释家类、农家类、兵家类、数术家类、小说类、杂艺类、谱录类、类书类、医书类。集部分为 5 门:别集类、章奏类、总集类、文史类、乐典类。其例略与史志大致相同,但有两点创新之处。其一,"一书而兼载数本,以资互考",就是同一书有多种版本者,一并著录,以便于考察版本源流及其异同,开版本著录之先风。其二,在"子部别立'谱录'一门,以收《香谱》《石谱》《蟹录》之无类可附者"。六朝以来,图书体例不断创新,如《竹谱》《钱谱》《相鹤经》《相马经》《鸷击录》《相具经》《香谱》等,层出不穷,旧有类目已经不能妥善兼容,归类往往牵强。故四库馆臣对《遂初堂书目》设立谱录门赞赏有加,先在于子部《谱录类序》中称"惟尤袤《遂初堂书目》创立谱录一门,于是别类殊名,咸归统摄。此亦变而能通矣",再在《遂初堂书目》提要中称设立谱录门"为例最善",因而强调:"宋人目录存于今者,《崇文总目》已无完书,惟此与晁公武《志》为最古,固考证家之所必稽矣。"①

尤袤在藏书积累的过程中,不断选择善本,精心校刊,以广流传。仅南宋陈振孙《直斋书录解题》就著录多种尤袤所刊典籍:

《刊误》二卷,唐国子祭酒李涪撰。

---

① [清]永瑢等:《四库全书总目》卷 85,北京:中华书局,1987 年,第 730 页。

《资暇集》三卷,唐李匡乂济翁撰。

《兼明书》二卷,唐国子太学博士丘光庭撰。

《苏氏演义》十卷,唐光启进士武功苏鹗德祥撰。

此数书者皆考究书传,订正名物,辨证讹谬,有益见闻。尤梁溪以家藏本刻之当涂。(卷十)

《山海经》十八卷。汉侍中奉车都尉臣秀所校秘书。秀,即刘歆也。晋郭璞注。案《唐志》二十三卷,《音》二卷。今本锡山尤袤延之校定。世传禹、益所作,其事见《吴越春秋》,曰:"禹东巡,登南岳,得金简玉字,通水之理,遂行四渎,与益共谋,所至使益疏而记之,名《山海经》。"此其为说,恢诞不典。司马迁曰:"言九州山川,《尚书》近之矣。至《禹本纪》《山海经》所书怪物,余不敢言之也。"可谓名言,孰曰多爱乎!故尤跋明其为非禹、伯翳所作,而以为先秦古书无疑。(卷八)[①]

清常熟张金吾《爱日精庐藏书续志》卷三、山东杨绍和《楹书偶录初编》卷三皆著录尤刻《山海经》。张志著录者为毛扆手校宋尤袤本,并录尤氏跋语,有曰:"晚得刘歆所定本,总十八篇,多者十余简,少者三二简,虽若卷帙不均,而篇次整比,最古。遂为定本。余自绍兴辛未(二十一年,1151)以来,至今三十年,所见无虑十数本,参校得失,于是稍无舛讹,可缮写。"末署"淳熙庚子(七年,1180)仲春八日梁溪尤袤题"。[②]清咸丰元年(1851),山东杨绍和得尤刻《山海经》(图 6-13),然卷末脱失尤跋。今藏中国国家图书馆,其卷首、卷末钤有"宋存书室"

图 6-13 《山海经》书影
宋淳熙七年尤袤池阳郡斋刊本

---

① [宋]陈振孙撰,徐小蛮等点校:《直斋书录解题》卷8、卷10,上海:上海古籍出版社,1987年,第237、306页。

② [清]张金吾:《爱日精庐藏书志·续志》卷3,北京:中华书局,1990年,第685页。

"东郡宋存书室珍藏""东郡杨绍和字彦合藏书之印"等杨氏藏书印,已辑入《中华再造善本》唐宋编。

宋黄震《黄氏日抄》卷五十七"读诸子三"有"申鉴"条,称:"《申鉴》五篇,东汉荀悦书也……此本淳熙九年尤袤刻江西漕司。"清陆心源《皕宋楼藏书志》子部著录明万历刻本《申鉴》,录有淳熙九年尤袤刻书跋:"此书世罕见全本,余家有之。因刻置江西漕台。但简编脱缪、字画差舛者不一,不敢以意增损。疑则阙之,以俟知者。"①

宋赵希弁《读书附志》卷下著录《张文定玉堂集》20卷,提要称:"右张文定公方平之文也。公字安道,宋城人。明道二年,以茂材异等,擢为校书郎。神庙时,参大政。元祐六年,终于太子少师致仕,赠司空,谥文定。公出入两禁,垂二十年,一时大典,多出其手。刘忠肃尝序其《玉堂集》二十卷,乃在东坡所序《乐全集》四十卷之外。淳熙九年(1182),锡山尤袤重刻于江西漕台。"②

《四库全书》集部收录宋尹洙撰《河南集》(两淮马裕家藏本),其卷后附录有尤袤跋:"《师鲁集》二十七卷,承旨姚公手录本。予往尝刻师鲁文百篇于会稽行台。今乃得阅其全集,甚慰,因复梓行之。我朝古文之盛,倡自师鲁,一再传而后有欧阳氏、王氏、曾氏,然则师鲁其师资云。绍熙庚戌锡山尤袤延之跋。"③此处庚戌即绍熙元年(1190),1189年光宗赵惇即位,次年改元绍熙。可知尤袤曾两刻尹洙文集。

《四库全书总目》尚著录两种与尤袤相关之古籍。其一,《隶续》21卷,宋洪适撰。提要称:"乾道戊子始刻十卷于越,其弟迈跋之。淳熙丁酉,范成大又为刻四卷于蜀,其后二年己亥,德清李彦颖又为增刻五卷于越,喻良能跋之。其明年庚子(淳熙七年,1180),尤袤又为刻二卷于江东仓台,辇其板归之越,前后合为二十一卷。适自跋之。"其二,《说文系传》40卷,南唐徐锴撰。提要称:"此书本出苏颂所传,篆文为监察王圣美翰林、祗候刘允恭所书。卷末题子容者,即颂字也。乾道癸巳(乾道九年,

① [清]陆心源:《皕宋楼藏书志》卷39,北京:中华书局,1990年,第435页。
② [宋]晁公武撰,孙猛校证:《郡斋读书志校证》,上海:上海古籍出版社,1990年,第1177页。
③ [宋]尹洙:《河南集》附录,载《景印文渊阁四库全书》第1090册,台北:台湾商务印书馆,1986年,第156页。

1173），尤袤得于叶梦得家，写以与李焘。详见袤跋。"《文渊阁四库全书》据兵部侍郎纪昀家藏本抄录，其卷末有尤袤题跋，其曰："余暇日整比三馆乱书，得南唐徐楚金《说文系传》，爱其博洽有根据，而一半断烂不可读。会江西漕刘文潜以书来言，李仁甫托访此书。乃从叶石林氏借得之，方传录未竟，而余有补外之命，遂令小子暨于舟中补足。此本得于苏魏公，而讹舛尚多，当是未经校勘也。乾道癸巳（乾道九年，1173）十月廿四日尤袤题。"①

尤袤亦有多种辑著传世。明崇祯中，毛晋辑刊《津逮秘书》，收录尤袤《全唐诗话》6卷；清光绪中，盛宣怀辑《常州先哲遗书》，收录尤袤《遂初堂书目》1卷，《文选考异》1卷、《梁溪遗稿》2卷、《补遗》1卷。《直斋书录解题》卷十八著录《梁溪集》50卷，解题称："礼部尚书锡山尤袤延之撰。家有遂初堂，藏书为近世冠。"据《宋史》本传记载，尤袤尚著有《遂初小稿》60卷、《内外制》30卷，至清修《四库全书》，上述三书并佚。清康熙中，翰林院侍讲长洲尤侗，自以为是尤袤后人，因衰辑遗诗，编为《梁溪遗稿》2卷。故四库馆臣感叹："盖百分仅存其一矣。"

日本学者岛田翰（1874—1915）长期研究考察日本藏中、日、韩刊行汉籍的版本源流，论断版本价值，所著《古文旧书考》4卷，是有关汉籍的版本目录学经典著作。其卷二"宋椠本"著录《吕氏家塾读诗记》32卷，尤袤刻本。解题称其书得自秘府二号文库侍讲局本中，"宋椠宋印，可谓压库宝"，并详细描述道："淳熙壬寅（九年，1182）遂初先生尤延之所刻。四周双边，半版十二行，行二十二字，注双行低头一字，行二十一字。界长五寸四分至六分，横三寸九分三厘。细楷端正，拓刷如新。其楮刻之纯绝，似宋小字本《太平御览》及宋绍兴刻七十卷本《史记》，而谨严过之。"②其书卷末有尤袤跋，谓此书"编帙既多，传写易误，建宁所刻益又脱遗。其友丘漕宗卿惜其传之未广，始锓木于江西漕台"，末署"淳熙壬寅（九年）重阳后一日锡山尤袤书"。其书卷首朱熹序中也提及："伯恭父之弟子约，既以是书授其兄之友丘侯宗卿，而宗卿将为版本，以传永久。

① ［宋］尤袤：《说文系传题》，载《景印文渊阁四库全书》第223册，台北：台湾商务印书馆，1986年，第789页。
② ［日］岛田翰：《汉籍善本考》，北京：北京图书馆出版社，2003年，第287页。

且以书属熹序之。"朱序尤跋中提到的丘宗卿,丘一作邱,名崈,字宗卿,江阴军(今属江苏)人。隆兴元年(1163)进士,除国子博士,仕至同知枢密院事。孝宗时曾任江西转运判官。转运判官即转运司的副长官,按宋朝惯例,有权动用转运司公款刻书。转运司又称漕司或漕台,故此书可定为"淳熙九年丘崈江西漕台刊本"。然丘崈不会具体承担校刊事务,据上文所述,淳熙九年,尤袤在江西漕台刊行《张文定玉堂集》和《申鉴》,由此推测,此书也应由尤袤承担校刊之责。岛田翰对此书版刻的判断,也是有一定依据的。

图6-14 《吕氏家塾读诗记》书影
宋刻本 中国国家图书馆藏

中国国家图书馆也藏有一部淳熙九年江西漕台本《吕氏家塾读诗记》,旧藏清常熟瞿氏铁琴铜剑楼。瞿镛《铁琴铜剑楼藏书目录》卷三著录此书,解题曰:"前有朱子序,后有尤袤序,俱题'淳熙壬寅九月',为邱宗卿刻本。每半叶九行,行十九字。注下经文一格,附注双行,细字亦无参差。"又曰:"是书在宋有建宁巾箱本,又有蜀本,眉山贺春卿刻,鹤山魏氏为之序。"[①]此本行款明显与岛田翰著录本不同,而淳熙九年江西漕台不太可能同时开雕两部不同行款的《读诗记》。这有待进一步界定。中国国家图书馆藏本(图6-14)已辑入《中华再造善本》唐宋编。

从上述历史记载和现存传本来看,尤袤作为编纂出版家,他的编纂出版活动是持久而活跃的,编纂出版成果是丰富多彩的,所以,他在江苏出版史,乃至中国古代出版史上占有重要一席,也是当之无愧的。

---

① [清]瞿镛编纂,瞿果行标点,瞿凤起覆校:《铁琴铜剑楼藏书目录》卷3,上海:上海古籍出版社,2000年,第66页。

三、四部叙录

宋代常州和江阴军刻书情况见于记载者不多，传世版本更少，故一并叙录。

《直斋书录解题》卷十五著录《脍炙集》1 卷，解题称："朝请郎严焕刻于江阴。韩吏部而下杂文二十余篇。"①严焕，字子文，江苏常熟人。绍兴十二年（1142）进士，历官建康府通判、知江阴军，仕至朝奉大夫。《景定建康志》卷二十四载：乾道三年（1167）六月十八日左承议郎通判建康府，五年六月二十五日任满。《江南通志》卷四十五载：乾明广福寺在江阴县。初本二院。一唐乾贞时邑人周奉思舍宅建，名崇圣。宋太平兴国赐额乾明。一至和中邑人孙谏舍宅建，名华藏，治平中赐名寿圣，绍兴中避高宗号，改广福。乾道九年，知军严焕请于朝，始并为一寺，殿阁崇严，为诸山领袖。由此可知严焕乾道九年前后知江阴军，故此书当刊于此时。书今无传。台北故宫博物院藏有晋杜预撰《春秋经传集解》，宋淳熙间抚州公使库刊本，残存 27 卷，"配补宋乾道间江阴军学本暨明覆相台岳氏本"②，则江阴军学乾道间曾刊行《春秋经传集解》，今仅存残本。

清常熟瞿氏《铁琴铜剑楼藏书目录》卷第十二著录《五代会要》30 卷（旧抄本），解题曰："题：'推忠协谋佐理功臣光禄大夫守司空兼门下侍郎同中书门下平章事监修国史上柱国太原郡开国公食邑一千户食实封四百户臣王溥纂。'《总目》每卷皆标书名。每卷首皆有《目》，今刻本已易去旧式矣。是书庆历六年，文潞公尝刻于蜀；乾道七年，施元之复以范鲁公《五代通□（录）》合刻于江阴，两公并有后跋。"③清《四库全书》本、清嘉庆中常熟张海鹏辑《墨海金壶》本皆无庆历六年（1046）文彦博、乾道七年（1171）施元之后跋。上海古籍出版社 1978 年整理标点《五代会要》，以清光绪十二年（1886）江苏书局本为底本，参校清武英殿本、沈镇本，以及上海图书馆、复旦大学图书馆藏传抄本的卷末存文、施二公后跋。施跋称："元之假守信安，得旧板于江阴以来，因并与范鲁公所著《五代通

---

① ［宋］陈振孙撰，徐小蛮等点校：《直斋书录解题》，上海：上海古籍出版社，1987 年，第 450 页。
② 林恭祖：《故宫经部图书面面观》，《故宫文物月刊》1985 年总第 29 期，第 38 页。
③ ［清］瞿镛编纂，瞿果行标点，瞿凤起覆校：《铁琴铜剑楼藏书目录》卷 12，上海：上海古籍出版社，2000 年，第 306 页。

251

第五章　两宋时期的江苏出版（下）

录》刻板置郡。"末题"乾道七年三月旦日、左宣教郎、权发遣衢州军州主管学士兼管内劝农事施元之书"。① 信安,故城在今浙江衢州境。唐置衢州,因州境有三衢山。后改曰信安郡,又复称衢州。故施跋中信安从古名,其实就是衢州。因而跋文之意很明确,施元之当在江阴得《五代会要》旧板,携至衢州刊刻。瞿氏所言或别有依据。又江阴旧板是否即江阴所刊之板,详情不得而知。姑一并迻录于此,以存信息。

清嘉庆六年(1801),苏州藏书家黄丕烈收得宋刻钱杲之的《离骚集传》(图6-15),兴奋异常,题跋称此本是"宋板之精绝者"。自明毛晋以来,明清藏家都鉴定为宋刻本,然全书无序跋,无出版信息,无法确定其具体刊刻地。此书最后入藏中国国家图书馆,2004年选入《中华再造善本》唐宋编。编者提要称:"今审此书的印纸墨色、字体刀法、版式行款等特色,定为宋刻本毋庸置疑。且其风貌,既非闽刻,亦不似浙刻,也不类江西,很有可能就是钱杲之家乡今常州一带的刻本。"②此书卷端第二行下题:晋陵钱杲之集传。晋陵,即常州古称。

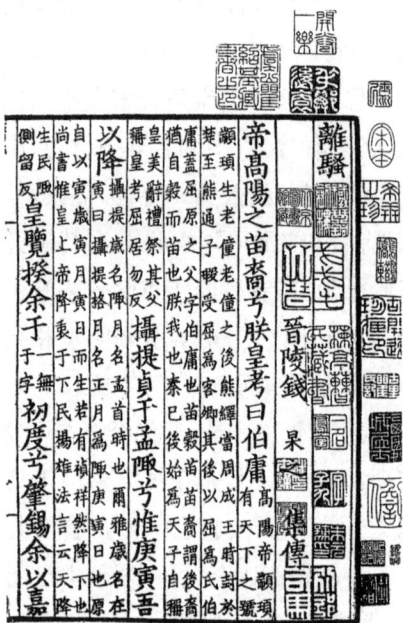

图6-15 《离骚集传》书影 宋刻本

元代陈仁子所编《文选补遗》卷二十八曾引录宋钱文子《离骚集传序》,钱序曰:"予来长沙,访原遗迹,邈不可见,而土人独以原死之日,共作彩舟竞渡相水,追寻荆楚故事。因取《离骚》,命兄子杲之稍加雠正,且采集旧注,以传于楚人。"③钱志熙认为据此序文,可证"《离骚集传》是钱文子宦游长沙时命其侄钱杲之'稍加雠正,且采集旧注'而作",并考证钱

---

① [宋]王溥:《五代会要》,上海:上海古籍出版社,1978年,第482页。
② 《中华再造善本总目提要》唐宋编,北京:国家图书馆出版社,2013年,第485页。
③ 《景印文渊阁四库全书》第1360册,台北:台湾商务印书馆,1986年,第453页。

文子庆元二年(1196)至四年前后知潭州醴陵县,钱槖之即钱杲之,其时随同赴任,因而,据序文"以传于楚人"一语,"可证《离骚集传》也是在醴陵任刊刻的"。①

综合上述两家所论,均缺乏判定《离骚集传》刊刻地的直接证据。要解决这一问题,尚有以下 3 点需要明了:今存本是否为原刻? 钱文子序文是否随书刊行? 陈仁子所引钱序得自何处? 显然,求索答案,有待时日。故将学者的研判成果记载于此,以待来者。

其他已知有传本或残本者,略依四部类次于下。

1.《国语》

《国语》21 卷,吴韦昭注。宋天圣七年(1029)江阴军刊本。

《国语》相传为春秋时期左丘明所撰,全书 21 卷,记西周前期至战国初期(约前 967—前 453)周、鲁、齐、晋、郑、楚、吴、越八国史事,是我国现存最早的国别史。汉代以来,作注者众,其中三国吴韦昭注本,是现存最早的注本。宋代的《国语》刊本,现存两种:明道二年(1033)刊本,公序本(宋庠校刊本)。② 当时公序本盛行于世,成为后世重刻本之祖本。中国国家图书馆藏有宋刻宋元递修本《国语》,后附宋庠撰《国语补音》3 卷,已刊入《中华再造善本》唐宋编。明道二年原刻本早佚,有影宋抄本见于清代藏书家著录,如清初钱曾同时藏有明道本(影宋抄本)和公序本(南宋刊本),二者相校,认为明道本为佳。乾隆末,苏州藏书家黄丕烈得明道本之影宋抄本,嘉庆四年(1799),影刊辑入《士礼居丛书》。第 21 卷末叶有"天圣七年七月二十日开印""江阴军乡贡进士葛惟肖再刊正""镇东军权节度掌书记魏庭坚再详""明道二年四月初五日得真本凡刊正增板"四行。因知明道本实即天圣本,一依刊正时间,一依开印时间。后附黄丕烈《校刊明道本韦氏解国语札记》。

2.《宣和奉使高丽图经》

《宣和奉使高丽图经》40 卷,宋徐兢撰。宋乾道三年(1167)徐蒇江阴郡斋刊本。

---

① 钱志熙:《〈离骚集传〉作者里籍家世考》,《中国典籍与文化》2010 年第 1 期,第 14 页。
② 宋庠(996—1066),字公序,天圣二年(1024)进士,官至兵部尚书,同平章事,充枢密使。曾据十数本校勘《国语》,并撰《国语补音》3 卷附后,史称公序本。

徐兢(1091—1153),字明叔,号自信居士。和州历阳(今安徽和县)人,徙居吴县(今江苏苏州)。宣和六年(1124),奉使高丽,因撰《高丽图经》40 卷。上之朝廷,徽宗召对便殿,赐同进士出身,擢知大宗正事兼掌书学,后迁刑部员外郎。其书分 28 门,凡高丽国之山川风俗、典章制度,以及接待之仪文,往来之道路,无不详载。宋周煇在所撰《清波杂志》卷七评价称:"考稽详备,物图其形,事为其说。"今传乾道三年刊本,为其侄徐蒇所刻,已失其图。徐蒇,字子礼,乾道初任职江阴军。卷末有其跋语称:"仲父既以书上御府,其副藏家。靖康丁未(靖康二年,1127)春,里人

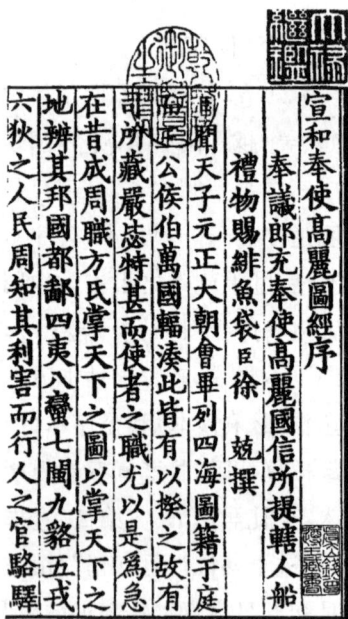

图 6-16 《宣和奉使高丽图经》书影
1936 年《天禄琳琅丛书》本

徐周宾借观未归而寇至,失书所在……仲父尝为蒇言,世传余书,往往图亡而经存,余追画之无难也。然不果就。姑刻是留澄江郡斋,来者尚有考焉。"末题"乾道三年夏至日,左朝奉郎,权发遣江阴军主管学事徐蒇书"。此书至明代中叶未见有再刊之信息。清常熟瞿氏《铁琴铜剑楼》藏有校宋本,解题称:"此书有乾道三年刻本,图已不存。明季海盐郑休仲重刻,脱文至数千字,又有错简处。近鲍氏所刻,虽胜郑本,亦多脱误。此本出旧抄,毛斧季(扆)复以宋本校正。"[1]鲍氏所刻,指清鲍廷博所刻《知不足斋丛书》本。乾道原刻藏清宫天禄琳琅,现藏中国台北故宫博物院,系海内孤本。1936 年,北京故宫博物院曾影印,刊入《天禄琳琅丛书》(图 6-16)。

3.《重修毗陵志》

《重修毗陵志》30 卷,宋史能之纂修。宋咸淳四年(1268)常州郡斋

---

① [清]瞿镛编纂,瞿果行标点,瞿凤起覆校:《铁琴铜剑楼藏书目录》卷 11,上海:上海古籍出版社,2000 年,第 300 页。

刊本。

史能之,字子善,鄞县(今浙江宁波)人。淳祐元年(1241)进士,咸淳二年由太府寺丞知常州。《直斋书录解题》卷八著录《毗陵志》12卷,称:"教授三山邹补之撰。"咸淳初,史能之重修《毗陵志》,故名《重修毗陵志》,或曰《咸淳毗陵志》。

清陆心源《皕宋楼藏书志》卷三十一著录《重修毗陵志》30卷(宋刊抄补本),解题录史能之叙:"毗陵有志旧矣。岁淳祐辛丑(淳祐元年,1241),余尉武进时,宋公慈为守,相与言病其略也。俾乡之大夫士增益之,计书成且有日。越三十年,余承朝命长此州,取而阅之,则犹故也……乃命同僚之才识与郡士之博习者,网罗见闻,收拾放失。又取宋公未竟之书于常簿季公之家。讹者正,略者备,缺者补,盖阅旬日而后成。虽然,余岂掠美者哉。事患不为,为而无不成。余之续之,所以成前人之志,而广异日之传云。"末题"咸淳四祀月正元日四明史能之叙"。①明武进朱昱撰《重修毗陵志》40卷,其后序云以宋咸淳志为本,次以洪武十年续志等,则明时尚存有全本。然清初以来罕见藏家著录,钱大昕曾跋《咸淳毗陵志》曰:"近世藏书家,如钱遵王(曾)、朱锡鬯(彝尊),皆未之见。曩予于吴门访朱文游,见插架有此,亟假归录其副。尚阙后十卷。戊申夏,始假西庄光禄(王鸣盛)本抄足之,然第二十卷终不可得矣。"②

1990年,中华书局影印清嘉庆二十五年(1820)赵怀玉刻李兆洛校本《咸淳毗陵志》30卷,辑入《宋元方志丛刊》。

4.《佛说观世音经》

《佛说观世音经》1卷,宋大中祥符六年(1013)江阴军助教葛诱刊本。

1980年12月,江阴发现北宋"瑞昌县君"孙四娘子墓,墓中出土佛经11卷,9卷为卷轴装,2卷为梵夹装。《佛说观世音经》1卷即其中之一,"梵夹装,全长367厘米,分47折,折高28、宽7、8厘米。每折4行,每行16、17字,单线版框。引首页有经变图一幅。左边刻题签,上为'将仕郎试江阴军助教葛诱雕版印施',下有壸门和莲瓶。卷尾墨书题记约

① [清]陆心源:《皕宋楼藏书志》卷31,北京:中华书局,1990年,第354页。
② [清]钱大昕撰,吕友仁标校:《潜研堂集》卷29"题跋三",上海:上海古籍出版社,1989年,第522页。

一百五十字,其中有'大宋国江阴军太宁乡就日里信心弟子将仕郎试江阴军助教葛诱……许印观世音经一藏五千四十八卷'等语,最后纪年为'大中祥符六年癸丑岁',时当公元 1013 年"①。

5.《古文苑》

《古文苑》21 卷,宋章樵注。宋端平三年(1236)常州军刻本。

《直斋书录解题》卷十五著录《古文苑》9 卷,解题曰:"不知何人集。皆汉以来遗文,史传及《文选》所无者。世传孙洙巨源于佛寺经龛中得之,唐人所藏也。韩无咎类次为九卷,刻之婺州。《中兴书目》有孔逭《文苑》,非此书。孔逭晋人。本书百卷,惟存十九卷尔。"②此本卷首有绍定五年(1232)七月朝奉郎知平江府吴县事武林章樵序、淳熙六年(1179)六月颍川韩元吉序。则韩元吉 9 卷本刊行后,章樵取之为注,并编次为 21 卷。卷末有嘉熙元年(1237)江师心、淳祐七年(1247)通判常州军州事盛如杞两跋,叙端平三年刊行和淳祐七年重修情况甚详。章樵自平江转官常州,欲将《古文苑》注本刊行,适逢外调,遂将书稿属新任州官程士龙,于端平三年六月刊就。后盛如杞又修补旧板重印。中国国家图书馆藏端平三年常州军刻淳祐七年盛如杞重修本,并影印刊入《中华再造善本》唐宋编。

第四节　淮南东路扬州的出版

扬州(图 6 - 17)作为区域地名,从先秦地理文献《禹贡》中的九州之一,到宋代淮南东路下辖的重镇,3000 多年间废兴沿革情况复杂。北宋秦观在《扬州集序》中对此作了较为简明的梳理:"三代以前所谓扬州者,西北据淮东,东南距海,江湖之间尽其地。自汉已来,既置刺史于是,称扬州者往往指其刺史所治而已。盖西汉刺史无常治,东汉治历阳,或徙寿春,又

---

① 苏州博物馆、江阴县文化馆:《江阴北宋"瑞昌县君"孙四娘子墓》,《文物》1982 年第 12 期,第 28 页。

② 〔宋〕陈振孙撰,徐小蛮等点校:《直斋书录解题》卷 15,上海:上海古籍出版社,1987 年,第 438 页。

徙曲阿。魏亦治寿春,或徙合肥。吴治建业,西晋、北魏、北周皆因魏。东晋、宋、齐、梁、陈皆因吴,惟宋常以建业为王畿。而东扬州为扬州,东扬州者会稽也。隋以后皆治广陵。由是言之,凡称扬州者,东汉指历阳,或寿春,或曲阿,中原自魏至周,指寿春或合肥。江左自吴至陈,指建业或会稽。隋唐五代乃指广陵。广陵在二汉时,尝为吴国、江都国广陵郡,宋为南兖州,北齐为东广州,后周为吴州,唐初亦为邗州。其为扬州,自隋始也。由是言之,凡称吴国、江都、广陵、南兖、东广、吴州、邗州者,皆今之扬州也。"①宋初,扬州下辖三县:江都、广陵、六合。宋太宗至道三年(997),六合改隶真州。神宗熙宁五年(1072),省广陵县入江都。徽宗宣和四年(1122),泰兴归属扬州(此后泰兴又多次改隶泰州)。

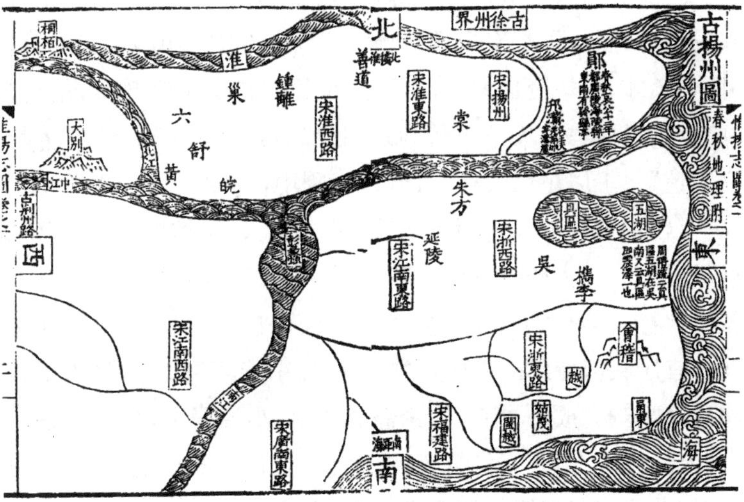

图6-17 古扬州图 明《嘉靖维扬志》卷首书影

一、人文环境和出版活动

自宋初以来,扬州遭受唐末五代战火破坏的社会经济文化状况日渐好转,对此,王观在《扬州芍药谱》中有所描述。宋代,扬州芍药名闻天下,与洛阳牡丹并为世人所贵。宋神宗熙宁八年(1075),如皋王观以将仕郎守大理寺承出任扬州江都知县,撰《扬州芍药谱》1卷,在《后论》中

---

① 周义敢、程自信等校注:《秦观集编年校注》卷24,北京:人民文学出版社,2001年,第534页。

提及当时扬州的社会状况："维扬，东南一都会也，自古号为繁盛。自唐末乱离，群雄据有，数经战焚，故遗基废迹，往往芜没而不可见。今天下一统，井邑田野，虽不及古之繁盛，而人皆安生乐业，不知有兵革之患。民间及春之月，惟以治花木、饰亭榭，以往来游乐为事，其幸矣哉。扬之芍药甲天下，其盛不知起于何代？观其今日之盛，想古亦不减于此矣。"①宋开国以来，王禹偁、韩琦、欧阳修、吕公著、苏轼、苏颂、曾肇等名臣先后出知扬州，对地方文化风尚的引领作用明显。故《嘉靖维扬志》引述《绍熙广陵志》的评述曰：他们"名德相望，风流蕴藉，故其俗朴厚而不争，好学而有文，实诸贤之遗化也"②。

不仅是这些知州，扬州本地也名人辈出，如徐铉、徐锴、杜镐、胡瑗、王居正、孙觉、孙洙、王巩、王令、陈造、陈亚、李定等，他们的文化著述活动，在扬州，乃至全国都有重要影响。孙洙（1031—1079），字巨源，扬州人。博学长才，初举贤良方正，进策五十篇，"皆陈祖宗政事，指切治体，推往验今，著见得失，天下争传写之，目曰《经纬集》"③。韩琦将其誉为"今之贾谊"。王居正（1087—1151），字刚中，扬州人。少嗜学，工文辞。宣和三年（1121）进士，历官太常少卿、中书舍人、史馆修撰、兵部侍郎等。治学以经学知名，为杨时所重。著有《书辨学》13卷，《诗辨学》20卷，《周礼辨学》5卷，《辨学外集》1卷，《竹西论语感发》10卷等。绍兴五年（1135），官居兵部侍郎的王居正进言：四库书籍阙失很多，请求下文各州县，将已经雕刻完成的书版，不论经史子集、小说异书，各印三秩。凡属民间私人的刻版，由官府付给纸、墨和工时报酬。朝廷从之。这一建言，对南宋初期国家藏书体系的重建，具有重要意义。

再说藏书。王辟之《渑水燕谈录》中记载道："陈亚少卿，蓄书数千卷，名画数十轴，平生之所宝者。晚年退居，有《华亭双鹤唳》，怪石一株尤奇峭，与异花数十本，列植于所居，为诗以戒子孙：'满室图书杂典坟，

① [宋]王观：《扬州芍药谱》，载《丛书集成初编》第1356册，长沙：商务印书馆，1939年，第8页。
② [明]盛仪：《嘉靖维扬志》卷11"风俗志"，载《四库全书存目丛书》史部第184册，济南：齐鲁书社，1996年，第611页。
③ [宋]王辟之撰，吕友仁点校：《渑水燕谈录》卷6"文儒"，北京：中华书局，1981年，第72页。

华亭仙客岱云根，他年若不和花卖，便是吾家好子孙。'"①陈亚，字亚之，扬州人。咸平五年(1002)进士，庆历三年(1043)以金部郎中知湖州，仕至太常少卿。据《直斋书录解题》记载，有集3卷，今不传。其中有《药名诗》百余首传于世，如"马嘶曾到寺，犬吠乍行村"，"吏辞如贺日，民送似迎时"等，时以为皆佳句。李定(1028—1087)，字资深，扬州人。少受学于王安石，登进士第，历官太子中允、崇政殿说书，御史中丞等。熙宁八年(1075)，官集贤院修撰，整理院内国家藏书。据宋郑樵《通志·艺文略》记载，李定编有《李正议书目》3卷。宋林希逸撰《竹溪鬳斋十一稿续集》卷三十《学记》著录《沈谏议书目》3卷，《李正议书目》3卷，《籯金堂书目》3卷，注曰"已上漳浦吴家有之"，并指出"此皆官所无，民间所有也"。林希逸(1193—?)，字肃翁，号竹溪，又号鬳斋，福州福清(今属福建)人。端平二年(1235)进士，历官平海节度推官、司农少卿、中书舍人等。以道学名世。《学记》是林氏的治学札记，上述书目是在讨论官府藏书与民间藏书互补问题时举例所列，并明确这3种家藏书目曾为漳浦吴家所藏。故潘美月《宋代藏书家考》亦推测"当为其家藏书目"。则李定家藏书籍亦相当可观。

扬州的出版活动，历史文献也有所记载，但是并不丰富，而留存至今的宋代扬州刻本更是少之又少。这应与南宋以来政治、军事格局的巨变有关。北宋末年，金兵南下，扬州遭受灭顶之灾。建炎三年(1129)，金兵攻陷扬州，烈焰焚城，宋开国以来在社会经济文化建设方面取得的各项成果灰飞烟灭。金瓯已缺，南宋王朝为保长江以南的半壁江山，重兵据守江北沿江城市，扬州成为南宋抗击金兵南犯的前沿阵地，战火延烧不绝。至宋末度宗咸淳年间(1265—1274)，扬州已成宋元拉锯之地。当时知州李庭芝在城外高地蜀冈平山堂构建望火楼，募汴南流民二万人据守，元兵至则张弓射敌，号武锐军。平山堂系庆历八年(1048)欧阳修知扬州时所建，公暇，欧阳修常与宾客登临揽胜，诗酒相酬，留下大量脍炙人口的佳作。南宋时平山堂几经圮废重修。宋宁宗开禧二年(1206)，平山堂圮，其时郭倪知扬州。吏部阎苍舒《赠扬州郡帅郭侯》诗有"平山堂上一长叹，但有衰草埋荒

① [宋]王辟之撰，吕友仁点校：《渑水燕谈录》卷9"杂录"，北京：中华书局，1981年，第117页。

丘。欧仙苏仙不可唤,江南江北无风流"之句。战事频仍的扬州,不仅文化活动远非太平盛世时活跃,即使记录盛时文化出版活动的文书典籍也难以保存传世。下面是我们从历史记载中梳理出来的有关出版信息。

陈振孙《直斋书录解题》卷十五著录《扬州诗集》2 卷,解题曰:"教授马希孟编。元丰四年(1081)秦观作序。"检秦观《淮海集》卷三十九有《扬州集序》,其曰:"《扬州集》者,大夫鲜于公领州事之二年,始命教授马君希孟采诸家之集而次之,又搜访于境内简编碑板亡缺之余。凡得古律诗泪箴赋,合二百二篇,勒为三卷,号《扬州集》云。"鲜于侁(1019—1087),字子骏,阆中(今属四川)人。景祐五年(1038)进士,历官利州路转运判官,集贤殿修撰,知陈州。元丰二年(1079),鲜于侁出知扬州。《宋史·艺文志》也著录马希孟编《扬州集》3 卷,陈振孙所著录的《扬州诗集》2卷,或系别本或残本,故书名、卷数皆不同。明《嘉靖维扬志》卷十二《经籍志》在《扬州诗集》后尚著录《扬州后集》,注称:"宋扬州学正江都陈洪范撰,郡人牛大年序。"今二书皆佚。

《直斋书录解题》卷八著录《广陵志》12 卷,解题曰:"教授三山郑少魏、江都尉会稽姚一谦撰。绍熙元年,太守郑兴裔也。"郑兴裔(1126—1199),字光锡,初名兴宗,开封(今属河南)人。宋徽宗显肃皇后外家三世孙。历官福建路兵马钤辖,先后出知庐州、扬州,皆有政绩。有《郑忠肃奏议遗集》传世。淳熙十五年(1188),郑兴裔知扬州,到任后,修学宫,立义冢,定部辖民兵徭差法,郡以大治。绍熙元年(1190),命教授郑少魏等纂集郡志。书成,郑氏为撰《广陵志序》,序称:"唐曹宪始创《扬州志》,五代丧乱之余,残编断简,无复存者。我国家定鼎,以维扬为重镇,历今二百三十余年,休养生息,民臻富庶,而名邦掌故,终令沦亡,殊非守土牧民之责。爰命郑教授少魏,姚尉一谦辑之,为卷一十有二。"郑序指出其书"虽微必录,无隐不宣。数百里封域中之事,群汇而笔之于书,则身虽不下堂阶,而广陵错壤恍然在目,斯无负守土牧民之责乎。圣天子采风问俗,借以当太史之陈,后之来守是邦者,亦庶乎其有所据依矣"。① 明

---

① [宋]郑兴裔:《郑忠肃奏议遗集》卷下"杂著",载《景印文渊阁四库全书》第 1140 册,台北:台湾商务印书馆,1986 年,第 217 页。

盛仪《嘉靖维扬志》曾引录《绍熙广陵志》的有关记述,但其卷十二《经籍志》"郡邑纪载"类中未予著录,可能其书当时已佚,所录文字或系转引。又,《嘉靖维扬志》卷首《凡例》在解释志名时称:"今为《嘉靖维扬志》,以宋有《绍熙广陵志》《嘉泰广陵续志》《宝祐维扬志》而续之也。"可见从宋光宗绍熙元年(1190)至理宗宝祐年间(1253—1258),扬州曾三修郡志,由州府刊行,然至明代已散佚不传。

宋赵希弁《郡斋读书志附志》卷上"经解类"著录《春秋左氏后传》12卷,《春秋左氏章指》17卷,提要称:"止斋陈傅良所著也。四明楼忠简公钥序其前,清海崔清献公与之识其后,而刻于维扬郡庠。"则两书宋时有扬州郡庠刊本。《四库全书总目》卷二七著录陈傅良《春秋后传》12卷,提要称:"傅良别有《左氏章旨》三十卷,楼钥所序盖兼二书言之。朱彝尊《经义考》注曰未见。今《永乐大典》中尚存梗概,然已残缺,不能成帙,故不复裒录焉。"[1]今《左氏章旨》已难觅传本。

二、四部叙录

宋代扬州刊本存世者,或有传本者很少,已知有宋陆佃撰《埤雅》等5种,略依四部之序叙录如下。

1.《埤雅》

《埤雅》20卷,宋陆佃撰。宋宣和七年(1125)淮南路转运司陆宰刊本。

陆佃,字农师,越州山阴(今浙江绍兴)人。熙宁三年(1070)进士,历官尚书左丞,亳州知州。少从学于王安石。所著《诗讲义》《尔雅注》今佚。《埤雅》为《尔雅》之辅,凡释鱼2卷、释兽3卷、释鸟4卷、释虫2卷、释马1卷、释木2卷、释草4卷、释天2卷。《四库全书总目》称:"其说诸物,大抵略于形状而详于名义。寻求偏旁,比附形声,务求其得名之所以然。又推而通贯诸经,曲证旁稽,假物理以明其义。中多引王安石《字说》。"[2]此书见于陈振孙《直斋书录解题》卷三著录,然未及出版信息。检其书卷首有宣和七年六月佃子陆宰序,记其父成书细节:"先公作此

---

① [清]永瑢等:《四库全书总目》卷27"经部春秋类",北京:中华书局,1987年,第220页。
② [清]永瑢等:《四库全书总目》卷40"经部小学类",北京:中华书局,1987年,第342页。

第五章 两宋时期的江苏出版(下)

261

书，自初迄终，仅四十年，不独博极群书，而农父、牧夫、百工、技艺，下至舆台皂隶，莫不诹询，苟有所闻，必加试验，然后纪录，则其深微渊懿，宜穷天下之理矣。后有博雅君子览之，当自识其美焉。"末署"朝请郎直秘阁权发遣淮南路计度转运副使公事借紫金鱼袋男宰撰"。可知其为陆宰扬州淮南路转运司刊本。

2.《建炎以来系年要录》

《建炎以来系年要录》200 卷，宋李心传撰。宋宝祐元年（1253）贾似道扬州刊本。

李心传（1167—1244），字微之，号秀岩，世称秀岩先生，隆州井研（今属四川乐山市）人。官至工部侍郎。是书述高宗朝 36 年事迹，仿《通鉴》之例，编年系月，与李焘《长编》相续。《四库全书总目》提要称："其书以国史、日历为主，而参之以稗官、野记、家乘、志状，案牍奏议、百司题名，无不胪采异同，以待后来论定。故文虽繁而不病其冗，论虽歧而不病其杂。在宋人诸野史中，最足以资考证。"又推论其刊行传播情况："宁宗时尝被旨取进。《永乐大典》别载贾似道跋，称宝祐初曾刻之扬州。而元代修宋、辽、金三史时，广购逸书，其目具见袁桷、苏天爵二集，并无此名。是当时流传已绝，故修史诸臣均未之见。至明初，始得其遗本，亦惟《文渊阁书目》载有一部二十册。诸家书目则均不著录。今明代秘府之本又已散亡，其存于世者，惟《永乐大典》所载之本而已。"[1]《四库全书总目》即据《永乐大典》辑本著录。宝祐间，贾似道以资政殿大学士兼淮南东西路安抚使、知扬州军州事，其宝祐元年刻书跋细述刻书原委："臣恭惟高宗皇帝受命中天，功德巍煌，布在方册，而广记备言，有裨一朝巨典，则惟臣心传撰次《建炎以来系年要录》首为成书。臣当拜手稽首，伏读竟编，其间大纲目，固非可一二数……乃以臣所藏蜀本《系年录》二百卷，刊于州治，与臣傅良所述《建隆编》并传云。"[2]

3.《补汉兵志》

《补汉兵志》1 卷，宋钱文子撰。宋嘉定八年（1215）王大昌淮南漕廨

① [清]永瑢等：《四库全书总目》卷 47"史部编年类"，北京：中华书局，1987 年，第 426 页。
② [宋]李心传编撰，胡坤点校：《建炎以来系年要录·附录》，北京：中华书局，2013 年，第 8 册，第 3976 页。

刊本。

钱文子,字文季,乐清(今属浙江温州)人。绍熙三年(1192)由上舍
释褐出身,以吏部员外郎兼国史院编修官,历宗正少卿,退居白石山下,
自号白石山人。其书卷首冠陈元粹序,后有王大昌跋。王跋云:"白石先
生《补兵志》,大抵喜汉法之近古,伤后世养兵之费广,拥兵之权专也。余
曩从先生游,得见此书,即手抄为家藏。忽得刊本于同门友瑞昌陈令君,
则知令君之志与余同,能以先生之书传诸远,于天下后世经生学士尤有
补云。嘉定乙亥(嘉定八年,1215)端午日门人奉议郎权淮南路转运判官
兼淮南东路提点刑狱公事池阳王大昌书。大昌于是年九月锓板漕廨,益
广其传。"《四库全书总目》著录称:"以所论切中宋制之弊,而又可补《汉
志》之阙,故仍录之,以备参考。"乾隆四十四年(1779),鲍廷博刻入《知不
足斋丛书》。

4.《梦溪笔谈》

《梦溪笔谈》26 卷,宋沈括撰。宋乾道二年(1166)扬州州学汤修年
序刊本。

梦溪系沈括在润州(镇江)朱方门外的宅第,也是他撰著成书之所。
沈括在卷首自序中解释取名之由:"予退处林下,深居绝过从。思平日与
客言者,时纪一事于笔,则若有所晤言,萧然移日,所与谈者,唯笔砚而
已,谓之《笔谈》。"全书 26 卷,类分为 17 门:故事 2 卷、辨证 2 卷、乐律 2
卷、象数 2 卷、人事 2 卷、官政 2 卷、权智 1 卷、艺文 3 卷、书画 1 卷、技艺
1 卷、器用 1 卷、神奇 1 卷、异事 1 卷、谬误 1 卷、讥谑 1 卷、杂志 2 卷、药
议 1 卷。卷末有汤修年刻书跋,称:"此书公库旧有之,往往贸易,以充郡
帑,不及学校。今兹及是,益见薄于己而厚于士,贤前人远矣。修年代匮
泮宫,备校书之职,谨识其本末,且证辨讹舛,凡五十余字,疑者无他本,
不敢以意骤易,姑存其旧,以俟好古博雅君子。《笔谈》所纪,皆祖宗盛时
典故,卿相太平事业,及前世制作之美。虽目见耳闻者,皆有补于世,非
他杂志之比云。乾道二年六月日,左迪功郎充扬州州学教授汤修年
跋。"①汤修年,字寿真,江苏丹阳人。绍兴二十四年(1154)进士,终扬州

---

① [宋]沈括著,胡道静校注:《梦溪笔谈校证》,北京:中华书局,1962 年,第 1087 页。

梦溪笔谈卷第一

故事一

沈括

上亲郊郊庙郊文皆曰恭荐岁事先景灵宫谓之朝献次太庙谓之朝飨末乃有事于南郊予集郊武时曾预讨论常疑其次序景先为尊则郊不应在庙后若后为尊则景灵宫不应在太庙之先求其所从来盖有所因按唐故事凡有事于上帝则百神皆预遣使祭告唯太清宫太庙则皇帝亲行其册祝皆曰取某月某日有事于某所不敢不告宫庙谓之奏告余皆谓之祭告唯

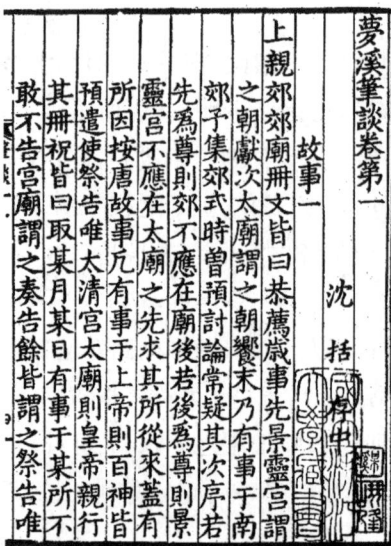

图6-18 《梦溪笔谈》书影
明覆刻宋乾道二年扬州州学刊本

教授。1934年，上海商务印书馆影印明覆宋本《梦溪笔谈》(图6-18)，刊入《四部丛刊续编》子部。其本半叶12行，行18字。张元济跋称系明代覆刻宋乾道二年扬州州学教授汤修年刊本，其行款与清苏州潘祖荫滂喜斋藏宋本同。

5.《注东坡先生诗》

《注东坡先生诗》42卷，宋施元之、顾禧注。宋嘉定六年（1213）施宿淮东仓司刊本。

南宋陈振孙《直斋书录解题》卷二十著录《注东坡集》42卷，《年谱》《目录》各1卷，解题曰："司谏吴兴施元之德初与吴郡顾景蕃共为之。元之子宿从而推广，且为《年谱》，以传于世。陆放翁为作序，颇言注之难，盖其一时事实，既非亲见，又无故老传闻，有不能尽知者。"①这是此书见于古代目录的最早著录。

施元之，字德初，吴兴（今浙江湖州）人。绍兴二十四年（1154）进士，历官秘书省著作佐郎、国史院编修官、左司谏等。曾刊行苏颂《新仪象法要》3卷，苏舜钦《沧浪集》15卷等。顾禧，字景蕃，自号漫庄。吴郡（今江苏苏州）人。不求禄仕，居吴县光福山，闭户读书，著述甚富。除与施元之注苏诗外，尚注《杜工部诗》。

施宿（1164—1222），字武子，长兴人。绍熙四年（1193）进士，庆元二年（1196）知余姚县。嘉定六年（1213）以朝散大夫提举淮南常平仓。此书卷末有其嘉定六年刻书跋。又，南宋周密《癸辛杂识》"施武子被劾"条称："宿晚为淮东仓曹……尝以其父所注坡诗刻之仓司，有所识。傅稚字

---

① ［宋］陈振孙撰，徐小蛮等点校：《直斋书录解题》卷20，上海：上海古籍出版社，1987年，第591页。

汉孺,湖州人,穷乏相投,善欧书,遂俾书之锓板,以赒其归。"①

　　施宿嘉定六年刻本今已知残存 2 部:一藏台北(图 6-19),一藏中国国家图书馆。前者残存 19 卷(卷三至四,卷七,卷十至十三,卷十五至二十,卷二十九,卷三十二至三十四,卷三十七至三十八),凡 20 册,已知其清乾隆三十八年(1773)为大兴翁方纲所得,光绪末年书归湘潭袁思亮。后袁宅遭祝融之灾,此书过火,书口书脑毁损。民国时期入藏北平国立中央图书馆。翁方纲当年得书,欣喜若狂,珍若拱璧,特题其室曰"宝苏斋",每年东坡生日,则集亲朋名流,设奠陈书,以寄瓣香之情。同时请华冠绘像,苏州诗人张埙题赞,桂馥手书,订于第三卷卷首(图 6-20)。华冠,字庆吉,江苏无锡人。工人物肖像,擅长白描。乾隆南巡时,史称华冠"写御容赏赉优渥"。后者残存 6 卷(卷十一至十二、二十五至二十六、四十一至四十二),前 4 卷曾经浙江南浔刘承干嘉业堂收藏,后 2 卷为清苏州黄丕烈旧藏。

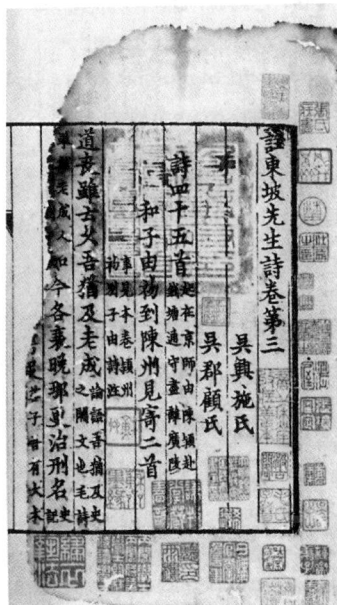

图 6-19 《注东坡先生诗》
宋嘉定六年刻本　台北藏

图 6-20 清翁方纲画像　清华冠绘
宋刻本《注东坡先生诗》卷三

① 〔宋〕周密撰,吴启明点校:《癸辛杂识》"别集上",北京:中华书局,1988 年,第 241 页。

景定三年(1262),即施宿嘉定刻本传世后半个世纪,苏州郑羽任职淮南仓司,修补嘉定旧板重印。书后有郑氏刻书跋,叙修补原委甚详。跋曰:"坡诗多本,独淮东仓司所刊明净端楷,为有识所宝。羽承乏于兹,暇日偶取观,汰其字之漫者,大小七万一千五百七十七,计一百七十九板,命工重梓。他时板浸古,漫字浸多,后之人好事必有贤于羽者矣。景定壬戌中元吴门郑羽题。"此景定修补本清末为常熟翁同龢所得,其时此书存世者已稀如星凤。翁氏跋称:"曩尝于叶润臣家得见嘉泰本《施顾注苏诗》,叹为瑰宝。一日坐殿庐中,桂侍郎以怡邸残书见视。忽睹此本,以二十金购之,前后缺八卷。此虽景定补本,然字画清劲,粲若明珠,恐人间无复数本矣。同治十年伏日早退题于东华门酒家,常熟翁同龢。"翁跋中所述阙卷为卷五至十、卷十九至二十。今此本藏上海图书馆,存32卷,较翁氏所藏,又佚去卷一至二。

现中国国家图书馆藏宋嘉定六年原刻本、上海图书馆藏宋景定三年修补本皆已影印刊入《中华再造善本》唐宋编。

第五节　淮南东路其他州、军的出版

神宗熙宁五年(1072),分淮南为东、西两路。东路州十:扬、亳、宿、楚、海、泰、泗、滁、真、通。军二:高邮、涟水。县三十八。南渡后,东路辖州九:扬、楚、海、泰、泗、滁、淮安、真、通。军四:高邮、招信、淮安、清河。以扬州为中心的淮南东路,是宋代江苏的出版重点地区。据已知史料和现存实物,泰州、淮安、真州、高邮军四地有出版活动的确切记载。由于有关资料相对不足,具体叙述略依地区展开。

一、泰州

泰州,旧为海陵郡。建炎三年曾入于金,寻复。下辖二县:海陵、如皋。宋代泰州所刻书,已知有3种:(1)宋戴溪《春秋讲义》4卷,宝庆二年(1226)牛大年刻于泰州。已见前文叙述。(2)《资治通鉴释文》。清阮元有《史炤通鉴释文跋》,称"《资治通鉴释文》在宋时旧有二本,一为司马公休注刻于海陵郡斋者,名为'海陵本';一为史炤撰为成都府广都县费氏进修堂版行以释文附注本文之下者,名为'龙爪本'。自龙爪本行而海陵本废,自胡三省本行而龙爪本又废"①。(3)《吴陵志》10 卷。《直斋书录解题》卷八著录《吴陵志》10 卷,提要称:"不著名氏。淳熙壬寅所修。后三年乙巳,太守钱塘万钟元亨属僚佐参正而刻之。泰州在唐为吴陵县。"乙巳为淳熙十二年(1185)。万钟,字元亨,钱塘(今浙江杭州)人。绍兴二十四年进士,历官秘书监、吏部侍郎,知泰州。《吴陵志》今佚。

二、淮安

东晋始在射阳境内建山阳郡,治山阳县。宋初,山阳属楚州。南宋理宗绍定元年(1228),升山阳县为淮安军,端平元年(1234)改军为淮安州。宋代淮安所刻书,已知有 2 种:(1)宋章冲《春秋左传类事始末》5卷。章冲自序有"淳熙乙巳岁,冲假守山阳,尝刊之郡庠"之语。乙巳为淳熙十二年(1185)。详情已见前文。(2)《徐节孝先生集》30 卷。徐节孝(1028—1103),名积,字仲车,楚州山阳人。以孝名世。从胡瑗学,治平四年(1067)进士,元祐初,以扬州司户参军为楚州教授。卒,赐谥节孝处士。此书南宋绍兴年间初刻于山阳,景定间重刻于淮安州学。南宋二刻今皆不传。潘景郑曾撰家藏《明嘉靖补修元皇庆本徐节孝集》跋,详述《徐节孝先生集》宋元以来版刻渊源。其文曰:"《徐节孝先生集》30 卷,附录《事实》《语录》各 1 卷,初刊于绍兴戊辰(十八年,1148)山阳儒学,至景定甲子(五年,1264),淮安州学教授翁蒙正重编刊行。天水两本,今皆不可得见。元皇庆中(1312—1313),复刊一本于山阳之节孝祠,增画先生遗像于首,而系以时贤赞语,所谓'祠堂本'者是也。此本流传最久,至明嘉靖癸亥(四十二年,1563)刘祐守淮郡,展谒先生祠宇,虞集板日久,湮缺难观,于是剔湮补缺,勒成完书,而别增《重修祠堂记》二首于首尾,所谓'嘉靖重修本'者是也。近世藏家,多视皇庆、嘉靖为两本,而有以嘉靖祖景定者,讹也。"②并指出家藏嘉靖补本,"全书经嘉靖补板者,不逮十之一二,开卷即是节孝先生遗像,其为元椠无疑矣"。北京大学图书馆藏有《节孝先生文集》,开卷即节孝先生遗像,后有淳祐十年(1250)淮南东路

---

① [清]阮元撰,邓经元点校:《揅经室集·二集》卷 7,北京:中华书局,1993 年,第 557 页。
② 潘景郑:《著砚楼读书记》,沈阳:辽宁教育出版社,2002 年,第 463 页。

提点刑狱公事兼淮南东路转运判官王亨序，目录后有"迪功郎淮安州州学教授翁蒙正""景定甲子孟秋初吉重行编次校定"两行，与潘景郑跋文所述相合。此本已辑入《中华再造善本》金元编，著录为"元刻明修本"。

三、真州

真州，宋初乾德三年（964）升为建安军，至道二年（996），以扬州之六合来属。大中祥符六年（1013）为真州，政和七年（1117）赐郡名曰仪真。下辖二县：扬子、六合。据方志记载，六合县产麻纸，为贡品。清乾隆二年（1737）重修《江南通志》卷三十记载："纸务在六合县。南唐主好蜀纸，得蜀工，使行境内，惟六合之水与蜀同，遂于扬州置务。今浮桥南一带尚呼为纸房。"[1]考宋人有相同记载。陈师道《后山谈丛》曰："南唐于饶置墨务，歙置砚务，扬置纸务，各有官，岁贡有数。求墨工于海东，求纸工于蜀。中主好蜀纸，既得蜀工，使行境内，而六合之水与蜀同。"[2]六合原属扬州，后隶真州。麻纸是一种印刷用纸，以麻为造纸主要原料而得名，有白麻、黄麻两种，其纸纹较宽，宋代多作为印书用纸。宋扬州王令《广陵集》卷四有《再寄满子权》二首，其二有句云："有钱莫买金，多买江东纸。江东纸白如春云，独君诗华宜相亲。"满执中，字子权，与王令同里。陈师道（1053—1102），徐州人，与王令（1032—1059）为同时代人。江东纸与六合麻纸有何关系？张秀民在谈宋代印刷物料时说："江东纸当指江南东路徽、池二州所产而言。"[3]但是，六合生产贡品麻纸，一定对以扬州为中心的淮南东路的刻书业具有推动作用。

宋代真州的出版传播活动，宋陈振孙《直斋书录解题》中有两则著录文字反映了相关信息。其一，卷三"春秋类"著录《春秋经解》16卷、《本例例要》1卷。解题称："涪陵崔子方彦直撰。绍圣中罢《春秋》取士，子方三上书，乞复之，不报。遂不应进士举。黄山谷称之曰：'六合有佳士，曰崔彦直，其人不游诸公，然则其贤而有守可知矣。'其学辨《三传》之是

---

① ［清］黄之隽等：《江南通志》卷30"舆地志·古迹"，台北：华文书局，1967年影印本，第589页。

② ［宋］陈师道撰，李伟国整理：《后山谈丛》卷2，载《全宋笔记》第2编第6册，郑州：大象出版社，2006年，第86页。

③ 张秀民：《中国印刷史》，上海：上海人民出版社，1989年，第225页。

非，而专以日月为例，则正蹈其失而不悟也。"①其二，卷十三"医家类"著录《本事方》10卷，解题称："维扬许叔微知可撰。绍兴三年(1133)进士第六人。以药饵阴功见于梦寐，事载《夷坚志》。晚岁，取平生已试验之方，并记其事实，以为此书，取'《本事诗词》'之例以名之。"②

崔子方，字彦直，号西畴居士，涪陵(今属重庆)人。宋李心传《建炎以来系年要录》卷十六记载：布衣崔子方治《春秋》，绍圣间三上疏乞置博士，不报。乃隐居真州六合县。子方刚介有守，虽衣食不足而志气裕然，杜门著书30余年而死。建炎二年，兵部员外郎江端友下湖州取子方所著《春秋传》，藏于秘书监。《四库全书总目》著录崔子方《春秋经解》12卷，提要中引述了李心传的这段记载。这说明今传崔子方的著述完成于真州六合，而由后人带往湖州。当时是手稿或是刊本已难确考。

许叔微，字知可。宋曾敏行《独醒杂志》卷七"许叔微梦有客来谒"条载："叔微，真州人。有《普济本事方》，今行于世。"《四库全书总目》以为曾与叔微同时，所记当不误。刘宰《本事方序》曰："医生吕启宗与余言曰：'启宗晚学医于医家，书未多读，独求其论证明白，用药精审，无如许知可学士《本事方》。许，仪真人。今是方之流行江淮浙间，多真所刊本，火于兵，今不获存。启宗大惧此书之泯，无以惠方来，尝试以语句曲施君某，施欣然欲镂板，以广其传。顾未得善本。公尝官于真，盍从公求之?'余即授以真旧本，而复书曰：'施君刊是书，可以济人愈，于刊释老经文万万也。'施以余言契于心，复介吕生求序。"③刘宰此序作于嘉定元年(1208)，足证南宋初年真州曾刊宋许叔微《本事方》，并在江南长期广泛流传。

宋代真州所刊《丹阳集》《农书》，都与洪兴祖有关。

洪兴祖(1090—1155)，字庆善，号练塘，镇江丹阳(今属江苏)人。政和八年(1118)进士，历官秘书省正字，著作郎，出知真州。后因触犯权相

---

① [宋]陈振孙撰，徐小蛮等点校：《直斋书录解题》卷3，上海：上海古籍出版社，1987年，第63页。
② [宋]陈振孙撰，徐小蛮等点校：《直斋书录解题》卷13，上海：上海古籍出版社，1987年，第391页。
③ 曾枣庄等主编：《全宋文》卷6838，上海：上海辞书出版社，2006年，第300册，第18页。

秦桧,编管韶州而卒。洪兴祖平生著述丰富,有《春秋本旨》20卷、《周易义》20卷、《古易考异》10卷、《古今易总志》3卷、《论语说》10卷、《左氏通解》10卷、《孝经序赞》1卷、《圣贤眼目》1卷、补注《楚辞》17卷、韩文《辨证》《年谱》各1卷、注《黄庭内外经》2卷、编次《阙里谱裔》1卷。

《农书》3卷,宋陈旉撰。上卷讲耕作,凡14篇;中卷讲牛畜和牛医,凡3篇;下卷讲蚕桑,凡5篇;共22篇。全书成于南宋绍兴十九年(1149)。作者以74岁高龄,将书稿从西山送到仪真给洪兴祖看。洪兴祖序称:“西山陈居士于六经诸子百家之书,释老氏黄帝神农之学,贯穿出入,往往成诵……平生读书不求仕进,所至即种药治圃以自给。绍兴己巳(十九年,1149),自西山来访予于仪真,时年七十有四,出所著《农书》三卷……因以仪真劝农文附其后,俾属邑刻而传之。”则此书由洪兴祖属州衙刊行。现代农学家万国鼎校注陈旉《农书》,评价曰:陈旉《农书》篇幅虽小,实具有不少突出的特点,可以和《氾胜之书》《齐民要术》《王祯农书》《农政全书》等并列为我国第一流古农书之一。

《丹阳集》,宋葛胜仲撰。葛胜仲,字鲁卿,绍圣四年(1097)进士,官至华文阁待制,知湖州。卒,谥文康。《直斋书录解题》卷十八著录葛胜仲《丹阳集》42卷、《后集》42卷,洪兴祖序。清修《四库全书》,自《永乐大典》辑得24卷,有原跋2篇:隆兴元年(1163)知真州军州主管学事兼管内劝农营田事宋晓跋,淳熙十三年(1186)朝奉大夫试中书舍人兼修玉牒官王信跋。宋晓跋称:“曩者,洪君出守仪真,固尝镂板,以惠学者。比以兵火蹂践,散失殆过其半。晓不忍斯文之坠,因学粮之余,搜访旧本,命工补阙,庶可传之永久。”王信跋称:葛文康公“有《丹阳集》传于世,仪真旧尝镂板,经兵火不全,姚君恰为守,复刊之,属余识岁月,因笔一二,以发幽光之绪余,使后进得以窥前辈之学”。由此可证《丹阳集》由洪兴祖初刻于真州官署。

四、高邮军

高邮,公元前223年,秦王嬴政时在其地筑高台,置邮亭,故名。别称秦邮,又称高沙。宋开宝四年(971)以扬州高邮县为军,熙宁五年(1072)废为县。此后多次兴废。绍兴三十一年(1161)复为军,下辖高邮、兴化二县。

宋代高邮出版活动的较早记载,已知为宋太宗雍熙年间。20世纪50年代,日本京都五台山嵯峨清凉寺的释迦瑞像胎内发现大量北宋珍贵文物,系日本东大寺僧奝然于宋雍熙二年(985)八月十八日在台州(今属浙江)开元寺封藏,其中有一件为折本《金刚般若波罗蜜经》,帙装,一册。经首有释迦说法图,经末有这样的题记:"高邮军弟子吴守真,舍净财开此版印施,上答四恩三有,下酬生身父母,然保自身。雍熙二年六月日记。"①奝然是日本人宋求法的名僧,宋太宗太平兴国八年(983)八月,率领弟子成算、嘉因等人乘吴越人陈仁爽、徐仁满之船入宋求法。宋太宗召见奝然,并赐以法济大师称号及新雕《大藏经》、新译经41卷。由于上述《金刚般若波罗蜜经》的施刊时间与封藏时间仅相差40多天,其是否在高邮刊行,尚待进一步探究。

宋长洲王楙在所撰《野客丛书》卷五"孙公谈圃"条记录了高邮的一则出版信息:"临汀刊《孙公谈圃》三卷,近时高沙用临汀本复刊于郡斋,盖高沙公乡里故尔。仆得山阳吴氏家藏建炎初录本校之,多三段,其后二段乃公之甥朱稑所记并著于此,庶几异时好事者取而附于卷末。"②孙公,即孙升(1038—1099),字君孚,高邮人。治平二年(1065)进士。元祐中官中书舍人。绍圣四年(1097),坐劾谪汀州安置。时刘延世从孙升游,《孙公谈圃》3卷即刘延世辑录孙升之语而成。王楙《野客丛书》成于庆元元年(1195),则《孙公谈圃》约在淳熙、绍熙间由高邮郡斋刊行。

《直斋书录解题》卷八著录《高邮志》3卷、《续修》10卷,解题称:"兴化县主簿孙祖义撰。郡守赵不惭刻之。淳熙四、五年间也。其书在图志中最为疏略。嘉定中,守汪纲再修,稍详定矣。"赵不惭,字几圣,淳熙四年(1177)以承议郎知高邮州军事,在任兴水利以便民。书今不传。

汪纲,字仲举,黟县(今属安徽黄山市)人。累官至宝谟阁待制、户部侍郎。嘉定中知高邮军,在郡日,尚刊行高邮人著述多种,有功于高邮地

① [日]塚本善隆讲演,林昙泽译:《奝然请到日本的释迦瑞像胎内的北宋文物——1957年9月30日在中国佛学院讲演》,《现代佛学》1957年第11期,第15页。
② [宋]王楙撰,王文锦点校:《野客丛书》卷5,北京:中华书局,1987年,第55页。

方文献的保存与传播。(1) 嘉定七年(1214)合刊秦观《蚕书》与陈旉《农书》。《蚕书》有嘉定七年腊月孙镛序曰:"一日,郡太守汪公取秦淮海《蚕书》示予曰:'子谓高沙不可以蚕,此书何为而作乎?'乃命锓木,俾与《农书》并传焉。"汪刚嘉定七年冬至日跋:"余曩得《农书》一帙,凡耕桑种植之法,纤悉无遗。褐来守此,视事之初,急锓诸木,以为邦人劝尔。"此本后入藏清宫,《天禄琳琅书目》卷二著录《农蚕书》1 函 1 册,提要称:"此本二书合刻,系宋汪纲守高邮时所编。"(2) 嘉定九年(1216)刻孙觉《龙学孙公春秋经解》15 卷。孙觉(1028—1090),字莘老,高邮人。皇祐元年(1049)进士。历官右正言,御史中丞,龙图阁学士。孙觉早从胡瑗游,传其春秋之学。此本卷首有汪纲嘉定九年刻书跋,曰:"纲因读《龟山文编》,见其为中丞孙先生作《春秋解后序》,窃谓杨公学邃于经,今于是书尊信推予,若弟子之于其师。后学观此,当知所依归矣。敬锓诸梓,以补前之未备云。"汪跋前尚有绍熙四年(1193)邵辑序,曰:"余曩得之亲故间,爱其论议之精审,而文辞之辨博也。常欲刊行与学者共之,而力所不能。既来秦邮,以为此公之乡里也。近世两淮如合肥之《包孝肃集》、山阳之《徐节孝集》,皆因其乡里而易以传布。吾之志遂矣。适值大歉,朝夕汲汲焉荒政之是营,未暇及此。越明年,岁稔,公私粗给。于是樽节浮费,鸠工镂板,置诸郡斋,以永其传。"邵辑,阳羡(今江苏宜兴)人,光宗绍熙间知高邮军。故此书先由邵辑刊于高邮郡斋,后汪纲据以重刊。清修《四库全书》,据纪昀藏 13 卷抄本辑入,序跋俱在。

今存高邮宋刊本以秦观《淮海集》最为著名。

《淮海集》40 卷、《后集》6 卷、《长短句》3 卷,宋秦观撰,宋乾道九年(1173)高邮军学刊本。

秦观(1049—1100),字少游,号淮海居士,高邮人。元丰八年(1085)进士,历官秘书省正字,兼国史院编修。文学家,尤以词著称。与黄庭坚、张耒、晁补之同游苏轼门下,有"苏门四学士"之称。据文献记载,秦观《淮海集》北宋时即有刊行,今皆不存。此本为现存刊行最早的秦观别集,目前仅有日本内阁文库藏有全本(图 6 - 21)。日藏本卷首《淮海集目录》前载文 5 篇:秦观《淮海闲居文集序》、王安石《舒王答苏内翰荐秦公书》、曾肇《曾子开答淮海居士书》、苏轼《苏内翰答淮海居士书》、陈师道《后山居士陈师道撰淮海居士字序》。《后集》卷六后有乾道九年左朝奉大夫试给事中兼侍讲三山林机景度撰《淮海居士文集后序》、高邮军学刊书题记8行及题名3行(图6-22)。

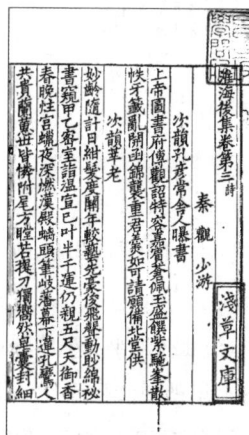

图6-21 《淮海集》书影
宋乾道九年刻本
日本内阁文库藏

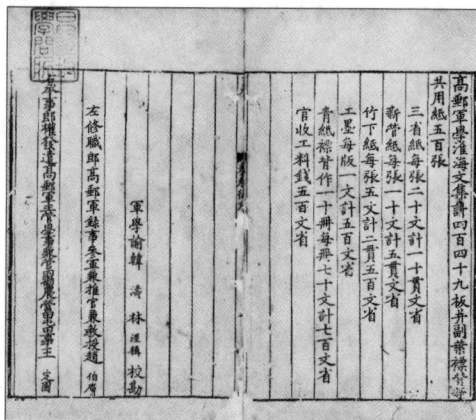

图6-22 《淮海集》书影
宋乾道九年高邮军学刻本
日本内阁文库藏

中国国家图书馆藏有宋乾道九年高邮军学刻绍熙三年(1192)谢雩重修本,其《淮海后集》卷第六后有绍熙壬子(绍熙三年,1192)从事郎军学教授谢雩跋,《淮海居士长短句》卷下后附乾道九年林机景度撰《淮海居士文集后序》、高邮军学刊书题记8行及题名3行,而全书编次与乾道原刻稍异。此本已辑入《中华再造善本》唐宋编。又,中国台北故宫博物院藏有谢雩重修本,书末有康熙三十三年(1694)无锡严绳孙手书题跋,卷末钤有傅增湘"沅叔审定"朱方。① 系原北平故宫藏本。

① 刘美玲:《婉约重现——故宫藏宋版秦观〈淮海集〉述要》,《故宫文物月刊》2006年总第280期,第24页。

第六章　元代的江苏出版

　　元朝是在消灭金朝和南宋政权后建立起来的统一的蒙古贵族政权。1206年，铁木真成为全蒙古的汗，号"成吉思汗"，建立大蒙古国。其后经太宗（窝阔台）、定宗（贵由）、宪宗（蒙哥），至1260年，忽必烈（蒙哥弟）继承汗位，为元世祖，始建年号"中统"，1264年改元"至元"。至元八年（1271），正式建国号为"大元"，表明其治下的国家，已非往日蒙古一族之国，而已是中原多民族的封建帝国。忽必烈年轻时即已结交中原文士，了解儒家治国平天下之道。宪宗时期，忽必烈受命治理汉地，曾用汉法且任用汉儒治理，颇有成效。所以，受汉文化的影响，以及大量汉族文人出仕为官，元政权的政治制度和文化政策，多沿袭宋代的定制，尤其在图书出版及文化传播方面。在元朝立国的近百年中，儒家经典、子史和文集类典籍继续得到出版和传播，通俗文学作品更是异军突起。雕版印刷技术在实践中得到发展，木活字印刷技术走向成熟。

第一节　元代的文化传播事业

　　元朝的建立，结束了300多年宋辽金南北对峙的分裂。元世祖至元三年（1266），元朝在燕京（今北京）东北郊大宁宫附近大规模营建都城宫室。至元九年，元世祖改燕京为大都，次年正式定都大都。政治文化中心的北移，对全国图书出版的格局和文化传播的走向产生了重大影响。

　　蒙古贵族统治集团很早就受到汉文化的影响。太宗窝阔台即位后，听从耶律楚材"制器者必用良工，守成者必用儒臣"的奏对，重用以他为首的早已汉化的契丹贵族。耶律楚材（1190—1244），字晋卿，辽太祖长子东丹王耶律信八世孙。仕金为左右司员外郎。后受信于成吉思汗，为蒙古建国精心谋划，太宗时出任中书令。太宗八年（1236），准耶律楚材之请，在燕京设立编修所，在平阳设立经籍所，编集经史，并召集儒士讲习经义，以保存儒家典籍，传扬儒学精义。元世祖忽必烈也曾多次向汉人儒士集团询问治道之本，并延聘汉儒为太子教授。

元朝建国后，朝廷先后采取了尊经崇儒、兴学立教、科贡并举、荐贤招隐、保护工匠等一系列文化建设和文化传播的措施。倡导汉文化，传播儒家经学、理学，都需要依靠书籍来实现。于是建立政府藏书、编刊文化典籍就成为政府文化建设的重要内容。元政府的藏书主要来源于金朝和南宋。金朝立国，曾直接或间接得到北宋皇家和民间所藏的文化典籍。金章宗完颜璟在位近20年（1189—1208），曾两次诏令搜访汉文典籍，一时文集大备。金亡后，其所藏典籍多归元朝政府书库。元军在南方攻城略地时，很注意搜集南宋地方官府的书版。全国统一后，朝廷又多次委派官员南下购书。至元初，得到江南诸郡书版及南宋秘书省的大批藏书。至元十三年（1276），两浙宣抚使焦友直尽取南宋秘书省、国子监、国史院、学士院、太常寺所藏经籍捆载北上。至元十五年，再次遣使至杭州等处取在官书籍版刻到京师。坐落在元宫中兴圣殿西的奎章阁是政府藏书的主要处所。

元中央政府于至元九年（1272）设立秘书监，编纂机构则有翰林国史院、奎章阁学士院等。

元世祖中统二年（1261），初立翰林国史院，诏修辽、金二史，纂修国史。皇庆元年（1312），升翰林国史院秩从一品。仁宗谕示大臣说："翰林、集贤儒臣，朕自选用，汝等毋辄拟进。人言御史台任重，朕谓国史院尤重；御史台是一时公论，国史院实万世公论。"这显示了元帝对文化传播的重视。

奎章阁学士院，始设于文宗天历二年（1329），所设大学士、侍书学士、承制学士、供奉学士等职多以他官兼领。如集贤大学士赵世延为大学士，翰林直学士虞集为侍书学士等。又置典书、授经郎等属官。同年立艺文监,隶奎章阁学士院。

艺文监,专以国语敷译儒书,兼治儒书的校勘等事宜。设大监检校书籍事、少监同检校书籍事等属官。惠宗至元六年(1340)易名崇文监。又立艺林库、广成局,皆隶艺文监。艺林库,掌藏贮书籍;广成局,掌传刻经籍及印造之事。

元初在翰林国史院设兴文署,掌理得自江南的经籍书版,后废置不用。其职责转由广成局承担。

官修书籍是元代文化建设事业的重要组成部分,其中以正史《宋史》《辽史》《金史》,会要体史籍《经世大典》《元典章》,地志《元一统志》,农书《农桑辑要》等最为著名。

《宋史》《辽史》《金史》三史,元世祖至元年间翰林国史院已经修成初稿,因体例未定一直没能成书。惠宗至正三年(1343)下诏开局同时修纂,丞相脱脱为监修人兼都总裁。而实际主持制定凡例的翰林学士、总裁官欧阳玄修史出力最大。三史修纂,各以本朝的国史、实录为依据,元刊本《辽史》卷首列有三史编修"凡例"5条:(1)帝纪:三国各史,书法准《史记》《西汉书》《新唐书》,各国称号等事准《南史》《北史》。(2)志:各史所载,取其重者作志。(3)表:表与志同。(4)列传:后妃、宗室、外戚、群臣、杂传。人臣有大功者,虽父子各传,余以类相从,或数人共一传。三国所书事有与本朝(即元朝)相关涉者当禀。金、宋死节之臣皆合立传。不须避忌。其余该载不尽,从总裁官与修史官临文详议。(5)疑事传疑,信事传信,准《春秋》。从中可以看出,三史修纂的着重点在于处理好三国与元朝相关的史事记载,余则因旧文裁入。至正四年,《辽史》116卷,《金史》135卷,五年《宋史》496卷分别完成奏进。

《经世大典》,元文宗天历二年诏令翰林国史院等纂修,历时2年修成。全书880卷,分为君事4篇,即帝号、帝训、帝制、帝系,臣事6典,即治典、赋典、礼典、政典、宪典、工典。元代典章制度,无不涵括。明代修《元史》,志的部分,主要就是利用这部《经世大典》。全书已于明代散佚。

《元一统志》1300卷,至元二十三年(1286),元世祖诏令秘书监编修,纂修方法是类编天下地理志书。三十一年编成,凡787卷,赐名《大一统志》。由于当时部分边远地区的资料没有收全,成宗时续修,至大德七年(1303)最后完稿。全书以府、州为单位，详记其建置沿革、山川形势、风俗物产、名胜古迹、历代人物，采录史料之丰富，编辑体例之完备，超过宋代的志书，明清两代撰修《一统志》，都取为样本。原书惠宗至正六年(1346)曾刊板行世，明代亡佚。

《农桑辑要》7卷，是元世祖至元年间诏令司农司编纂的农书。全书以世祖"编求古今所有农家之书，披阅参考，删其繁重，摭其切要"的要求为纲，广泛引录古农书30多种，项目安排以《齐民要术》为范本。至元中首次刊行。其后仁宗在延祐二年(1315)诏命江浙行省印行1万部，颁发有司遵行劝课。此后，英宗、明宗、文宗、惠宗各帝都曾印行，颁发全国，影响至大。正如《四库全书总目》所说："有元一代，以是书为经国要务。"

元朝的官私著述中，能在古代文化传播史上占有一席之地的还有马端临的《文献通考》。今中国国家图书馆藏有元泰定元年(1324)西湖书院刻本。

古代典志体史籍，杜佑《通典》、郑樵《通志》和马端临的《文献通考》三书都以贯通古今为主旨，故历史上合称为"三通"。

马端临(1254—1323)，字贵与，饶州乐平(今属江西)人。南宋度宗朝宰相马廷鸾的儿子，宋亡隐居不仕，倾20余年的精力，撰著《文献通考》348卷。全书记载上古至宋宁宗嘉定末年的政治、经济、文化各方面的典制沿革，分为24考：田赋、钱币、户口、职役、征榷、市籴、土贡、国用、选举、学校、职官、郊社、宗庙、王礼、乐、兵、刑、经籍、帝系、封建、象纬、物异、舆地、四裔。马端临以《通典》为蓝本，将其"八典"扩充为19考，而新增经籍、帝系、封建、象纬、物异5考。全书取材广泛，所载以宋代典制最详。

第二节　元代的出版事业

元代刻书，大都、平水、杭州、建阳为四大中心，而其刻书仍承宋代官刻、家刻和坊刻三足鼎立之格局。

一、官刻与家刻

蒙古太宗八年(1236)，"立编修所于燕京，经籍所于平阳，编集经史"。元代的官刻开始于此,其时正当南宋理宗端平三年。南宋覆亡,国家藏书和江南各地书版被大量运往北方,元皇室建奎章阁、崇文院收藏图籍,设兴文署管理经籍书版。

元朝官府刻书机构,中央政府先有兴文署,后设广成局,而太史院的印历局、太医院的广惠局或医学提举司都有刻书的记录。兴文署刻书,以至元二十七年(1290年)所刻《胡注资治通鉴》最为著名。元大德三年(1299),太医院刻《圣济总录》200卷。据文献记载,元朝官刻,除一小部分由中央机构刊印外,大部分由中央机构辗转下达地方如儒学、书院、郡庠等刻印。如辽、金、宋三史就是由江浙、江西行中书省开雕印行的。

元代的书院刻书,在历史上享有盛誉,其中尤以西湖书院为最。西湖书院是元朝江南官方的最高学府,在南宋国子监的基础上组建而成。建立之初,就对南宋国子监所存书版进行修补,当时召集92名工匠从事写、刻版工作,共补刻四部缺版7893块,修补残版1671块。所刻书精于校勘,质量上乘,其泰定元年(1324)所刻《文献通考》348卷,堪称元本的代表作。其他如茶陵古迁书院元大德三年(1299)刻《增补六臣注文选》,铅山广信书院大德三年刻辛弃疾《稼轩长短句》,茶陵东山书院大德九年刻沈括《梦溪笔谈》,都是元代书院刻本的佼佼者。

儒学是元代刻书比较活跃的地方刻书机构。庆元路儒学元泰定二年(1325)刻南宋王应麟杂学名著《困学纪闻》,扬州路儒学后至元五年(1339)刻元文学家马祖常的《石田先生文集》,嘉兴路儒学至正十四年(1354)刻《汲冢周书》,皆有名于时。儒学刻书,以大德九年江东建康道肃政廉访司组织下属九路儒学合刻十九史的行动最为壮观,尽管最终只有八路参与刻成十史,仍不失为元代一次重要的出版活动。

元代家刻也十分活跃,仅据叶德辉《书林清话》"元私宅家塾刻书"条记录,就有40多家,其中以蒙古宪宗六年(1256)北平赵衍刻唐李贺诗集《歌诗编》,大德八年(1304)东平丁思敬刻宋曾巩《元丰类稿》,至大三年(1310)平水曹氏进德斋刻元好问《中州集》,相台岳氏荆溪家塾刻《春秋经传集解》等为代表。

二、坊刻

金朝覆灭后,元朝在平阳设经籍所。金时书坊,如中和轩王宅、张氏晦明轩等入元继续开张刻书。元朝书坊主要集中在平水、建阳,而书坊刻书的盛况,较之南宋有过之而无不及。仅迄今已知的书坊和流传至今的坊刻本,数量众多,犹如重枝繁花,掩映前朝。

元代是建阳书坊刻书的黄金时期,南宋余、刘两大世家入元后,书坊名声越传越响,刻书业务越做越大,仅以见存和书目著录者统计,余志安勤有堂刻书就达25种,品种遍及经史子集;刘君佐翠岩精舍、刘锦文日新堂等刻书都在20种以上,且延续入明。现将元代建阳、平水可考书坊及其所刻书择要列举于下:

余志安勤有堂。建阳余氏刻书始于南宋,终于清康熙间,刻书时间持续500多年,为中国刻书史上世家刻书之最。元代余氏书坊有勤有堂、勤德堂、双桂堂等,而以勤有堂刻书最多,名望最高。所刻书仅中国国家图书馆收藏的就有宋杨齐贤集注、元萧士赟补注《分类补注李太白诗》,宋徐居仁编次、黄鹤补注《集千家注分类杜工部诗》,元董鼎撰《书集传辑录纂注》,《三辅黄图》,唐长孙无忌等撰《故唐律疏义》,元苏天爵辑《国朝名臣事略》,元胡炳文撰《四书通》,元张存中撰《四书集注通证》等。

建阳刘君佐翠岩精舍。叶德辉《书林清话》列为“私宅家塾刻书”,但是以其刻书规模和绵延入明的刻书活动来看,应属典型的坊刻世家。元仁宗延祐元年(1314)所刻《周易传义》10卷,是见知翠岩精舍最早的刻书。元泰定四年(1327)刻元胡一桂撰《诗集传附录纂疏》,元惠宗至正十四年(1354)刻元董鼎撰《书集传辑录纂注》,均见藏中国国家图书馆。

建安虞氏务本书堂。务本书堂是建阳名坊,宋末历元至明初从事书业,其主要活动则在元代。传世刻本较多,其中最著名者为题宋王十朋纂集之《增刊校正王状元集注分类东坡先生诗》25卷,卷前有篆书条记“建安虞平斋务本书堂刊”。中国国家图书馆收藏有杨守敬题跋本。元惠宗至正元年(1341)刻《赵子昂诗集》7卷,目后有“至元辛巳春和建安虞氏务本堂编刊”阴文一行。

建安郑氏宗文书堂。这是建阳一家由元入明的著名书坊,刻书较多,著名者有元文宗至顺元年(1330)所刻元刘因《静修先生文集》22卷,元至正六年(1346)刻《春秋经传集解》30卷。

建安虞氏。日本内阁文库以富藏中国古典小说、戏曲闻名于世,其中元刊平话和崇祯本《二刻拍案惊奇》已是海内外孤本，天壤间秘籍。元刊平话，即由建安虞氏于元英宗至治年间（1321—1323）刊行，现存5种：《新刊全相平话武王伐纣书》3卷、《新刊全相平话乐毅图齐七国春秋后集》3卷、《新刊全相秦并六国平话》3卷、《新刊全相平话前汉书续集》3卷、《新刊全相三国志平话》3卷。民国间日本影印《武王伐纣书》，商务印书馆曾影印后4种，1956年上海文学古籍刊行社据之再次影印。所谓平话，敷衍历史故事，为宋元讲史艺人表演的底本。书内正文插图，连环画式，版框两栏，上图下文。从书名有后集、续集之称，可知虞氏当日所刊不止5种。建安虞氏的详情已不可考知，若断其为一家以刊行通俗文学作品为主的书坊当无大误。

金元时期，兼具说唱而以唱为主的金诸宫调、元杂剧、平话作为金元文学的重要创作形式十分繁荣，作家群星璀璨，作品洋洋大观。这种通俗文学作品拥有大量读者，民间书坊抓住这个发展的良机，开始刊行说唱文学作品。金诸宫调流传至今者有源于唐传奇《莺莺传》的董解元《西厢记诸宫调》以及《刘知远诸宫调》。《刘知远诸宫调》是迄今发现金平水坊刻说唱文学作品的唯一传本，光绪三十三年（1907）在内蒙古额济纳旗黑水城西夏遗址出土，被科兹洛夫掠往俄国。20世纪50年代初，苏联政府将其归还我国，现藏中国国家图书馆，存5卷42页。

元杂剧经王国维、孙楷第、傅惜华等学者的研究，元时当有千余种行世，但现在所能看到的都是明人的抄刻本。元刻杂剧，王国维《两浙古刊本考》著录7种1卷本，《古杭新刊的本关大王单刀会》《古杭新刊的本尉迟恭三夺槊》《古杭新刊的本关目风月紫云庭》《古杭新刊的本李太白贬夜郎》《古杭新刊关目霍光鬼谏》《古杭新刊关目辅成王周公摄政》《古杭新刊小张屠焚儿救母》，当系杭州坊间所刻，除关汉卿《关大王单刀会》外，余6种皆见于《元刊杂剧三十种》。由于坊刻戏文多不署名号，且历经传抄，多已散佚，实已难考元坊刻戏文的详情。但是坊刻刻印具有广阔社会需求的通俗文学作品的传统，于明中叶开始大放异彩。

三、元刻本的特点

元代的刻书业，大部分书坊主和技术工匠由南宋入元，所以在版刻上继承南宋遗风,尤其元初的刻本,有的与南宋本几乎没有什么区别。但是从整体上考察,元刻不如宋刻精美。归纳起来,元代刻本大致具有以下特点:

(1) 书口多为黑口(图7-1)。所谓黑口是指版心中上下鱼尾至版框之间的部位印有一条黑线。如果是粗黑线,就称为粗黑口,特别粗的就叫阔黑口;反之,细黑线称作小黑口。书口出现黑口,意味着这个部位有木面存在,使版面显得毛糙。

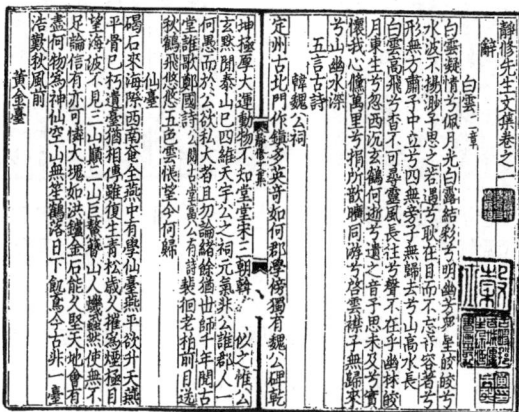

图7-1 《静修先生文集》黑口
元至顺元年(1330)郑氏宗文书堂刻本

如果要求白口,就必须把这一部位的木面铲去。这样做需要提高雕刻加工的精细程度,劳工费时。元代刻书可能因为经济问题,或者是技术上不求精细,黑口成为一大时代特征。

(2) 字体多用赵孟頫体。元代刻书,多请名手书写上版,承袭宋代风气,好欧、颜、柳体。很多是请当时书法名家写版,如元书法家周伯琦的《六书正讹》就是由作者自己写版的,藏家以为"篆书圆劲,楷书遒丽"。从整体上看,元代刻书中最具特色的流行字体是赵孟頫体(图7-2,图7-3)。赵孟頫(1254—1322),字子昂,号松雪道人。宋宗室。湖州(今属浙江)人。以书法名冠天下,世祖忽必烈将他与李白、苏轼相提并论。仕元后,名声日炽,官本刻经史,私家刻诗文集,多摹赵体,以致赵体成为元刻本的一个明显特点。

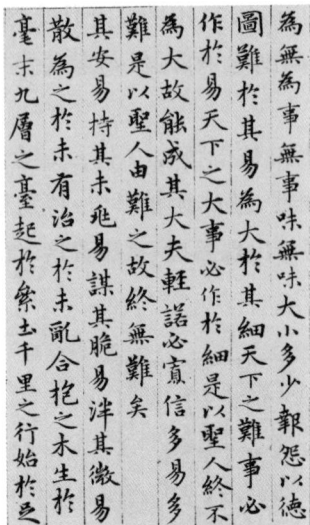

图 7 - 2 《老子道德经卷》
赵孟頫书

图 7 - 3 《清容居士集》
元袁氏家刻本

（3）多用简字、俗字。元朝曾创制蒙古新字作为国字，并规定公文往来必须使用国字，从而在一定程度上导致放松对汉字书写刻板的规范化要求。同时，大量通俗小说、戏曲读本由书坊刻印应市。书坊刻书，为了抢市场，本来就图快；为了省成本，总是在图简。这样一来，元刻本，尤其是坊刻本中，简体、俗体字自然就多起来了。如"無"作"无"、"龐"作"庞"、"馬"作"马"等。建阳刻本《乐府新编阳春白雪》《古今笔墨大全》《古今源流至论》，虞氏务本堂所刻《全相说书五种》等书中简体字利用更多。

另外，与宋刻本相比，元刻本还有一个比较明显的特点，就是用字不避讳。这与元人礼制观念淡薄有关。

四、元代印刷技术的发展

雕版印刷，一次可以印成百上千部书，相较于一字一句手工抄写，的确是一场了不起的革命。但是从雕版印刷的工序来考察，印一页书，必须雕一块版，如果是一部卷帙浩繁的大书，需要雕刻成千上万块书版，这在人力、财力和耗时上都显得很不经济。古人在雕印实践中意识到了这一不足，并且努力探索新的改革途径。据宋沈括《梦溪笔谈》的记载，北宋仁宗庆历年间(1041—1048),临安毕昇发明了活字印刷术,其工艺流程已包括制活字、排版、印刷,与现代活字印刷技术完全相同。这项创造比欧洲最早用活字印刷《圣经》要早400年。

沈括关于毕昇创造的活字印刷术的记载,在社会上引起了反响。250多年后,元代王祯的木活字印刷技术问世。

王祯,字伯善,山东东平县人。元成宗元贞元年(1295)任宣州旌德(今属安徽)县令。所著《农书》名登元代三大农书之列。《农书》写成于仁宗皇庆二年(1313),全书23卷,内分农桑通诀、百谷谱、农器图谱3部分,配有306幅插图,内容包括各种农具、农业机械、灌溉工具、纺织机械,画面附有文字,说明各种工具的构造和使用方法。《农书》的篇幅比较大,计有13万字,刻印可能较繁。王祯打算采用木活字排印,请匠人制作了3万多个木活字。大德二年(1298),他用这套木活字试印了自己纂修的《旌德县志》,一部6万字的著作,不到1个月就印成100部,效率大大高于雕版印刷。王祯将自己活字印刷的实践和工序写成《造活字印书法》一文,附在《农书》之末。

从《造活字印书法》的叙述看,王祯的木活字印书程序包括5项:(1)刻字。按韵将字写在纸上,糊到木板上刊刻,各字之间留出界路,以便分割。(2)锯字和整修。按界路把木板上的字一个一个锯开,然后依规格进行修整。(3)造轮贮字。造两个直径7尺的轮盘,固定在高3尺的转轴上。一轮以韵分格编号,木字按韵放入;一轮专贮杂字。(4)排字。采取一人按韵喊号,一人就盘取字,并依次放入印书板盔中。如有缺字,随时补刻。(5)刷印。先把版面修理平整,刷印是顺界行竖刷,严禁横刷。

王祯的木活字印刷技术,对我国古代活字印刷技术的发展具有重要的推动作用。

第三节　江苏地区的出版概况

元代的行政建置,实行行省制度。金朝入主中原之初,曾短暂施行行省制度,在外地设立行尚书省。蒙古建国后,仿金实行行省制度。开始只是作为中央政府派遣在外的临时机构,后逐渐变成了最高一级的地方行政区划。

蒙古太宗三年(1231),始立中书省,以耶律楚材为中书令。宪宗元年(1251),蒙古入主中原后,在燕京等处置设行尚书省。元世祖中统元年(1260),忽必烈改置行中书省,其后屡屡增多,但行省的设置和辖区还很不固定。直到元成宗时期(1295—1307)才基本固定,逐步形成元代行省制行政区划。

元中央政府将全国分为中书省直辖区、宣政院辖地,以及 10 个行中书省。行省下有路、府、州、县,路归行省管。府和州有的归路管,有的直属行省。据《元史·地理志》记载,10 个行中书省为岭北行省、辽阳行省、河南江北行省、陕西行省、四川行省、甘肃行省、云南行省、江浙行省、江西行省、湖广行省。今江苏省区基本分属河南江北行省和江浙行省。

江浙行省全称江浙等处行中书省,治所杭州,下辖路三十,府一,州二,包括平江路(苏州)、常州路、镇江路、江阴州、集庆路(南京)。河南江北行省全称河南江北等处行中书省,治所汴梁(今河南开封),下辖路十二,府七,州一,包括扬州路、淮安路、高邮府,以及徐州(时属归德府)。

清末学者、藏书家叶德辉曾将一生收藏校勘古籍的所见所思,结撰为《书林清话》一书,其卷七有"元时官刻书由下陈请"一条,对元代官刻典籍的程序和经费支出作了较为详细的举例归纳,指出:"元时官刻之书,多由中书省行江浙等路有钱粮学校赡学田款内开支。有径由各省守镇分司呈请本道肃政廉访使行文本路总管府事下儒学者,有由中书省所属呈请奉准施行,辗转经翰林国史院礼部详议照准行文各路者,事不一例,然多在江浙间。"[1]在这段表述中,叶氏梳理了元时官刻书的 3 个特征:(1) 刻书请求往往由有关官员提出,逐级向上呈请议准;(2) 刊行任务最终往往落实到富有赡学钱粮的教育机构;(3) 这些有财力承担刊印任务的教育机构往往在江浙行省辖区内。接着他列举各类典型例证,杭州路西湖书院刻苏天爵《国朝文类》就是一例。

----

① 叶德辉:《书林清话》卷 7,北京:中华书局,1987 年,第 176 页。

首先，翰林国史院待制谢端、修撰王文烨等呈奏："伏睹奎章阁授经郎苏天爵，自为国子诸生，历官翰林僚属，前后搜辑殆二十年，今已成书，为七十卷，凡歌诗赋颂、铭赞序记、奏议杂着、书说议论、铭志碑传，其文各以类分，号曰《国朝文类》。虽文字固富于网罗，而去取多关于政治。若于江南学校钱粮内刊板印行，岂惟四方之士广其见闻，实使一代之文焕然可述矣。"翰林国史院将此奏转呈礼部，并表达本院意见："授经郎苏天爵所纂《文类》，去取精详，有裨治道。如准所言，移咨江南行省，于赡学钱粮内锓梓印行。"礼部议准后，再呈中书省审核批准："若蒙准呈，宜从都省移咨江浙行省，于钱粮众多学校内委官提调，刊勒流布。"中书省议准礼部之请，行文江浙行省施行。江浙行省交由江南浙西道肃政廉访司书吏冯谅审定，安排落实。冯谅认为，"上项《文类》，记录著述，实关治体。既已委自西湖书院山长计料工物价钱，所需赡学钱。遵依省准明文，已行分派各处"，同时移文"福建、江东两道廉访司，催促疾早支拨起发"。最后，《国朝文类》由西湖书院刊行。整个过程与叶氏所述3个特征一一相符。今中国国家图书馆藏有元惠宗至元、至正间西湖书院刻明修本，已影印辑入《中华再造善本》金元编。上述文字见于卷首牒文。

我们发现，从一开始谢端等在呈请中已经明确提议"于江南学校钱粮内刊板印行"，可见这是施行已久的惯例。谢端等的刻书呈请提出于元惠宗至元二年（1336），其时元朝的统治已经翻过三分之二的历史篇章。我们从《元史》中找到元朝政府对教育机构的鼓励和扶持政策："（至元）二十三年二月，帝御德兴府行宫，诏江南学校旧有学田，复给之以养士。二十八年，令江南诸路学及各县学内，设立小学，选老成之士教之，或自愿招师，或自受家学于父兄者，亦从其便。其他先儒过化之地，名贤经行之所，与好事之家出钱粟赡学者，并立为书院。凡师儒之命于朝廷者，曰教授，路府上中州置之。命于礼部及行省及宣慰司者，曰学正、山长、学录、教谕，路州县及书院置之。路设教授、学正、学录各一员，散府上中州设教授一员，下州设学正一员，县设教谕一员，书院设山长一员。中原州县学正、山长、学录、教谕，并授礼部付身。各省所属州县学正、山长、学录、教谕，并受行省及宣慰司札付。凡路府州书院，设直学以掌钱谷,从郡守及宪府官试补。"①在至元二十三年(1286)朝廷诏复江南学校学田的同时,"大司农司上诸路学校凡二万一百六十六所,储义粮九万五百三十五石,植桑枣杂果诸树二千三百九万四千六百七十二株"②,可谓办学规模巨大,经济实力雄厚,而其中尤以江南诸学为最。以扬州为例,元惠宗至元四年(1338),扬州郡有学田103360亩,岁入有余,士获其养。第二年,苏天爵出任淮东廉访使,为撰《扬州路学田记》,赞赏感奋之情溢于言表:"维扬郡学有田十余万亩,岁收租入若干万石,则国家兴学养士之意,不亦盛乎!"③苏氏此文的撰写与谢端等提出在江南学校钱粮内刊板印行的刻书呈请几乎同时,可见当时江南部分学校钱粮的富裕。故明陆深指出,元时"郡县俱有学田,其所入谓之学粮,以供师生廪饩。余则刻书,以足一方之用。工大者则纠数处为之,以互易成帙,故雠校刻画颇有精者,初非图鬻也"④。清顾炎武更进一步分析书院刻书的长处:"闻之宋元刻书,皆在书院,山长主之,通儒订之。学者则互相易而传布之。故书院之刻有三善焉:山长无事而勤于校雠,一也。不惜费而工精,二也。板不贮官而易印行,三也。"⑤陆深(1477—1544),字子渊,号俨山,明松江府(属今上海市)人。弘治十八年(1505)进士,官至詹事府詹事。顾炎武(1613—1682),字宁人,学者称亭林先生,苏州昆山人。两位学者的学术时期相距百余年,但皆身处江南,且从不同角度共同论证了元代地方儒学书院刻书之盛况。这一点不仅已载入史册,更为现存元刻本中多地方儒学书院所刻精品所证实。

这既是元代出版活动的热点和特征,也是江苏地区出版活动的热点和特征。

元代,江苏地区的江南部分全属江浙行省,而元代四大刻书中心,南方的杭州、建阳也都在江浙行省。建阳以坊刻出彩,杭州则以地方官学刻本著称。杭州是江浙行省的治所,南宋以来所形成的文化影响仍在,江苏集庆

① [明]宋濂:《元史》卷81《选举一·学校》,北京:中华书局,1976年,第2023页。
② [明]宋濂:《元史》卷14《世祖本纪》,北京:中华书局,1976年,第294页。
③ [元]苏天爵著,陈高华等点校:《滋溪文稿》卷2,北京:中华书局,1997年,第22页。
④ [明]陆深:《金台纪闻》,上海:商务印书馆,丛书集成初编本,1936年,第8页。
⑤ [清]顾炎武著,陈垣校注:《日知录》卷18"监本二十一史"条,合肥:安徽大学出版社,2007年,第999页。

路、平江路、常州路等仍受杭州文化圈的辐射,地方官学刻本一枝独秀。

据已知文献记载,元时江苏集庆路、平江路、常州路、扬州路以及江阴州有刻书活动,同时有刻本见存。而其中五分之三为地方官学刻本,如大德九年(1305)建康路儒学刻《新唐书》250卷,至顺四年(1333)集庆路儒学刻王构《修辞鉴衡》2卷,至正元年(1341)集庆路儒学刻郭茂倩《乐府诗集》100卷,至正四年(1344)集庆路儒学刻《金陵新志》19卷,至正十年(1350)集庆路儒学刻丁复《桧亭集》9卷。天历二年(1329)平江路儒学刻陆森编《玉灵聚义》5卷,至正二十二年(1362)吴郡庠刻宋沈枢《通鉴总类》20卷,至正二十五年(1365)平江路儒学刻吴师道校正鲍彪《战国策校注》10卷,至正二十五年吴县县学刻龚明之《中吴纪闻》6卷。大德九年(1305)无锡州学刻汉班固《白虎通德论》10卷、汉应劭《风俗通义》10卷,至顺四年(1333)常州龟山书院刻李心传《道命录》10卷。而隶属河南江北行省的扬州路,今知3种刻本全系地方儒学所刊:至元五年扬州路儒学刻元马祖常《石田先生文集》15卷,至正初,江淮郡学刻元同恕《榘庵集》15卷,至正六年(1346)江北淮东道本路儒学刻萧𣂏《勤斋集》8卷。

不仅如此,明修《南雍志》中还著录有元集庆路儒学的刻书目录。

明太祖初定南京,以元集庆路儒学为国子监,是为南监。周王朝为贵族子弟所设大学名辟雍,故南监也称南雍。

明景泰七年(1456),南京国子祭酒吴节曾撰《南雍志》18卷刊行。嘉靖初,南京国子祭酒崔铣重纂而未果。嘉靖二十二年(1543),国子祭酒黄佐(1490—1566)在吴节《南雍志》的基础上加以增删成书,凡24卷。次年刊行。其18卷为《经籍考下篇》,篇首有小序《梓刻本末》,曰:"《金陵新志》所载集庆路儒学史书梓数正与同,则本监所藏诸梓多自旧国子学而来也明矣……今委助教梅鷟盘校,分有九类,鷟以己见附焉。"所分9类分别为:制书类、经类、子类、史类、文集类、类书类、韵书类、杂书类、石刻类。梅鷟的盘校十分细致,除详细录出各书书板的存佚数目外,还根据《金陵新志》的著录,特别标明元集庆路儒学的刻本。经统计,其中注明为集庆路儒学所刊者有20种。现逐条录如下,各条引号中皆为《南雍志·经籍考》中原文,引自中国台北伟文图书出版社1976年影印本第4册。为避烦琐,各条不再一一注明出处。

1.《大学鲁斋诗解》1卷,元许衡撰。"存者八面,逸者十一面。本集庆路儒学梓。见《金陵新志》。拟《养蒙大训》而作。每《大学》一义,辄以七言绝句解之。"

2.《史记中字本》70卷,汉司马迁撰。"存者一千六百面,缺者二百一十九面。本集庆路儒学梓。见《金陵新志》。"

3.《汉书》100卷,汉班固撰。"集庆路儒学梓。计二千七百七十五面。见《金陵新志》。"

4.《后汉书》120卷,南朝宋范晔撰。"集庆路儒学梓。二千三百六十六面。见《金陵新志》。"

5.《三国志》65卷,晋陈寿撰。"集庆路儒学梓。计一千二百九十六面。见《金陵新志》。与今不同。"

6.《晋书》130卷,唐房玄龄等奉诏撰。"集庆路儒学梓,见《金陵新志》。今存者三千一百五十二面,失者十三面。"台北藏《晋书》一百三十卷,著录为"元大德间集庆路儒学刊本"。

7.《南史》80卷,唐李延寿撰。"存者一千六百四十三面,缺一百三十面。本集庆路儒学梓。见《金陵新志》。"

8.《北史》100卷,唐李延寿撰。"存者二千六百七十六面,缺四十五面。本集庆路儒学梓。见《金陵新志》。"

9.《隋书》85卷,唐魏徵等撰。"存者四千七百九十六面,失八十五面。本集庆路儒学梓。见《金陵新志》。"

10.《新唐书》225卷、《释音》25卷,宋欧阳修撰。"本集庆路儒学梓。见《金陵新志》。"台北藏有《唐书》225卷,著录为"元大德十年(1306)建康路儒学刊本"。

11.《新五代史》74卷,宋欧阳修撰。"完计七百六十三面。本集庆路儒学梓。见《金陵新志》。"台北藏有《五代史记》74卷,著录为"元大德间集庆路儒学刊本"。

12.《贞观政要》10卷,唐史臣吴兢辑。"存者七十八面,缺一百二十二面。合四十篇。临川戈直尝集诸家而校正之。刻于集庆路儒学。"

13.《南唐书》10卷,宋陆游撰。"本纪三卷,列传十五卷,内八卷全缺。《释音》存者九十二面,脱者八十八面。本集庆路儒学梓。见《金陵新志》。"

14.《曹文贞公集》10 卷、《续集》3 卷,元中丞曹伯启撰。"本集庆路儒学梓。《金陵新志》云:二百八十五面,存者九十一面,坏者一百二十八面。自题其集曰《汉泉漫稿》,既殁,其子南台管勾复亨刊。"

15.《刑统赋》2 卷,宋傅霖撰。"六十三板,存四面。本集庆路儒学梓。见《金陵新志》。"

16.《修辞鉴衡》1 卷,元王构辑。"五十六面。本集庆路儒学梓。见《金陵新志》。今亡。"

17.《宪台通纪》23 卷,元监察御史潘迪编。"存者二百八十五面,失二百五十八面有余。乃集庆路儒学梓,见《金陵新志》。"

18.《救荒活民类要》8 卷,元张光大编。"存者八十六面,脱者四十六面。本集庆路儒学梓。见《金陵新志》。"

19.《农桑撮要》6 卷。"五十八面,存者三十面。本集庆路儒学梓。见《金陵新志》。元延祐三年刊。"

20.《厚德录》4 卷。"六十面,存者二面。本集庆路儒学梓。见《金陵新志》。"

梅鷟在盘校中,发现"亡缺者视成化初又过半矣"。明宪宗成化元年为公元 1465 年,下距梅鷟盘校清点 70 余年,而成化初年上距元末明初又有百年之遥,可见元代集庆路儒学所刊书籍当不止这些。如《南雍志·经籍考》所依据的《金陵新志》就是元至正四年(1344)集庆路儒学所刊《至正金陵新志》。其书卷九《学校志·路学》著录十七史及杂书书版26 种,溢出的 6 种为:《金陵志》480 面,《朱子读书法》170 面,《礼部玉篇》270 面,《集庆志》135 面,《陈子廉先生诗》20 面,《乐府诗集》1380 面。

元代江苏地区出版活动的另一重要领域为家刻,如平江范氏岁寒堂、平江俞氏,而以常州宜兴相台岳氏荆溪家塾最为知名。

平江范氏岁寒堂得名于北宋名臣范仲淹。范氏旧宅有西斋,斋前二松对植,青翠交盖,扶疏在轩。树侧有阁,风过松吟,入耳怡神。范仲淹作《岁寒堂三题》,序称:"某少长北地,近还平江。美先人之故庐,有君子之嘉树。清阴大庇,期于千年,岂徒风朝月夕,为耳目之资者哉!因命其西斋曰岁寒堂,松曰君子树,树之侧有阁焉,曰松风阁。"为岁寒堂、君子树、松风阁各作五言古诗一首。《岁寒堂》有句云:"雅知堂上居,宛得山中情。目有千年色,耳有千年声。六月无炎光,长如玉壶清。于以聚诗书,教子修诚明。"可见当时作为子弟读书修身的处所。

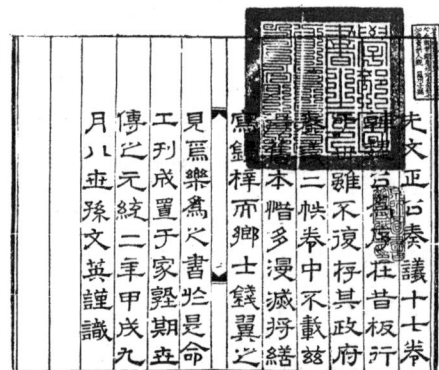

图 7-4 《范文正公政府奏议》范文英识语
元统二年(1334)褒贤世家岁寒堂刊本

岁寒堂宋时未见刻书活动的记录,元时成为范氏家塾,其刻书活动始见于元文宗天历元年(1328)刊行《范文正公集》20卷、《别集》4卷,《范忠宣公文集》20卷、《遗文》1卷。元惠宗元统二年(1334)刻《范文正公政府奏议》2卷,卷首有范文英题识(图 7-4)。至元三年(1337)刻《文正公尺牍》。

范文英,元朝教育家,字廉材,号静翁,范仲淹八世孙。幼孤,依外家文氏读书。至元间,曾署信州广信书院山长,改处州独峰书院,再改湖州安定书院,授绍兴路儒学教授。寻以将仕佐郎平江路教授致仕。至正六年(1346),廉访佥事赵承僖、总管吴秉彝建文正书院,不设教官,由文英主持。

平江俞氏,系指俞琰、俞桢祖孙二人。

俞琰(1258—1314),字玉吾,号石礀,学者称石涧先生。吴郡人。宅在包山,号林屋山人。著有《林屋山人漫稿》。宋末宝祐间以词赋称名于世,入元隐居。家洞庭西山,临销夏湾。湾可 10 余里,在西洞庭缥缈峰之南,三面皆山,风景优美。后徙城内,在今府学西筑石礀书隐,中有读易楼,古书金石,充盈其间。《四库全书》所收宋李心传《丙子学易编》,底本就是俞琰的手抄本,书末有他的跋语:"此书系借闻德坊周家书肆所鬻者。天寒日短,老眼昏花,并日而抄其可取者。"这不仅说明俞琰勤于抄录秘本,至老不息;而且是一条有关元代苏州书业的珍贵资料。据范成大《吴郡志》载,闻德坊在周太尉桥东,方位在乐桥东北。

俞琰为学精易学,曾自刻所撰《周易集说》40 卷等。清初常熟钱曾读到他的这部著作,以为俞琰读《易》30 年,独能发见先儒未发之学理,解开先儒未解之疑义,"孔父韦编三绝,南园俞氏之易学,可无愧于心矣",可谓推崇备至。

俞桢(1331—1401),字贞木,号立庵,别署包山樵人、洞庭外史。俞琰孙。俞桢承祖父儒风,身处势利纷华之中,无所嗜欲,唯端坐读书。他在南园中筑端居室,作为读书休息之所,室内左图右书,余无外物。另建咏春斋、盟鸥轩等,以为游憩之所。园中的情景,正如他的朋友钱谧在诗中所描述的那样:"家储缃帙书千卷,门瞰清溪水一湾。"俞桢亦善抄古书,元至正九年(1349)手抄元龚璛《存悔斋诗》1 卷。明中叶时,杨循吉编纂《吴邑志》,记俞氏南园已废为菜圃。要想追慕前贤遗踪,已经只能如吴宽《过南园俞氏书隐》诗所描述的那样:"芳草桥头小路斜,书声隐隐识君家。"

常州宜兴相台岳氏荆溪家塾以刻九经、三传名闻天下,明清以来,公私藏家无不珍如球璧,然已稀如星凤。清乾隆年间,高宗弘历得其中《周易》《尚书》《毛诗》《礼记》《春秋经传集解》五经,特于昭仁殿后庋辟专室贮藏,名之曰"五经萃室"。乾隆四十八年(1783),武英殿刻《御定仿宋相台岳氏本五经》96 卷,卷前有清乾隆四十八年御笔《五经萃室记》,各经之卷首分别冠有乾隆为宋版《易》《书》《诗》《礼》《春秋》所写七言律诗一首。乾隆在《五经萃室记》中盛赞《春秋经传集解》"每卷之后皆有木刻亚形'相台岳氏刻梓荆溪家塾'印,大小篆、隶文、楷书不等,且每页之末傍刻篇识,如《易》之乾、坤卦,《书》之尧、舜典之类,其用心精而纪类审,即宋板之最佳者,亦不多见也"(图 7-5,图 7-6)。

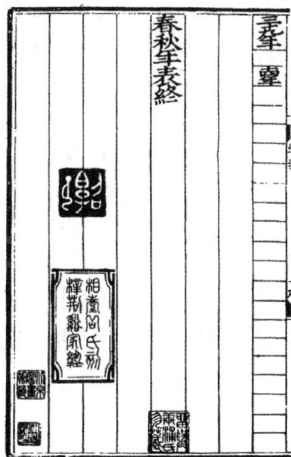

图 7-5　亚式篆文木记

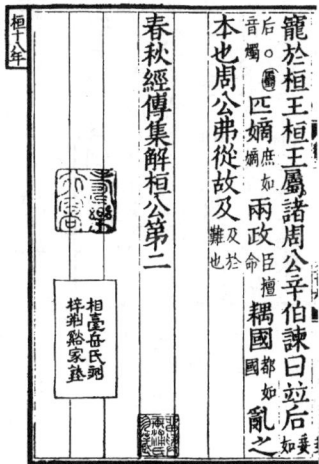

图 7-6　长方隶文木记　书耳刻篇名

南宋以来，相台岳氏有名于世。抗金名将岳飞，河北西路相州汤阴（今属河南安阳）人。相州有铜雀台，故有相台之称。岳飞在《五岳祠盟记》中即有"余发愤河朔，起自相台"之句。岳珂（1183—约1242），字肃之，号倦翁。岳飞孙。官户部侍郎、淮东总领摄制置使。寓居嘉兴（今属浙江）。所著《桯史》《愧郯录》《棠湖诗稿》皆署"相台岳珂"。故明清以来，习以相台岳氏家塾属之岳珂。

《天禄琳琅书目》卷一"宋版经部"著录《春秋经传集解》4函32册，提要称："诸卷末有木记，曰'相台岳氏刻梓家塾'，或曰'相台岳氏刻梓荆溪家塾'……盖南宋岳珂乃飞孙，本相州汤阴人，故以相台表望。南渡后，徙常州，今宜兴有珂父霖墓，故家塾以荆溪名。珂校刊九经三传，著《沿革例》，雠勘最为精核。"[①]清钱泰吉《曝书杂记》"武英殿仿宋本五经"条谓："宋岳倦翁刊九经三传，以家塾所藏诸刻，并兴国于氏、建安余仁仲本，凡二十本。又以越中旧本注疏、建本有音释注疏、蜀注疏合二十三本。专属本经名士反复参订，始命良工入梓。其所撰《相台书塾刊正九经三传沿革例》，于书本、字画、注文、音释、句读、脱简、考异皆罗列条目，可见其详审矣。"[②]

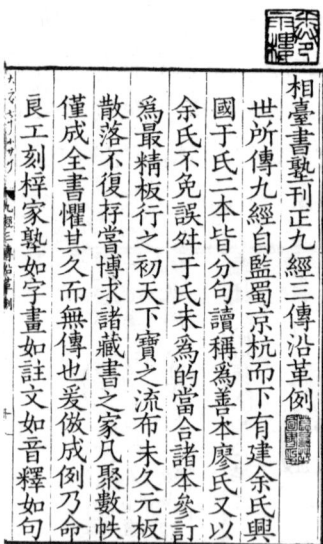

图7-7 《相台书塾刊正九经三传沿革例》书影 清嘉庆二十年（1815）汪氏影宋刊本

由于原书并没有明确题署刻书者身份和刊刻时间，仅据"相台岳氏"四字就确定系岳珂所为，就版本鉴定的历史传统来讲，并不严谨。清代学者已经发现问题。一是在岳珂自己的著作和有关岳珂的史料中，均无校刊九经的记载。二是岳珂与相台家塾校刊九经的时代不合。

《相台书塾刊正九经三传沿革例》（图7-7），是相台家塾刊刻九经三传的凡例，详细叙述了校刊的版本依据。其正文前

① [清]于敏中等著，徐德明标点：《天禄琳琅书目》卷1，上海：上海古籍出版社，2007年，第5页。

② 国家图书馆编：《国家图书馆藏古籍题跋丛刊》，北京：北京图书馆出版社，2002年，第10册，第9页。

有一段小序，十分重要：

> 世所传《九经》，自监、蜀、京、杭而下，有建余氏、兴国于氏二本，皆分句读，称为善本。廖氏又以余氏不免误舛，于氏未为的当，合诸本参订，为最精。板行之初，天下宝之。流布未久，元板散落不复存。尝博求诸藏书之家，凡聚数帙，仅成全书。惧其久而无传也，爰仿成例，乃命良工刻梓家塾。如字画、如注文、如音释、如句读，悉循其旧。且与明经老儒分卷校勘，而又证以许慎《说文》、毛晃《韵略》，非敢有所增损于前。偏旁必辩，圈点必校，不使有毫厘讹错，视廖氏世綵堂本加详焉。旧有《总例》，存以为证。

文中明确说明依据廖氏世綵堂本校刊，所谓"非敢有所增损于前"，"视廖氏世綵堂本加详焉"。廖氏世綵堂刊九经早有记载，宋周密《癸辛杂识后集》有曰："廖群玉诸书，则始《开景福华编》，备载江上之功……《九经》本最佳，凡以数十种比校，百余人校正而后成，以抚州草抄纸、油烟墨印造，其装裱至以泥金为签。"[1]进而指出："廖莹中字群玉，号药洲，邵武人。登科，为贾师宪平章之客。咸淳间尝命善工翻刻《淳化阁帖》十卷、《绛帖》二十卷，皆逼真，仍用北纸佳墨摹拓，与真本并行……世綵堂，廖氏堂名也。"[2]廖莹中刻书始于《开景福华编》，所谓"开景"，是宋理宗年号开庆、景定的简称。开庆元年（1259），忽必烈率元军南下攻打鄂州（今湖北武昌），贾似道以右丞相率军援鄂，宋军兵败。贾似道竟私遣密使入元军，以称臣、岁贡为条件求和。时正逢蒙古大汗宪宗死，忽必烈急于回朝，才同意退兵。景定元年（1260）正月，元军北撤，宋军断江上浮桥，杀敌170人。这就是所谓的"江上之功"。贾似道授意廖莹中等编集《开景福华编》，对此大加称颂。故此书的刊刻当在景定末（1262—1264），校刊《九经》在其后，则当在咸淳年间（1265—1274）。宋恭宗德祐元年（1275），贾似道败，廖莹中服冰脑自杀。而此时岳珂已过

---

① ［宋］周密撰，吴企明点校：《癸辛杂识后集》"贾廖刊书"条，北京：中华书局，1988年，第85页。
② ［宋］周密：《志雅堂杂钞》卷2，载《四库全书存目丛书》子部第101册，济南：齐鲁书社，1995年，第348页。

世 30 多年,不可能见到廖氏世綵堂所刊《九经》,何来重刻?周密(1232—1298),字公瑾,号草窗,吴兴(今浙江湖州)人。他与廖莹中为同时代人,撰有《齐东野语》《武林旧事》《癸辛杂识》等宋代史料笔记,所记当为可信。故此,四库馆臣在《刊正九经三传沿革例》的解题中提出廖氏乃廖莹中的父亲廖刚。据《宋史》本传记载,廖刚死于绍兴十三年(1143),而《刊正九经三传沿革例》中所论建安余氏、兴国于氏两家刻经皆在其后。廖刚也不及见其书,如何论其优劣?

民国时期,孟森合校上海涵芬楼藏相台本《周易注》、常熟铁琴铜剑楼藏宋刻单注本《周易》,指出相台本"宋讳无一缺笔,与一切宋本书不同",因而认为"宋讳全不避,可断定为宋以后一种翻刻"。而在谈到相台本之讹误时,他感慨道:"以倦翁之精审,尚不免有失,欲为经书成一毫发无憾之读本,实非易事。"①虽然孟森依然认为相台本系岳珂所刊,但《校记》中"宋讳无一缺笔,与一切宋本书不同"的结论,还是启发学者将考究相台本刊刻者身份的视野投向元代文献。于是,元宜兴岳浚其人浮出历史尘埃。

元郑元祐《送岳山长序》:"至元四年(1338),宜兴岳君德操,由县学教谕改授绍兴路和靖书院山长,行有日矣。某尝馆于其长兄汉阳君之家,见其家丘园室庐,篁树封植,莫非数百年故物也。人言其完盛时,延致名德巨儒,雠校群经,锓诸梓,且订定音训傅各经以传海内,海内号为岳氏九经。于时德操父兄子弟,褒衣大带,谈诗书,说礼乐,自浙以西,推雅尚好修之君子,必曰岳氏云。"②序文十分清楚地谈到宜兴岳家校刊九经之事,主持者乃德操长兄汉阳君。元方回《桐江续集》卷二十八有《送岳德裕如大都》,诗中也谈到岳家刻书事:"君家万卷刻书籍,此事乃一大功德。"德裕与德操系兄弟辈,同为汉阳之弟。方回(1227—1305),字万里,号虚谷,徽州歙县(今属安徽)人。入元曾任建德路总管。不久罢官,优游于杭州歙县之间,与岳氏兄弟有交往。

---

① 孟森:《相台本周易校记》,《国立北平图书馆馆刊》第 10 卷第 3 号,1936 年,第 119 页。
② [元]郑元祐撰,邓瑞全等校点:《郑元祐集》卷 8,长春:吉林文史出版社,2010 年,第 130 页。

郑元祐(1292—1364),字明德,处州遂昌(今属浙江)人。曾流寓苏州30余年,晚年曾任平江路儒学教授,故其诗文集名为《侨吴集》。他早年曾馆宜兴岳家,故其著作中散落不少有关岳家的记载。他在《遂昌杂录》中记道:"宜兴岳君仲远家唐门,其上世本田家,至仲远所生父与其叔皆选京学上舍。家赀产非过厚而能折节下士,宾客至如归焉。"岳仲远后任汉阳县尹,因治狱过失被降黜,抑郁而殁。故知称汉阳者,乃尊其官衔。方回《桐江续集》卷二十一有《读孟君复赠岳仲远浚诗勉赋呈二公子》,诗句云:"岳氏家几传,阳羡溪山市。故书三万卷,金石烂模楀。"从诗题可知,仲远名浚。由于岳浚殁后,宜兴岳家就此沦落不振,而其校刊九经之事也犹如昙花一现,渐渐为人淡忘。检明清文献,明凌迪知《万姓统谱》卷一百十四有记载:"岳浚字仲远,宜兴人。飞九世孙。博学好义,为石门县尉。未几,乞归侍亲。积书万卷,延好学之士,恣其检阅。一时名士多游其门。"凌迪知为嘉靖进士,则其时已不知岳浚刊书之事。

1943年,张政烺撰《读〈相台书塾刊正九经三传沿革例〉》,对相台岳氏家塾校刊九经三传之事,进行了系统的文献梳理和严密的史事考证,还原了元代宜兴岳浚主持校刊的历史事实。[①] 这一结论已为学界认同。

相台岳氏家塾校刊九经三传的出版活动,是江苏古代出版史上的重要事件,值得浓墨彩绘。

第四节　集庆路(南京)的出版

元至元十二年(1275),建康府归入元朝版图,十四年升为建康路。二十三年,江浙行省江南诸道行御史台由杭州迁入建康。元文宗图帖睦尔早年没有明确皇储名分时的居所,所谓潜邸在建康。文宗继位后,于天历二年(1329)改建康路为集庆路。集庆路领上元、江宁、句容三县,溧水、溧阳二州。

---

① 此文已辑入《张政烺文集》第2卷《文史丛考》,北京:中华书局,2012年,第313页。

元代集庆路的刻书活动主要由路学主持。明《南雍志·经籍考》著录元集庆路儒学所刊书籍 20 种,而《至正金陵新志》在《学校志·路学》中著录十七史及杂书书版 26 种。其中十七史书版实际仅为 10 种:《史记》《汉书》《后汉书》《三国志》《晋书》《南史》《北史》《隋书》《唐书》《五代史》。《南雍志》同样著录了这 10 种史书,但没有沿用"十七史"的名目,只是增加了书版在明嘉靖清点时的存佚数目。元成宗大德年间,江东建康道肃政廉访司发起下辖九路儒学刻印十七史,成为元代一次重要的出版活动。江东建康道肃政廉访司下辖 8 路 1 州,即宁国、徽州、饶州、集庆、太平、池州、信州、广德 8 路,铅山 1 州,号称"九路"。关于这次出版活动,中国国家图书馆藏太平路儒学所刊《汉书》卷首目录后有元孔文声跋(图 7-8),叙述原委较为清楚。跋云:"江东建康道肃政廉访司以十七史书艰得善本,从太平路学官之请,遍牒九路,令本路以《西汉书》率先,俾诸路咸取而式之。置局于尊经阁,致工于武林。三复对读者,耆儒姚和中辈十有五人;重校修补者,学正蔡泰亨。板用二千七百七十五面,工费具载学计,兹不重出。始大德乙巳仲夏六日,终是岁十有二月廿四日。太平路儒学教授曲阜孔文声谨书。"跋后列承务郎太平路总管府判官刘遵督工,中顺大夫江东建康道肃政廉访副使伯都提调。伯都,上柱国、江浙行省平章政事博罗欢之子。大德五年(1301)擢江东廉访副使,

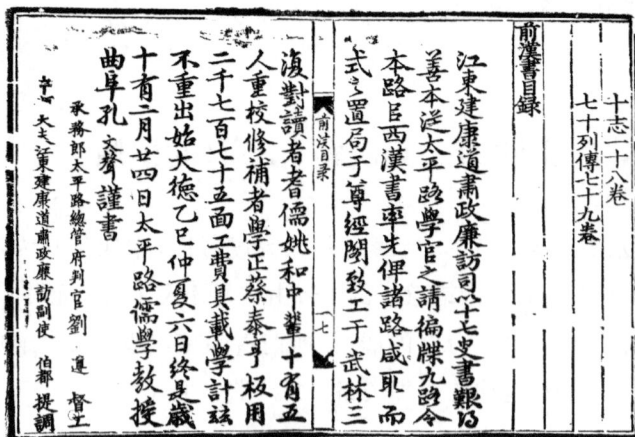

图 7-8 《汉书》刻书孔文声跋书影
元大德九年太平路儒学刻明成化正德递修本

累官至江南行台御史大夫。可见,十七史的刻印之举,缘于太平路学官的首倡。最终在大德九年(1305)至十一年3年间,各路儒学共刊印十史,可能因有《南史》《北史》而省去《宋书》《魏书》等7部南北朝断代史。根据仅存各本刊书跋语和版心所记,各路儒学的刊刻情况如下:饶州路儒学刻印《史记》70卷、《隋书》85卷,太平路儒学刻印《汉书》100卷,宁国路儒学刻印《后汉书》120卷,池州路儒学刻印《三国志》65卷,广德路儒学刻印《南史》80卷,建康路儒学刻印《新唐书》225卷,信州路儒学刻印《北史》100卷,铅州宗文书院刻印《五代史记》74卷。《晋书》130卷,其版心刊有"路学"二字,但无具体路名,难以判断。

刊刻者基本清楚的大德九路儒学所刊10种正史,在明嘉靖《南雍志·经籍考》中,皆被加注"集庆路儒学梓,见《金陵新志》"。日本学者尾崎康推论,《南雍志》这样著录,说明"这些书版在大德年间以后也许曾一度被汇集到集庆路。不过,此事现在无法确认"。① 检《金陵新志》卷九《学校志·路学》,记录十七史书版和杂书书版的为双行小字,是对正文中有关集庆路儒学藏书记述的展开。其正文云:"书籍,则《景定志》所云赐书、板刻、买置者,兵火散失殆尽。归附后,于诸路裒集,及捐学计续刊,设职收掌所买经、史、子、集、图志诸书,视他郡亦略全备。"这里十分明确地指出,入元后,集庆路儒学的藏书是白手起家的,通过诸路裒集、续刊和购买3种途径逐渐积累,至元惠宗至正初,其规模已可与其他府路等量齐观了。然而接下来双行著录十七史及杂书书版26种,是用来说明续刊还是诸路裒集而得,作者并未注明。值得玩味的是"于诸路裒集"五字,这里的诸路,无疑当指建康道肃政廉访司下辖各路。建康道肃政廉访司公署原在建康,至元二十三年(1286)迁至宁国路(治宣城,今属安徽),但其直属上司江南诸道行御史台同年由杭州迁至建康。故以此向所属各路征集书籍或书版,是有可能的。如是,则当时声势宏大的大德九路所刊十七史列为征集重点,实属理所当然。故此,《金陵新志》著录以"十七史"为名目,并注明其总纸数为"二万三千张"。显然,

---

① [日]尾崎康著,陈捷译:《以正史为中心的宋元版本研究》,北京:北京大学出版社,1993年,第37页。

《南雍志》将其一律著录为"集庆路儒学梓"是不够准确的。上一节已经逐列《南雍志》所标录为集庆路儒学所梓20种书籍,可供参考。

今存明确为元集庆路儒学所刊书籍,有《唐书》《至正金陵新志》《修辞衡鉴》《乐府诗集》等数种。现叙录如下:

1.《唐书》

《唐书》225卷,宋欧阳修奉敕撰。元大德十年(1306)建康路儒学刻本。

此书为元大德九路儒学刊十史之一。卷首为嘉祐五年(1060)曾公亮《进新唐书表》。有建康路学录戚明瑞序,云:"大德丙午(大德十年),拜都侍御持节江东,尝欲部下各路分刊十七史,升(唐肃宗乾元中曾改建康为升州)所锓者《唐书》。建康路推官吕承务提其纲,前甘州路教授赵伯升日莅四学监造,且敦儒寻友,缕辑毫联。自一校至三校,用心亦勤。时仆鼓箧升序,命述其事云。"①此本由建康路明道书院监刊,时溧水学教授屠约、溧阳学教授仇远等12人任校勘。目前此书国内外收藏较多,多有明成化、嘉靖年间补版。

2.《金陵新志》

《金陵新志》15卷,元张铉纂修。元至正四年(1344)集庆路儒学、溧阳州学、溧水州学、明道书院刻本。

此本卷首冠江南诸道行御史台都事索元岱序,次为《抄录修志文移》及《修志本末》《引用古今书目》等。张铉,字用鼎,光州(今河南潢川)人。学问老成,词章典雅,曾任陕西行省奉元路学古书院山长。索元岱序称:"甲申(至正四年)春,浮光士张君铉以其所撰《金陵新志》首稿见示……是年夏,集庆路将以是编锓诸梓,上之台签,曰'善'。且以序见属。"《修志文移》有云:"判官周垚亲赍礼币礼请到奉元路学古书院山长张铉,纂成《金陵新志》壹拾伍卷,计壹拾叁册,发下本路儒学校正……分派溧阳州学刊雕五卷,溧水州学、明道书院各刊三卷,集庆路儒学刊造二卷及序文图本,照依元料工物合用价钱,于各学院钱粮内除破。"记录成书刊印过程甚为详尽。《四库全书》著录时,误题《至大金陵新志》。

---

① [清]丁丙:《善本书室藏书志》卷6,北京:中华书局,1990年,第472页。

清南京藏书名家朱绪曾在《金陵新志》题跋中指出,《新志》中"图考如金陵图、台城古迹图最古,可补《景定》之遗。曹南忠宣王、左丞相阿勒哈、句容武毅王图图尔哈为元初功臣,及儒生古之学,宋儒籍诸家,非见此志莫能详",认为"金陵志乘,六朝取《建康实录》,宋事取《景定志》,元事取《至大(正)志》,明事取《洪武京城图志》《金陵世纪》《应天府志》,以一代之书考一代之事,确实可据也"。①

金陵新志卷之十二
古蹟志緫叙
自古國家有所興造莫甞不覽前代之制而為之擴益凢人之衣服飲食居處文為其始昌甞不因踵前人之遺緒而稍加異乎昔黄帝鑄鼎荆山接萬靈明延其崩也羣臣葬衣冠橋山禹鑿龍門伊闕疏九河會諸侯朝羣臣於茅山會稽其崩也葬會稽漢時泰山有古明堂遺趾而封泰山禪梁父者七十餘君此非載之史冊誦

今中国国家图书馆、台北皆藏有此书。台北藏本有明正德十五年(1520)补刊页。

图7-9 《至正金陵新志》书影
元刊本 中国国家图书馆藏

中国国家图书馆藏本(图7-9)缺失卷一至卷三,以明正德十五年南京国子监重修至正本补入,已影印辑入《中华再造善本》金元编。

3.《桧亭集》

《桧亭集》9卷,元丁复撰。元至正十年(1350)集庆路儒学刻本。

丁复,字仲容,天台(今属浙江)人。以诗名。延祐初,游京师,与杨载、范梈同时被荐,辞不就,浪迹江淮。家居金陵城北,有园亭之胜,古桧列植左右,故名其集曰《桧亭》。其集原分前后,前集为其婿饶介之所录,续集则为其门人李谨之搜辑。后南台监察御史张惟远合编为9卷,类集诸体诗凡315首,至正十年刊于集庆路儒学。有中山李恒、永嘉李孝先、临川危素、上元杨翮四序及至正十年江夏谕刻书跋。清朱绪曾撰《桧亭集》题跋,称:"元金陵诗家有集存者,惟集庆路训导丁复仲容《桧亭集》九卷。《金陵新志》尾校订姓氏有训导丁复,知曾官儒学也……偶桓《乾坤

①[清]朱绪曾:《开有益斋读书志》卷5"别集",北京:中华书局,1993年,第36页。

清气集·仲容诗》,《扶桑行送铦仲刚东归》《题长江万里图》《兰堂上人之金陵因寄宪府张使君》三首为此集所不载。偶读朱右《白云稿》,云李谨之编《桧亭集》,如《琼花瑞竹送常宪使》《题长江万里图》皆脍炙人口而不能尽传,因补所未备,得一百四十七首,与御史王克惠商刻之。不知世有传本否?"①

《桧亭集》今有清四库全书本、民国杨晨辑台州丛书本传世。

4.《乐府诗集》

《乐府诗集》100卷,宋郭茂倩撰。元至正元年(1341)集庆路儒学刻本。

清常熟铁琴铜剑楼藏有此书元刊本,其《藏书目录》著录:"宋郭茂倩编次。李孝光、周慧孙序。旧为汲古阁藏书,子晋氏以宋本手校,补正甚伙。案:此为汲古刻是书时祖本。卷九十二后有《题记》云:'阅竟前一卷,日将下春,付刻催迫,乃复披阅,不谓遂能终之。初九日识。'卷中有'毛姓秘玩''汲古阁鉴定本'二朱记。"②书中多有王与谷校勘题记,如卷二十七有题记4行:"己卯四月十八日,坐宝月堂校完此本,始读《梅花曲》,令人幽冷;继读《紫骝马》,令人雄骋;及后《挽歌》《对酒》诸作,又不觉志念俱销,唏嘘泣数行下也。文章能移人之情如此,岂独高山流水而已耶?长洲王与谷识。"题记中所及作品,正在卷二十四至二十七中。卷七十九题记3行:"己卯九月九日阅竟。人皆重重九之名,登高落帽,何如闭户读书,各从其志而已。谷贵异常,今日晴美,秋成可卜有收矣。王与谷。"王咸(1591—?),字与谷,号拙庵,长洲(今江苏苏州)人。明画家。与毛晋友善,崇祯十五年(1642)曾绘《虞山毛氏汲古阁图》。己卯,明崇祯十二年,时为毛晋汲古阁校《乐府诗集》。该本现藏中国国家图书馆,已影印辑入《中华再造善本》金元编。傅增湘《藏园群书经眼录》卷十七"集部六"、《藏园群书题记》卷十八"集部八"皆著录此书元刻初印本,有题跋记其传授渊源甚详。可参考。

---

① [清]朱绪曾:《开有益斋读书志》卷5"别集",北京:中华书局,1993年,第87页。
② [清]瞿镛:《铁琴铜剑楼藏书目录》卷23,北京:中华书局,1990年,第362页。

5.《修辞鉴衡》

《修辞鉴衡》2 卷,元王构编。元至顺四年(1333)集庆路儒学刻本。

王构(1245—1310),字肯堂,东平(今属山东)人。官至翰林学士承旨,卒,谥文肃。此书卷首有王理序,详叙刻书原委:"监察御史、东平刘君起宗,始以岁贡山东廉访司,为其书吏,居济南。故翰林承旨王文肃公为济南总管,固其乡先生也。君以诸生事之,文肃教之为文,出书一编,即此书也。刘君爱之,不忘俾刻之理。命李君晋仲、李君伯羽校之,厘正其次叙,论诗为首,文为后,四六以附,凡一百九十余条,俾学者知其难焉。因命儒学正戚君子实掌板,郑桼刻之于集庆路学。至顺四年七月望日,文林郎、江南诸道行御史台监察御史王理序。"①《四库全书总目》著录,称:"构在当时,实以文章名世,宜是编所录具有鉴裁矣。其中所引如《诗文发源》《诗宪》《蒲氏漫斋录》之类,今皆亡佚不传,赖此书存其一二。又世传《吕氏童蒙训》,非其全帙。此书所采凡三十一条,皆今本所未载,亦颇足以资考证。较《诗话总龟》之类浩博而伤猥杂者,实为胜之,固谈艺家之指南也。"同时指出:"此书久无刊本,传写多讹,而卷中不著书名者凡十条。又上卷佚其第五页,序文仅存末页,中亦时有缺字。今检其可考者补之,其无可考者则姑仍原本,以存其旧焉。"②评价甚高而所据版本不佳。今上海图书馆藏元刻本,版刻精雅(图 7 - 10),卷首序文完足,已影印辑入《中华再造善本》金元编。

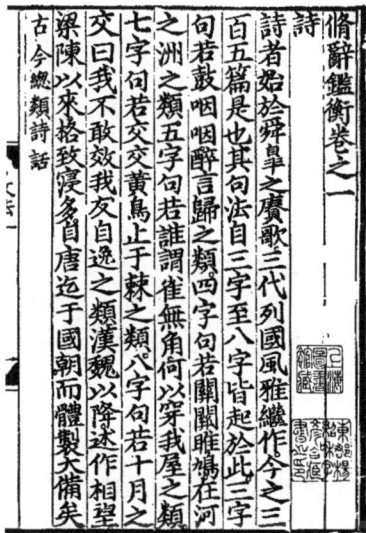

图 7 - 10 《修辞鉴衡》书影
元集庆路儒学刊本 上海图书馆藏

① 见《中华再造善本》金元编《修辞鉴衡》卷首。
② [清]永瑢等:《四库全书总目》卷 196"集部·诗文评类",北京:中华书局,1987 年,第1791 页。

6.《文则》

《文则》不分卷,宋陈骙撰。元至正十一年(1351)集庆路儒学刻本。

清杨绍和《楹书隅录初编》卷五著录元本《文则》10卷2册:"每半叶九行,行十八字。无卷第,以甲乙为次分十类,总一百五十六条。前载至正十一年上元杨翮序,谓海岱刘君庭干官南台都事,刻之金陵学宫。"[1]刘贞(1289—1361),字廷干,号晦叟,益都(今山东青州)人。至正初,官江南诸道行御史台御史,寻迁都事。与杨序所述吻合。杨翮,字文举,江宁(今属江苏南京)人。至正中官江浙儒学提举。明嘉靖《南雍志经籍考》著录《文则》,云:"存者二十五面,欠者二十八面,破板一面。"因缺失过多,未明刊刻者。明清以来有多种丛书收录《文则》,如《宝颜堂秘籍》《唐宋丛书》《四库全书》等,或1卷,或2卷,皆佚去杨翮序。台北藏有元刻本,书中钤有"宋存书屋""杨绍和读过"白文方印,"东郡杨绍和字彦合藏书之印"朱文方印等藏书印,则即《楹书隅录初编》著录之本。[2]

《中国版刻图录》著录元集庆路儒学刻本《救荒活民类要》,每半叶10行,行20字,黑口,四周双边。解题称:"题桂阳路儒学教授张光大编辑,桂阳路总管高丽玩者秃校正。摘录历代救荒措施与救荒丹方,纪事至元至治元年止。《南雍志·经籍考》中有《救荒活民书》集庆路儒学梓一目,盖即此本。《南雍志》称八卷,此本与明刻本都不分卷,当是《南雍志》统计有误。存十一叶。《四库全书》未著录。清道光、咸丰间有刻本,行款同,即据此本翻版。"[3]按《至正金陵新志》著录《救荒活民书》150面,《南雍志》则著录为:"《救荒活民书》八卷,存者八十六面,脱者四十六面。元桂阳路教授张光大编。本集庆路儒学梓。见《金陵新志》。"上文已经论及,凡《金陵新志》著录者,《南雍志》则以为集庆路儒学所刊。其实这并不准确,如大德九路儒学刊印十七史例。且《救荒活民类要》与《南雍志》所录《救荒活民书》,不但有分卷与否的差别,书名也不相同,似不能仅以"《南雍志》统计有误"来解释。姑著录于此,期待发现新资料以释疑论定。

① [清]杨绍和:《楹书隅录初编》卷5,北京:中华书局,1990年,第566页。
② 《"中央图书馆"金元本图录》丁部,台北:台湾书店,1961年,第385页。
③ 北京图书馆编:《中国版刻图录》,北京:文物出版社,1961年,第55页。

第五节　平江路(苏州)的出版

元代,江苏江南地区平江、常州、镇江、江阴等地皆隶属江浙行省江南浙西道肃政廉访司。至元十三年(1276),平江由府升为平江路,领吴县、长洲二县,昆山、常熟、吴江、嘉定四州。

苏州自唐陆龟蒙、宋苏舜钦以来,结庐山水胜景的隐居之风,入元仍盛。所谓隐居,意味着弃习举业,不求仕达,而崇尚交友谈艺、静心养性、读书著述,可以说就是从事文化的传播出版活动。元代平江路则以昆山顾瑛及其隐居之所玉山草堂的雅集活动最为著名。

顾瑛(1310—1369),一名阿瑛,又名德辉,字仲瑛,自号金粟道人。平江昆山(今属江苏)人。著有《玉山璞稿》20 卷(今存 1 卷)。他年少时就轻财结客,年三十始折节读书,举茂才,多次放弃出仕为官。年四十,即以家产尽付其子元臣,筑玉山草堂,池管声色,图画器玩,甲于江南。天下胜流,多从游唱和。元季知名文士,列其间者十之八九,如张翥、杨维桢、柯九思、郑元祐、倪瓒、张雨等,文采风流,映照一时。顾瑛将名卿贤士为草堂中亭台楼阁等景观所作记序赞引等题咏唱和之作,汇为《玉山名胜集》8 卷。四库馆臣在题录时,将顾瑛玉山草堂当日文酒雅集之盛况,及题咏诗作的结集,称为"千载艺林之佳话"。顾瑛早擅文章,又爱交友,延致四方名士于玉山草堂,雅集唱和之作充箱盈箧。顾瑛因仿唐段成式《汉上题襟集》例,将唱和之作编为《草堂雅集》13 卷,收录自陈基至释自恢凡 70 人之作。又仿元好问《中州集》例,各为小传。《四库全书总目》称其书"虽以《草堂雅集》为名,实简录其人平生之作。元季诗家,此数十人括其大凡。数十人之诗,此十余卷具其梗概。一代精华,略备于是",评价甚高。如集庆路儒学教授丁复,顾瑛曾在白鹤观一见。后丁复去世,《桧亭集》始行,然顾瑛发现多所遗落,于是辑录丁诗《录山水图》《赋姚氏瑞竹轩》等 30 余首,皆《桧亭集》所遗,编入《草堂雅集》。

《玉山名胜集》《草堂雅集》传本极少,故刊刻源流不清。《四库全书》集部总集类收有二书,其《草堂雅集》提要称:"是书世罕传本,王士禛《居易录》记朱彝尊于吴门医士陆其清家仅一见之。此本纸墨犹为旧抄,疑或即陆氏本欤。"清归安藏书家陆心源藏有二书的旧抄本,其《皕宋楼藏书志》卷一一七著录《玉山草堂雅集》16 卷,卷首有至正九年(1349)五月杨维桢序,曰:"昆山顾仲瑛裒其所尝与游者往还唱和及杂赋之诗,悉锓诸梓。编帙既成,求予一言以引诸首……集自予而次,凡七十余家,诗凡二千余首,其工拙浅深,自有定品,观者有不待予之评裁也。"①同卷还著录《草堂雅集》13 卷,校元刊本,杨维桢序。明初昆山殷奎撰《故武略将军钱塘县男顾府君(瑛)墓志铭》,称:"君才赡思捷,语笑之顷,章篇辄就,恒屈服其坐人。今所传《唱和集》是也。又萃所友名公之作,如张承旨翥、李征君孝光、杨先生维祯、张外史雨而下,刻梓者数十家,总题为《草堂雅集》。"②所述与杨维桢序中所言吻合。殷奎(1331—1376),字孝章,一字孝伯,平江昆山人,与顾瑛同里。曾从杨维祯学《春秋》。洪武四年(1371),殷奎赴京师,考试获高等,授陕西咸阳教谕之职。洪武元年,顾瑛随子元臣迁居临濠(今安徽凤阳),临行前曾过访殷奎,说:"吾与子为死别。"神情伤感。次年,顾瑛果卒于临濠。从殷奎、杨维桢与顾瑛的关系来看,所述是可靠的,顾瑛身前确已刻梓二书。

《草堂雅集》,四库全书本佚失杨序。《玉山名胜集》,四库全书本及皕宋楼藏旧抄本卷首皆有黄溍、李祁二序,皕宋楼旧抄本黄溍序末题"至正十年四月既望翰林侍读学士中奉大夫知制诰同修国史同知经筵事金华黄溍序",李祁序末题"至正十一年岁在辛卯二月既望元统癸酉第一甲进士及第湘东李祁序"。然四库本二序末题署皆无年月衔名,所以对其刊刻情况未有文字说明。从二书三序的写作时间看,应在至正九年至十一年的 3 年间。元末社会,尤其江南地区此时开始发生巨变。元至正十一年(1351),颍州(今安徽阜阳)红巾军起义,拉开了元末大规模农民起义的序幕。至正十四年,张士诚在江苏高邮建立大周国。至正十六年,朱元璋占领集庆,改名应天府。同年,张士诚攻取平江,更名隆平府,成为起义军与元军对垒的主要战场,江南社会处于急剧动荡之中。而张士

---

① [清]陆心源:《皕宋楼藏书志》卷 117,北京:中华书局,1990 年,第 1319 页。又杨维桢《东维子集》卷七有《玉山草堂雅集序》,其文及序末题署与《皕宋楼藏书志》所引同。

② [明]殷奎:《强斋集》卷 4,载《景印文渊阁四库全书》第 1232 册,台北:台湾商务印书馆,1986 年,第 428 页。

诚据吴后,闻顾瑛之名,有意征召为官。顾瑛因此谢绝尘事,避居嘉兴合溪,渔钓五湖三泖间,自称金粟道人,以示已与世相忘。因此,顾瑛刻梓二书,应在至正九年至十一年,或稍后数年间。杨维桢《草堂雅集序》尚称:"其自著有《玉山璞稿》《玉山乐府》行于时云。"可见前此顾氏还刊印过自己的著作。明华亭何良俊《西园雅会集序》记述道:"良俊曩时尝从衡山先生游,每至吴中,先生必邀至曲室。先生喜谈吴中旧事,凡高人韵士,其奇踪胜迹,皆亹亹殊有味乎。其言之常(长),竟日忘去。一日,出《玉山名胜集》见示。玉山者,昆山顾仲瑛氏也。顾氏在胜国时,为东吴望族。仲瑛读书好礼,其园苑之盛,称甲于江南,即所谓玉山名胜者是也。"①足见顾氏及其所刊书籍对江南文化活动的影响。顾瑛作为元代平江路昆山的文化世族代表,他的文化传播与出版活动,是应当予以肯定的。

元明时期,吴中多好古博雅之士。所谓好古博雅,就是指那些远离官场,以研究传播传统文化,藏书、著书立说为务者。清叶昌炽辑《藏书纪事诗》,辽金元部分收录 16 人,绝大部分为江南人,其中元代平江路藏家有 4 人,张雯、袁易、陆友及沈景春,占总数的四分之一。

张雯(1293—1356),字子昭,祖籍浚仪(今属河南开封)人,祖父世居吴。张雯自幼嗜学,常从故老询问南宋遗事,故喜游钱塘山川城邑,徘徊踯躅,感叹不能已。郑元祐《张子昭墓志》称其"临市衢构楼蓄书其上,上经传子史,下逮稗官百家之言无不备,子昭日翻阅研究,至其会心得意处,引卷疾读,往往能成诵"②。张雯藏书,往往钤有"张子昭印",如清常熟瞿氏铁琴铜剑楼藏宋陈与义《简斋外集》(旧抄本),卷首即有此印。他也撰写跋语,如宋刻本周密《草窗韵语》卷末有张雯跋:"至正十年三月,浚仪张雯得之于高文远书肆。五月,重书于吴下乐志斋。"据《苏州府志》记载,张雯尚著有《书画记补遗》《继潜录》《墨记》等。

袁易(1262—1306),字通甫,长洲(今江苏苏州)人。有名于时,但不乐仕进。江浙行省委任其为徽州路石洞书院山长。任满即归,隐居苏州

① [明]黄宗羲编:《明文海》卷 301"序",北京:中华书局,1987 年,第 3 册,第 3109 页。
② [元]郑元祐著,邓瑞全等校注:《郑元祐集》卷 12,长春:吉林文史出版社,2010 年,第 195 页。

城东南二十里的蛟龙浦。黄溍《袁通甫墓志铭》曰:"即所居西偏为堂,曰静春……堂中有书万卷,悉君手中所校定。客至辄敛卷,相与纵饮剧谈,留连竟日乃已。"①著有《静春堂集》4卷。赵孟頫曾为他画《卧雪图》,将其与龚璛、郭麟孙合称为吴中三君子。

陆友,字友仁,自号研北生,室名览古堂,平江(今江苏苏州)人。友仁博雅好古,家中多蓄古印。精三代以来钟鼎铭刻、晋唐以来法书名画的鉴识。善书,尤工汉隶。家多藏书。黄溍《陆氏藏书目录序》记曰:"吴郡陆君,居阛阓中,四壁之外,辄与贾区直,君殊不以为溷。一榻萧然,环以古今书凡若干卷,自经、史、传、记,下至权谋数术、《泛胜》《虞初》,旁行敷落,百家、众技之文,栉比而鳞次。入其室,如登群玉之府,而探蓬莱道家之名山焉,忘其为居之隘也。君既第其篇帙,部分类别,为之《目录》,以便览者,且属予使序之。"②唐段成式编《汉上题襟集》,有云:"杯宴之余,常居研北。"古人书案面南,人则坐研之北。故"研北"一词,寓指从事著述。陆友以研北生自号,即表达自己专意著述之志。已知其著有《研史》《墨史》《印史》《集古印谱》《杞菊轩稿》《研北杂志》《吴中旧事》等,并刻梓汉徐干《中论》一书。

元末徐显撰《稗史集传》,记元末10余人的生平事迹,其中有陆友专传,称其"年四十八以疾卒"。徐显元末寓居平江东城,且陆友曾为其"书八分小篆歌"③,则二人相识并有过从。故徐氏所记陆友之享年当可征信。清初,苏州顾嗣立辑《元诗选》,于陆友小传即采用了徐氏之说。然陆友的生卒年,史料并无确切记载。考元吾邱衍撰《闲居录》有陆友仁跋,末题"至正五年正月甲辰养疴东阁捉笔以纪吴郡陆友仁"。明赵琦美编《赵氏铁网珊瑚》卷四"陆友仁隶书世说"条引录张雨跋:"此卷予旧藏,又尝杂书纸尾,把玩山泽间。后为元镇(倪瓒)持去。至正丁亥十二月四日,与元镇同游梁鸿山,携在行笈,因得重观故友陆友仁隶书世说数则

---

① [元]黄溍著,王颋点校:《黄溍全集》下册,天津:天津古籍出版社,2008年,第474页。
② [元]黄溍著,王颋点校:《黄溍全集》上册,天津:天津古籍出版社,2008年,第241页。
③ [元]徐显:《稗史集传》,载《四库全书存目丛书》史部第87册,济南:齐鲁书社,1996年,第680页。

语。感慨岁月，余老矣，能几把卷？重题而归诸清閟阁。海昌张雨。"①
文中"丁亥"为至正七年（1347），张雨在至正七年重观老友陆友仁书迹时
称为"故友"，则此时陆友已经去世。而《闲居录跋》中，陆友自称"至正五
年正月甲辰养疴东阁"。据此，可以推断陆友在至正五年至七年（1345—
1347）间去世。有的藏书家史料中将陆友的卒年定为至元四年（1338），
是缺乏文献依据的。

沈景春，平江（今江苏苏州）人。沈氏作为元代平江藏书家，其文献
记载仅有一条，但是系第一手资料，极为可靠。清陆心源《皕宋楼藏书
志》卷五三"谱录类"著录《啸堂集古录》2卷，明刊本。解题引元人干文
传跋："景春沈君居乐圃坊，与余同里闬，且尝同游可村贺先生之门。一
日过景春所居，出《啸堂集古录》见示，尝试观……景春平生寡嗜欲，惟酷
好收书。有别业在阊门，西去城仅数里，景春昔尝居之。人有挟书求售，
至必劳来之，饮食之，酬之善价，于是奇书多归沈氏，《集古录》其一也。
昔人有以千金市马者，得骏骨予五百金，逾年而千里马至者三。今景春
嗜书，何以异哉！元统改元（1333）十一月廿又六日吴郡干文传题。"②干
文传（1276—1353），字寿道，号仁里，吴县（今属江苏苏州）人。元仁宗延
祐二年（1315）进士。历官婺源（今属江西）、吴江（今属江苏苏州）知州，
集贤待制。二人同时同里，所记当是纪实。按陆心源鉴定沈氏所藏《啸
堂集古录》为明刊本，中国国家图书馆藏宋刻本《啸堂集古录》，卷后即附
有干氏此跋手迹，现已辑入《中华再造善本》唐宋编。可见此本当为宋
刊本。

元代平江路多藏书、著述之士，由此推动了文化典籍的出版传播活
动，并呈现以家刻、学者自刊为主的特点。从今存的20余种四部典籍来
看，家刻和学者自刊几占九成。现略依四部次序，分述如下。

一、经部

1.《周易集说》

《周易集说》40卷，元俞琰撰。元至正十年（1350）俞氏家刻本。

---

① 《景印文渊阁四库全书》第815册，台北：台湾商务印书馆，1986年，第386页。
② ［清］陆心源：《皕宋楼藏书志》卷53，北京：中华书局，1990年，第588页。

《四库全书总目》著录《周易集说》40卷,内府藏本,提要没有述及版本情况。清陆心源《皕宋楼藏书志》卷二著录《周易集说》,元刊元印本,不分卷,解题中引述3条原书跋语:"《上经》后跋曰:'嗣男仲温校正,命儿桢缮写。谨锓于家之读易楼。至正八年岁在戊子十二月二十五日谨志。'《下经》后跋曰:'嗣男仲温点校,孙贞木缮写。锓于家之读易楼。至正九年岁在己丑十二月朔旦志。'《象传》后跋曰'嗣男仲温校正,命儿桢、植缮写。谨锓于家之读易楼。至正十年岁在庚寅八月旦谨志。'"①跋语中"桢""植"皆为俞琰孙,都有书名。3条跋语详细记录了此书历经3年手书上板、锓梓的过程。清叶德辉《书林清话》卷七"元刻书多名手写"条盛赞:"此家写家刻本,尤为千古佳话,宋元以来刻书中所罕见也。"傅增湘《藏园群书经眼录》卷一著录《周易集说》40卷,存《下经》1卷,解题也称此书"字体工丽,气韵流雅,乃命贞木手书上版,故与寻常写工迥别"。

2.《字鉴》

《字鉴》5卷,元李文仲编。元李文仲苏州手编稿本。

李文仲,平江长洲(今江苏苏州)人,自署吴郡学生,生平事迹不详。李氏三世深究字学。元至治元年(1321),李文仲伯父李世英用10年之功,辑成《类韵》30卷。不久,李世英去世而《类韵》未及刊行。李文仲继承伯父遗志,复辑《字鉴》5卷,自序曰:"以《说文》箴《增韵》(宋毛晃《增注礼部韵略》)之误,以六书明诸家之失。"由于卷首元人所作书序落款皆无年代,因推断其成书约在泰定年间(1324—1328)。清朱彝尊在序中称:"李氏之学,远引《说文》而证以诸家之说,所谓元元本本者欤。辽金元文字杂以国书,字体转益茫昧,其诗词落韵有出于二百六部之外者。兹编所道者,古洇可传也。"②《四库全书总目》亦以为其书大抵皆精确微至,深得六书本意,于小学实深有裨益,评价甚高。

《字鉴》最早见于明正统六年(1441)杨士奇《文渊阁书目》,其卷十二昃字一厨韵书类著录:《字鉴》1部1册。清初,黄虞稷《千顷堂书目》卷三"小学类"补元人著述中,著录"李士英《韵类》三十卷(按:士英当为世

---

① [清]陆心源:《皕宋楼藏书志》卷2,北京:中华书局,1990年,第28页。
② [清]朱彝尊:《字鉴序》,载《景印文渊阁四库全书》第228册,台北:台湾商务印书馆,1986年,第18页。

英,《韵类》当为《类韵》),李文仲《字鉴》五卷"。① 二目均未注明版本情况。现已知《字鉴》传世有 3 个版本系统:(1)清康熙四十八年(1709)苏州张氏泽存堂刻本,系清初朱彝尊抄自曹溶,但曹溶《静惕堂书目》未著录该书,源流不明。《四库全书》本即据此抄入。(2)清道光五年(1825)许楗苏州刻本,系据明人写本重刻。清叶德辉《郋园读书志》卷二、《中国版刻图录》分别著录。(3)清山东聊城杨氏海源阁藏清初常熟毛氏汲古阁影元抄本。杨绍和《楹书隅录初编》卷一著录《影元精钞本字鉴》5 卷 2 册 1 函,解题曰:"有汲古主人、子晋私印、开卷一乐、席氏玉照、席鉴之印、莫山珍本各印记。亦毛氏精抄本也。"②此本影摹清晰,楮墨精良,流传甚少,现藏中国国家图书馆,已影印辑入《中华再造善本》清代编。

从字体、版式看,上述 3 种版本系出同源,但其祖本究竟为元刻本,或元抄本,因目前缺乏文献记载,难以明了。检原书吴县颜尧焕序中有"文仲谒余,出《字鉴》一编"之语,这应是文仲的手编稿本。无论当时曾否刊刻,或仅是辗转传抄,都是出自这部手编稿本无疑。

3.《六书正讹》《说文字原》

《六书正讹》5 卷、《说文字原》1 卷,元周伯琦撰。元至正十五年(1355)平江郡守高德基等平江郡学刻本。

周伯琦(1298—1369),字伯温,号玉雪坡真逸,饶州(今江西鄱阳)人。历官浙西肃政廉访使、兵部侍郎、江南诸道行御台侍御史等。周伯琦博学,工文章,而尤以篆、隶、真、草擅名当时。至正初,元惠宗改奎章阁为宣文阁,周伯琦时为授经郎,奉诏以篆体大书阁榜,名重天下。所著《六书正讹》6 卷,采撷字书中常用而疑似者,以声类之参稽古法,集而书之,凡 2000 余字,以刊正传写之谬。《说文字原》1 卷,增删许慎《说文》的 540 个部首,并解说文字的形、义,注明其音读。《四库全书总目》评价二书道:"推衍《说文》者半,参以己见者亦半,瑕瑜互见,通蔽相妨,不及张有《复古编》之精密,而亦不至如杨桓《六书统》之糅杂。"

《六书正讹》卷首有至正十一年伯琦自序、至正十五年国子监丞宇文

① [清]黄虞稷撰,瞿凤起、潘景郑整理:《千顷堂书目》卷 3,上海:上海古籍出版社,2001 年,第 101 页。

② [清]杨绍和:《楹书隅录初编》卷 1,北京:中华书局,1990 年,第 424 页。

第六章 元代的江苏出版

公谅序。公谅序称:"《说文字原》《六书正讹》二编……都水庸田使康里公溥修博究群书,一见推服,因属平江监郡六十公子约、郡守高公德基,遂相与命工刻梓于校官,以永其传。其有功于后学,不亦大乎。噫!字书之讹,非周公莫能正,而二书之传,非三君子亦莫能广也。公谅由吴兴赴召,道经平江,适刻梓讫工,获尽阅成书而祛素惑。"则二书皆在至正十五年由高德基等刻梓于平江。

二书皆由周伯琦手书上板,故篆文圆劲,楷书遒丽。《天禄琳琅书目》卷五著录《六书正讹》,称:"今观书中篆法深合史籀准绳,或即伯琦所自作刊手,亦颇得用笔之妙,乃元版中不可多得之本。"今上海图书馆藏有《六书正讹》元至正十五年刊本(图 7-11),

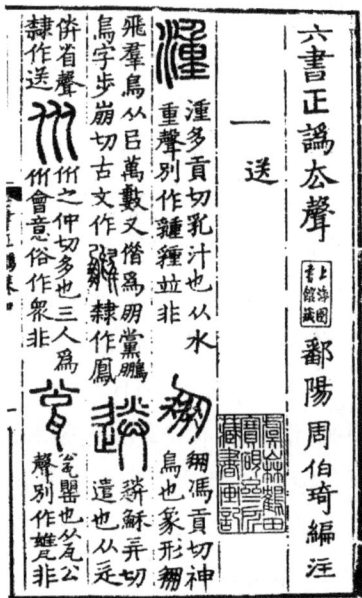

图 7-11 《六书正讹》书影
元至正刻本 上海图书馆藏

中国国家图书馆藏有《说文字原》元至正十五年刊本,皆已刊入《中华再造善本》金元编。

二、史部

1.《战国策》

《战国策》10 卷,宋鲍彪校注,元吴师道重校。元至正二十五年(1365)平江路儒学刻本。

清常熟瞿氏《铁琴铜剑楼藏书目录》卷九著录元刊本《战国策校注》10 卷,解题曰:"题缙云鲍彪校注,东阳吴师道重校。此书合高诱注、姚宏续注,校正鲍注阙失。每条注明'正曰'、'补曰'别之,仍不改鲍注原来面目,为从来注《国策》之最善本。今世通行,有明初刻本、曲阜孔氏本。此则至正二十五年平江路所刊,乃吴氏成书后第一刻本也。剞劂精良,校雠无讹,乃元刻之仅见者。第三、四、五、六卷末有'至正乙巳前蓝山书院山长刘镛重校勘'一行,第八、九、十卷末有'平江路儒学正徐昭文校勘'一行。有彪自序、师道自序及陈祖仁序,其卷首牒文及刘向、曾巩序,李文叔、王觉、孙元忠书后,姚宽、耿延禧序已阙。"①评价甚高。瞿氏藏本现藏中国国家图书馆,鉴定为元至正二十五年平江路儒学刻明修本,已影印辑入《中华再造善本》金元编。

2.《通鉴总类》

《通鉴总类》20 卷,宋沈枢撰。元至正二十三年(1363)吴郡庠刻本。

沈枢《通鉴总类》仿《册府元龟》例,撷取《资治通鉴》中人物、事件、议论、功业等,类编为 271 门。南宋嘉定间初刻于广东潮阳,元至正中二刻于吴郡庠,明万历间司礼监孙隆出督织造,三刻于吴中。至清嘉庆初编《天禄琳琅书目续编》时,唯见明刻行世,至正本已经难得。清学者钱大昕曾藏有明刻本,所撰跋文述刊刻源流甚详,其曰:"嘉定元年,枢之季子守潮阳,锓版以行,楼攻媿为序之。元末江浙行中书省左丞海陵蒋德明分省于吴,命郡庠重刻,且令都事钱逵求序于周伯琦,则至正二十三年秋事也。方是时,吴中丁兵燹之余,日不暇给,而行省犹知崇尚古学,惧故书之失传而表章之,亦可谓贤矣。枢字持要,安吉州人,其事迹不见于史,楼氏称其扬历中外,入从出藩,年登九秩,神明不衰。此书盖其挂冠后所为,故以'耄期称道不倦'称之。予所藏本,则明万历中苏、杭等处提督织造、乾清宫近侍、司礼监管监事太监三河孙隆所刊,隆在朝尝以是书进御神宗,欲镂之尚方,不果;及出督织造,乃刊之吴中云(沈枢官华文阁学士,见《周益公集》)。"②今中国国家图书馆藏有元至正二十三年吴郡庠刻本,镌刻古雅,远胜明版。已影印辑入《中华再造善本》金元编。

3.《昆山郡志》

《昆山郡志》6 卷,元杨㦤撰。元至正四年(1344)昆山州刻本。

杨㦤,字履祥,福建浦城人,自号东溪老人,晚居昆山,工诗文。博学有史才,因见昆山志籍多散漫疏漏,积 10 余年精力完成此书。卷首有至正四年杨维桢序,序中有"今州监字罗帖木儿将以寿诸梓"之语,则书当由昆山州署刊行。今元刊本未见,《四库全书总目》未著录。清代藏家仅

① [清]瞿镛:《铁琴铜剑楼藏书目录》卷九,北京:中华书局,1990 年,第 147 页。
② [清]钱大昕撰,吕友仁标校:《潜研堂集》卷 28"题跋二",上海:上海古籍出版社,1989 年,第 493 页。

见旧抄本,凡6卷。瞿氏《铁琴铜剑楼藏书目录》卷一一著录抄本,解题称:"昆山本县,元升为州,故题'郡志'。杨序谓二十二卷,而此止六卷,但有《风俗》等十五门,而建置、沿革、水利、赋役、户口、学校等俱阙焉,其非足本可知。叙述简而有要,尚合宋人地志之体。旧为嘉定陈妙士藏书。钱竹汀氏录副以传,有跋,见集中。"检钱大昕《潜研堂集》,有此书题跋:"铁厓序称二十二卷,今按之止六卷,首尾完具,岂铁厓所见乃别本耶?此书世罕传本,嘉庆丁巳十月,假同邑陈孝廉妙士所藏旧抄本读之,叹其简而有要,爰缀数言于末。"①阮元《四库未收书提要》也收有此书提要,同样认为6卷本首尾完具。清常熟藏书家张金吾《爱日精庐藏书志》卷一六著录旧抄本,有常熟黄廷鉴道光四年(1824)跋,称:"地志首重建置、沿革、舆图、城池、乡都、桥梁、水利、户口、赋役、学校、官署、坛庙、祠宇诸大目,今皆缺而不载;且杨叙中明言,昆山自县升州,户版地利日增,赋税甲天下,州县庸田水道,利害所在。而志中绝不及之,其非完帙可知。"②论据充分有力。

清宣统元年(1909),缪朝荃据钱大昕抄本重加校刊,辑入《汇刻太仓旧志五种》。1990年,中华书局据此本影印,辑入《宋元方志丛刊》(第一册)。

4.《重修琴川志》

《重修琴川志》15卷,宋鲍廉撰,元卢镇修。元至正二十三年(1363)常熟知州卢镇序刻本。

此书清常熟瞿氏铁琴铜剑楼有影抄元本,瞿镛有解题曰:"宋鲍廉撰。元卢镇修。吾邑有志,创自庆元丙辰(1196)县令孙应时,淳祐辛丑(1241),令鲍廉与邑士锺秀实、胡淳衰辑增益,始克成编。凡分《叙县》《叙官》《叙山》《叙水》《叙赋》《叙兵》《叙人》《叙产》《叙祠》《叙文》十门。元至正乙巳(1365),令卢镇即旧本校刊,曰'重修'者。据《自序》谓,旧所未载,各附卷末。则于鲍《志》实未有更易也。故仍题鲍名,有镇《自序》、戴良《序》及丘岳、褚中旧《序》。邑中言氏藏有元刊本,从之影写,前有图

① [清]钱大昕撰,吕友仁标校:《潜研堂集》卷29"题跋三",上海:上海古籍出版社,1989年,第524页。
② [清]张金吾:《爱日精庐藏书志》卷16"地理类",北京:中华书局,1990年,第416页。

五,汲古、照旷两家刻本俱无之。"①

清阮元曾从常熟汲古阁毛晋旧校本影写,辑入《宛委别藏》。其本目录后有卢镇题识,所述与瞿氏解题有异同:"按《琴川志》自宋南渡,版籍不存。其后庆元丙辰(1196),县令孙应时尝粗修集。迨嘉定庚午(1210),县令叶凯始广其传。至淳祐辛丑(1241),县令鲍廉又加饰之,然后是书乃为详悉。自是迄今,且百余年,顾编续者未有其人,而旧梓则已残毁无遗矣。靖惟是州虞仲子游文化之地,不可无纪。爰属耆老顾德昭等遍求旧本,公暇集诸士参考异同,重锓诸梓。其成书后,凡所未载,各附卷末。总十有五卷,仍曰《重修琴川志》,其续志则始于有元焉。至正癸卯秋七月初吉守御常熟领兵副元帅兼平江路常熟州知州卢镇谨识。"②至正癸卯为至正二十三年。

1990年,中华书局据明末毛氏汲古阁刻本影印,辑入《宋元方志丛刊》(第二册)。

5.《中吴纪闻》

《中吴纪闻》6卷,宋龚明之撰。元至正二十五年(1365)吴县教谕卢熊编校本。

龚明之(1091—1182),字熙仲,号五休居士,昆山(今属江苏苏州)人。绍兴三十年(1160)以特恩廷试,授高州(今广东茂名)文学。后敕监潭州南岳庙。淳熙五年(1178)致仕。是书有淳熙九年龚明之自序,书中采辑吴中故老嘉言懿行及其风土人文,所录为新旧《图经》、范成大《吴郡志》所不载。《四库全书总目》卷七十著录浙江鲍士恭家藏本,提要称:"宋末书已罕传。元至正间,武宁卢熊修苏州志,访求而校定之。明末常熟毛晋始授诸梓,亦多舛谬。其子扆,后得叶盛菉竹堂藏本相校,第六卷多瞿超一条。"③这段文字说明3点:《中吴纪闻》由卢熊校定于元至正间,至明末始由毛晋刻梓,后毛扆得叶氏菉竹堂藏本相校,第六卷增"瞿超"一条,始刷印行世。

潘景郑校订《汲古阁书跋》,后附毛扆所撰26篇,其中《中吴纪闻》记

---

① [清]瞿镛:《铁琴铜剑楼藏书目录》卷11,北京:中华书局,1990年,第169页。

② [清]阮元辑:《宛委别藏》,南京:江苏古籍出版社,1988年,第48册,第4页。

③ [清]永瑢等:《四库全书总目》卷70"史部·地理类三",北京:中华书局,1987年,第624页。

刊刻经过甚详："世传《中吴纪闻》,大约嘉靖以前刻本,其式虽古雅,而字句纰缪甚多。后有若墅堂本亦然。丁巳秋,先兄华伯殁,检其遗籍,得家刻样本,方知先君子曾付剞劂,但未流通耳……菉竹藏本,系棉纸旧抄,行数字数,俱无定准,每卷首尾间一行连写。开卷有文庄名字官衔三印。卷末一行云:洪武八年从卢公武借本录传。盖是书赖公武搜访之力,表章至今。此从其借录者,焉得不善。"①文中所说菉竹藏本,系指昆山叶盛所藏。叶盛(1420—1474),字与中,昆山人。正统十三年(1448)进士,官至吏部左侍郎。卒谥文庄。生平嗜书,常手自抄录雠校,抄本用绿墨二色格纸,板心有"赐书楼"三字。藏书积至2万余卷,称雄江南。毛扆所称藏本系洪武八年从卢功武节本录传,则其书还当上溯至叶盛先祖。

图7-12 明卢熊画像
出清顾沄辑《吴郡名贤图传赞》

《中吴纪闻》所以能传之今日,有一重要人物功不可没,就是卢熊(图7-12)。

卢熊(1331—1380),字公武,昆山人。博学工文,尤精篆籀。曾从杨维桢学。元末为吴县教谕。洪武初,举秀才,以能书授中书舍人,迁山东兖州知州。元至正中,为修纂《苏州府志》,广泛搜辑文献,因搜集整理《中吴纪闻》,并将过程写为跋语:"右中吴纪闻六卷,凡二百二十五条。宋宣教郎龚希仲撰,及其子昱所叙行实附后。熊之外王父王君家所藏,前后散脱数纸,先大父录本以传。先大父既殁,熊于外家始睹元本,缺帙比前甚多。其后从人搜访缀辑,竟无此书。今年冬,会周君正道于吴城寓舍,偶及此事,周君以录本见示,所存二百条,其余亦皆缺失。遂得校正增补,尚恨未完。噫!淳熙九年(1182)距今不足二百年,而书仅存于世。先大父之卒,已二十余年犹未获其全。非区区留意郡志,此书将泯

---

① [明]毛晋撰,潘景郑校订:《汲古阁书跋》,上海:古典文学出版社,1958年,第130页。

没而无闻矣。士君子著述将垂不朽,其传之难必也如此,岂不甚可惜哉。因为记其大略,以示来者云。至正二十五年(1365)二月之吉武宁卢熊记。"①字里行间可以看到卢熊保存史料、传承文化的拳拳之心。《中吴纪闻》这部珍贵的苏州地方文化典籍得以保存,卢熊功不可没。清道光年间顾沅刊《吴郡名贤图传赞》称:"公武教吴,功在志乘。文献足征,后生取证。"这是对他在苏州文化活动的充分肯定。明末经毛晋、毛扆校刊的毛氏汲古阁刻《中吴纪闻》,现藏中国国家图书馆,已影印辑入《中华再造善本》明清编。

这里之所以花如此多笔墨梳理《中吴纪闻》的出版流传过程,是为了说明出版只是文化传承过程中的一个环节。中华民族优秀文化典籍的代代相传,依靠的是作者、出版者和阅读传播者三位一体的合力,缺一不可。

三、子部

1.《传道四子书》

《传道四子书》8卷,元徐达左编。元至正二十一年(1361)徐氏自刻本。

徐达左(1333—1395),字良夫,号耕渔子,吴县(今属江苏苏州)人。隐居光福山,与倪瓒、王行、周砥为文字交。洪武初,乡人施仁守建宁,请为其学训导。卒于建宁学官。《传道四子书》凡《颜子》2卷、《曾子》2卷、《子思子》2卷、《孟子》2卷,有至正二十年(1360)徐达左序,称:"愚不自揆,每检讨群书,得颜曾思孟之嘉言善行,日抄月积,凡数年荟萃成编,各立内外篇目。内篇载经书,附以周程张朱大儒之格言;外篇载传记,附以诸子百氏之论述。"《仪顾堂续跋》卷九有《元椠传道四子书跋》,跋曰此本"有印三,曰徐达左印,曰良夫,曰耕渔轩,及'会溪蒋直儒刻'一行。至正庚子辛丑(1360—1361)刊本。四库馆无进呈者,其流传不多可知。此犹元刊元印本也"。清丁丙《善本书室藏书志》卷十五著录影写元刊本。

① [宋]龚明之:《中吴纪闻》卷末,载《景印文渊阁四库全书》第589册,台北:台湾商务印书馆,1986年,第362页。

2.《玉灵聚义》

《玉灵聚义》5卷,元陆森撰。元天历二年(1329)平江路儒学刻本。

此书叙述古来龟卜之法,《四库全书总目》著录,入"子部术数类存目"。卷首冠泰定二年(1325)赵孟頫、范濂序,延祐二年(1315)陆森、骆天佑序。次陆森天历二年(1329)刻书缘起,称:申奉平江路阴阳司校正无差,及移准本路儒学训导考究,总管府指挥锓梓。确系当日儒学官刻之书也。《缘起》末附校刻者衔名5行:平江路儒学训导俞国安校正,平江路儒学教授鲍椿老校正,平江路阴阳教授张孟祥重校,前平江路阴阳教授骆天佑校正,赵梦頫阅序。陆森,字茂林,平江路人,官阴阳教谕。

《玉灵聚义》久无刊板,传世抄本多有脱误。北京大学图书馆藏有元天历二年平江路儒学刻本,已影印辑入《中华再造善本》金元编。

3.《鹤山雅言》

《鹤山雅言》1卷,宋魏了翁撰,宋税与权编。元至正二十四年(1364)平江路吴江金氏刻本。

张钧衡《适园藏书志》卷八著录《鹤山雅言》1卷,元刻本。解题曰:"是文靖随笔札记之书,门人税与权分类纂辑。吴郡金伯祥于至正二十四年命其子镠缮写付梓,归板鹤山书院。文彝自跋。每半叶十二行,行二十一字。黑线口,单边。书后有'渤海金天瑞刻梓归于鹤山书院'两行。"①文彝,魏了翁六世孙,其跋云:"近吴郡金伯祥父即文彝所藏《雅言》,命子镠缮写锓梓诸梓,以广其传,俾宗族乡党咸与观焉。何其幸欤!是则前辈之纪闻,伯祥之好义,同为不朽云。时至正二十四年龙集甲辰夏五月甲子朔六世孙文彝百拜谨识。"

金伯祥,名天瑞,别号安素。其子镠,字南仲,工书。金氏为吴江士族,世居长洲之笠泽间,力田教子,乐善好施,以善士称于乡。金伯祥富

----

① [清]张钧衡:《适园藏书志》卷8"子部杂家类",载《海王村古籍书目题跋丛刊》第6册,北京:中国书店,2008年,第349页。

而有文,且笃孝义,与元季诸名贤,如陈基、杨维祯、倪瓒、苏大年、周砥等交游。刻书多种。

4.《大佛顶如来密因修证了义诸菩萨万行首楞严经》

《大佛顶如来密因修证了义诸菩萨万行首楞严经》10卷,元释惟则会解。元至正十二年(1352)平江狮子林集赀刻本。

此书题天竺沙门般剌密帝译,乌苌国沙门弥伽释迦译语,菩萨戒弟子前正议大夫同中书门下平章事房融笔受,狮子林沙门惟则会解。台北藏有此书,其所编《"中央图书馆"金元本图录》著录,称:"首载至正二年惟则序,序后有临川沙门克立募梓跋,及会解所引教禅诸师名目,末行下有'板留平江在城狮子林'小字一行。每卷后有施刊者姓名及祈愿语。"①

1928年,北平故宫博物院印行《内府秘藏宋元本书式》,凡收录书影30种,其中元本8种,《大佛顶首楞严经会解》正在其中。所收书影为释惟则序,名为《大佛顶首楞严经会解序》,作者署:庐陵沙门惟则。版式与台北藏本不同。检《台北故宫博物院善本旧籍总目》"子部释家类"亦著录《大佛顶首楞严经会解》10卷,元释惟则会解,元至正甲申(四年)平江路城西幻住庵刊本,10册。盖即北平故宫博物院旧藏。然两本著录刊刻时间相差8年,未知何故。

5.《佛祖历代通载》

《佛祖历代通载》22卷,元释念常撰。元至正七年(1347)释念常平江募刻本。

释念常,俗姓黄氏,号梅屋,华亭(今属上海)人。延祐中居嘉兴大中祥符禅寺。是书采用编年叙述历代佛教史实,上起七佛,下迄元惠宗(顺帝)至元元年(1335)。卷首有至正元年(1341)虞集序、至正七年念常序。虞集序后有木记"板留嘉兴城东云门庵印行"两行,卷一大题下有小字"吴郡朱显卿刊"一行。《中国版刻图录》著录此书,云:"至正七年,平江路官吏僧尼在编者念常倡议下集资刻版。"中国国家图书馆藏有元至正七年释念常平江募刻本,已影印辑入《中华再造善本》金元编。

① 《"中央图书馆"金元本图录》丙部,台北:台湾书店,1961年,第282页。

6.《师子林天如和尚语录》《别录》

《师子林天如和尚语录》5卷、《别录》5卷,元释惟则撰,释善遇编。元至正八年(1348)平江狮子林寺僧善遇刻本。

释惟则,号天如,吉安永新(今属江西)人。在苏州创建狮子林。善遇为其徒。

此本半叶11行,行21字,线黑口,左右双栏。《别录》卷五后有刻书跋7行,曰:"语录、别录共十卷。昔编草初成之日,钱塘沙门炬菩萨见之即持去,命张克明重写,仍率同志先刊二卷。于是吴郡寓居菩萨戒弟子普达、实立副使诸道友欣然出俸赀,宁文寿复助梨版,以速其成,遂不容其自己也。时至正八年戊子岁十一月长至日善遇谨识。"此书雕刻精美,傅增湘称赏其"字抚松雪,雕工秀丽,铁画银钩,元刊中之上驷"。今南京图书馆藏有残本。

7.《师子林天如和尚剩语集》

《师子林天如和尚剩语集》2卷,元释惟则撰,释善遇编。元至正十二年(1352)善遇刻本。

是编2卷,一曰《宗乘要义》,一曰《净土或问》,后附《师子林菩提正宗寺记》,总名之曰《剩语集》。卷一前有善遇小引,谓其师其语录向已刊行,此集乃刊后续编。前有郑元祐序,后有欧阳玄记,卷末后有至正十二年善遇刻书题识,曰:"是集发明禅净土之旨亦颇详矣。今吴郡菩萨戒弟子张善照施财入梓,用广流通。"此本每半叶11行,行21字。原藏李盛铎木犀轩,现藏北京大学图书馆。张玉范整理《木犀轩藏书题记及书录》有著录。

8.《周易参同契发挥》《释疑》

《周易参同契发挥》3卷、《释疑》1卷,元俞琰撰。元至元二十一年(1284)俞氏自刻本。

此书《四库全书总目》著录于子部道家类。张元济《涵芬楼烬余书录》子部著录《周易参同契发挥残二篇》,至元刊本,2册。解题称:"题'林屋山人全阳子俞琰述'。前有至元甲申琰自序,次阮登炳、张与材、杜道坚序。半叶十二行,行二十三字……按琰序自称林屋山人,序后有'全阳子乾坤坎离四卦'椭圆形、'石涧真逸'方形二木记。中篇末叶有'石涧书印''林屋洞天'二木记,观此当为俞氏自刻也。世有明本,即由是本翻刻。此为元代初板,惜佚下篇。"①

俞琰及其孙俞桢一生勤于著述,抄书读书,其后人仍珍藏大量俞氏祖孙手迹。据明代苏州藏书家朱存理《楼居杂著》"题俞氏家集"条载,明初,居住石涧南园故址的绍庵俞山人(名嗣之,字振宗),"所藏石涧手抄诸易一百余册,及古易三百余册,集说三脱稿凡六十册,《通玄广见》四十册,老眼蝇头书也。《立庵文稿》廿巨册,并前代子昂与玉雪老人、遂昌、云林辈诸名胜书扁序记简札二十余卷。山人喜予至,出而观之……山人既卒,又得其所集先世文翰名《俞氏家集》者一巨册,计诗若文共若干篇,山人手笔也。予欲为编次重录一过而未暇为之。念昔与山人观书饮酒嬉游之乐,而今不可得矣。抚此编为之泣下数行。成化二十二年五月二十四日书于楼居之欣赏轩"②。从字里行间我们似乎看到俞琰及其后人夙兴夜寐的身影,正是这种孜孜不倦地投身于治学著述的精神,才使我们今天拥有如此众多的优秀民族文化典籍。

四、集部

1. 《笠泽丛书》《补遗》

《笠泽丛书》4 卷、《补遗》1 卷,唐陆龟蒙撰。元后至元五年(1339)吴江陆德原甫里书院刻本。

是编《四库全书总目》集部著录,提要曰:此本为元季龟蒙裔孙德原重镌。卷末有德原后序,谓:"今清朝右文,既以书院祀先生于吴下,而其遗书若《松陵集》《皮陆倡和》皆已行于世,而《丛书》虽板刻于宋元符间,然而芜没久矣。今而刻之书院者,将与好事者共之也。至元五年岁在庚辰七月一日十一世孙德厚百拜谨题。"

陆德原,字静远,吴郡甫里人,陆龟蒙十一世孙。好学博古,尊敬师友。家有杞菊轩,吴人称为杞菊先生。陆德原有感于甫里之学不传,遂于城南建甫里书院,拨良田以给学徒。当局闻其事,遂命其为书院山长,后升徽城教官,以疾终家。

---

① 张元济著,张人凤编:《张元济古籍书目序跋汇编》中册,北京:商务印书馆,2003 年,第645 页。

② [明]朱存理:《楼居杂著》,载《景印文渊阁四库全书》第 1251 册,台北:台湾商务印书馆,1986 年,第 600 页。

2.《范文正公集》《别集》

《范文正公集》20 卷、《别集》4 卷,宋范仲淹撰。元天历元年(1328)平江范氏岁寒堂刻本。

《范文正公集》,宋乾道三年(1167),鄱阳守俞翊刻于郡斋。淳熙十三年(1186),郡从事北海綦焕补刊。此本卷首有墨图记篆书"天历戊辰改元褒贤世家重刻于家塾岁寒堂"十八字。"天历戊辰改元",即元文宗天历元年(1328)。而《别集》末有俞翊、綦焕二跋。綦跋之后题字 3 行:嘉定壬申仲夏重修,朝奉郎通判饶州军州兼管内劝农营田事宋钧、朝请大夫知饶州军州兼管内劝农营田事赵伯楒。则此本系范文英据嘉定五年(1212)俞刻重修本翻雕,写刻古雅,与宋本款式无异。清以来,藏家收藏较多,常熟瞿氏铁琴铜剑楼、聊城杨绍和海源阁、苏州潘祖荫滂喜斋皆有收藏。

3.《范文正公政府奏议》

《范文正公政府奏议》2 卷,宋范仲淹撰。元元统二年(1334)平江范氏岁寒堂刻本。

是编卷首有范文英刻书跋:"先文正公《奏议》十七卷,韩魏公为序。在昔板行于世,虽不复存,其政府奏议二帙卷中不载。兹得旧本,惜多漫灭,将缮写锓梓,而乡士钱翼之见焉,乐为之书。于是命工刊置于家塾,期世传之。元统二年甲戌九月八世孙文英谨识。"元统甲戌,即元惠宗元统二年(1334)。目录后有亚形木印"元统甲戌褒贤世家岁寒堂刊"。

范文英跋语中所谓"乡士钱翼之",即钱良右。钱良右(1278—1344),字翼之,晚号江村民,平江(今江苏苏州)人。有高行。至大中,署吴县儒学教谕。至正间,以书学名家,史称其行书高朗卓越,风格不让书法大家鲜于枢。《政府奏议》即其手书上板(图 7-13),字画端整,版面疏朗可爱。

图 7-13 《范文正公政府奏议》书影
元元统二年平江范氏岁寒堂刻本

4.《文正公尺牍》

《文正公尺牍》3卷,宋范仲淹撰。元至元三年(1337)平江范氏岁寒堂刻本。

是编3卷1册,卷末有范文英题识:"先文正公《尺牍》,旧刊于郡庠。岁久漫漶,今重命工锓梓,刊置家塾之岁寒堂,期于子孙世传之。至元丁丑(三年,1337)正月甲子日八世孙文英百拜谨识。"范仲淹尺牍,淳熙三年(1176)张栻刻于桂林郡斋,张栻、朱熹均有跋。范文英跋云"旧刊于郡庠",当指苏州郡庠。则范文英此刻已是三刻矣。

中国国家图书馆藏《范文正公集》16册,除上述3种9册外,尚有《范文正公年谱》1册,《年谱补遗》1册,《诸贤赞颂论疏》1册,《言行拾遗事录》4卷1册,《范文正公鄱阳遗事录》(包括各地遗迹)1册,《褒贤祠记》2卷2册。其中《褒贤祠记》第二卷最后1篇为《文正书院记》,文末署:承务郎江浙等处儒学副提举李祁撰,嘉议大夫中书礼部尚书郡人干文传书,翰林侍读学士中奉大夫知制诰同修国史泰不华篆额,至正十年八月□日立。故著录版本为"元天历至正间褒贤世家家塾岁寒堂刻本"。现已据以影印,辑入《中华再造善本》金元编。

5.《范忠宣公文集》《遗文》

《范忠宣公文集》20卷、《遗文》1卷,宋范纯仁撰。元天历元年(1328)平江范氏岁寒堂刻本。

范纯仁(1027—1101),字尧夫,平江吴县(今江苏苏州)人。范仲淹次子。宋仁宗皇祐元年(1049)进士,历官中书侍郎、观文殿大学士。卒,谥忠宣。《范忠宣公文集》有南宋嘉定刻本。是集每半叶12行,行20字。卷首有嘉定四年楼钥序,后有嘉定四年范之柔、嘉定五年沈圻、廖视、陈宗道四跋,盖即据嘉定本翻雕。清代藏书家如常熟瞿氏铁琴铜剑楼、归安陆心源皕宋楼、常熟张金吾爱日精庐等都有收藏。

6.《镡津文集》

《镡津文集》20卷,宋释契嵩撰。元至大二年(1309)苏州幻住庵比丘永中募刻本。

契嵩(1007—1072),字仲灵,自号潜子,俗姓李,藤州镡津(今广西藤县)人。少习儒业,游方入吴,居杭州灵隐寺永安精舍,曾校定《六祖坛经》。《镡津文集》系释怀晤编集,卷二十有怀晤绍兴四年(1134)撰长篇《书镡津文集后》,详述编辑过程。卷首冠屏山居士李之仝序,次高安沙门释德洪题识。卷末有幻住沙门明本《重刊镡津集疏并序》及幻住庵比丘永中题识,永中曰:"镡津集诸方板行已久,惟传之未广,因细其字画,重新锓梓。工食之费,荷好事者助以成之,其名衔具题各卷之末。惟冀义天开朗,性海宏深,庶有补于见闻,抑普资于教化者矣。至大己酉(二年)孟春吴城西幻住庵比丘永中谨识。"如卷五末列出吴门比丘了修、妙心等 10 位助缘锓梓,卷六有"临安清信弟子高梦斗助缘锓梓",卷七有"吴城不显名助缘锓梓",卷八末有"承天寺比丘元坚施财锓梓",第九、十、十一卷末有"吴中承天寺比丘元坚施财锓梓"一行等。日本内阁文库藏有元至大二年永中募刻本,其中卷十五至十七卷 3 卷系后人抄补。

傅增湘《藏园群书经眼录》卷十三著录元刊本《镡津文集》20 卷,解题曰:"中版式,十二行二十四字,细黑口,左右双栏。"又称:"此书写刻工丽方整,极似宋刊。然考经籍访古志求古楼藏宋刊本为十行十八字,与此版式故不同也。(日本内阁文库藏书,己巳十一月十九日观。)"①四部丛刊三编收有《镡津文集》22 卷,系据常熟瞿氏铁琴铜剑楼藏明弘治十二年(1499)刊本影印。

7.《道园遗稿》

《道园遗稿》6 卷,元虞集撰,虞堪编。元至正十四年(1354)吴江金伯祥刻本。

是编半叶 11 行,行 20 字。小黑口,左右双边。卷首有元至正二十年(1360)金华黄溍、至正十九年眉山杨椿二序。卷五末有至正十四年(1354)五月虞堪识语,曰:"先叔祖学士虞公诗文有《道园学古录》《翰林珠玉》等编已行于世。然窃读之,每虑其有所遗落。凡南北士夫间,辄为搜猎求之。累年始得诗章七百余首,皆章章在人耳目,及得之亲笔者,盖惧其以伪乱真,故不敢不为之审择也。惟先叔祖鸿文巨笔,著在天下,家传人诵,其大篇大什诸编,盖已得其八九。此盖拾遗补缺,庶免有湮没之叹。方类聚成编,以便观览,而吾友金伯祥乃必用寿诸梓,以广其传,命

---

① 傅增湘:《藏园群书经眼录》卷 13"集部二",北京:中华书局,1983 年,第 1134 页。

其子镠书以入刻。伯祥之施,不其永耶。外有杂文诸赋,尚有俟于他日云。至正十四年五月甲子从孙堪百拜谨识。"则其书之刻始自至正十四年,黄、杨二序为后刻者。卷六为"乐府",后附《鸣鹤余音》,系虞集和冯尊师而作,凡《苏武慢》12首,《无俗念》1首。

虞堪,字克用,一字胜伯。虞集从孙。后家长洲,隐居行义,不乐仕进。家藏书甚富,多手自编辑。其雅重先世手泽,闻有从祖虞集遗文,虽千里外必购得之乃已。家中富有藏书。入明,虞家已积贫衰落,然其后人虞湜,虽老而居贫,其家仍藏有虞集省墓来吴所留诗卷,虞堪遗稿《鼓枻稿》等,以及百余轴宋元人辞翰,千卷古书。

金伯祥时与胜伯同里,携其子镠同游胜伯之门,故为刻是集。全书由金镠手书上板,书迹清丽,赏心悦目(图7-14)。吴江金氏刻书,皆由镠手书上板,除前述《鹤山雅言》和本集外,尚有《周易》等。明朱存理《楼居杂著》中有多处记及金氏藏书刻书事迹,其《笠泽金氏书册》条记载,金镠著有《有余录》1卷,录诗30余首,又手书郑元祐、虞堪诗2卷。

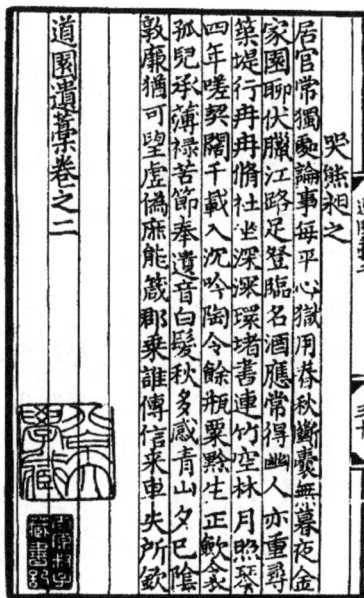

图7-14 《道园遗稿》书影
元至正十四年吴江金伯祥刻本

是集原藏李盛铎木犀轩,张玉范整理《木犀轩藏书题记及书录》有著录。现藏北京大学图书馆,已影印辑入《中华再造善本》金元编。傅增湘曾覆刻,辑入《蜀贤遗书十二种》,并撰《覆刻元至正本道园遗稿跋》,见《藏园群书题记》卷第十六"元别集类"。

8.《存悔斋稿》

《存悔斋稿》1卷,元龚璛撰。元至正九年(1349)俞桢抄本。

龚璛(1266—1331),字子敬,祖籍高邮(今属江苏扬州),后迁居平江(今江苏苏州)。少聪敏,善属文,究心学问。刻意学书,有晋人风度。元初任宁国路儒学教授,擢至浙江儒学副提举致仕。所著有《存悔斋稿》1卷。此集卷末有俞桢至正九年跋,卷末附明朱存理补遗手迹1卷。《四库全书总目》著录。此本系龚璛诗集之祖本,现藏中国国家图书馆,已影印辑入《中华再造善本》金元编。

9.《诗苑众芳》

《诗苑众芳》1卷,元刘瑄编选。元吴郡梅溪刘瑄刻本。

此书《四库全书》未收录。阮元《四库未收书提要》著录,解题曰:"此书影元抄本。首题吴郡梅溪刘瑄伯玉编。所选诸家诗,潘牥、章康、黄简、赵汝谈、方万里、郑起潜、文天祥、李迪、郑傅之、何宗斗、蒋恢、朱诜、魏近思、张椠、张绍文、张元道、吕江、蒋华子、陈钧、萧炎、沈规、吕胜之、江朝卿、吴龙起二十四人。一人之诗,多不过十首,少或一二首,计仅八十二首。每人名著其字号籍贯,所选之诗,近体较多,率皆清丽可诵。盖江湖小集之流亚。而决择精当,似取法于唐人之选唐诗也。"①江苏古籍出版社1988年版《宛委别藏》第115册为《诗苑众芳》影印本。

10.《清隽集》

《清隽集》1卷,宋郑震撰。元大德五年(1301)平江路天心桥南刘姓梅溪书院刻本。

郑震,后更名起,字叔起,号菊山,连江(今属福建福州)人。早年科举不利,客居京师30余年。晚年曾为安定、和靖二书院山长,又在平江、无锡开讲道学。此集为溧阳州学教授仇远所选,凡诗40首。附《一百二十图诗》1卷、《所南文集》1卷,皆其子郑思肖所撰。郑思肖(1241—1318),字所南,一字忆翁。思肖,寓不忘赵宋之意。宋亡,隐居吴下,寄食报国寺,自称三外野人。

此集今有清鲍廷博辑刻《知不足斋丛书》本,其《一百二十图诗》末有牌记"大德辛丑吴中义梓,所南翁文附后"2行,《所南文集》后有牌记"平江路天心桥南刘氏梅溪书院印行"1行。据《吴郡志》卷十七"桥梁"记载,天心桥在乐桥之东北,齐门与娄门之间。明洪武元年在桥东建织染局。清顾嗣立编《元诗选初集》卷十一录陈深《送刘梅溪游句曲》诗,有句

---

① [清]阮元撰,邓经元点校:《揅经室集·外集》卷3,北京:中华书局,1993年,第1242页。

云:"华发萧萧两鬓秋,醉眠花竹旧风流。天心桥畔行将老,地肺山中隐去休。""天心桥畔行将老"句下有注:刘居吴天心桥。陈深,字子微,别号清全,平江人。宋亡弃举子业,闭门著书,有《清全斋读易编》《清全斋读书编》和《考工记句诂》等传世。盖陈深与刘梅溪为同里士人,所记当不误。考《诗苑众芳》首题吴郡梅溪刘瑄伯玉编,揆天心桥南刘梅溪与吴郡梅溪刘瑄伯玉或为同一人。

11.《笺注唐贤绝句三体诗法》

《笺注唐贤绝句三体诗法》20卷,南宋周弼选,元释圆至注。元大德九年(1305)平江吴县碛砂寺刻本。

此集题汶阳周弼伯弼选,高安释圆至天隐注,卷首冠大德九年方回序。全书分为3篇:绝句体,分实接、虚接、用事、前对、后对、拗体、侧体等7卷;七言体,分四实、四虚、前虚后实、前实后虚、结句、咏物等6卷;五言体,分四实、四虚、前虚后实、前实后虚、一意、起句、结句等7卷。卷首简略阐述各名目的基本命意,随即列举唐人作品例证之。其既是一部诗法,更是一部唐人诗选。

周弼,字伯弼,汶阳(今山东泰安)人。嘉定进士,曾为江夏令。工诗。释圆至(1256—1298),字天隐,号牧潜,一号筠溪老衲,新昌(今江西宜丰)人,俗姓姚。元初主建昌能仁寺。明张景春《吴中人物志》卷十二有传,称其为浮屠有文名,所著《筠溪牧潜集》,方回为序。又注周伯弼《三体唐诗》。晚留碛砂寺。碛砂寺僧魁天纪与圆至同注其书,并刻置寺中,世称《碛砂唐诗》。又,《中华再造善本》金元编集部辑印中国国家图书馆藏元刻《筠溪牧潜集》,著录为元大德刻本。全书不分卷,但以诗、铭、碑记、序、书、杂著和榜疏等7类分编。卷首有元大德三年(1299)方回序,序称:"吴门碛砂魁上人偕其友清表,将以其文梓行。"魁上人即与圆至同注《三体唐诗》的魁天纪,《筠溪牧潜集》中有《答魁首座》,亦即其人。故据方回序中所言,圆至的《筠溪牧潜集》当由魁上人刊于吴县碛砂寺。

故宫博物院编《故宫珍本丛刊》,影印清常熟瞿氏铁琴铜剑楼藏元大德碛砂寺刻本,海南出版社2000年出版,第609册。

第六节　江苏其他地区的出版

元代江苏苏南地区,除集庆路外,都隶属江浙等处行中书省江南浙西道肃政廉访司,包括平江路、常州路、镇江路和江阴州。苏北地区扬州路、淮安路、高邮府等,隶属河南江北等处行中书省江北淮东道肃政廉访司。从已知史料记载看,除集庆路、平江路的刻书活动比较丰富以外,其他地区则因文献缺乏显得相对不足,故在此一并叙述。

一、常州路

常州路,唐代曾改名晋陵郡,后又复为常州。宋因之。元至元十四年(1277),常州升为路,下辖二县,即晋陵、武进,二州,即宜兴州、无锡州。元代常州路刻书活动的记载主要集中在宜兴、无锡两州。

1.《周易》

《周易》10卷,魏王弼、晋韩康伯注。元大德间(1297—1307)宜兴岳氏荆溪家塾刻本。

宜兴岳浚校刻九经三传之事已见上文。这里重点叙述这一元代江苏重要出版活动的时间及具体刻书情况。

元方回《桐江续集》卷二十一有《读孟君复赠岳仲远浚诗勉赋呈二公子》诗,作于元成宗元贞二年(1296),诗云:"岳氏家几传,阳羡溪山市。故书三万卷,金石烂模楬。"同书卷二十八有《送岳德裕如大都》,德裕,岳浚之弟。诗作于大德九年(1305)秋末,其中有句曰:"君家万卷刻书籍,此事乃一大功德。陶铸青衿千百亿,归而求之不凿壁。"元代科举及学校教学特重经学,元世祖至元二十一年(1284),大儒许衡提议学校科举之法,应将罢诗赋重经学定为新制。至元二十四年,元政府建国子学,订立制度,规定凡读书,必先《孝经》《小学》《论语》《孟子》《大学》《中庸》,次及《诗》《书》《礼记》《周礼》《春秋》《易》。经学著作对于读书士子的重要性可见一斑,所以方回将岳氏刊行九经三传誉为"陶铸青衿千百亿"的大功德事。张政烺据方回二诗的记述,认为前诗只说藏书,未及刻书,而后诗则明确评价了刻书的功绩。故此,岳浚刊书的时间确定为元成宗大德年间。

岳浚刻九经三传，九经据南宋廖莹中九经校刊，包括《周易》10 卷，魏王弼、晋韩康伯注（图 7 - 15）；《尚书》12 卷，汉孔安国传；《毛诗》20 卷，汉郑玄笺；《周礼》12 卷，汉郑玄注；《春秋经传集解》30 卷，晋杜预集解；《礼记》20 卷，汉郑玄注；《论语》10 卷，魏何晏集解；《孟子》14 卷，汉赵岐注；《孝经》1 卷，唐玄宗御注。三传，《春秋公羊经传解诂》12 卷，汉何休解诂；《春秋穀梁传》12 卷，晋范宁集解；《左传》已在《春秋经传集解》中。岳浚在《春秋经传集解》后附刻《春秋年表》1 卷，宋環中撰；《春秋名号归一图》2 卷，蜀冯继先撰。

图 7 - 15 《周易》书影
元大德间宜兴岳氏荆溪家塾刻本

上述岳浚刻九经三传，《春秋经传集解》见于《天禄琳琅书目》卷一"宋版经部"著录，其书"末附五代冯继先《春秋名号归一图》二卷，无名氏《春秋年表》。诸卷末有木记，曰'相台岳氏刻梓家塾'，或曰'相台岳氏刻梓荆溪家塾'，为长方、椭圆、亚字诸式，具大小篆隶文"。有否岳氏家塾刻书木记，成为鉴定是否岳刻九经三传本的标准。稍后清宫又发现岳刻《周易》《尚书》《毛诗》《礼记》4 部，乾隆四十八年（1783），高宗弘历仿刻此五经，名之曰《仿宋相台五经》。清嘉庆间，彭元瑞等编《天禄琳琅书目后编》，又发现岳刻《论语》《孝经》《孟子》，著录于卷三"宋版经部"。三书中，《论语》有岳氏家塾刻书木记，其他二书则无。岳刻《周礼》残本，曾经清苏州藏书家黄丕烈收藏。嘉庆二十年（1815），黄丕烈在校刊《周礼》时，于第十卷后写下跋语："今秋又从香严书屋中购获岳板真本《地官》《春官》四卷。"①黄丕烈所藏岳刻《周礼》残卷的面目，见黄丕烈撰《重雕嘉靖本校

---

① ［清］黄丕烈：《黄丕烈书目题跋·荛圃藏书题识再续录》卷 1"经类"，北京：中华书局，1993 年，第 354 页。

宋周礼札记》，该《札记》附于《士礼居丛书》本《周礼》卷末。

三传中，《左传》见于《春秋经传集解》中，《公羊》《穀梁》二传则未见藏家著录，或已散佚。

今中国国家图书馆藏有 4 种岳刻九经本，为《周易》《春秋经传集解》《孝经》《论语》，现皆已影印辑入《中华再造善本》金元编。

2.《周易程朱二先生传义附录》

《周易程朱先生传义附录》20 卷，宋程颐传，朱熹本义，宋董凯纂集。元至正二年(1342)宜兴桃溪居敬书院刻本。

罗振常《善本书所见录》卷一著录《周易程朱二先生传义附录》14 卷，解题曰："宋程颐传，朱熹本义元刊本。半页十二行，每行二十二字，双框，双鱼尾，小黑口。凡例后及筮仪末页，均有：'至正壬午桃溪居敬书室刊'牌子，二行。"[1]桃溪，在宜兴。据《光绪宜兴荆溪县新志》卷一"疆土·水记"记载，桃溪即张渚河。今宜兴张渚镇有桃溪小学、桃溪中学。张渚地处苏、浙、皖三省交界，群山环拥，竹海浩瀚。

今台北藏有元刻本，残存 17 卷。

3.《道命录》

《道命录》10 卷，宋李心传辑，元程荣秀厘正。元至顺四年(1333)常州龟山书院刻本。

是编辑录有关程颐、朱熹的褒赠贬谪、荐举弹劾之文，反映道学进退始末、兴废之故。李心传原书 5 卷。此本 10 卷，卷首有嘉熙三年(1239)李心传自序，淳祐十一年(1251)知江州军州事兼管内劝农营田事朱申刻书跋，及元至顺四年四月程荣秀序，程序称："《道命录》五卷，刻梓在江州，毁于兵。荣秀尝得而读之，疑为初稿，尚欲删定而未成者。斋居之暇，偕目原本，略加厘正，汇次为十卷如左……行省相君爰命有司，重刻于龟山书院，而属荣秀识其后以谂观者。"[2]今书中第 10 卷末附宋理宗淳祐以后赠邺指挥 2 篇，制词 3 篇，标为续增，又元文宗天历以后请加封状并部议 2 篇，赠邺制词 5 篇，标为新增，皆系程荣秀所补录。龟山书

院,据《明一统志》"常州·书院"记载在府城东南六里,宋杨时号龟山,寓常州讲道于此。绍定间,郡守郑必万增创其旧书堂为书院。元设山长主教事。

程荣秀(1263—1333),字孟敷,休宁(今属安徽黄山市)人。延祐中荐授建康路明道书院山长,历平江路学录、嘉兴路学教授,以江浙儒学提举致仕。此序末结衔正作"奉直大夫、江浙等处儒学提举"。

3.《白虎通德论》

《白虎通德论》10 卷,汉班固撰。元大德九年(1305)无锡州学刻本。

是书卷首有大德九年云南行省参知政事严度、东平张楷二序。张序云:"余分水监,历常之无锡。有郡之耆儒李显翁晦识余于官舍,翌日携是帙来且云:州守刘公家藏旧本,世所罕见,郡之博士与二三子请归之于学,将镂版以广其传。守慨然许之。今募匠矣。求余识于卷首。"则此书为无锡州学刊行,其首叶版心镌有"平江何永言刊"一行。序中所说州守刘公即刘世常,字平父,鲁斋许衡高足。家有藏书万卷。《四库全书总目》著录《永乐大典》本《家山图书》一卷,解题引清初藏书家钱曾《读书敏求记》语曰:"《家山图书》,晦庵私淑弟子之文,盖逸书也。李晦显翁得之于刘世常平父,刘得之于鲁斋许文正公。其书以《易》《中庸》、古大学、古小学参列于图,而于修身之指归纲领,条分极详。此本惜不多觏,道学家宜刊布之以广其传。"①可见刘世常与无锡李晦的书缘并非只有《白虎通德论》一种而已。

明清以来,《白虎通德论》的刻本都出此大德无锡州学本。传世《尚书·周书》"顾命篇"有句"迎子钊南门之外",而此本作"《尚书》言迎子刘不言迎王",对此,目录后有跋解释曰:"班固,汉时人,去古未远,必有所祖,假借通假,未可尽知。后人未得班固之心,安可轻议班固之述作!"跋文未署撰者姓名,藏家认为即出刘世常之手。清学者卢文弨在《题朱文游所藏元大德刻本白虎通后》中论曰:"世所行《白虎通》,咸从元大德年刻本出。然元本久访之未获,今乃从吴门朱文翁借得。较小字宋本,又多传录之误矣。然当时梓此书者极矜慎,不敢辄有改易,如'逆子钊'为

---

① [清]钱曾撰,丁喻点校:《读书敏求记》卷 3"子部",北京:书目文献出版社,1984 年,第 74 页。

'迎子刘',亦仍其旧,见于跋语中,而后来所刻咸不能。然既删去此跋,并前数序亦复失其位置,余以此书授梓时,几沿其误,今见此始得正之。此书余与二三通人校雠,几不遗余力矣,而此本上有惠定宇先生手迹,其正误不过两三条,乃竟有出于余辈思索之外者,相去三十里,讵不信然耶? 对校讫,因附识数语而归之。"①清张金吾对此页感慨道:"汉时《尚书》立学官者凡四家,曰欧阳氏,曰大夏侯氏,曰小夏侯氏,曰古文尚书,师承各守,训解多歧,至字句之异同,见于释文诸书者,盖难枚举。安知四家中不有作'迎子刘'者? 古书散亡,百不存一,敢据今日所见之本为定耶? 明辽阳傅钥本改'迎子刘'为'迎子钊',并删去此跋。以后吴琯、程荣、何允中、胡文焕、钟惺诸本,俱袭其缪,沿误至今。不特无一人纠正,且有以不改'刘'字为过于拘泥者。于此,益叹平父之卓识为不可及也。"②

上海图书馆藏有元大德无锡州学刻本,每半叶 9 行,每行 17 字,小黑口,四周双边。已影印辑入《中华再造善本》金元编。

4.《风俗通义》

《风俗通义》10 卷,汉应劭撰。元大德九年(1305)无锡州学刻本。

汉应劭《风俗通义》今存 10 卷,皇霸、正失、愆礼、过誉、十反、声音、穷通、祀典、怪神、山泽等 10 篇。《四库全书总目》著录,提要称:"其书因事立论,文词清辩,可资博洽,大致如王充《论衡》,而叙述简明则胜充书之冗漫多矣。"清常熟瞿氏《铁琴铜剑楼藏书目录》卷一六著录此本,解题称:"此大德丁未刻本,与《白虎通》同刻于无锡学中,行款悉同……有劭自序及李果、谢居仁序,丁黻跋。"谢居仁序曰:"《白虎通》与《风俗通》二书并行于二千年前,不复见久矣。余观风西浙,至无锡,有耆儒李显翁晦来访,云鲁斋许文正公之门人刘平父世常来守吾邦,尝刊《白虎通》于学,参政恪斋严公题于卷首。方虑未得《风俗通》以完二书,未几,□之子元昭录吴泮,得之于馆下生以归。郡博士遂抄之,将并刻于学。"可见《风俗通义》与《白虎通德论》同时刊于无锡州学。1919 年,上海商务印书馆影

① [清]卢文弨著,王文锦点校:《抱经堂文集》卷 12,北京:中华书局,1990 年,第 172 页。
② [清]张金吾:《爱日精庐藏书志》卷 24 元大德刊本《白虎通德论》题跋,北京:中华书局,1990 年,第 477 页。

印铁琴铜剑楼藏元大德九年无锡州学刻本,辑入《四部丛刊初编》。

上海图书馆亦藏有元大德九年无锡州学刻《风俗通义》,但佚去卷首大德十一年太中大夫行都水监李果、大德九年江南浙西道肃政廉访副使谢居仁二序,及卷末嘉定十三年(1220)丁黼跋。现已影印辑入《中华再造善本》金元编。

二、扬州路

扬州路,元至元十三年(1276)初建大都督府,置江淮等处行中书省。至元十四年改为扬州路总管府,十五年置淮东道宣慰司。此后行政建制多次迁易。至元二十八年(1291),以河南、江北系要冲之地为由,将江淮行省划江而分治。置河南江北行省,以江淮行省的扬州、泰州、天长、滁州等江北州县来属,而江淮行省的江南部分则改隶江浙行省。扬州始隶属河南江北等处行中书省江北淮东道肃政廉访,领二县五州。二县:江都、泰兴。五州:真州,领扬子、六合二县;滁州,领清流、来安、全椒三县;泰州,领海陵、如皋二县;通州,领静海、海门二县;崇明州。今滁州属安徽,崇明属上海。

据已知文献记载,元代扬州在文化出版领域未有大的建树。藏书活动,仅见郑元祐《侨吴集》卷十《藏书楼记》中所表彰的藏书家陈季模。郑记称陈季模"家马驼沙之上沙",位于扬子江江心。因其子天凤自幼嗜书,遂在居所东侧建藏书楼,贮藏新购旧藏凡 5 万余卷。藏书楼由书法家泰不华篆额,郑元祐撰记。可见陈氏也是一位酷爱图书且有名望的士绅,惜其事迹无考。清叶昌炽撰《藏书纪事诗》,收录陈季模,并为赋诗曰:"翠竹清溪比若耶,江心涌出马驼沙。筑楼正在沙滩畔,三字新题泰不华。"然文献依据皆出自郑元祐的《藏书楼记》。刻书活动,已知有 3 种元末至正初官刻的集部书籍。

1.《石田先生文集》

《石田先生文集》15 卷、《附录》1 卷,元马祖常撰。元后至元五年(1339)扬州路儒学刻本。

马祖常(1279—1338),字伯庸,斋名石田山房。世为雍古部人,居靖州之天山。高祖锡里济苏,金末为凤翔兵马判官,子孙用以官为氏之例,遂称马氏。曾祖雅哈从元世祖南征,因家于汴,后迁居光州（今河南潢川）。延祐进士，历官翰林直学士、礼部尚书、御史中丞兼枢密副使。是集凡诗赋5卷，文10卷。卷首有至元五年中议大夫、御史台都事王守诚序，江北淮东道肃政廉访使苏天爵序，及国史院编修官陈旅序。目录后有《附录》1卷，录虞集、许有壬撰碑铭等3篇。次为《江北淮东道肃政廉访司刊书牒文》，有"其家见居光州，宪司合行故牒可照验，差人抄录本官文集，委自总管不花中议不妨本职，提调刊印。仍选委各儒子细校雠无差，发下本路儒学依上刊板，传布施行"之语。

是集半叶10行，行18字，黑口，左右双栏，大版心。傅增湘称："字抚松雪，刻印俱精，在元刻中为最上乘。"①

今中国国家图书馆藏有元后至元五年扬州路儒学刻本（图7-16），是目前所知该书于世间仅存的1部，其中卷二至卷三、卷十四至卷十五、附录配1933年徐宗浩抄本，卷六第一至三叶前人影元抄配。原为周叔弢所藏，后捐赠北京图书馆。现已影印辑入《中华再造善本》金元编。

图7-16 《石田先生文集》书影
元后至元五年（1339）扬州路儒学刻本

2.《勤斋集》

《勤斋集》15卷，元萧𣂏撰。元至正六年（1346）扬州路儒学刻本。

萧𣂏（1241—1318），字维斗，号勤斋，奉元咸宁（今属陕西西安）人。历官集贤学士、国子祭酒。谥贞敏。元惠宗（顺帝）至正四年（1344），苏天爵哀辑萧𣂏遗稿，得文80篇，诗260首，乐府28篇，分为15卷。由江北淮东道肃政廉访司发本路儒学刊板。卷首有至正六年李黼序，称："至

---

① 傅增湘：《藏园群书经眼录》卷15，北京：中华书局，1983年，第1323页。

正五年,走以事留扬。其年冬,京兆同州王君仲方由枢府判持宪东淮,因出今集贤学士、国子祭酒苏公伯修,前侍御西行台时所哀先生文稿十五卷,刻之郡庠,属黼序之。"后附《元刊行勤斋文集原牒》,有"委总管郝嘉议不妨本职,提调刊印。仍选委各儒子细校雠无差,发下本路儒学刊板,传布施行"之语。则是集刊于至正六年。

自明以来,《勤斋集》刊板久佚,清修《四库全书》,自《永乐大典》辑得文 42 首,诗 261 首,词 4 首,依类编辑,厘为 8 卷。

3.《榘庵集》

《榘庵集》20 卷,元同恕撰。元至正五年(1345)扬州路儒学刻本。

同恕(1254—1331),字宽甫,号榘庵,奉元咸宁(今西安)人。曾官奉元路鲁斋书院山长、左赞善。卒赠翰林直学士,谥文贞。卷首有陕西诸道行御史台侍御史苏天爵序,序称:"至正四年春,天爵来官于秦。方将考求诸老言行而表彰之,会御史观音保潘惟梓以文贞遗文来,上请刊布于江淮郡学。"则书刊当在至正四年稍后。

自明以来,《榘庵集》久佚不传。清修《四库全书》,自《永乐大典》辑得散见诗文,分类排比,编集为 15 卷,凡文 10 卷,诗 5 卷。

此外尚有其他地区零星的刻书信息。

《四库全书总目》卷一三七"子部类书类"著录宋徐晋卿撰《春秋经传类对赋》1 卷,解题称:"末有元至大戊申长沙区斗英一跋,称江阴路总管太原赵嘉山得善本,授郡庠,俾锓梓云。"至大戊申为至大元年(1308)。至元十四年(1277),江阴州升为江阴路总管府,后复降为州。区氏跋语的记载是可靠的。

《至顺镇江志》21 卷,清阮元《四库未收书提要》有长篇解题,曰:"此书不著撰人姓名。案镇江自东晋以来,屹为重地。志乘之书,在宋乾道间,有熊克所撰者十卷,见于《宋史·艺文志》。嘉定间卢宪所撰者三十卷,见于《书录解题》。今《乾道志》久已失传,《嘉定志》尚有传抄之本,已出后人掇拾。此书体例大致取法于《嘉定志》,而纪载详备,较为过之。大约宋志主于征文,此则重于考献。宋志旁稽典籍,务核异同,此则备录故事,多详兴废。镇江在宋为边防之地,故其志岐守形势,网罗古今。在元为财赋之区,故此书物产土贡,胪陈名状。其用意各有所在,不得而同也。至于郡守参佐,宋志近征唐代,此则远溯六朝。乡贤寓公,宋志旁搜隋氏以前,此则详于两宋及元。互为补苴,不可偏废。然此书自明以来藏书家绝无著录之者,洵为罕觏之秘笈。此旧抄本编次失当,文字多舛,今重加校定缮写,俾考京口故实者得以取资也。以之抗行袁桷之志四明,殆无愧焉。"①解题虽然揭示了是集的文献价值,仍未能考知作者。检清陆心源《仪顾堂题跋》卷四《至顺镇江志跋》谓:"《成化镇江志》丁元吉序曰'胜国俞用中《至顺志》例加精密',《乾隆镇江志·俞希鲁传》云'至顺中尝著郡志,序事精密',则此志乃俞希鲁所撰。"②俞希鲁(1279—1368),字用中,镇江丹徒人。历任处州独峰书院山长、庆元路学教授、归安县丞、江山县尹,至正十七年以松江府判致仕。今《至顺镇江志》有清道光二十二年(1842)丹徒包氏刻本。1990年,中华书局辑印《宋元方志丛刊》,收录此本,著录版本为至顺三年(1332)修,清道光二十二年(1842)丹徒包氏刻本。由于迄今未发现《至顺镇江志》元刻本的信息,难以描述其元代出版传抄的情况。按惯例,地方志乘一般都由当地官府刊行,即使因事未刊,其稿本也应先在当地士绅藏家间传抄。故把俞氏《至顺镇江志》的修纂和流传作为元代镇江出版活动的一部分,应该无大差错。

以上是元代江苏地区的刻书概况,部分涉及著作的稿本及传抄情况。但是这几十部刻印传布的典籍,绝不是元代江苏地区出版活动和成果的全部。在近百年的历史时空中,这稀如星凤的几十部著作,也不可能承担民族优秀文化的传承重任,或者去适应和满足社会文化生活和阅读的需要。打开现存元人文集,书中那繁若星空的书籍序跋,告诉我们元代社会的出版活动是多么丰富多彩。

清钱大昕在《元史艺文志序》中梳理了元代出版的几个层次:"世祖用许衡言,遣使取杭州在官书籍板及江西诸郡书板,立兴文署以掌之。诸路儒生著述辄由本路官呈进,下翰林看详。可传者命各行省檄所在儒学及书院以系官钱刊行。鄱阳马氏《文献通考》且出于羽流之呈进,亦一

---

① [清]阮元撰,邓经元点校:《揅经室集·外集》卷1,北京:中华书局,1993年,第1188页。
② [清]陆心源著,冯惠民整理:《仪顾堂书目题跋汇编》,北京:中华书局,2009年,第67页。

时嘉话也。至正儒臣撰《秘书监志》,仅纪后先送库若干部若干册,而不列书名。明初修史,又不列艺文之科,遂使石渠、东观所储漫无稽考。兹但取当时文士撰述,录其都目,以补前史之阙,而辽、金作者亦附见焉。"①

据《元史·世祖本纪》记载,至元十五年四月,元世祖忽必烈听取大儒许衡的建议,遣使到杭州等处将在官书籍板刻取至京师。至元二十七年正月,立兴文署掌经籍板及江南学田钱谷。这是元代出版的最高层级——中央掌控。其次就是地方官刻,即钱大昕所谓可以"官钱刊行"的。能进入这个层级出版的,其作者应该具有名望和地位。再次就是钱大昕所谓的"文士撰述"。文士著述,大都自刻,或师友助刊,这种出版方式大都归入家刻类,如上文提及的平江路俞氏、吴江金氏等。这类出版物,由于财力不足,印刷数量有限,既流传不广,又易散佚失传。如宜兴岳氏所刊九经三传,其历史命运也是如此。大量文士著述,大概只在小众范围流传,留下点滴痕迹,然后悄然湮没。钱大昕辑录《元史艺文志》,就是要让那些曾在历史记录中留下点滴痕迹的元代文士著述,从历史的尘埃中重新显现出来。这份书目中,大部分作者没有标注籍贯,但还是能够从中找到近百位江苏籍作者及其著述。现据《元史艺文志》(江苏古籍出版社版)分四部逐录如下(同一位作者一般只录最早出现的一种):

经部:陈深《清全斋读易编》三卷。字子微,吴人。天历间以能书荐,不就。杨刚中《易通微说》。字志行,建康人。惠希孟《易象钩元》十卷。江阴人。卢观《易集图》。字彦达,昆山人。盛德瑞《易辨》五卷。字祥父,昆山人,平江路训导。陈谦《周易解诂》二卷,《河图说》二卷(或作一卷),《占法》一卷。字子平,吴人。孟文龙《易解大全》。无锡人。张志道《易传》三十卷。字潜夫,金坛人。余日强《尚书补注》。字伯庄,昆山人。邱迪《尚书辨疑》。字彦启,吴人。邵光祖《尚书集义》六卷。字宏道。饶州人,家于吴。梁益《诗传旁通》十五卷,《诗绪余》。字友直,江阴人。吴简《诗义》。字仲广,吴江人,绍兴路学录。秦玉《诗经纂例》。字德卿,昆山人。顾谅

① [清]钱大昕撰,田汉云点校:《元史艺文志》,载陈文和主编:《嘉定钱大昕全集》第5册,南京:江苏古籍出版社,1997年,第2页。

《仪礼注》八卷。字季友,吴江人。汤弥昌《周礼解义》。字师言,吴人,瑞安州判官。王元杰《春秋谳义》十二卷。字子英,吴江人。边昌《四书节义》。字伯盛,吴人。盛舆《韵书群玉》。字敬之,吴江人,崇德州判官。

史部:董蕃《通鉴音释质疑》。字子衍,宜兴人,钓台书院山长。张雯《继潜录》。字子昭,吴人。记宋末遗事。张天永《两伍张氏家乘》。字长年,高邮人,江浙行省都事。郭天锡《客杭日记》一卷。名畀,以字行,丹徒人,江浙行省掾史。陆友《吴中旧事》一卷。高德基《平江纪事》一卷。

子部:韩准《小学书阙疑》。字公衡,沛人,江南行台侍御史。蒋捷《小学详断》。字胜欲,宜兴人。张庆之《老子注》。字子善,吴人。徐天瑞《吏学指南》八卷。字君祥,吴人。顾逢《船窗夜话》一卷,《负暄杂录》一卷。字君际,吴人。尤玘《万柳溪边旧话》一卷。吴人。陈汝霖《休休居士杂录》。无锡人。盛如梓《庶斋老学丛谈》三卷。扬州人。谢应芳《辨惑编》四卷。字子兰,武进人。陆森《玉灵聚义》五卷,《总录》二卷。吴人,阴阳学教谕。葛应雷《医学会同》二十卷。字震父,平江人,江浙医学提举。倪维德《元机启微》二卷(眼科),《校订东垣试效方》。吴人。王履《百病钩元》二十卷,《医韵统》一百卷,《医经溯洄集》一卷,《伤寒立法考》。字安道,昆山人。尧允恭《德安堂方》一百卷。京口人。缪贞《书学明辨》。字仲素,常熟人。黄公望《写山水诀》一卷。字子久,常熟人。妙声《九皋录》,吴僧。清珙《石室语录》一卷。常熟僧。《雪村语录》。镇江僧。雪村《聚语录》。金坛人。

集部:龚璛《存悔斋稿》一卷,《补遗》一卷。字子敬,真州人,江浙儒学副提举。卫培《过耳集》十卷。字宁深,昆山人。李季高《蓉月集》。昆山人。黄锡孙《穀山集》。字禹畴,常熟人。高常《覆瓿集》五卷。字履常,吴人。陈泷《澹泊集》九卷。字伯雨,吴人。汤仲友《北游诗集》。字端夫,吴人。顾逢《梅山樵叟诗》十卷(吴人陈永辑上四家诗曰《苏台四妙》)。俞远《豆亭集》。字之近,江阴人。朱德润《存复斋集》十卷。字泽民,昆山人,儒学提举。袁易静《春堂集》四卷。字通甫,长洲人,石洞书院山长。宋无《翠寒集》六卷,《啽呓集》一卷,《霭逎集》。字子虚,吴人。朱名世《鲸背吟》一卷。字希颜,吴人(或云即宋无,初名晞颜,冒姓朱)。王天觉《觉轩集》十卷。宜兴人。孟栻《不二心稿》。无锡人。俞希鲁《听雨轩集》二十二卷。丹徒人。高皓孙《屠龙集》十卷。字商叟,丹徒人。顾观《容斋集》二卷。字利宾,金坛人,星子县尉。马玉骥《东皋先生诗集》五卷。字伯祥,海陵人。张庆之《海峰文编》三卷,《续胡曾咏史诗》。字子善,吴人。金至善《菊逸集》。字伯明,昆山人。王鹏《猴山集》。字九万,吴人。张渊《心远堂集》。吴江人。陈铎《壮游集》八卷。字子振,吴人。瞿孝祯《月蕉稿》。字逢祥,常熟人。张天永《雪蓬行稿》,《沟亭集》。字长年,高邮人。王余庆《惺惺道人遗稿》。宜兴人。丁珉《沧州集》。江阴人。虞志道《云阳集》。无锡人。江永之《雷钟小稿》。上元人。盛彧《归吴冈稿》一卷。字季文,常熟人。曹贞《十洲三岛诗》。字元度,常熟人。张端《沟南漫存稿》。字希尹,江阴人,江浙行枢密院都事。姚文奂《野航亭稿》。字子章,昆山人。梅鼎《曜庵稿》。吴江人。沈右《清辉楼稿》。字仲说,吴人。成廷珪《居竹轩集》四卷。字原常,扬州人。许恕《北郭集》六卷,《补遗》一卷。江阴人。范致大《金罕集》。无锡人。《牛处士诗集》一卷。名野夫,真州人。许应祁《松轩文集》。宜兴人。金原举《云谷集》。盐城人。谢震《望云稿》。丹阳人。郭翼《林外野言》二卷。字义仲,昆山人(卢熊撰《墓志》云卒于至正二十四年。或列诸明人,误也)。杨翮《佩玉斋类稿》十卷。字文举,上元人,刚中之子,太常博士。华幼武《黄杨集》三卷,《补遗》一卷。字彦清,无锡人。马麟《醉渔集》,《草堂集》。字公振,昆山人。朱凤《樵唱集》。吴江人。周文英《庭芳集》。吴人,才之子。朱南强《甄醵稿》。句容人。李琛《确轩集》。无锡人。善性《谷响集》一卷。字无住,吴郡人。惟则《狮子林别录》。字天如,吴郡僧。宗衍《碧山堂集》。字道源,吴人,住持嘉兴德藏寺僧。徐达左《金兰集》三卷。字良夫,吴人。周砥《荆南唱和集》一卷。字履道,吴人。《徐氏双桂集》。伯枢衍,无锡人。黄钟《杜诗注释》。字器之,兴化人。释庆闲《注范成大田园杂兴诗》一卷。无逸,吴人。

　　上述元代作者的著述可能刊行,也可能以稿本的形式传抄,总之都以某种形式在社会上传布过,在历史上存在过。这些著述以涓涓细流的形式,滋润着当时社会文化的土壤。由于出版史需要出版实物和明确的文献记载来书写,这些当日曾经或可能的出版物只能成为现在书写出版史的历史注脚。

江苏出版史大事记(先秦至宋元)

前 512 年　吴王阖闾三年

孙武向吴王阖闾献自著兵法 13 篇,后世名为《孙子兵法》。这是古代江苏地区最早见于史籍记载,并流传至今的文化经典。

前 482 年　吴王夫差十四年

《吴命》,记公元前 482 年吴、晋黄池争霸期间吴国史事,应出自吴国史官之手。上海博物馆藏战国竹简本,包括 9 支简,第 3 简简背,有篇题《吴命》。研究者以为或系《国语·吴语》佚篇。

前 140 年　汉武帝建元元年

汉武帝即位不久,刘安入朝觐见,上《淮南子》21 篇。从编辑出版史的角度看,《淮南子》在编辑结构上开创了叙录之例,末篇《要略》依次叙录前 20 篇的述作之意,将著作完整的篇章结构明示于世,使古代书籍的编纂体例更趋完善。

前 26 年　汉成帝河平三年

刘向受命整理古今图籍。到哀帝建平二年(公元前 5 年)刘歆完成《七略》终,这次前后长达 21 年的校理活动,对当时传世的先秦和汉初官私著述进行了前无古人的大规模整理。从编纂学上讲,先秦以来流传无序的古书,以新貌面世,并在编纂体例上给后世的编辑出版活动以极大的启示。

前 10 年　汉成帝元延三年

西汉东海郡功曹史师饶下葬家族墓地(今江苏连云港市东海县温泉镇尹湾村)。1993 年 2 月,师饶墓出土竹简 133 枚、木牍 23 件,书写近 4

万字。其中 21 枚宽简上抄写了一篇无名氏的《神乌傅(赋)》。这篇篇章结构基本完整的西汉赋作,是失传两千多年的佚篇。

222 年　三国吴黄武元年

僧支谦避乱迁居东吴,潜心翻译经典,开江南佛经翻译之风。

324 年　晋明帝太宁二年

郭璞卒。璞字景纯,河东闻喜(今属山西)人。西晋末南下渡江,侨居建康。其一生在学术上的建树,就是注书。清修《四库全书》,收录郭璞所注《尔雅》《方言》《山海经》《穆天子传》等。晋元帝大兴初(318—319),郭璞任著作郎,至出为王敦记室参军被害,都在建康从事著述活动。上述诸书或就在这段时间内最后完成。

345—356 年　晋穆帝永和年间

东晋著作郎李充受命据西晋荀勖《中经新簿》新编《元帝四部书目》。李充在编目中沿用四分法,正式确定甲、乙、丙、丁的分类内容,后世经史、子、集四部的顺序自此固定。

401 年　晋安帝隆安五年

范宁卒于丹阳家中。范宁晚年被免官后,居家中,最终完成《春秋穀梁传集解》。《春秋穀梁传集解》是今存最早的《穀梁传》注本,保留了汉、魏以来《春秋穀梁传》的研究成果,是这一时期经学集注类代表性著述之一。

403 年　晋安帝元兴二年

权臣桓玄代晋自立,随即下令:"古无纸,故用简,非主于恭。今诸用简者,宜以黄纸代之。"简策自此废除,简帛时代结束,书写材料迎来纸的一统天下。

429 年　宋文帝元嘉六年

中书侍郎裴松之在建康完成《三国志注》。其注文博采群书 200 余种,已近于补编,开创了史书作注的新例。

438 年　宋文帝元嘉十五年

朝廷征名儒雷次宗至建康,在城西鸡笼山开学馆,设立四学,为儒学、玄学、诗学、文学,聚徒教授,于齐梁文化的灿烂展现有发端之功。

487 年　齐武帝永明五年

竟陵王萧子良移居鸡笼山西邸,集学士抄《五经》、百家,依《皇览》例为《四部要略》千卷。召天下有才之士,其中以萧衍、沈约、谢朓、王融、范云、萧琛、任昉、陆倕最知名,时称"竟陵八友"。

501—502 年　齐和帝中兴年间

刘勰在建康钟山定林寺结撰完成我国古代第一部系统文学批评理论著作《文心雕龙》。

502—519 年　梁武帝天监年间

萧子显撰写《南齐书》。萧子显是齐高帝萧道成之孙,他撰写自己曾经度过少年时期的前朝历史,自有他人无法相比的有利条件。故《南齐书》素为史家所重。

507—508 年　梁武帝天监六、七年间

刘孝标注《世说新语》书成。其注博采群书,随文施注,素以引据该洽、注释详密、剪裁得当著称于世。引书多达 460 余种,所引诸书,今已佚其十之九。

522—527 年　梁武帝普通三年至大通元年

萧统主持编就中国现存最早的古代诗文选集性总集《文选》。全书 30 卷,选录先秦至梁 130 位作家的各体作品,分为 38 类。选文依据"事出于沉思,义归乎翰藻"的标准,体现了当时进步的文学观念。

523 年　梁武帝普通四年

处士阮孝绪在建康禁中里居所自编书目《七录》,其内篇的前 4 录,正与四分法的经史子集在内容和顺序上吻合。这一分类框架和图书的著录情况,为唐修《隋书·经籍志》充分利用并吸收。

554 年　梁元帝承圣三年

十月,北方西魏的大军南下攻梁,兵临江陵(今湖北荆州)。城中的梁元帝萧绎,惊慌失措,竟下令将包括从建康城中带来的公私藏书 14 万卷付之一炬。

589 年　陈后主祯明三年

陆德明撰《经典释文》书成。陆德明,名元朗,以字行,苏州吴县(今苏州市吴中区)人。经学家,训诂学家。南朝陈时任国子助教。入唐,秦

王李世民辟为文学馆学士,贞观初年,迁国子博士,封吴县男。所著《经典释文》30 卷,是一部解释儒家经典文字音义的训诂名著。

630 年　唐太宗贞观四年

唐太宗诏令名儒颜师古考定《五经》文字,稍后又命国子祭酒孔颖达主持编纂《五经正义》,统一南北朝时期的经学。

653 年　唐高宗永徽四年

朝廷将《五经正义》颁示天下,并规定为官学教学和科举考试使用的统一文本。科举考试制度对编辑出版活动的影响,很重要的一个方面在于参考书的编辑出版,这是朝廷指引各地文化出版活动的明确的政策导向。

658 年　唐高宗显庆三年

李善表上所撰《文选注》。李注以广征旧注见长,偏重于语源、典故的诠释,而略于文义的疏通。武后朝因以诗赋取士,更增强了《文选》在书香社会的地位,以至家置一部。敦煌写本李注《文选》残卷张衡《西京赋》卷末有题款"永隆年二月十九日弘济寺写"一行。永隆为高宗年号,凡二年(680—681),上距显庆三年李善注表进仅 20 余年。弘济寺在长安,而此卷在敦煌发现,这对我们推断李善注本在当时社会的流传情况具有重要意义。

710 年　唐中宗景龙四年

彭城(今江苏徐州)刘知几撰写完成了我国,也是世界历史上首部对史著体例进行系统探讨研究的史学专著《史通》。

726 年　唐玄宗开元十四年

史官吴兢因所撰《唐书》《唐春秋》篇幅繁多,缮写困难,奏请朝廷特派楷书手和纸墨,说明其时出版物多为写本。

752 年　唐玄宗天宝十一载

润州丹阳(今属江苏)殷璠编选《河岳英灵集》3 卷,凡集录常建至阎防 24 人诗 234 首,姓名之下各著品题。据殷璠自序中"爰因退迹,得遂宿心"之语,或为其退归丹阳故里所作。

838 年　唐文宗开成三年

日本学问僧圆仁在扬州买书。他记道:"买维摩《关中疏》四卷,价四百五十文。"平均每卷约 110 文,价格低廉。有学者因而推断圆仁所买或乃印本书。

839 年　唐文宗开成四年

白居易将本人编纂的一部《白氏文集》写本送至苏州南禅院千佛堂。

988 年　宋太宗端拱元年

宋太宗命国子司业孔维等校勘唐孔颖达《五经正义》,至真宗大中祥符七年(1014),十三经疏全部新校别纂一遍,向社会昭示尊孔宗经的思想文化政策。

992 年　宋太宗淳化三年

太宗命医官集《太平圣惠方》100 卷,以印本颁天下,同时准许吏民传写。

北宋早期雕版尚不发达时期,书价较贵。读者要拥有自己需要的书籍,抄写或仍是主要方法。同时,卷帙浩繁,也可选择性传写。

1001 年　宋真宗咸平四年

丹阳吴淑时任职方员外郎,他向真宗提议全国修志。六年后,景德四年(1007),真宗诏令统一刊修全国各地所上图经,校定成 1566 卷,陆续颁下。可见规模之大。当时朝廷所颁图经,南宋末藏书家陈振孙收藏有苏州、越州、黄州 3 种。以图经命名的宋代地理类史籍,江苏编著刊行的现存有 2 种:宋元符元年(1098)苏州公使库刊宋朱长文撰《吴郡图经续记》3 卷,宋乾道三年(1167)澄江郡刊宋徐兢撰《宣和奉使高丽图经》40 卷。

1001 年　宋真宗咸平四年

苏州军刊印的《大隋求陀罗尼》经咒是目前已知最早的苏州雕版印刷物,1978 年 4 月发现于苏州瑞光塔内。

1006 年　宋真宗景德三年

真宗下达严防泄露国家机密的出版禁令《非九经书疏禁缘边榷场博易诏》:"民以书籍赴缘边榷场博易者,自非《九经》书疏,悉禁之。违者案罪,其书没官。"

1009 年　宋真宗大中祥符二年

朝廷出台有关出版和阅读涉及违碍思想的审查令:"读非圣之书及

属辞浮靡者,皆严谴之。已镂板文集,令转运司择官看详,可者录奏。"

1010 年　宋真宗大中祥符三年

时值赵宋王朝建国 50 年。国子监仅经版就较宋建国初翻了 20 多倍,足见朝廷刻书的扩张规模。

1015 年　宋真宗大中祥符八年

苏州弥勒院禅师道原编修《景德传灯录》30 卷,上献朝廷。真宗诏翰林学士杨亿等润色裁定,刻版宣布,遂盛行于世。寺院亦获赐名永安禅院。

1029 年　宋仁宗天圣七年

建康府学开始藏书建设。张士逊出守江宁,奏请朝廷下拨国子监所刻书。至景定二年(1261),建康守马光祖再次搜集缺藏的国子监刊本。200 多年中,建康府学通过朝廷下拨国子监所刻书、自刻和市场选购 3 种渠道建设自己的藏书。从中正反映出宋代图书普及的基本情况。

1029 年　宋仁宗天圣七年

江阴军刻吴韦昭注《国语》21 卷。此刻本成为后世重刻之祖本。

1034 年　宋仁宗景祐元年

宋仁宗命翰林学士张观等勘查三馆及秘阁藏书,同时诏翰林学士王尧臣、馆阁校勘欧阳修等仿《开元四部录》的体例,编制新的国家藏书目录。编目工作历时 7 年完成,赐名《崇文总目》。《总目》66 卷,分四部 45 类,著录三馆和秘阁藏书 3445 部,30669 卷。徽宗时,曾增补数万卷图书而更名为《秘书总目》。

1059 年　宋仁宗嘉祐四年

太原王琪苏州公使库刻唐杜甫撰《杜工部集》20 卷。

1080 年　宋神宗元丰三年

苏州知州晏知止刻唐李白撰《李翰林集》30 卷。晏知止,晏殊之子,元丰中,以朝请大夫、尚书司封员外郎出守苏州。

1081 年　宋神宗元丰四年

扬州府刻府学教授马希孟编《扬州集》3 卷,秦观序。陈振孙《直斋书录解题》、《宋史·艺文志》并著录,今佚。

1088 年　宋哲宗元祐三年

朝廷刊行汉张仲景医书时,下令刊行小字本,降低成本。《注解伤寒论》四部丛刊本附有元祐三年的牒文称:下项医书册数重大,纸墨价高,民间难以买置。八月一日奉圣旨:令国子监别作小字雕印,广行印造,只收官纸工墨价,许民间请买。绍圣元年(1094),哲宗再次批准国子监用小字刊印日用医书的请求。

1100 年　宋哲宗元符三年

苏州公使库刻宋朱长文撰《吴郡图经续记》3 卷,绍兴四年(1134)郡守孙佑重刻。元符本已佚。绍兴原刻本清末已成海内孤本,民国时藏北平国立中央图书馆,现藏台北。

1111 年　宋徽宗政和元年

吴江令朱衮刻唐陆龟蒙撰《笠泽丛书》4 卷、《补遗》1 卷。

1119—1125 年　宋徽宗宣和年间

姑胥居世英刻宋苏轼撰《东坡全集》。学者称居世英家刊大字《东坡全集》最为善本。

1125 年　宋徽宗宣和七年

淮南路转运司陆宰刻宋陆佃撰《埤雅》20 卷。陆宰,陆佃之子。

1131—1162 年　宋高宗绍兴年间

淮南路转运司刻刘宋裴骃撰《史记集解》130 卷。江南东路转运司刻唐颜师古注《汉书》100 卷,唐李贤注《后汉书》120 卷。

1133 年　宋高宗绍兴三年

建康府学刻唐杜甫《杜工部集》20 卷,时吴若通判建康府事,史称吴若本。此本清初尚存,钱谦益注杜诗,称吴若本最为近古。今上海图书馆藏宋本《杜工部集》20 卷,其中卷十至卷十二即配绍兴建康府学刊本。

1135 年　宋高宗绍兴五年

兵部侍郎王居正建言:四库书籍阙失很多,请求下文各州县,将已经雕刻完成的书版,不论经史子集、小说异书,各印三秩。凡属民间私人的刻版,由官府付给纸、墨和工时报酬。朝廷从之。王居正,字刚中,扬州人。宣和三年(1121)进士。治学以经学知名。

1145 年　宋高宗绍兴十五年

平江府刻宋李诚撰《营造法式》36 卷。

1149 年　宋高宗绍兴十九年

洪兴祖真州官署刻宋陈旉撰《农书》3 卷。洪兴祖，字庆善，号练塘。镇江丹阳（今属江苏）人。政和八年（1118）进士，历官秘书省正字，著作郎，出知真州。平生著述丰富，曾补注《楚辞》。知真州时，尚序刻宋丹阳葛胜仲《丹阳集》42 卷、《后集》42 卷。

1151 年　宋高宗绍兴二十一年

两浙西路转运司王钰刻宋王安石撰《临川先生文集》100 卷。

1154 年　宋高宗绍兴二十四年

平江军刻《备急总效方》40 卷。宋刊原本现藏于日本武田科学振兴财团杏雨书屋。2005 年，书屋曾将所藏宋本《备急总效方》影印 200 部，供内部交流。

1166 年　宋孝宗乾道二年

吴郡守沈度刻宋吕本中撰《东莱先生诗集》20 卷。现藏日本内阁文库。

1166 年　宋孝宗乾道二年

扬州州学刻宋沈括撰《梦溪笔谈》26 卷。汤修年序刊本。卷末有乾道二年州学教授汤修年刻书跋。

1170 年　宋孝宗乾道六年

镇江府学教授熊克重刻魏王弼撰《老子注》2 卷。熊克，字子复，建宁建阳（今属福建）人。绍兴二十七年（1157）进士。乾道六年至八年，熊克任职镇江府学教授，淳熙二年（1175）离任。据文献记载，在镇江六年，熊克尚刻有《京口诗集》《毛诗指说》《老子注》《孝经注》，并拟刻《三礼图》。熊克作为府学教授，数年之间有如此频繁的刻书活动，实属难能可贵。

1171 年　宋孝宗乾道七年

平江知府魏杞刻唐韦应物撰《韦苏州集》10 卷。宋代韦集三刻均出苏州：神宗熙宁九年（1076）吴县知事葛繁校刊于苏州，世称平江版；高宗绍兴二年（1132）再刻；孝宗乾道七年（1171）平江魏杞三刻于苏州。唐德宗贞元二年（786），韦应物以左司郎中出任苏州刺史。

1173 年　宋孝宗乾道九年

高邮军学刻宋秦观撰《淮海集》40 卷、《后集》6 卷、《长短句》3 卷。此本为现存刊行最早的秦观别集,目前仅有日本内阁文库藏有全本。中国国家图书馆藏有宋乾道九年高邮军学刻绍熙三年(1192)谢雩重修本。

1175 年　宋孝宗淳熙二年

镇江府学刻宋聂崇义撰《新定三礼图集注》20 卷。此书元明以来始终在江苏藏书家中流转,今藏中国国家图书馆。

1183—1186 年　宋孝宗淳熙间

镇江知府耿秉刻唐李德裕撰《李卫公备全集》50 卷、《年谱》1 卷、《摭遗》1 卷。耿秉,字直之,江阴人。绍兴三十年(1160)进士。仕至焕章阁待制。淳熙十年(1183),以承议郎直龙图阁知镇江。著有《春秋传》20 卷、《五代会史》20 卷。淳熙八年,耿秉曾重修桐川郡守张杅所刊《史记》130 卷。

1194 年　宋光宗绍熙五年

尤袤卒。尤袤,字延之,常州无锡人。绍兴十八年(1148)进士。官至礼部尚书。藏书万卷,编有《遂初堂书目》。尤袤在藏书积累的过程中,不断选择善本,精心校刊。曾两刻尹洙文集,又刻《山海经》18 卷,宋洪适撰《隶续》21 卷,南唐徐锴撰《说文系传》40 卷等。南宋陈振孙《直斋书录解题》著录多种尤袤所刊典籍:唐国子祭酒李涪撰《刊误》2 卷,唐李匡乂济翁撰《资暇集》3 卷,唐国子太学博士丘光庭撰《兼明书》2 卷,唐光启进士武功苏鹗德祥撰《苏氏演义》10 卷。

1203 年　宋宁宗嘉泰三年

范莘苏州刻宋范成大撰《石湖集》130 卷。南宋陈振孙《直斋书录解题》著录范成大《石湖集》136 卷,《宋史·艺文志》著录同。今皆佚。

1204 年　宋宁宗嘉泰四年

平江府报恩光孝禅寺臣僧正受编《嘉泰普灯录》30 卷,卷末有嘉泰四年陆游跋,有南宋嘉定残宋本传世。

1208—1209 年　宋宁宗嘉定初

平江守李大异刻唐白居易撰《白氏长庆集》71 卷。

1213 年　宋宁宗嘉定六年

施宿淮东仓司刻宋施元之、顾禧注《注东坡先生诗》42 卷。今中国国家图书馆藏宋嘉定六年原刻本,上海图书馆藏宋景定三年修补本。

1214 年　宋宁宗嘉定七年

汪纲高邮军合刻合刊秦观《蚕书》与陈旉《农书》。汪纲,字仲举,黟县(今属安徽黄山市)人。累官至宝谟阁待制,户部侍郎。嘉定中知高邮。嘉定九年(1216)尚刻孙觉《龙学孙公春秋经解》15 卷。孙觉,字莘老,高邮人。皇祐元年(1049)进士。历官右正言,御史中丞,龙图阁学士。

1220 年　宋宁宗嘉定十三年

建康府溧阳县学宫刻宋陆游《渭南文集》50 卷。陆游晚年封渭南伯,故取以名集。卷首有嘉定十三年承事郎知建康府溧阳县主管劝农事陆子通跋,称此集为其父陆游生前编辑。

1225—1233 年　宋理宗宝庆、绍定间

平江碛砂延圣院(今苏州吴中区陈湖)开雕《碛砂藏》。全藏梵夹装,591 函,6362 卷。今太原崇善寺贮有全藏,仅缺 48 函 975 卷,是迄今保存最为完整的宋元版大藏经,又是已知大藏经中插有扉画最丰富的一种。20 世纪 90 年代,日本奈良西大寺发布所藏碛砂宋版《大般若波罗蜜多经》的有关发现:卷一有"嘉定九年丙子"的刊记;卷二卷末有刊记"嘉定十五年十二月□日刊第二卷八千八百九十五字十八纸"。嘉定为南宋宁宗赵扩的年号,嘉定九年为公元 1216 年。

1229 年　宋理宗绍定二年

平江府学刻宋范成大撰《吴郡志》50 卷。

1232 年　宋理宗绍定五年

岳珂在润州刻宋米芾撰《宝晋英光集》8 卷本。《四库全书总目》集部著录。米芾,字元章,号海岳外史。祖籍太原,迁襄阳(今湖北襄阳),史称米襄阳。后定居润州(今江苏镇江)。以书画名世。

1236 年　蒙古窝阔台(太宗)八年

窝阔台准耶律楚材之请,在燕京设立编修所,在平阳设立经籍所,编集经史,以保存儒家典籍。

1253 年　宋理宗宝祐元年

贾似道扬州刻宋李心传撰《建炎以来系年要录》200 卷。宝祐间,贾似道以资政殿大学士兼淮南东西路安抚使、知扬州军州事。

1261 年　宋理宗景定二年

建康府学刻宋马光祖修,周应合纂《景定建康志》50 卷。其中有《文籍志》,存有较多建康府学藏书刻书的珍贵史料。

1265 年　宋度宗咸淳元年

镇江府学刻汉刘向撰《说苑》20 卷。

1276 年　元世祖至元十三年

两浙宣抚使焦友直尽取南宋秘书省、国子监、国史院、学士院、太常寺所藏经籍捆载北上。两年后,朝廷再次遣使至杭州等处取在官书籍版刻到京师。

1297—1304 年　元成宗大德间

宜兴岳浚荆溪家塾刻九经三传,包括《周易》10 卷,《尚书》12 卷,《毛诗》20 卷,《周礼》12 卷,《礼记》20 卷,《春秋经传集解》30 卷,《论语》10 卷,《孟子》14 卷,《孝经》1 卷,《春秋公羊经传解诂》12 卷,《春秋穀梁传》12 卷。今中国国家图书馆藏有 4 种岳刻九经本:《周易》《春秋经传集解》《孝经》《论语》。岳浚,字仲远,元常州宜兴人。曾任汉阳(今属湖北武汉)县尹。

1297—1307 年　元成宗大德年间

江东建康道肃政廉访司发起下辖九路儒学刻印十七史,成为元代一次重要的出版活动。最终在大德九年(1305)至十一年(1307)3 年间,各路儒学共刊印十史。其中大德十年(1306),建康路儒学刻宋欧阳修奉敕撰《唐书》225 卷。

1298 年　元成宗大德二年

王祯用自制 3 万多个木活字试印了自己纂修的《旌德县志》,这部 6 万字的著作,不到 1 个月就印成 100 部,效率大大高于雕版印刷。王祯,字伯善,山东东平县人。元成宗元贞元年(1295)任宣州旌德(今属安徽)县令。

1305 年　元成宗大德九年

平江吴县碛砂寺刻南宋周弼选、元释圆至注《笺注唐贤绝句三体诗法》20 卷。元释圆至晚留碛砂寺,所著《筠溪牧潜集》由寺僧魁上人刊于吴县碛砂寺。

1305 年　元成宗大德九年

无锡州学刻汉班固撰《白虎通德论》10 卷,汉应劭撰《风俗通义》10

卷。明清以来，《白虎通德论》的刻本都出此大德无锡州学本。两书元刻本今藏上海图书馆。

1315 年　元仁宗延祐二年

仁宗诏命江浙行省印行《农桑辑要》1 万部，颁发有司遵行劝课。《农桑辑要》7 卷，元世祖至元年间诏令司农司编纂的农书，至元中首次刊行。此后，英宗、明宗、文宗、惠宗各帝都曾印行，颁发全国，影响至大。《四库全书总目》称："有元一代，以是书为经国要务。"

1328 年　元文宗天历元年

平江范氏岁寒堂刻宋范仲淹撰《范文正公集》20 卷、《别集》4 卷，宋范纯仁撰《范忠宣公文集》20 卷、《遗文》1 卷。平江范氏岁寒堂得名于宋范仲淹，系范氏旧宅西斋，宋时未见刻书活动的记录。元时成为范氏家塾，主持者为范仲淹八世孙范文英。其刻书活动始见于所刻《范文正公集》。此后续刻：元元统二年（1334）刻《范文正公政府奏议》2 卷，元后至元三年（1337）刻《文正公尺牍》3 卷。

1333 年　元宁宗至顺四年

集庆路儒学刻元王构编《修辞鉴衡》2 卷本。此本版刻精雅，今藏上海图书馆，卷首序文完足。

1339 年　元惠宗至元五年

扬州路儒学刻元马祖常撰《石田先生文集》15 卷、《附录》1 卷。今中国国家图书馆藏此至元五年扬州路儒学刻本，是目前所知海内孤本。

1339 年　元惠宗至元五年

吴江陆德原甫里书院刻唐陆龟蒙撰《笠泽丛书》4 卷、《补遗》1 卷。

1341 年元惠宗至正元年

集庆路儒学刻宋郭茂倩撰《乐府诗集》100 卷。清常熟铁琴铜剑楼藏有此书元刊本，现藏中国国家图书馆。

1343 年　元惠宗至正三年

惠宗下诏开局同时修纂《宋史》《辽史》《金史》三史，丞相脱脱为监修人兼都总裁，翰林学士欧阳玄为总裁官。

1344 年　元惠宗至正四年

集庆路儒学、溧阳州学、溧水州学、明道书院刻元张铉纂修《金陵新志》15卷。

1349 年　元惠宗至正九年

俞桢抄元龚璛撰《存悔斋稿》1卷。龚璛,字子敬,祖籍高邮(今属江苏),后迁居平江(今江苏苏州)。此本系龚璛诗集之祖本,现藏中国国家图书馆。

1349—1351　元惠宗至正九年至十一年

昆山顾瑛刻梓《玉山名胜集》《草堂雅集》。顾瑛,一名阿瑛,又名德辉,字仲瑛,自号金粟道人。平江昆山(今属江苏)人。筑玉山草堂,与天下胜流从游唱和。著有《玉山璞稿》《玉山乐府》,并自刊行世。

1354 年　元惠宗至正十四年

吴江金伯祥刻元虞集撰,虞堪编《道园遗稿》6卷。金伯祥,名天瑞,别号安素。其子镠,字南仲,工书。全书由金镠手书上板,书迹清丽,赏心悦目。金氏为吴江士族,世居长洲之笠泽间,与元季诸名贤,如陈基、杨维祯、倪瓒等交游。刻书多种。10年后又刻宋魏了翁撰、宋税与权编《鹤山雅言》1卷。

1355 年　元惠宗至正十五年

平江郡守高德基等平江郡学刻元周伯琦撰《六书正讹》5卷,《说文字原》1卷。二书皆由周伯琦手书上板,故篆文圆劲,楷书遒丽。今上海图书馆藏有《六书正讹》元至正十五年刊本,中国国家图书馆藏有《说文字原》元至正十五年刊本。

1365 年　元惠宗至正二十五年

平江路儒学刻宋鲍彪校注,元吴师道重校本《战国策》10卷。此本不改鲍注原来面目,为从来注《国策》之最善本。清常熟铁琴铜剑楼瞿氏藏元至正二十五年平江路儒学刻明修本,现藏中国国家图书馆。

1365 年　元惠宗至正二十五年

吴县教谕卢熊编校刊行宋龚明之撰《中吴纪闻》6卷。

主要参考文献

［汉］班固：《汉书》，北京：中华书局，1962 年。

［汉］司马迁：《史记》，北京：中华书局，1959 年。

［梁］沈约：《宋书》，北京：中华书局，1974 年。

［梁］释僧祐撰，苏晋仁等点校：《出三藏记集》，北京：中华书局 1995 年。

［梁］萧子显：《南齐书》，北京：中华书局，1973 年。

［唐］姚思廉：《梁书》，北京：中华书局，1973 年。

［唐］魏徵等：《隋书》，北京：中华书局，1973 年版。

［后晋］刘昫等：《旧唐书》，北京：中华书局，1975 年。

［宋］晁公武撰，孙猛校证：《郡斋读书志校证》，上海：上海古籍出版社，1990 年。

［宋］陈振孙撰，徐小蛮等点校：《直斋书录解题》，上海：上海古籍出版社，1987 年。

［宋］范成大撰，陆振岳校点：《吴郡志》，南京：江苏古籍出版社，1999 年。

［宋］李焘撰，上海师范大学古籍整理研究所、华东师范大学古籍整理研究所点校：
《续资治通鉴长编》，北京：中华书局，2004 年。

［宋］欧阳修等：《新唐书》，北京：中华书局，1975 年。

［宋］欧阳修撰，［宋］徐无党注：《新五代史》，北京：中华书局，1974 年

［宋］薛居正等：《旧五代史》，北京：中华书局，1976 年。

［宋］乐史撰，王文楚等点校：《太平寰宇记》，北京：中华书局，2007 年。

［宋］周应合纂，王晓波等点校：《景定建康志》，成都：四川大学出版社，2007 年。

［清］黄丕烈、王国维等：《宋版书考录》，北京：北京图书馆出版社，2003 年。

［清］陆心源著，冯惠民整理：《仪顾堂书目题跋汇编》，北京：中华书局，2009 年。

［清］永瑢等：《四库全书总目》，北京：中华书局，1987 年。

［清］于敏中等著，徐德明标点：《天禄琳琅书目》，上海：上海古籍出版社，2007 年。

陈国庆编：《汉书艺文志注释汇编》，北京：中华书局，1983 年。

邓骏捷：《刘向校书考论》，北京：人民出版社，2012 年。

傅增湘：《藏园群书题记》，上海：上海古籍出版社，1989 年。

胡道静：《中国古代的类书》，北京：中华书局，1982 年。

江澄波等编著：《江苏刻书》，南京：江苏人民出版社，1993年。

李致忠：《宋版书叙录》，北京：北京图书馆出版社，1994年。

潘国允等编著：《蒙元版刻综录》，呼和浩特：内蒙古大学出版社，1996年。

任莉莉：《七录辑证》，上海：上海古籍出版社，2011年。

[日]释圆仁原著，白化文等校注：《入唐求法巡礼行记校注》，石家庄：花山文艺出版社，2007年。

宿白：《唐宋时期的雕版》，北京：文物出版社，1999年。

万曼：《唐集叙录》，北京：中华书局，1980年。

汪习波：《隋唐文选学研究》，上海：上海古籍出版社，2005年。

王重民：《敦煌古籍叙录》，北京：中华书局，1979年。

王岚：《宋人文集编刻流传丛考》，南京：江苏古籍出版社，2003年。

王文进著，柳向春标点：《文禄堂访书记》，上海：上海古籍出版社，2007年。

[日]尾崎康著，陈捷译：《以正史为中心的宋元版本研究》，北京：北京大学出版社，1993年。

徐蜀主编：《国家图书馆藏古籍题跋丛刊》，北京：北京图书馆出版社，2002年。

叶德辉：《书林清话》，北京：中华书局，1987年。

余嘉锡：《古书通例》，上海：上海古籍出版社，1985年。

曾枣庄等主编：《全宋文》，上海：上海辞书出版社，2006年。

张秀民：《中国印刷史》，上海：上海人民出版社，1989年。

张政烺：《文史丛考》，北京：中华书局，2012年。

中华书局编辑部编：《宋元方志丛刊》，北京：中华书局，1990年。

周宝荣：《宋代出版史研究》，郑州：中州古籍出版社，2003年。